GRUNDLAGEN DER GERMANISTIK

Herausgegeben von Hugo Moser und Hartmut Steinecke

Mitbegründet von Wolfgang Stammler

25

Höfische Epik des deutschen Mittelalters

Zweiter Teil:

,Reinhart Fuchs', ,Lanzelet', Wolfram von Eschenbach, Gottfried von Straßburg

von

Kurt Ruh

ERICH SCHMIDT VERLAG

CIP-Kurztitelaufnahme der Deutschen Bibliothek

Ruh, Kurt:
Höfische Epik des deutschen Mittelalters / von Kurt Ruh. – Berlin : E. Schmidt.

Teil 2. ‚Reinhart Fuchs', ‚Lanzelet', Wolfram von Eschenbach, Gottfried von Straßburg. – 1980.
(Grundlagen der Germanistik ; 25)
ISBN 3-503-01655-4

Für meine studentischen Mitarbeiter
Dorothea Klein
Rainer Meisch
Reinhard Pawis

ISBN 3 503 01655 4

Druck: Buchdruckerei Loibl, Neuburg (Donau)

Vorwort

Dreizehn Jahre liegen zwischen den Erscheinungsjahren von ‚Höfische Epik I‘ und ‚Höfische Epik II‘, die einmal, zusammen mit einem weiteren Bändchen über die Spätzeit höfischer Epik, als Einheit auch des Entstehens gedacht waren. Zur Rechtfertigung dieser Verzögerung kann das Übliche vermerkt werden: die mit wachsenden Studentenzahlen gesteigerte Arbeitslast des akademischen Lehrers, neue wissenschaftliche und wissenschaftsorganisatorische Verpflichtungen des Verfassers. Stärker ins Gewicht fallen indes die besonderen hochschulpolitischen Umstände dieser Zwischenzeit. Ich kann zwar nicht wie viele meiner Kollegen an anderen Universitäten behaupten, unter der studentischen Revolte persönlich und als Forscher gelitten zu haben, aber es stellte sich eine gründliche Veränderung des didaktischen und wissenschaftlichen Bewußtseins ein. Ich hatte das erste Bändchen dieser Darstellung für Studenten geschrieben, und das war nur möglich auf Grund der Erfahrung, daß Lehrer und Lernende sich in den Wertvorstellungen über Literatur grundsätzlich einig waren. Das traf nach 1967 nicht mehr zu. Außerdem sah sich, und dies durch Reformer, die sich als gemäßigt verstanden, mittelalterliche Literatur in ihrer Gesamtheit disqualifiziert, indem als äußerste Grenze forschungs- und lehrwürdiger Gegenstände gegenüber dem Niemandsland der Geschichte gerade noch das Zeitalter der Renaissance und des Humanismus toleriert wurde. Es war so nicht auszumachen, für wen ‚Höfische Epik II‘ geschrieben werden sollte, zumal ich schon immer der festen Überzeugung war, daß es eine gute vermittelnde Wissenschaft (was eine ‚Darstellung‘ ihrer Funktion nach ist) ohne konkretes Leserbild im Bewußtsein des Autors nicht geben kann. Auch die quälende Frage nach der Legitimation einer geschichtlichen Darstellung war nicht abzuweisen.

Es ist natürlich nicht so, daß heute die alten Zeiten eines naiven Einverständnisses zwischen Autor und Leser wieder zurückgekehrt sind (was bestimmt kein Gewinn wäre), aber unter neuem Verständnishorizont, der ein grundsätzliches Erkenntnisinteresse am gegenwärtigen Leben mit all seinen Bewußtseinslagen fordert, ist Literaturgeschichte des Mittelalters wieder möglich geworden.

Ich kann nicht alles nennen, was es mir erlaubte, den verlorenen Faden wieder aufzugreifen, möchte jedoch nicht verschweigen, daß mir die Rektoratsrede aus Anlaß der 137. Stiftungsfeier der Universität Zürich (1970) von Max Wehrli, ‚Literatur als Geschichte', eine große Hilfe bedeutete. Man kann dort den Satz lesen, der gerade im Hinblick auf den Gegenstand der höfischen Epik von verblüffender ‚Wahrheit' ist: „Auch die Historia litteraria war und ist zuerst Neugier und Vergnügen an der abenteuerlichen Begegnung mit Fremdem und zugleich Eigenem" (S. 5) — eine Verständigungsbasis, die überall dort möglich erscheint, wo die menschenfeindliche rabiate Reduktion des Lebendigen auf eine nackte Begriffswelt noch nicht stattgefunden hat, und ebenso wahr wie ermunternd für einen zweifelnden Literaturgeschichtsschreiber ist das Diktum Wehrlis, daß „Literaturgeschichtsschreibung — diese ungeheure Aufgabe, das Panorama einer Literatur al fresco zu malen, heute wohl nur mit einem gewissen dilettantischen Leichtsinn angegangen werden (kann)" (S. 11). Der besessene Wille der heutigen Germanistik zur Dokumentation und zum lückenlosen ‚Apparat' auch des schlichtweg Beiläufigen (wenn ich recht sehe, immer noch in Abwehr gegen den Vorwurf der Unwissenschaftlichkeit, der sie nach 1945 traf) ist dazu angetan, gerade den Darsteller, der dies schon aus Raumgründen nicht kann, zu entmutigen, nämlich im aufgezwungenen Gedanken, daß er es eigentlich sollte. Der „dilettantische Leichtsinn" bestünde darin, das Bild der literarischen Gegenstände, das man im Verlaufe langer Jahre und wiederholter Bemühungen aus Fremdem und Eigenem, wie in jedem Aneignungsprozeß, gewonnen hat, als solches ohne Skrupel gelten zu lassen.

Neben solchen Auftrieben war es dann ein großzügiges Jahresstipendium des Bundesministeriums für Bildung und Wissenschaft, das mir im Rahmen eines Forschungsprogramms zugunsten „synoptischer Bücher" die nötige Muße gab, das alte Vorhaben wieder aufzugreifen und in einem Zuge durchzuführen. Für diese Möglichkeit möchte ich an dieser Stelle dem Bundesminister und seinen Mitarbeitern meinen aufrichtigen Dank aussprechen.

Dreizehn Jahre lassen sich nicht einfach überspringen. Vermutlich wird der Leser mehr ‚Brüche' zwischen dem ersten und zweiten Teil feststellen, als sie dem Verfasser bewußt sind. Dieser glaubte namentlich den Veränderungen Rechnung tragen zu müssen, mit denen sich heute der akademische Lehrer konfrontiert sieht: der sehr verminderten Lesefähigkeit und dem beschränkten Lesewillen des Studierenden. Dies, aber auch die, wie mir schien, berechtigte Kritik eines französischen Kollegen (Études germaniques 24 [1969], S. 290) bedingten eine breitere Ausfaltung der Erzählinhalte, als ich sie im ersten Bändchen für notwendig hielt. Das führte dazu, daß vielfach die Aussage einzelhaft beim Text angesiedelt ist, obschon sie weit über den Text hinausreicht. Im übrigen schien mir beim ‚Tristan' von der Sache her eine modifizierte Anwendung dieses ‚linearen' Prinzips angebracht zu sein.

Man könnte die beiden ersten Kapitel über ‚Reinhart Fuchs' und den ‚Lanzelet' vor den epischen Großwerken Wolframs und Gottfrieds als Verlegenheitsplazierung verdächtigen, doch dürften über den chronologischen Ansatz beider Werke zwischen Hartmann (freilich vor dem ‚Iwein') und Wolfram keine Zweifel mehr bestehen; daß die Chronologie aber auch dem Stellenwert der literarischen Tradition entspricht — ‚Reinhart Fuchs' ist keine verspätete frühmittelhochdeutsche Dichtung und ‚Lanzelet' kein verfrühter ‚Epigonenroman' —, geht aus meiner Darstellung hervor. Zugegeben sei, daß unter dem Gesichtspunkt der Einheit jedes Einzelbändchens die Einrückung beider Werke am Schlusse von ‚Höfische Epik I' vorteilhafter gewesen wäre.

In der Auseinandersetzung mit der Forschung habe ich mir Zügel angelegt, auch in bezug auf aktuelle Publikationen. Die Literaturangaben wollen eine Auswahl des wirklich — in meiner Sicht — förderlichen und anregenden Schrifttums zu den behandelten Gegenständen bieten.

Meinem Mitarbeiter Herrn Andreas Unterforsthuber verdanke ich Korrekturgänge in allen Stadien der Herstellung. Frau Dr. Kahleyss vom Erich Schmidt Verlag hat auch dieses Bändchen mit großer Sorgfalt und viel Engagement betreut. Ihr gilt mein herzlicher Dank.

Würzburg, im April 1980 Kurt Ruh

Inhalt

Abkürzungen und Kurztitel

Die in den Literaturangaben und der Zitation verwendeten Abkürzungen von Zeitschriften, Reihen, Nachschlagewerken und dgl. sind die in der germanistischen Fachliteratur üblichen. Für öfter zitierte Werke gelten die folgenden Kurztitel:

BERTAU, Deutsche Lit.: Karl Bertau, Deutsche Literatur im europäischen Mittelalter, 2 Bde. (mit fortlaufender Seitenzählung), München 1972/73.

DE BOOR, Lit. Gesch. II: Helmut de Boor und Richard Newald, Geschichte der deutschen Literatur von den Anfängen bis zur Gegenwart. 2. Bd. H. de Boor, Die höfische Literatur. Vorbereitung, Blüte, Ausklang, München [4]1974 ([1]1953).

BUMKE: Joachim Bumke, Die Wolfram von Eschenbach Forschung seit 1945. Bericht und Bibliographie, München 1970.

CURTIUS, Europ. Lit.: Ernst Robert Curtius, Europäische Literatur und lateinisches Mittelalter, Bern-München [4]1963 ([1]1948).

KÖHLER, Ideal und Wirklichkeit: Erich Köhler, Ideal und Wirklichkeit in der höfischen Epik. Studien zur Form der frühen Artus- und Graldichtung (Beihefte zur ZfromPh 97), Tübingen [2]1970 ([1]1956).

‚Les romans du Graal': Les romans du Graal aux XIIe et XIIIe siècle , ed. Jean Fourquet, Paul Imbs, Alexandre Micha (Colloques internationaux du Centre National de la recherche scientifique 3), Paris 1956.

SCHWIETERING, Deutsche Dicht.: Julius Schwietering, Die deutsche Dichtung des Mittelalters (Handbuch der Literaturwissenschaft), [2]Darmstadt 1957 ([1]Potsdam o. J. [1932]).

WdF 57: Wolfram von Eschenbach, hrsg. von Heinz Rupp (Wege der Forschung LVII), Darmstadt 1966.

WdF 320: Gottfried von Straßburg, hrsg. von Alois Wolf (Wege der Forschung CCCXX), Darmstadt 1973.

Wolfram-Studien I—IV: Wolfram-Studien (Veröffentlichungen der Wolfram von Eschenbach-Gesellschaft), hrsg. von Werner Schröder, Berlin 1970, 1974, 1975, 1977 (Bd. I ist nicht gezählt.)

I. ‚Reinhart Fuchs'

Eine antihöfische Kontrafaktur

Ausgaben: JACOB GRIMM, ‚RF', Berlin 1834, S. 25—114 (nach P und K); G. BAESECKE, Heinrichs des Glichezares ‚RF', mit einem Beitrage von K. VORETZSCH (ATB 7), Halle 1925 (P und S synoptisch); 2. Aufl. v. I. SCHRÖBLER, Halle 1952; K.-H. GÖTTERT, Heinrich der Glîchezâre, ‚RF', Mhd. und nhd. (Reclam. U-B 9819), Stuttgart 1976; W. SPIEWOK, Heinrich der Glichesaere, Fuchs Reinhart. Mhd.-nhd. (Reclam Bibl. 676), Leipzig 1977.

E. MARTIN, Le Roman de Renart (RdR) I—III, Straßburg 1882—1887; Le RdR (Branchen II, Va, III, IV, I) übersetzt und eingeleitet von H. JAUSS-MEYER (Klass. Texte d. Roman. MAs in zweisprachigen Ausgaben 5), München 1965.

E. VOIGT, Ysengrimus, Halle a. S. 1884; Isengrinus. Das flämische Tierepos aus dem Lateinischen verdeutscht von A. SCHÖNFELDER (Niederdt. Studien 3), Münster 1953.

Ich zitiere den mhd. Text nach BAESECKE/SCHRÖBLER, versehe jedoch wegen leichterer Lesbarkeit die Langvokale mit Längezeichen und ersetze das vokalische *v* durch *u*.

Literatur: H. BÜTTNER, Studien zu dem RdR und dem RF. Heft 2: Der RF und seine französische Quelle, Straßburg 1891; C. VORETZSCH, Der RF Heinrichs des Glîchezâre und der RdR, ZfromPh 15 (1891), S. 124—182, 344—374; 16 (1892), S. 1—39; L. FOULET, Le RdR (Bibliothèque de l'Ecole des Hautes Etudes 211), Paris ²1968 (¹1914); A. WALLNER, RF. Lesungen und Deutungen, PBB 47 (1923), S. 173—220, Nachtrag PBB 48 (1924), S. 141; ders., Reinhartfragen, ZfdA 63 (1926), S. 177—216; G. BAESECKE, I. Heinrich der Glichezare, II. Zur ‚RF'-Kritik, ZfdPh 52 (1927), S. 1—30; dazu WALLNER, Reinhartfragen. Eine Replik, ebda. S. 259—270; K. VORETZSCH, Zum mhd. RF. Die Krankheit des Löwen. Festschr. Georg Baesecke, Halle 1941, S. 160—175; M. WEHRLI, Vom Sinn des mittelalterlichen Tierepos, German Life and Letters, N.S. 10 (1956/7), S. 219—228 (= M.W., Formen mittelalterlicher Erzählung. Aufsätze, Zürich-Freiburg i. Br. 1969, S. 113—125); H. R. JAUSS, Untersuchungen zur mittelalterlichen Tierdichtung (Beihefte zur ZfromPh. 100), Tübingen 1959; W. SPIEWOK, ‚RF'-Fragen. Wiss. Zs. d. Ernst-Moritz-Arndt-Univ. Greifswald 13 (1964), Gesellschafts- und sprachwiss. Reihe 4, S. 281—288; I. MEINERS, Schelm und Dümmling in Erzählungen des deutschen Mittelalters (MTU 20), München 1967, S. 7—38; U. SCHWAB, Zur Datierung und Interpretation des RF. Mit einem textkritischen Beitrag von K. DÜWEL (Instituto Universitario Orientale di Napoli.

Quaderni della sezione linguistica degli Annali 5), Neapel 1967; K. GRUBMÜLLER, Deutsche Tierschwänke im 13. Jahrhundert. Ansätze zur Typenbildung in der Tradition des ,RF'? in: Werk-Typ-Situation, Festschr. Hugo Kuhn, Stuttgart 1969, S. 99—117; K.-H. GÖTTERT, Tugendbegriff und epische Struktur in höfischen Dichtungen. Heinrichs des Glîchezâre ,RF' und Konrads von Würzburg ,Engelhart' (Kölner Germanistische Studien 5), Köln-Wien 1971; ders., Die Spiegelung der Lesererwartung in den Varianten mittelalterlicher Texte (am Beispiel des RF), DVjs 48 (1974), S. 93—121; H.-J. LINKE, Form und Sinn des ,Fuchs Reinhart', Strukturen und Interpretationen, in: Festschr. Blanka Horacek, Wien 1974, S. 226—262; J. KÜHNEL, Zum ,RF' als antistaufischer Gesellschaftssatire, in: R. KROHN/B. THUM/P. WAPNEWSKI (Hgg.), Stauferzeit. Geschichte, Literatur, Kunst, Stuttgart 1978, S. 71—86.

1. Reinhart Fuchs, der mit Ysengrin dem Wolf einen Gesellenbund geschlossen hat, *wante sîne sinne / an Hersante minne / vil gar unde den dinest sîn* (407 ff.). Ysengrin, der sich mit den Söhnen auf Nahrungsuche befindet, hatte beim Abschied sein Weib an der Hand genommen und dem neuen Gevatter *an sîne trewe unde an sîne êre* (418) befohlen. Der *hobischêre* (Galan) (441) wirbt wie folgt:

> ,gevatere, mochtet ir beschowen
> grôzen kummer, den ich trage:
> von eweren minnen, daz ist mîn clage,
> bin ich harte sêre wunt.' (424 ff.)

Weniger höfisch antwortet die umworbene Wölfin:

,Tu zu, Reinhart, dînen munt'. Ihr Herr habe *sô schônen lîp,* daß sie auf einen Freund verzichten könne. Sollte sie sich aber doch einen wünschen, sei ihr Reinhart nun *doch zu swach.* Doch dieser behält das letzte Wort und ist seiner Sache sicher: *,vrowe, ich sol dir liber sîn, / wer es an den sêlden mîn, / danne ein kunic . . .'* (435 ff.).

Was als höfische Werbung begonnen hat, endet mit Ehebruch. Ysengrin erfährt vom Eichelhäher Kuonin die *ubelen mêre* (620), ja wird zum Augenzeugen seiner Schande (1175 f.).

Vor dem Hofgericht lautet die Anklage auf Notzucht. Aber die Verteidigung durch Crimel den Dachs stellt sie in Abrede: Wie sollte dies möglich sein, da Hersant größer ist als Reinhart?

> ,hat aber er ir gelegen bî
> durch minne, daz ist wunders niht,
> wan sulcher dinge vil geschiht.
> nu weste iz iman lutzel hi.' (1392 ff.)

Ysengrin aber schädige die Ehre von Weib und Kind, wenn er derartige Geschichten in die Öffentlichkeit trage.

Die Werbeszene und mit ihr die minnesingerischen Töne sind ganz das Eigentum des deutschen Nachdichters des ‚Roman de Renard' (‚RdR'). Pierre de Saint-Cloude in Branche II, der den Tristan-Roman kannte (Prolog v. 5), hatte die Hersant-Affaire von vorneherein als Ehebruchstory angelegt (1027—1150).

Durch das höfisch-galante Vorspiel, schon als solches parodistisch durch die undamenhafte Replik der mehrfach als *edel* (567,1382,1423) apostrophierten Partnerin, erhält die Reinhart-Hersant-Minne ein zusätzliches Ferment literarischer Kritik. Höfische Minne ist, ungeachtet der Theorie *hôher minne* und nobler Worte, *bîligen* im Ehebruch.

2. Der ‚Reinhart Fuchs' (‚RF') setzt eine fortgeschrittene höfische Minne und Ideologie in Epik und Lyrik voraus. Von da her gesehen ist die traditionelle Datierung zu Beginn der 80er Jahre verfrüht. Doch ist der chronologische Frühansatz nun auch mit der Auswertung zeitgenössischer Anspielungen, wie sie U. SCHWAB gelungen ist, aufzugeben, wobei man mit Sicherheit v. J. 1192 (Erstein-Affäre), vielleicht sogar v. J. 1197 (Tod Heinrichs VI.) als Terminus a quo ausgehen darf.

Der ‚RF' ist mit 688 z. T. halbwegs zerstörten Versen fragmentarisch in den elsässischen Pergamentblättern S (Ms. 8° poet. 1 der Murbachschen und Landesbibl. Kassel) aus dem frühen 13. Jahrhundert und in einer um ein Jahrhundert jüngeren Bearbeitung aus dem böhmisch-oberpfälzischen Raum PK (P = Heidelberg, cod. pal. germ. 341; K = Kalocsa, Metropolitanbibl. cod. 1, jetzt Genf-Cologny, Bibliotheca Bodmeriana cod. Bodmer 72) überliefert. Diese Bearbeitung, die es unternahm, ein älteres, den formalen Ansprüchen des 13. Jahrhunderts nicht mehr genügendes Werk zu erneuern, darf als Modellfall für manch andere gelten. Der Bearbeiter äußert sich in einem Nachwort (2249 ff.) selbst über seine Eingriffe: er hätte *die rîme gerichtet*, d. h. reine Reime eingeführt, gelegentlich gekürzt, gelegentlich erweitert, ohne jedoch den Inhalt zu verändern. Der Vergleich der PK-Bearbeitung mit S bestätigt dies. Der Erneuerer tilgt vor allem *m:n-*, *î:i-* und *-ôt:ôn* (Verbalendungen)-Reime, was immerhin ein Viertel der vergleichbaren Reime betrifft; inhaltliche Änderungen sind in der Regel damit nicht verbunden. Weiterhin ersetzt er altertümlichen, lokalgebundenen oder ihm sonst nicht geläufigen oder genehmen Wortschatz: *gouch* durch *tôrecht/tôre (600, 606)*, *ergouchet(e)* durch *(h)ergetzet* (837, 885), *sôt* durch *brunne* (833, 848, 851 u. ö.), *asprachen* durch *veltsprachen* (631), *tras* durch *smack* (650) u. a. mehr. Gelegentlich gibt's bei diesem Geschäft auch ein Mißverständnis. Von einer neuen Fassung im Sinne GÖTTERTS (1974), bedingt durch spezifische Lesererwartungen und ein neues Textverständnis des Bearbeiters, kann nicht die Rede sein.

Nach dem Bearbeiter heißt der Autor *Heinrich der glîchsenêre* (1784 ff., 2250 f.). Das dürfte ein Mißverständnis sein, denn S liest v. 1786 ff. nach der neuesten Untersuchung der arg zerstörten Stelle durch DÜWEL (im Anhang des Buches von U. SCHWAB): *vernement seltsaniv dinc / vnde fremdiv mere / vonme g(i)lichezare. / der ivch kunde git gewarlich, / der (er?) ist geheizin heinrich. / er hat daz buoch gedihtot / vmbe isingrines not.* Es bezieht sich also *glichezare* (Gleichsner, Heuchler) auf Reinhart, nicht auf den Autor (in diesem Falle mußte *glichezare* in fragwürdiger Weise zu ‚Mimus‘ abgeschwächt werden). Sicher ist jedenfalls nur der Name Heinrich, ein Allerweltsname, der der Anonymität gleich kam. Diese mag der Autor sogar erstrebt haben. Fest steht die elsässische Herkunft der Dichtung. Als mögliche Auftraggeber bieten sich die Dagsburger an, Haupt der antistaufischen Partei im Elsaß, mächtige Herren mit noch mächtigeren Verwandten in Lothringen, Luxemburg und Brabant. Ihre westlichen Beziehungen hätten sie leicht in die Lage versetzt, die Branchen des ‚RdR‘ zu beschaffen. Doch muß dies Hypothese bleiben.

Die Nennung des Autors v. 1784 ff. berührt auch die Titelfrage. Heinrich hätte wahrheitsgemäß das Buch über *Îsîngrînes nôt* gedichtet. Er bezeichnet damit, wohl mit einem Seitenblick auf ‚Der Nibelunge nôt‘, zutreffend den Inhalt der beiden Hauptteile, dürfte aber mit diesem Stichwort keineswegs einen Titel intendiert haben. Fest steht, daß der Hauptakteur Reinhart ist: der Prolog besagt es und die Erzählperspektive des Geschehens, die ganz auf Reinhart ausgerichtet ist. So steht nichts im Wege, dem (zweifellos sekundären) Reimverstitel des Bearbeiters zu folgen: *Ditz buch heizet vuchs Reinhart* (P) (wobei die Wortstellung des Titels durch den Reim bedingt ist).

3. ‚RF‘ besteht aus zwei gleich großen Hauptteilen, der Fuchs-Wolf-Auseinandersetzung (II.) mit 852 + ca. 160 (Lücke nach v. 562 = 1 Blatt) Versen und König Vrevels Hoftag (III.) mit 1010 Versen; eine vorspielartige Aventiurenreihe (I.), Reinharts schlechter Tag, mit 375 Versen geht voran. Nur der kurze I. Teil ist einer einzigen Branche des ‚RdR‘ entnommen, der Branche II des Pierre de Saint-Cloude, die Hauptteile stammen aus verschiedenen Branchen, erscheinen als Kombinationen einer offensichtlich nach bestimmten Zielvorstellungen ordnenden Hand.

Die Quellenfrage ist freilich kontrovers. Man hat, um die vielfachen Abweichungen des deutschen ‚RF‘ von den ‚RdR‘-Branchen zu erklären, ältere, verlorengegangene ‚Renard‘-Branchen postuliert (J. GRIMM, K. VORETZSCH), in neuerer Zeit aber doch mehrheitlich die überlieferten Branchen als direkte Quellen in Anspruch genommen (L. FOULET, H. R. JAUSS, U. SCHWAB). Dieser Ansatz hat nicht nur den methodischen Vorteil der Vergleichsmöglichkeit und damit der Herausstellung von Heinrichs Eigenleistung, sondern er rechtfertigt sich zur Genüge durch die Fuchs-Wolf-Auseinandersetzung des II. Teils (s. u.), die in ihrer Zentralkomposition im Bereich des ‚RdR' nichts Vergleichbares aufweist. Aber auch der Hoftagteil ist strenger und geschlossener strukturiert als irgendeine der ‚RdR'-Branchen. Es wäre nun doch ein Zufall ohnegleichen, wenn ausgerechnet die im Rahmen der Tierdichtung isoliert dastehende Werkstruktur auf verlorenen Branchen beruhen sollte. Das entspräche einer These, die Wolframs ‚Willehalm' auf eine nicht überlieferte altfranzösische Wilhelmsgeste mit den beiden Aliscans-Schlachten als Eckpfeiler zurückführen würde. Wir setzen so mit guter Zuversicht die erhaltenen ‚RdR'-Branchen als Quellen des ‚RF' ein, freilich unter Berücksichtigung der in dieser Gattung üblichen starken Überlieferungsvarianz.

A. Teil I (11—384) thematisiert das Mißlingen Reinharts. Auch der Listige, der am Ende als Triumphator über eine vernichtete Welt dastehen wird, hat's schwer im Daseinskampf:

Reinhart kundekeite pflac, / doch ist heute niht sîn tac, / daz iz im nach heile müge ergân (217 ff.). Mit dieser kommentierenden Formel hat Heinrich auf den Begriff gebracht, was sicher schon Pierre de Saint-Cloude beabsichtigte: die Parodie des ritterlichen Helden, dem es bei seiner ersten Ausfahrt *nâch heile ergât*. Zudem ist das Movens der Fuchs-Aventiure nicht *êre*, sondern Hunger.

Reinhart gelingt es, in einen wohlgeschützten Hühnerhof einzudringen, dessen Herr Scantecler (der ‚Hellsingende') und dessen Musterhenne und Scanteclers *wîp* Pinte gerufen werden. Der Hahn ist zwar gewarnt durch einen schweren Traum (67 ff.), glaubt aber doch, die konkreten Warnungen Pintes eitel-souverän kommentieren zu dürfen. Immerhin fliegt er vorsorglich auf einen Dornstrauch, der Reinhart zum Sprunge *ze hôhe* ist. Die nunmehr nötige List ist ein Meisterstück verbaler Taktik: *‚wer ist, der dâ ûf stât? / bistu daz, Sengelîn?'* Jetzt muß Scantecler sagen, nein, Sengelîn sei sein Vater, und Reinhart wiederum hat die Möglichkeit, das Lob des unvergleichlichen Vaters zu singen, der vor seinem, Reinharts, Erzeuger keineswegs in die Höhe flog, sondern die Flügel schwang und mit geschlossenen Augen ihm als ein *vrôlîchez hun* (125) vorsang. Das kann selbstverständlich Scantecler ebenfalls. Reinhart packt den Flatternden, Pinte alarmiert, und schon ist der Bauer Lanzelin zur Stelle. Scantecler kann sich salvieren, Reinhart erntet obendrein dessen Spott.

Mit der Meise geht es dem Reinhart nicht besser. Er biedert sich als Gevatter an, stellt sich verliebt, wünscht einen Kuß. Die Meise geht scheinbar auf dieses Ansinnen ein, wirft ihm jedoch ein Stück Mist ins Maul, wonach er gierig, wähnend, es sei die Meise, schnappt. Er muß gestehen, daß ihn ein Vöglein betrogen hat.

Die dritte Fehlaventiure variiert die bekannte äsopische Fabel vom Raben Dizelin, der einen Käse im Schnabel trägt. Reinhart vermag ihn mit gezielter Schmeichelei zum Singen zu bringen, so daß der Käse zu Boden fällt, bringt ihn auch noch dazu, das Stück wiederum zu holen, da es stinke und Reinhart nicht gut bekomme, aber der Rabe muß nur einige Federn lassen, da Jäger mit Hunden in die Szene einbrechen und Reinhart zur Flucht veranlassen.

Am schlimmsten geht es Reinhart in der Begegnung mit dem Kater Diprecht. Ein sportlicher Wettlauf wird zwar akzeptiert, aber Diprecht erkennt die Falle, in die ihn Reinhart jagen will, und stößt diesen selbst hinein. Nur Ungeschick des Bauern, der mit seiner Axt die Falle und nicht die Beute trifft, rettet Reinhart vom sicheren Tode.

Ein Unglückstag Reinharts, und dies, obschon er seine *kundekeit* mannigfach unter Beweis stellt. Das steht im krassen Gegensatz zum Erfolg von Reinharts Finten in der Haupthandlung. Das epische Vorzeichen ist wohl deshalb verquer gesetzt, weil es im Hinblick auf die späteren, vielfach kriminell zu nennenden Taten des Protagonisten nötig schien, diesem beim Publikum einige Sympathien zu sichern: dem Erfolglosen mit reichen Gaben werden sie nie verwehrt.

Ich distanziere mich damit von LINKE, der schon im I. Teil Reinhart schlechterdings zur „Inkarnation des Bösen" macht. Mit der alles beherrschenden und alles egalisierenden moralischen Perspektive ist auch alles zurückgedrängt, was bisher von der Forschung, vor allem von JAUSS, zum Verständnis der Tierepik eingebracht worden ist.

Sympathien bedurfte der Reinhart Fuchs des deutschen Dichters noch in weit stärkerem Maß als der französische Renard. Steht es damit im Zusammenhang, daß Heinrich die Kalamitäten des Fuchses verschärft hat? Jedenfalls tilgte er den Teilerfolg Renards in der Rabenbegegnung — Renard kommt immerhin in den Genuß des Käses —, und er rückte die gleichermaßen blamable wie auf den Tod hin programmierte Auseinandersetzung mit dem Kater an den Schluß.

Der Vergleich mit der Vorlage ergibt als weiteres die Tendenz des deutschen Bearbeiters zur Verknappung: seine 374 Verse entsprechen 1004 Versen des ‚RdR'. Das ist insofern ein interessanter Befund — die Hauptteile bestätigen ihn —, als deutsche Nachdichter in der Regel erweitern, und er erhält besondere Bedeutung durch den Umstand, daß die Kürzung weniger durch

Streichung von Erzählsubstanz als durch verknappte Diktion zustande kommt. Damit aber distanziert sich Heinrich vom höfischen Erzählstil.

B. Als Meister der Komposition und souveräner Bearbeitung erweist sich der Autor in der Gestaltung der Fuchs-Wolf-Auseinandersetzung (385—1238). Er hat dazu verschiedene ‚RdR'-Branchen herangezogen, daraus ausgewählt und mit Hilfe eigener Ergänzungen frei kombiniert.

Gleich der Anfang ist eine Neuerung des deutschen Dichters. War es die Absicht des Pierre de Saint-Cloude, des Autors der Branchen II und Va, die (im lateinischen ‚Ysengrimus') „offen gelassene Frage nach dem epischen Anfang der Geschichte von Renard und Ysengrin" zu erzählen (JAUSS, S. 180 f.), so gelingt gerade dieser Anfang Heinrich in perfekter Weise: Reinhart und Ysengrin schließen einen Gesellenbund, im gegenseitigen Interesse, wie es der Fuchs formuliert: *ich bin listic, starc sît ir* (397). Diese Gevatterschaft ist dann die Voraussetzung für Reinharts Werbung um Hersant, von der bereits die Rede war.

Die Vater-Söhne-Nahrungsuche, die Reinharts minnesängerische Bemühungen ermöglichte, war erfolglos. Es bedarf des listenreichen Gevatters, um die Wolfsfamilie zu sättigen. Reinhart läuft einem Bauern, der einen mächtigen Schinken auf dem Rücken trägt, hinkend über den Weg. Der Bauer glaubt, das gelähmte Tier leicht einfangen zu können, legt den Schinken ins Gras, verfolgt den Fuchs, der sich jetzt wieder uneingeschränkt seiner Glieder erfreut. Inzwischen bemächtigt sich Ysengrin des Schinkens. Als Reinhart wiederum zur Wolfsfamilie stößt, findet er sich um seinen Beuteanteil betrogen.

Jetzt klagt die Wolfssippe über Durst. Reinhart verspricht guten Trunk aus einem Klosterkeller, Ysengrin betrinkt sich, fängt nach Art der Beschwipsten zu ‚singen' an. Sechs Klosterknechte verprügeln die Wolfsfamilie jämmerlich, während sich Reinhart beizeiten abgesetzt hat.

Im Zeichen der jungen Gevatterschaft verlaufen die Fuchs-Wolf-Aventiuren schwankhaft-heiter. Eines ist freilich deutlich geworden: von der beschworenen *triuwe* kann beiderseits nicht die Rede sein.

Zu Beginn der eigentlichen Wolfsmisere, die nunmehr anhebt, ist eine Überlieferungslücke zu verzeichnen (nach 562). Sie ist umso beklagenswerter, als sie mit den ‚RdR'-Branchen nicht zu rekonstruieren ist. Die Wallfahrt von Fuchs, Widder und Esel in Branche VIII kommt nicht in Frage, da der ‚RF'-Text dafür nicht den geringsten Anhalt bietet, der Esel außerdem Carcophas, nicht Baldewin heißt. Näher liegt es, an den Streit um Balduinus'

Haut und Schwur auf das Wolfseisen (‚Ysengrimus' VI) zu denken, doch verliert hier der Wolf einen Fuß, ein mit dem ‚RF' nicht in Einklang zu bringender Umstand. Am besten fügt sich zur Rekonstruktion immer noch die vom Marner berichtete Fabel (ed. PH. STRAUCH, XV, 7), da ‚RF' 552 ff. Reinhart im Begriff ist, den Esel für sich zu engagieren, und die Marner-Fabel eben damit einsetzt: *Ein esel gap für eigen sich / dem fuhse.* In Verfolgung dieser Geschichte würde Ysengrin gleichfalls Rechte auf Baldewin geltend machen und sie auf einen Reliquienbehälter beschwören. Die tückisch verborgene Falle verwundet den Wolf schwer (*vreislîchen wunt* 581), vielleicht (wofür U. SCHWAB, S. 65 ff., plädiert) im Sinne der Kastration. Für sie sprechen Zweideutigkeiten betreffs *zagel* seitens der Hersant (1057 ff.) wie die Beobachtung des Priors in der Brunnenszene (s. u.), daß der Wolf ritual beschnitten sei (1012 f.); das Motiv als solches bezeugt bereits der ‚Ysengrimus' (IV, 641 f.).

Mit Ysengrins Klagen, die mit der verwegenen Prognose enden, daß die geliebte Hersant bei seinem Ableben nie einen andern Mann nehmen wird, setzt die Überlieferung wieder ein. Eichelhäher Kuonin hat den Ausspruch des Wolfs vernommen und verrät dem Unglückseligen schamlos die ehebrecherischen Beziehungen zwischen Hersant und Reinhart. Daraufhin reagiert Ysengrin wenig heldisch: er fällt in Ohnmacht und heult vor seiner Familie über die *ubele mêre* (620). Hersant beteuert mit Nachdruck ihre Unschuld, und die Familie leckt den Wunden gesund.

Reinhart hat sich mit guten Gründen in seinen Bau zurückgezogen. Ysengrin, hungrig wie immer, kommt vorüber, riecht herrliche geräucherte Aale, setzt sich am Eingang nieder. Reinhart erklärt in feierlichem Tonfall, er sei Mönch geworden, und wirft Ysengrin zur Bestätigung der von diesem angebotenen Versöhnung zwei Aale ins Maul. Hier würde er gerne Koch sein, meint Ysengrin nach Verspeisung der Aale. Nichts leichter als das, repliziert Reinhart, er müsse nur *bruderschaft empfân.*

Bruderschaft heißt eine Tonsur tragen, und Reinhart vollzieht die Prozedur mit kochendem Wasser. Trotz des Schmerzes gibt sich Ysengrin zufrieden, er ist ja nun *meister über die brâten* (687). Indessen ist der Vorrat an Fischen zu Ende gegangen, es gilt neuen zu beschaffen, und Reinhart weiß wo. Es folgt das bekannte Fischweiher-Schelmenstück. Reinhart veranlaßt Ysengrin, einen Eimer an seinen Schwanz zu binden und in ein Wasserloch des zugefrorenen Teiches zu stecken. Der Schwanz friert ein, Reinhart macht sich davon, Ysengrin bleibt als hilfloser Gefangener zurück. Am frühen Morgen findet ihn der Ritter Birtin, will ihn mit seinem Schwerte erschlagen, glitscht indes auf dem Eise aus und trifft nur den Schwanz. Das bedeutet die Befreiung des Wolfs, aber auch den Verlust des Schwanzes.

Die anschließende Brunnenaventiure ist die sublimste und von Heinrich mit besonderer Sorgfalt ausgeformt worden. Reinhart kommt zum Ziehbrunnen einer Abtei, schaut hinunter zum Wasserspiegel, sieht sich selbst, glaubt indes sein Weib zu erblicken. Auch ein listiger Fuchs hat Erkenntnistrübungen, und Minne ist es, die sie bewirkt. Mehr noch: er springt in den Brunnen: *durch starke minne tet er daz / dô wurden im die ôren naz* (849 f.). Er sieht sich gefangen. Es trifft sich, daß auch Ysengrin zum Brunnen kommt und derselben Täuschung erliegt. Er glaubt Hersant zu erblicken, aber nun meldet sich Reinhart: *ich bin im himelrîche* (892), und zu beklagen sei Ysengrin, der noch *mit nôt* lebt. *hie sint ouch küge unde swîn / unde daz veizete scâfelîn, / âne hûte ez hie gât* (S. 923 ff.). Jetzt begehrt auch Ysengrin Paradiesesfreuden. Reinhart hat inzwischen den Mechanismus der Zieheimer des Brunnens durchschaut und veranlaßt Ysengrin, den oben schwebenden Eimer zu besteigen, während er sich selbst in den Gegeneimer begibt. *Îsengrîn gie an den grunt, / Reinhart ze walde wol gesunt* (953 f.). Nicht lange geht's, so kommt ein Mönch, um Wasser zu schöpfen. Er sieht im Eimer den gefangenen Wolf, holt Verstärkung. Ysengrin wäre erschlagen worden, hätte der Prior nicht plötzlich dessen Glatze und Hinterleibesschaden entdeckt. Er verkündet, sie hätten *ubele getân*, dieser Wolf trage eine Tonsur, sei außerdem gemäß dem Alten Testament beschnitten und müsse nun doch wohl als Büßer qualifiziert werden. Die Mönche lassen von ihrem Opfer ab, dem Wolf gibt der Autor das Leibsprüchlein des Herrn Walther von Horburg auf den Weg: ‚Auch Mißgeschick kann zum Guten ausschlagen' (1024 ff.) — ein blutiger Hohn für Ysengrin wie für den Zitierten.

Der Brunnenszene hat die Forschung ihr besonderes Interesse zugewandt. Siehe besonders die umfassenden vergleichenden Textanalysen bei JAUSS (Kap. IV) und die auf Erkenntnis- und Religionskritik abhebenden Ausführungen I. MEINERS' (S. 7—38).

Wiederum kehrt Ysengrin heulend und klagend zu den Seinen zurück, die mitheulen. Das veranlaßt selbst den unmusischen Wolf zu minnesängerischen Tönen: *vrow Hersant, libes wîp, / wes verterbet ir ewren schônen lîp? / ewer weinen tut mir wê* (1053 ff.).

Ysengrin ist zur Fehde gegen Reinhart entschlossen. Aber der Luchs bewirkt einen Gerichtstag, an dem der Fuchs sich verantworten soll. Ysengrin stellt den grimmigen Rüden Reize bereit, auf dessen Zähne Reinhart schwören soll. Aber dieser, von Crimel dem Dachs gewarnt, Reize sei nicht tot, wie er sich stelle, sondern im Vollbesitz seiner Zähne, sucht sein Heil in der Flucht. Bei den Verfolgern hält Hersant die Spitze. Reinhart flieht in einen Dachsbau, Hersant ihm nach, bleibt aber im engen Eingang stecken. Reinhart springt durch einen zweiten Zugang wieder ins Freie, packt Hersant von hinten und begattet sie, so daß die herbeispringende Meute, Ysengrin voran, Zeuge der Schmachtat wird. Die Schande der Wolfssippe ist ohnegleichen, der Triumph Reinharts, der seinen Feind außerdem mit Hohn und Spott übergießt, vollkommen.

Die wohlgefügte Szenenfolge von *Îsîngrîns nôt*, die in den ‚RdR'-Branchen nichts Vergleichbares aufzuweisen hat, sei im Anschluß an U. SCHWAB (S. 64) als Strukturschema festgehalten. Der noch auf schwankhafte Ergötzlichkeit hin programmierten Szenenreihe

1. Gevatterschaft von Fuchs und Wolf (385—406) (ohne Vorlage),
2. Reinhart wirbt um Hersant (407—442) (vgl. Br. II, 1027—1150 [1234]),
3. Schinkenbetrug des Wolfes (443—498) (Br. V),
4. Ysengrin im Klosterkeller (499—550) (Br. XIV),

folgt die Katastrophe Ysengrins in sieben Szenen:

1. Wolfsschwur auf der Falle (mit Kastration?) (Lücke) (551—576) (ohne Entsprechung im ‚RdR'),
2. Hersants Ehebruch (Kuonin-Rapport) (577—634) (ohne Entsprechung im ‚RdR'),
3. Ysengrin als Mönch (Tonsur) (635—720) (= Br. III, 177—376),
4. Fischweiher (Schwanzverlust) (721—822) (= Br. III, 377—510),
5. Brunnenszene (823—1060) (= Br. IV, 1—478),
6. (vermiedener) Fuchsschwur auf des Rüden Zähne (1061—1153) (= Br. Va, 963—1184),
7. Notzucht der Hersant (1154—1238) (= Br. II, 1235—1396).

Ohne Zweifel ist hier das dem ‚RdR' eigene Reihenschema durch eine Zentralkomposition ersetzt. Es entsprechen sich die Rahmenszenen 1/2 und 6/7, ebenso 3 und 5, als Mitte stellt sich die Fischweiherszene mit dem ominösen *zagel*-Verlust heraus. Sie weist zurück auf 1 und vorwärts auf 7: drei Etappen der körperlichen Schädigung und der moralischen Demontage Ysengrins.

C. Der Hoftag-Teil (1239—2248) kombiniert Branche I (Hoftag des Königs, Klage Isengrins und Chanteclers/Pintes gegen Renard, mißglückte Botschaften Bruns und Tiberts, erfolgreiche Botschaft Grimberts [11—1004]) mit Branche X (Krankheit des Königs und Heilung durch das Wolfsfell). Während die ersten tausend Verse der Branche I als geschlossener Erzählkomplex übernommen wurden (RF 1321—1810), modifizierte und ergänzte Heinrich die Fabel vom kranken König mit Reinhart als Arzt in völlig neuer Weise.

Der königliche Löwe des ‚RF' heißt Vrevel im Gegensatz zu Nobel des ‚RdR'. Er ist der einzige Name, den Heinrich ersetzt hat, und dies mit zwingenden Gründen, denn er ändert mit dem Namen auch den Charakter. Dem höfischen, jovialen Nobel (der einzige, zusammen mit der Königin Frau Fere, den Renard nicht verachtet, Br. I, 1435 ff.) steht der zugleich lächerlich-würdelose wie tyrannisch-willkürliche Vrevel gegenüber.

vrevel hat im Mhd. zwar noch nicht die moderne Bedeutung ‚Untat', bezeichnet aber durchwegs negative Qualitäten: ‚Herrschsucht', ‚Frechheit', ‚Leichtfertigkeit', ‚Rechtsbeugung' (s. H. KUHN, Frevel, ZfdA 107 [1978], S. 93 f.). Auf letzteres wird Heinrich in erster Linie abgehoben haben.

Die eröffnende und die Krankheit des Löwen begründende Szene hat in keinem mittelalterlichen Tierepos, nur in internationaler, vorab asiatischer und afrikanischer, Folklore Parallelen (s. zusammenfassend U. SCHWAB, Anm. 278, S. 223 f.). Unmöglich zu sagen, wie die Fabel Heinrich zugeflogen ist; sie erwies sich jedenfalls unter seiner Hand als Fund ohnegleichen.

König Vrevel hat soeben einen Landfrieden verfügt. Da stößt er auf das Ameisenvolk und erklärt den erstaunten Bewohnern, er sei ihr Herr. Diese *vremde mêre* weisen die Ameisen zurück. Im Zorn zerstört Vrevel ihre Burg. Der Ameisenburgherr, ein *âmeyz vreisam* (1273) beschließt und vollzieht gerechte Rache. Er verfolgt Vrevel, findet ihn schlafend, kriecht ihm ins Ohr und von dort ins Gehirn, rasende Kopfschmerzen erzeugend. Dieser Vorgang hat einen Zeugen: Reinhart. Der König deutet die Krankheit als Strafe Gottes für lange Zeit versäumtes Hofgericht. Ein solches wird nun schleunigst mit der üblichen Frist von sechs Wochen einberufen.

Zum Hoftag erscheinen alle, die großen und die kleinen Tiere, vor dem Hochgestühl. Zur Prominenz gehören Brun der Bär, der das Amt des Hofkaplans inne hat, der Elephant (*helfant*), das Kamel (*olbente*) aus *Tuschalan* (= Tusculum, heute Frascati, staufischer Stützpunkt in Mittelitalien; der einzige Name mit Herkunftsbezeichnung!), Randolf der Hirsch, Crimel der Dachs sowie die dem Hörer bereits bekannten Nobilitäten. Als letzter der langen Liste (1331—1358) wird Ysengrin genannt, der mit Hersant und den Söhnen anrückt. Nur einer erscheint nicht: Reinhart.

Als wichtigster Gerichtsfall wird sogleich Ysengrins Klage behandelt. Brun als *vorsprече* formuliert das Vergehen Reinharts als Notzucht an Frau Hersant, was zugleich Landfriedensbruch bedeutet; außerdem hat Ysengrin durch Reinharts tückischen Rat den Schwanz verloren. Die Verteidigung Crimels ist souverän (s. o. S. 14 f.) und endet mit dem raffinierten Antrag auf das, was man heute eine gerichtsmedizinische Untersuchung nennt. Auf diese Peinlichkeit hin kann Ysengrin nur noch sein *laster* beklagen. Indessen steht die erdrückende Mehrheit auf seiner Seite. Gefordert wird der Tod des Angeklagten durch Erhängen. Aber es müssen Formalitäten beachtet werden. Die Olbente von Tuschalan, tüchtig, weise und altersgrau, nimmt sie wahr, indem sie ihre Vorderfüße zur Kniebeuge verkürzt und im umständlichen Juristenjargon kundtut, nach dem Recht müsse Reinhart dreimal vorgeladen werden. Diesem Antrag wird stattgegeben.

Es folgt ein Zwischenstück, das einer Opera seria entnommen sein könnte: Scantecler und Pinte betreten die Szene. Auf der Bahre, die sie tragen und vor dem König abstellen, liegt ihr totes Töchterlein. Reinhart hat es zu Tode gebissen, so geht aus Scanteclers Klage und Anklage hervor. Vrevel schwört bei seinem Bart, diese Freveltat zu rächen — sein einziges entschiedenes Wort als Richter; indes ist der Schwur, wie sich zeigen wird, ein Meineid. Nach dem Totengesang der Singknaben des Hofkaplans wird die Scantecler-Pinte-Tochter begraben. Es geschieht indes noch ein spektakuläres Mirakel. Der Hase, der nach den starken Worten des Königs das Fieber gekriegt hat, legt sich auf dem frischen Grabe nieder und schläft ein. Und siehe, das Fieber weicht. Der Hase verkündet bebend vor Erregung, das Hühnchen sei „heilig vor Gottes Angesicht". Man läutet die Glocken, und alle stimmen zum Preise des Wunderzeichens einen *hôhen sanc* an.

Die beiden ersten Aufgebote Reinharts enden für die Beauftragten katastrophal. Gerechterweise muß man sagen, nicht ohne eigene Schuld. Brun kann dem versprochenen Honig nicht widerstehen, gerät in die Falle, verliert Ohren und Kopfhaut und muß als jämmerlich Skalpierter an den Hof zurückkehren. Dem zweiten Boten, Kater Diprecht, geht es nicht besser: er gerät, durch Mäusebraten verlockt, in eine Strickfalle und wird fast zu Tode geschlagen; er trägt noch den Strick am Hals, wie er die Hofszene wieder betritt.

Erst Crimel der Dachs hat als Königsbote Erfolg. Als naher Verwandter wird er freundlich aufgenommen und bewirtet. Der Dachs schildert die Situation des Angeklagten als bedenklich. Reinhart trifft blitzschnell neue Dispositionen, verschwindet in seine *kemenâte*, zieht sein *hovegewant* an, das beste, das er hat, dazu die Kapuze eines Wallfahrers und nimmt einen Heilmittelsack zur Hand, wie ihn die Ärzte tragen. Er folgt Crimel nicht ohne den Stoßseufzer, Gott möge ihn vor bösen Verleumdern bewahren. Dazu das fromme Kreuzeszeichen.

Mit dem Erscheinen Reinharts am Hofe setzt das Finale ein, das an Dramatik, höhnischem Spott und blutigem Ernst, beißender Ironie und Zynismus höchstens in der Schindung und dem Tode des Wolfs im lateinischen ‚Ysengrimus' (III/VII) Gegenstücke findet.

Auf die vielstimmige Anklage der Tiere und die Forderung hin, ihn zu erhängen, wendet sich Reinhart mit der erstaunten Frage an den König, was dieser Lärm hier solle? Noch nie hätte er einen Hof mit solcher *ungezogenheit* gesehen, was er des Königs wegen bedaure. Diese entwaffnende Unverschämtheit kann der König nur mit einem hilflosen *‚iz ist alsô'* (1871) quittieren. Jetzt nimmt der Fuchs seine Rolle auf: er sei Sendbote des berühmten Arztes Bendin aus Salerno, dessen Latwerge ein unerreichtes Heilmittel gegen Kopfschmerzen sei. Damit ist die Gerichtsszene in die Verarztung Vrevels umfunktioniert. Diesen interessiert nur noch Reinhart der Arzt, der nunmehr neue Heilmittel anpreist. Der Angeklagte wird zum Richter und Schinder.

Zur Genesung bedarf der König des Fells eines Wolfs und eines Bären — *‚daz sî der kapelân'* (1900), wirft Vrevel spontan ein —, dazu eine Mütze aus Katzenfell. *‚ir sult mir ewere heute geben'*, ergeht der Befehl an die Betroffenen, dafür stünden sie immer in des Königs Huld. Umsonst erinnert Brun daran, daß der angebliche Arzt Reinhart, den Vrevel *meister* nennt, des Mordes angeklagt sei, umsonst weist Ysengrin mit eindrucksvoller Gebärde seinen Schwanzstumpf vor: Vrevel läßt sie ergreifen und schinden. Was es weiterhin braucht, den König zu heilen, ist ein gesottenes Huhn. Vrevel entscheidet sich für Pinte, umsonst bietet Scantecler sich selbst zum Opfer an — eine im Rahmen der Tierdichtung einmalige Tat der Selbstlosigkeit. Pinte wird eingefangen, Scantecler flieht die Stätte der Untaten. Zum gesottenen Huhn gehört ein Stück Speck; es wird dem Eber aus dem Oberschenkel geschnitten. Hirsch Randolf liefert einen Gürtel, der ihm von der Nase bis zum Schwanz herauspräpariert wird.

Die grausame Mißhandlung der Tiere wird abschließend von Reinhart mit der zynischen Wahrheit kommentiert: „Wärst du ein armer Mann, so hätte ich Dir nicht helfen können" (1972 f.).

Damit ist die Honorarfrage angeschnitten. Reinhart gibt sich bescheiden, er fordert für seinen Meister Bendin nur das Fell des Bibers. Angesichts dieser Ungeheuerlichkeiten verlassen die erschreckten Tiere fluchtartig den Hof. Zurück bleiben nur Crimel, der Elephant und die Olbente aus Tuschalan, denen noch eine Rolle zugedacht ist.

Die Genesungskur ist erfolgreich. Vrevel nimmt ein Schwitzbad mit dem Katzenfell auf dem Haupt. Hierauf wird er auf das Fell seines Kaplans Brun gebettet und zugedeckt mit Ysengrins Fell. Die Hitze treibt den Ameis aus Hirn und Ohr, worauf er sich im Katzenhaar verfängt. Jetzt spielt Reinhart schon den obersten Richter: *,âmeyz, du bist tôt'* (2049). Doch der Ameisenherr, der eine gerechte Rache vollzogen hat, bietet Reinhart tausend Ameisenburgen im Walde an. Dieser läßt sich gerne bestechen. Heinrich kommentiert:

sûst geschiht ouh alle tag:
swer die miete gegeben mag,
daz er dâ mite verendet
mê, danne der sich wendet
zu ervullende herren gebot
mit dinest: daz erbarme got! (2069 ff.)

Es folgt die Belohnung der Partisanen Reinharts. Crimel erhält des Ebers Speck, der Elephant Böhmen als Lehen, und die Olbente soll Äbtissin der Abtei Erstein werden. Wie es den beiden Beschenkten ergeht, wird sofort berichtet: der Elephant wird in Böhmen jämmerlich verprügelt und aus dem Lande getrieben; die Olbente wird von den wütenden Nonnen mit spitzen Griffeln übel zugerichtet und in den Rhein gejagt. *alsûs lônet ir Reinhart, / daz si sîn vorspreche wart* (2155 f.).

Die letze Untat gilt Vrevel selbst, und wenn sie einer verdient hat, so er. Er soll noch einen Trank zu sich nehmen: dieser ist vergiftet. Reinhart nimmt Gevatter Crimel an der Hand und macht sich davon. Den geschundenen Brun, dem er begegnet, übergießt er mit beißendem Hohn.

Vrevel, dem sterbensübel geworden ist, ruft umsonst nach seinem Arzt Reinhart. Vor seinem Hinschied kann er nur noch klagen: *,swer sich an den ungetrewen lât, / dem wirt iz leit, des muz ich iehen. / alsam ist auch mir geschehen* (2238 f.).

Wie die Wolfsmisere im II. Teil so ist auch der Hoftag in sieben Szenen gegliedert und um eine Mittelachse angelegt, die freilich weniger signifikant erscheint als der Schwanzverlust des Wolfs, jedoch durch erzählerische Breite ausgezeichnet ist.

1. Ameisenuntat König Vrevels (1239—1320) (ohne Entsprechung im ‚RdR'),
2. Die Klage Ysengrins vor dem Hofgericht (1321—1457) (= Br. I, 11—266; vgl. Va, 289—610),
3. Das heilige Hühnchen (1458—1510) (= Br. I, 267—432),
4. Das dreifache Aufgebot Reinharts (1511—1834) (= Br. I, 469—1004; Br. X, 1113 ff.),
5. Reinhart als falscher Arzt am Hoftag (1835—2096) (= Br. X, 1359 ff.),
6. Die Belohnung des Elephanten und der Olbente (2097—2164) (ohne Entsprechung im ‚RdR'),
7. Gifttod König Vrevels (2165—2248) (ohne Entsprechung im ‚RdR').

Die stärkste Klammer ist die äußerste: Ameisenuntat — Gifttod Vrevels; die Szenen stehen im Verhältnis von Voraussetzung und Folge, von Untat und Strafe. Die Episoden 2/3 und 5/6 — man könnte sie auch zu je einer zusammenfassen — sind einander antithetisch zugeordnet: Reinhart als Angeklagter — Reinhart als Richter und Rächer. Anfang und Ende sind das ureigene neue Thema des Autors Heinrich, der Handlungsumschlag in 5/6 mit anderer, stark erweiterter Quelle fügt sich nahtlos in das neue Handlungsgerüst. Kein Zweifel, daß in diesen Szenen (1,5—7) die eigentliche konzeptionelle Aussage Heinrichs zu suchen ist, wie in diesem Bereich ja auch die Autorkommentare stark zunehmen. Was ereignet sich hier? Ein tyrannischer, verachtungswürdiger König wird bestraft. Er hat sich zum willigen Werkzeug des klugen Schuften Reinhart mißbrauchen lassen, der den Gerichtstag zur ungeheuerlichen Farce macht: Verbrechen wird legalisiert, der Angeklagte zum Richter, die Kläger geschunden, getötet, verspeist. Das kann keine zweckfreie Erfindung sein.

4. Die politische Thematik des Hoftags, zumal des neu organisierten Teils, läßt vermuten, daß auch die konzeptionelle Aussage eine politische sei.

Die These vom ‚RF' als antistaufischer Dichtung hat nach den Improvisationen F. HEERs (Die Tragödie des Heiligen Reiches, Stuttgart 1952, S. 329—335) U. SCHWAB mit exakten Untersuchungen und scharfsinnigen, wenn auch in einigen Punkten überzogenen Analysen hinreichend begründet; s. jetzt auch KÜHNEL.

Auszugehen ist von den Anspielungen auf elsässische Verhältnisse. Die reichsunmittelbare Frauenabtei Erstein, 20 km südlich von Straßburg, hatte ihre große Zeit unter den sächsischen Kaisern. Barbarossa vernachlässigte und schädigte sie, Heinrich VI. veräußerte sie am 19. 4. 1191 dem Bischof von Straßburg, Konrad von Hüneburg, einen Tag nach der Preisgabe von Tusculum (Tuschalan!), die ihm den Weg zur Kaiserkrönung bahnen sollte. Ein knappes Jahr später, im Frühjahr 1192, mußte er die Schenkung wieder rückgängig machen. Der Geschädigte war der Straßburger Bischof, der Kaiser machte zumindest keine gute Figur. Anspielung und Kritik dieser Vorgänge in der Episode von der Tuschalener Olbente liegen auf der Hand: Wie der Kaiser die Abtei an Konrad von Hüneburg verschacherte, so König Vrevel an die Olbente, wobei sich die Beschenkten am Ende betrogen sahen. Diese Klärung erlaubt auch einen sicheren chronologischen Ansatz der Dichtung: nicht vor d. J. 1192.

Die hier sich abzeichnende antistaufische Haltung Heinrichs wird zur Gewißheit durch die Walther-von-Horburg-Anspielung (1021 ff.). Der Kontext macht überdeutlich, daß der Horburger hier in höchst blamabler Weise zitiert wird. In der Situation, in der Ysengrin, schwanzlos und ohne Haupthaar, von rüstigen Mönchen verbleut, dann als Beschnittener identifiziert wird, muß ein Sprüchlein des Inhalts, daß auch Mißgeschick zum Guten ausschlagen kann, als blutiger Hohn verstanden werden — von Ysengrin wie von dem, der es im Munde führt. Der also apostrophierte Walther gehörte zur staufischen Partei. Hugo von Dagsburg, Haupt der antistaufischen Kräfte im Elsaß, hatte ihm 1162 die Horburg zerstört und die Besatzung gefangen genommen, was eine erfolgreiche Gegenaktion Barbarossas auslöste.

Weniger Sicherheit bietet der Bezug des Gifttods König Vrevels zu Heinrichs VI. Tod i. J. 1197, der im Dienste antistaufischer Propaganda als Vergiftung kolportiert wurde, so in der ‚Sächsischen Weltchronik' (1230), die Kaiser Heinrich in bemerkenswerter Übereinstimmung mit dem Tierkönig Vrevel als tyrannischen Wüterich und zugleich als Feigling gegenüber den deutschen Fürsten schildert. Man kann sich vorstellen, daß die Giftmordlegende in antistaufischen Kreisen des Elsaß lebhaften Anklang fand. Läßt man den Bezug von Vrevels Gifttod zum Tode Heinrichs VI. gelten, so kann der ‚RF' nicht vor 1197 entstanden sein.

Eine Gleichsetzung Vrevels mit Heinrich VI. ist indes nicht gestattet. ‚RF' ist keine politische Parabel. Die Demaskierung des Königs hat allgemeine Bedeutung, es sind einzelne Schlaglichter, z. T. nur für ein elsässisches Publikum erkennbar, die das dargestellte verächtliche Königtum mit der staufischen Herrschaft in Zusammenhang bringen. Immerhin: Vernichtender ist im Mittelalter nie eine Königsherrschaft dargestellt worden. Nur die Tiermaske ermöglichte sie.

Ansprechend ist der Aspekt der Warnfabel (U. SCHWAB). Darnach sind die politischen Enthüllungen des Autors nicht nur rückblickende Zeitdiagnose eines Skeptikers, sondern aktuelle Signale für die Gegenwart. Die Warnung erginge an Philipp von Schwaben, der nach 1197 zweimal elsässisches Land und elsässische Städte verwüstete und eine neue Sammlung der antistaufischen Kräfte bewirkte, eine unüberhörbare Warnung im Spiegel König Vrevels.

Vom Schlußteil aus gesehen, kann der ‚RF' als politische Dichtung gelten. Der Rahmen, der Hoftag mit Staatsaktionen (Anklage, Gerichtsverhandlung, Aufgeboten), bindet einzelne politische Akzente strukturell und macht die Aussagen glasklar: Verkehrung des Hofgerichts in Gesundpflegung des Herrschers, Unrecht statt Recht, der Angeklagte als Richter, der Heilbringer in der Rolle des Destrukteurs — ein negativer „Staatsroman" in der (auf das Nibelungenlied bezogenen) Terminologie HUGO KUHNS. Konsequenterweise gestattet dann der Autor dem Eigenleben Reinharts, das er in seinen Quellen bereits vorfand, keinen Raum. Er komponiert auf ein episches Ende hin.

5. Die gezielte politische Satire beruht auf der Standeskritik, die der Tierdichtung als solcher eigen ist.

Zurückzuweisen ist der dogmatisch-marxistische Ansatz SPIEWOKS, der im ‚RF' eine „literarische Waffe des sich entwickelnden Bürgertums gegen die herrschende Klasse" sieht. Dazu gibt der Text nicht den geringsten Anhalt. Der Verfasser ist antistaufisch, keineswegs antifeudal — was freilich nicht heißen soll, daß mit diesem Feudalismus alles in Ordnung wäre. Abzulehnen sind auch Gleichungen wie Wolf = „der gierige und dumme Hochadel", Fuchs = „die animalische Verkörperung des lebenshungrigen, aufstrebenden niederen Adels" (so auch noch KÜHNEL).

Als Voraussetzung ist festzuhalten: Die Tierwelt im ‚RdR' wie im ‚RF' spiegelt ausschließlich die adelige Welt, die Tiere sind „Barone", „Herren". Umgekehrt gehören die Vertreter der Menschenwelt, die am Rande des Geschehens auftreten, zu den Gemeinen. Sie stehen indes nicht zur Diskussion.

Als zur Adelswelt gehörig entsprechen die Tiergestalten dem Personal der Chansons de geste und des höfischen Romans, und es sind auch, wie noch zu zeigen sein wird, diese Typen, die sich die volkssprachliche Tierepik zum Modell genommen hat. Aber nicht, um auch ihrerseits die feudale Welt idealiter oder auch nur abbildend darzustellen, sondern um sie der Kritik zu unterwerfen. Diese Kritik wächst aus ihr selbst, nicht aus der Ideologie eines andern Standes.

Was vermag die Tiergestalt in kritischer Funktion zu leisten? Hier ist eine zweite Voraussetzung der Tierepik einzuschieben: das, was Lessing „Bestandheit der Charaktere" nannte. Ein Wesenszug und dieser in perfekter Ausprägung bestimmt Charakter und damit Funktion der Tierfigur. Die Episierung geschieht, indem die Tiere handelnd ihre eigene Natur enthüllen. Das heißt zugleich, daß sie — und dies ist die grundlegende Anthropomorphisierung der Tiergeschichte — sich zu verstellen vermögen oder auch in einem neutralen Zustand verharren. Der Wolf gibt sich loyal und nicht würdelos, seine wahre Natur manifestiert sich erst, wenn er Hunger hat. Brun der Bär ist ein treuer Diener seines Herrn, aber er vergißt seinen Auftrag, wenn es um Honig geht. Man kann auch sagen: die Tiere geben sich menschlich, nehmen noble Lebensformen, Sitte, Vernunft, Ideologien in Anspruch, handeln indes immer als Tiere, ihrer Natur entsprechend. Das aber bedeutet, da die handelnden Tiere die Menschenwelt spiegeln, Demaskierung. Der Widerspruch zwischen Ideal und Wirklichkeit tut sich drastisch auf, die Menschen, hier die adelige Gesellschaft, enthüllen ihre wahren, nämlich die kreatürlichen Kräfte.

Wie sich die adelige Gesellschaft versteht, stellt die höfische Epik dar. *êre, triuwe, milte* bestimmen den Ritter, dessen Verhalten und dessen Pflichten. Sicher gibt es Fehlverhalten, Krise und Schuld, aber nur um jene Ideale umso reiner zu verwirklichen. Am Ende steht der Held in vollkommener *sælde* und *êre*. ‚RF' deckt dieses Selbstverständnis schonungslos als schönen Schein auf. Fuchs und Wolf gehen zwecks Interessengemeinschaft einen Treuebund ein, aber der Fuchs stellt der Wölfin nach, und der Wolf verzehrt mit den Seinen den Schinken, ohne an den Partner zu denken, der die Beute durch List gewonnen hat. Im folgenden demontiert der Fuchs diese *triuwe* bis zur öffentlichen Schändung. Es ist nicht der Ehebruchsverdacht, sondern der vollendete Treuebruch, der die Fehde auslöst: die *gesellеschaft* von Fuchs und Wolf erweist sich so als wohlüberlegte Neuerung. Besonders schlimm steht es mit der *triuwe* des königlichen Löwen: er opfert seine treuesten Diener seiner Gesundheit. Die *untriuwe* ist es auch, die mehrfach in die Erzählerreflexion hereingenommen wird (997 ff., 2238 f.). Auch *êre* ist eitel Gerede. Ysengrin beklagt zwar sein *laster* (Ehrverlust) als *schade*, was der Einstellung eines Edelmannes entspricht, aber im Zustand des Hungers war er bereit, dem Ehebrecher Reinhart zu versichern, dieser habe ihm nichts angetan — um lumpiger Aale willen, die ihm Reinhart zuwirft.

Eine besondere Rolle kommt dem Protagonisten zu. Reinhart ist es nämlich, der durch seine *kundekeit* die wahre Natur der Tierfiguren entlarvt: in dieser Funktion ist er Schelm. Schon in seiner glücklosen Ausfahrt legt er die Eitelkeit Scanteclers und Dizelins bloß. Vollends provoziert er die Gefräßigkeit und Dummheit des Wolfes. Am Hoftag besteht keiner vor ihm, jeder verrät seine wahre Natur: König Vrevel, der Recht mit Füßen tritt und seine Getreuen schinden läßt, Kapellan Brun, der sich durch Honig, Kater Diprecht, der sich durch Mäuse vom amtlichen Auftrag abbringen, der Ameis, der zur Bestechung greift. Es ist gewiß Reinhart, der die Katastrophe des Hoftags herbeiführt, aber nicht eigentlich, weil er ein so perfekter Schuft ist (obschon selbstverständlich seine Schuftigkeit als ins Kriminelle gesteigerte List nicht außerhalb der kritischen Demontage bleibt), sondern weil die Repräsentanten des Tieradels nicht ihren Idealen und Pflichten, sondern ihren natürlichen Interessen und Begierden folgen.

Ich betone die Schelmenrolle Reinharts, weil sie von GÖTTERT (1971) praktisch völlig negiert wird. In bemühend einaspektiger Ausrichtung wird hier die These durchgespielt, daß im ‚RF' die Macht der *untriuwe* in der Figur des Fuchses thematisch und strukturell werde. Der hypostasierte *untriuwe*-Begriff in einer Person führt zur Vorstellung, die Welt wäre in bester Ordnung, wenn nur der Erzgauner Reinhart nicht wäre. Nach den perspektivenreichen, offenen Untersuchungen von JAUSS und SCHWAB droht die ‚RF'-Forschung — nicht nur hier — verengter und pointierter Thesenbildung anheimzufallen.

6. Weit über den ‚RdR' hinaus ist der ‚RF' auf Ironie und Satire angelegt, was zugleich heißt, daß das Komische zugunsten des didaktischen Ernstes zurücktritt. Trotzdem verfügt der Autor über bemerkenswerte Register komischer Inszenierung: man lese daraufhin die Eröffnungsszene mit Reinhart und Scantecler, den Mönchsauftritt und -abgang am Schluß der Brunnenaventiure oder das Hühnchenmirakel. Es ist sodann die lakonisch-knappe und drastisch-bildliche Ausdrucksweise des Erzählers, die Komisches freisetzt: *Îsîngrîn pflac tumbir sinne, / ime gefror der zagil drinne* (S 749 f.); *Îsîngrîn gie an den grunt, / Reinhart ze walde wol gesunt* (S 953 f.); *doch liez er* (Brun) *dâ / beide die ôren unde den hût. / daz honic dûhte in niht ze gût* S 1590 ff.); *Diebrecht lie die mûse dâ, / dannan wart ime harte gâ* (S 1729 f.). Eindrucksvoll ist die komische Gebärde. Ysengrin sperrt weit das Maul auf, wie ihm Reinhart die Aale zuwirft (680 f.), die Olbente geht in die Knie, bevor sie spricht (1441), eilt *geillîche* über den Hof, um ihre Abtei zu übernehmen (2133). Vielfach bindet der Reim, was sich als Auseinanderfallen zwischen Erwartung und realem Effekt erweist: *durch starke minne tet er daz, / dô wurden im die ôren naz* (849 f.).

Kaum komisch ausgewertet ist die für das Tierepos konstitutive Anthropomorphisierung. Es ist auch zu beobachten, daß sie Heinrich gegenüber seinen Vorlagen stark reduziert hat. Er kennt im Gegensatz zu den ,RdR'-Branchen keine Reitpferde, ritterliche Gewandung, ritterliche Burgen; er läßt in der Szene von der Bestattung der Scantecler-Pinte-Tochter den Sarg aus Blei, den Marmorstein mit Inschrift (Br. I, 416 ff.) unberücksichtigt. Mutmaßlich verzichtete er auf diese speziellen Anthropomorphismen, nicht weil ihm an den durch sie ermöglichten komischen Effekten nicht gelegen war, sondern um die Fiktion der Tierwelt als Menschenwelt durch krasse Bewußtmachung nicht aufzuheben. Auch dies gehört zu den bemerkenswerten Eigenleistungen des deutschen Dichters.

7. Die Branchen des ,RdR' setzen Chansons de geste und den Roman courtois gleichermaßen voraus. Da ist der Anschluß an Reihenkomposition und Zyklenbildung der Chansons, während der behäbig schildernde Erzählstil sich an der höfischen Epik orientiert, wie ja schon die Versform, der paarreimende Achtsilber, ihr entnommen ist. Der deutsche Bearbeiter sah sich in einer andern Literatursituation. Literarisch ausgeformt war höfische Epik, die Spielmannsdichtung hatte bereits den Weg zum Buchepos gefunden (s. Höf. Epik I, S. 62 f.), Heldenepik (,Der Nibelunge nôt', auf die Heinrich anspielt) war daran, feste literarische Gestalt zu finden. Das mochte JAUSS bewogen haben, den ,RF' als „Leseliteratur" der „Vortragsdichtung" des ,RdR' gegenüberzustellen (S. 142 ff.). Unbestreitbar ist die stärkere Orientierung des ,RF' am höfischen Literaturmodell: Tendenz zur geschlossenen Komposition und zur kommentierenden Glosse, aber auch die Distanz vom höfischen Erzählstil. Diese erweist sich nicht nur in der starken Verknappung der Vorlagen (s. o.), sondern in der Reduktion der rhetorischen Elemente, ja in einer bewußten Archaisierung von Vers und Stil. Vieles sieht nach Improvisation aus. Das aber wären Merkmale von „Vortragsliteratur", die der ,RF' nicht sein soll. Sie mag bewußte Manier sein, die die Erzählung zum „Bänkelsängerstück" stempeln soll (U. SCHWAB, S. 16). Eine solche ,Stilisierung' scheint mir als Gattungsmerkmal entscheidender zu sein als die Definition ,Leseliteratur', so wenig diese schon hinsichtlich des Werktypus ,Bearbeitung' als literarisches Faktum zu leugnen ist.

Der ,RF' als Kontrafakt höfischer Epik demaskiert mit Hilfe der Tiermaske die eben ausgeformte ritterliche Idealwelt, ohne ihr ein neues Bild der Gesellschaft entgegenzustellen. Das enspricht der Zeitsituation. Im ausgehenden 12. Jahrhundert gibt es keine Ideologie, die diejenige des Adelsstandes hätte gefährden können. Dieser selbst mußte kritische Positionen gewinnen, die Kehrseite aufdecken. Dies kam vorrangig der Tierepik zu, die schon durch ihre Grundgegebenheit „Mensch in der Tiergestalt" geeignet war, die gültige gesellschaftliche und literarische Welt in Frage zu stellen — nicht, um sie zu zerschlagen, sondern zu bewahren.

II. Der ‚Lanzelet' Ulrichs von Zatzikhofen

Mitten in die Ausformung des Artusromans vom Typus Chrétiens de Troyes durch Hartmann (‚Erec', ‚Iwein') und Wolfram (‚Parzival') fällt eine Artuserzählung anderer Tradition und Gestalt, Ulrichs ‚Lanzelet'. Dies ist umso überraschender, als Chrétien selbst einen Lancelot-Roman, ‚Le chevalier de la Charrete', geschrieben hat (s. Höf. Epik I, S. 144 ff.), der in Deutschland, wie jedenfalls Wolfram (Parz. 387,1 ff.; 583,8 ff.), vielleicht aber auch Hartmann (Iw. 4528—4726) bezeugen, nicht ganz unbekannt war. Mit diesem hat Ulrichs Werk zwar etwas mehr als nur den Namen gemein, aber es fehlen ihm ausgerechnet die Chrétiens Roman bestimmenden Themen: die Karrenaventiure und die Ginover-Liebe. Die Forschung stellte es in eine verlängerte frühhöfische Tradition, zur erstmals literarisch werdenden ‚niederen Artusepik' oder an die — verfrühte (!) — Spitze der Epigonenromane. Es empfiehlt sich, den ‚Lanzelet' als neues Modell eines Artusromans zu verstehen, dem freilich die Wirkung des Chrétienschen Modells versagt geblieben ist. Dieses schuf ein Genie, jenes allenfalls ein Talent.

Ausgaben: K. A. HAHN, U. v. Z., Lanzelet, Frankfurt a. M. 1845, Neudruck: . . . mit einem Nachwort und einer Bibliographie von F. NORMAN (Deutsche Neudrucke, Reihe: Texte des Mittelalters), Berlin 1965; dazu T. KINNEAR/C. LOFMARK, A Word Index to U. v. Z.'s Lanzelet, Lampeter 1972; Neuausgabe in Vorbereitung: s. R. COMBRIDGE, The Problems of a New Edition of U. v. Z.'s ‚Lanzelet', in: P. GANZ/W. SCHRÖDER (Hgg.), Probleme mittelalterlicher Überlieferung und Textkritik. Oxforder Colloquium 1966, Berlin 1968, S. 67—80; K. G. T. WEBSTER, U. v. Z., Lanzelet, translated from the Middle High German . . . with additional notes and an introduction by R. SH. LOOMIS, New York 1951.

Literatur: J. L. WESTON, The Legend of Sir Lancelot du Lac, London 1901, S. 8—29 u. ö.; J. D. BRUCE, The Evolution of Arthurian Romance from the Beginnings down to the Year 1300 (Hesperia, Ergänzungsreihe 8), 2 vol., Göttingen 1928, I, S. 206—216; K. G. T. WEBSTER, ‚welsches buoch', Harvard Studies and Notes in Philology and Literature 16 (1934), S. 203—228; W. RICHTER, Der Lanzelet des U. v. Z. (Deutsche Forschungen 37), Frankfurt a. M. 1934; ders., Der literarische Raum des Lanzelet von U. v. Z., ZfdA 75 (1938), S. 33—39; M. O'C. WALSHE, The Fabulous Geography of Lanzelet, London Medieval Studies 1 (1937/39), S. 93—106; A. TRENDELENBURG, Aufbau und Funktion der Motive im Lanzelet U.s v. Z. im Vergleich mit den deutschen Artusromanen um 1200,

Masch.-Diss. Tübingen 1953; M. HUBY, Remarques sur la structure du ‚Lanzelet', in: Mélanges pour Jean Fourquet, Paris-München 1969, S. 147—156; R. COMBRIDGE, Lanzelet and the Queens, in: W. D. ROBSON-SCOTT (Hg.), Essays in German and Dutch Literature, London 1973, S. 42—64; K. RUH, Der ‚Lanzelet' U.s v. Z. Modell oder Kompilation? in: W. HARMS/L. P. JOHNSON (Hgg.), Deutsche Literatur des späten Mittelalters. Hamburger Colloquium 1973, Berlin 1975, S. 47—55; H. SCHÜPPERT, Minneszenen und Struktur im Lanzelet U.s v. Z., in: Würzburger Prosastudien II, Festschr. Kurt Ruh, München 1975, S. 123—138; W. H. JACKSON, U. v. Z.'s ‚Lanzelet' and the Theme of Resistance to Royal Power, German Life and Letters N.S. 28 (1975), S. 285—297; W. HAUG, „Das Land, von welchem niemand wiederkehrt". Mythos, Fiktion und Wahrheit in Chrétiens ‚Chevalier de la Charrete', im ‚Lanzelet' U.s v. Z. und im ‚Lancelot'-Prosaroman (Untersuchungen zur deutschen Literaturgeschichte 21), Tübingen 1978, S. 52—71 u. ö.; K. M. SCHMIDT, Frauenritter oder Artusritter. Über Struktur und Gehalt von U.s v. Z. ‚Lanzelet', ZfdPh 98 (1979), S. 1—18; R. PÉRENNEC, Artusroman und Familie: ‚Daz welsche buoch von Lanzelete', Acta Germanica 11 (1979), S. 1—51.

1. *Von Zatzikhoven Uolrich* (9344) war, Identität vorausgesetzt, nach einer Urkunde v. J. 1214, das Kloster St. Peterszell in einem Nebental des mittleren Toggenburgs (Kanton St. Gallen) betreffend, Plebanus von Lommis (Kanton Thurgau). Damit erschöpft sich unser Wissen über den Dichter. Einen Gönner nennt er nicht, doch setzen seine Angaben über die Vorlage Verbindungen zum Stauferhof voraus:

Ulrich berichtet v. 9322 ff., daß er einem *welschen buoch* gefolgt sei, das einer der Geiseln, die Richard Löwenherz (*der künec von Engellant*) Kaiser Heinrich (VI.) stellte, *Hûc von Morville*, nach Deutschland mitgebracht habe. Das war 1194/95. Hugo von Morville ist nicht sicher zu identifizieren, scheint indes einer der Noblen zu sein, die 1170 bei der Ermordung des Thomas Becket zugegen waren. Ulrich nahm die mühevolle Arbeit (Topos!) der Übersetzung *durch lieber vriunde bete* auf sich (9342 ff.). Da es sich im *welschen buoch* für Deutschland um eine Novität handelt, ist man geneigt anzunehmen, Quellenvermittlung und Übertragung lägen nicht allzu ferne vom Datum der Geiselstellung. Man bleibt noch im 12. Jahrhundert, wenn man feststellt, daß Ulrich Hartmanns ‚Iwein' im Gegensatz zum ‚Erec' nicht gekannt hat, müßte aber mit dem Nachweis, daß der Dichter den ‚Parzival', namentlich in der Ausritt- und Johfrit-de-Liez-Szene (403 ff.), benutzt hat, die Abfassung um einige Jahre ins neue Jahrhundert verlängern.

Nichts steht der Annahme entgegen, Ulrich habe seine Quelle, das *welsche buoch*, wie er selber versichert — *so enist dâ von noch zuo geleit* (9323) —, getreu wiedergegeben. Die Herkunftsangabe, verbunden mit *welsch*, macht ein anglonormannisches Werk wahrscheinlich. Auf Grund von Motivgemeinsamkeit setzt es Chrétiens ‚Erec' (Zwergenbeleidigung, Jagd auf den weißen Hirsch mit Frauenkuß als Siegerlohn), ‚Yvain' (Brunnenaventiure) und den ‚Conte du Graal' (‚Perceval') (Ausritt eines Einfältigen, ritterliche Unterweisung) voraus. Mit letzterem als Terminus a quo könnten wir das *welsche buoch* um 1190 ansetzen.

Das ist indes umstritten, solange unbestimmt bleibt, ob Ulrich jene Ausrittszene des Unerfahrenen nur nach Wolfram modifiziert oder neu eingefügt hat. Nimmt man letzteres an, entfällt der ‚Conte du Graal' als Quelle für das *welsche buoch*, und der ‚Yvain'-Terminus in den 70er Jahren wird zum Ausgangspunkt der Datierung. Man ist noch weiter gegangen, indem man Ulrichs Vorlage zur Voraussetzung von Chrétiens Artusroman machte und als arthurischen Archetypus in die Mitte des 12. Jahrhunderts verlegte (Webster). Es wäre so das *welsche buoch*, das die Artuswelt mit ihren spezifischen Rollen Walwein (Gauvain) und Keiin (Keu), mit Erec und Iwein, mit ihren *costumes*, ritterlichen Bravourstücken und Minneverstrickungen, ihrer Solidaritäts- und Loyalitätsideologie unter sich und dem König gegenüber ausgeformt hatte. Zu einer solchen These bedürfte es einer umfassenden Argumentation, zu der kaum Ansätze zu erkennen sind. Es sieht vielmehr alles darnach aus, daß der Autor im *welschen buoch* Chrétiens Werk, zumindest den ‚Erec' und den ‚Yvain', reflektierte und ihm sein eigenes Modell entgegensetzte.

Der ‚Lanzelet' ist schmal, in 5 Handschriften, darunter 3 Fragmenten, tradiert; doch bezeugen Überlieferung und Zitation Hörer und Leser über zwei Jahrhunderte hinweg. Erst im 15. Jahrhundert läuft der Lancelot-Prosaroman dem alten Reimwerk den Rang ab, nicht nur wegen der eingänglicheren Form, als die damals die Prosa galt, sondern weil ein Lancelot-Werk ohne Lancelot-Ginover-Liebe Lesererwartungen enttäuschen mußte.

2. Lanzelet hat den Zunamen *del lac*, ‚vom See', schon in der Liste der Artusritter in Chrétiens ‚Erec' (1694) und von da verstümmelt in Hartmanns ‚Erec' (1631), *Lanzelot von Arlac*, dann im ‚Chevalier de la Charrete' (3676, 5164). Der Zuname findet keine Erklärung bis auf den indirekten Hinweis v. 2357 ff.: „Diese Dame war eine Fee. Sie hatte ihm den Ring geschenkt und ihn in seiner Jugend auferzogen".

Was Chrétien offensichtlich wußte, aber nur andeutete, weil er die Jugendgeschichte Lancelots für seine Zwecke nicht gebrauchen konnte, bildet den Ausgangspunkt von Ulrichs Erzählung. Das gilt auch für den Lancelot-Prosaroman.

Lanzelet ist der Sohn des Königs von Genevis, Pant, dessen Untertanen schwer unter seiner Härte zu leiden haben. Clarine, seine schöne und sanfte

Gemahlin, schenkt ihm einen Nachkommen, dessen Name Lanzelet jedoch verschwiegen wird. Wie der Knabe ein Jahr alt ist, kommt es zu einem Aufstand der Unzufriedenen, die königliche Familie muß aus der erstürmten Burg fliehen, der König stirbt, und der unglückseligen Clarine wird der Knabe von einer Meerfei aus den Armen gerissen und in deren Reich entführt. Dieses Reich ist eine Insel im Meer, bestehend aus einem kristallenen Berg, „rund wie ein Ball", umgeben von undurchdringbaren und unzerstörbaren Mauern. Nur Frauen leben hier, 10 000 an Zahl; es herrscht ewiger Frühling, und die Bewohner kennen keine Trauer.

Es liegt hier zweifelsohne die Vorstellung jener glückseligen, von Siden bewohnten Inseln zugrunde, zu der gelegentlich Männer gelangen oder, zumeist, hergelockt werden (irischer Erzähltyp *Imram* ‚Schiffahrt'). Sie genießen für eine beschränkte Zeit die Liebe einer Sidenfrau, fahren wieder in die Menschenwelt zurück, vielfach mit schwer erfüllbaren Aufgaben. Siehe dazu H. ZIMMER, Keltische Beiträge II, ZfdA 33 (1889), S. 257—288.

Lanzelet, immer nur *kint* genannt, wächst in diesem Frauenland auf, lernt höfisches Betragen und höfische Artigkeiten, wozu auch Musizieren gehört, sodann Bewegungsspiele, Beizen und Jagen, aber keine *ritterschaft* (296 ff.). Herangewachsen, im 15. Lebensjahr, begehrt er Urlaub, vor allem um seinen Namen zu erfahren, den ihm die Meerfee zu seiner Beschämung vorenthält. Er soll ihn erfahren, wenn er den starken Iweret, ihren Feind, erschlagen habe. Zu dieser Aufgabe wird er mit einem vortrefflichen Streitroß, einer weißen Rüstung und besten Waffen ausgerüstet.

Der Auszug (403—666) ist derjenige eines Dümmlings — Ulrich nennt ihn mit Vorliebe *kindisch* —, ob bereits in der Quelle Chrétiens ‚Conte du Graal' nachgebildet oder von Ulrich zur Gänze nach Wolframs ‚Parzival' interpoliert, bleibe dahingestellt. Der junge Mann hat keine Ahnung vom Reiten, den Zaum läßt er fahren, hält sich am Sattelbogen fest, das Pferd geht, wohin es will. Am nächsten Morgen gelangt es vor die Burg Pluris, wo ein Zwerg Roß und Reiter mit einer Geißel schlägt, ohne daß der Jüngling, der nichts weiß von ritterlicher Ehre, sich rächt. Das Pferd führt seinen Reiter weiter bis zur Begegnung mit dem jungen Ritter Johfrit de Liez, der sich auf der Habichtjagd befindet. Er wird sein Lehrmeister im Reiten und in der Waffenführung, und es genügen drei Tage, um Lanzelet zu einem perfekten Ritter zu machen.

Es beginnt ein Stationenweg, der ein doppeltes Programm durchläuft: der Weg über Frauen zur vollkommenen, einzigartigen Frau, Iblis, wobei alle mit Waffengängen erobert werden müssen, und der Weg zur Artuswürdigkeit. Beides ist eine Selbstfindung, wie sie in Namensuche und Namengewinn ihren Ausdruck findet.

Die Minneaventiure auf Burg Moreiz (667—1356) erfolgt mit zwei Begleitern, den Jungrittern Kuraus und Orphilet. Der Burgherr, Galagandreiz, der als grausam und blutrünstig gilt, beherbergt die Gäste in einem gemeinsamen Raum. Nachts erscheint hier des Gastwirts schöne Tochter — *diu minne tet ir alsô wê / und twanc si des mit ir gewalt, / daz siu muoste werden balt* (880 ff.) —, aber nur Lanzelet, dem sie sich als letztem mit rührenden Reden anbietet, nimmt sie auf seinem Lager auf. Der anbrechende Morgen bringt einen Messerkampf auf Tod und Leben mit dem erzürnten Vater, den Lanzelet für sich entscheidet. Von der Tochter nimmt er Hand und Land entgegen, ist also buchstäblich über Nacht Gemahl und Herr geworden. Das dauert nicht lange. Er entzieht sich zwar der Bitte der Gefährten, ihnen an den Artushof zu folgen, bricht dann jedoch heimlich auf, um nie mehr zurückzukehren.

Die zweite Frau, die Lanzelet zufällt, ist Ade (1357—2238). Wie der junge Held, der die *costume* von Limors nicht befolgt, wonach man sich der Burg nur mit gesenkten Waffen und einem Friedensreis in der Hand nähern darf, in Todesnot gerät, wird sie zu seiner Retterin, anschließend, in Kerkerhaft, zur Helferin. Sie erwirkt von ihrem Erbonkel Linier für Lanzelet die Chance des dreifach gestuften Kampfes: mit einem Riesen, zwei ausgehungerten Löwen und, im Falle des Überlebens, mit Linier selbst. Der Sieg bringt Lanzelet abermals eine schöne Frau und eine Landesherrschaft ein.

Nach der ritterlichen Großtat auf Limors meldet sich der Artushof (2239—3521). Schon Orphilet wollte Lanzelet, ohne Erfolg, nach der Moreiz-Aventiure an den Artushof ziehen, aber jetzt erscheint Walwein (Gawein), Primus der Artusritter, mit einer förmlichen Einladung. Aber Lanzelet, seiner Namenlosigkeit bewußt, will nichts von Artus wissen. Ein Kampf mit Walwein wird von einem Boten unterbrochen, der ein Turnier bei der Stadt Djofle ansagt, bei dem die gesamte Tafelrunde erscheinen wird. Dieses Turnier besucht auch Lanzelet, indes auf eigene Faust und anonym. Er bereitet dort dem enfant terrible des Artushofes, Keiin, der auch hier die Rolle des Spötters und Prahlers hat, eine blamable Niederlage, geht als Sieger aus dem Dreitageturnier hervor, erfährt die Ehre des Besuches von Artus, lehnt aber dessen Einladung an den Hof entschieden ab.

Die dritte und entscheidende Minneaventiure hat ein Vorspiel (3522—3825), die Gefangenschaft auf Schatel-le-mort. Hier haust *Mabuz* mit Zunamen *der blœde*, weil es ihm an Ehrgefühl und Tapferkeit gebricht,

Sohn der Meerfei, die ihn mit Zauber vor ihrem Erbfeind Iweret zu schützen weiß. Der Zauber besteht darin, daß jedermann, der die Burg betritt, allen Mannesmut verliert. So ergeht es Lanzelet; er wird zu andern Kraft- und Mutlosen in den Kerker geworfen und kaut dort in beelendendem Stumpfsinn hartes Brot. Ade hatte zusammen mit ihrem Bruder Diepalt Lanzelet begleitet. Angesichts dessen kläglicher Gefangennahme geben sie ihn verloren. Mabuz ist es indes selbst, der dem Gefangenen wiederum zur Freiheit verhilft: er glaubt ihn als Spion gegen Iwerets Leute einsetzen zu können. Aber kaum ist Lanzelet außerhalb der Burg, fällt aller Zauber der Trägheit und Mutlosigkeit von ihm ab, und er ist frei.

Die anschließende Iblis-Iweret-Episode (3826—4959) ist eine Variante von Iweins Brunnenaventiure. Dabei dürfte feststehen, daß Ulrichs Quelle, das *welsche buoch*, Chrétiens ‚Yvain' benutzte, nicht aber der deutsche Nachdichter Hartmanns ‚Iwein'. Die Vororientierung erfolgt hier durch einen Abt — im ‚Yvain' ist es der greulich anzusehende Waldmensch. Belforet, *schœner walt*, heißt die paradiesische, keiner Jahreszeit unterworfene Gegend, in der sich das Marmorschloß Iwerets und der Brunnen als Ort der Herausforderung befinden. Das Wasser ergießt sich unter einer Linde in ein Marmorbecken, Zimbel und Hammer hängen über ihm an einem Ast. Wer sie dreimal betätigt, sieht sich allsogleich dem bewaffneten Iweret gegenüber, der seine ungewöhnliche Kraft den Würzkräutern dieser Märchenlandschaft verdankt. Zur Herausforderung reizt nicht nur die Aventiure als solche, sondern die schöne Tochter Iblis, die durch das *nîtspil* (3886) mit dem Vater zu gewinnen ist. Lanzelet betritt so eine vorbereitete, indes durch den Umstand veränderte Bühne, daß sich nach dem ersten Zimbelschlag Iblis einstellt, die den schönen Ritter von der todbringenden Aventiure abhalten will. Ihr hatte in der Nacht geträumt, sie sei zur Linde gegangen und habe dort einen herrlichen Ritter gefunden, zu dem ihr Herz in Minne entbrannt sei. Der Traum veranlaßte sie, ganz allein — sie befindet sich sonst im Kreis von hundert Gespielinnen — Linde und Brunnen aufzusuchen, wo sie nun in der Tat ihrem Traumritter begegnet. Lanzelet antwortet ihr galant, denkt aber nicht daran, sie nach Vorschlag der Schönen zu entführen, er will sie rechtens durch siegreichen Zweikampf erringen. — Iweret muß bekennen, daß er zum ersten Mal auf einen Mann und nicht auf ein *kint* gestoßen ist. Der Kampf, bei dem es von vornherein um Leben und Tod geht, endet mit dem glücklichen Sieg Lanzelets. Er ist nun zum dritten Mal mit einer schönen Jungfrau verbunden, tritt aber die Herrschaft über die drei Königreiche, die ihm mit Iblis zufallen, nicht an, sondern begibt sich mit seiner Gemahlin auf Fahrt. Während der ersten Rast erscheint eine Botin der Ziehmutter aus dem Frauenland mit Glückwünschen zur vollzogenen Aufgabe, der Erschlagung des Erbfeindes, und mit der Verkündung von Namen und Herkunft. Hochzeitsgabe ist ein herrliches Zelt.

Jetzt kann Lanzelet zu König Artus in Kardigan aufbrechen (4960—5428). Unterwegs berichtet ein Knappe, daß dort große Trauer und Verlegenheit herrsche. Es habe König Valerin *von dem Verworrenen tan* durch ein erlistetes Königswort Artus' Gemahlin Ginover, die ihm ohnehin auf Grund alter Rechte gehöre, als Gabe gewonnen, er sei indes bereit, deren Inanspruchnahme an den Sieg eines vom Artushof gestellten Ritters über ihn zu knüpfen. Lanzelet läßt Iblis bei der Herzogin vom Weißen See, einer Verwandten, bei der sie einkehren, zurück, eilt an den Artushof und setzt sich dort beim Eingang, ohne es zu wissen, auf den Ehrenstein, der ihn als vollkommen untadelig ausweist (5177 ff.). Der Ehrenstein, der hier in der deutschen Literatur zum ersten Mal auftaucht, hat die Eigenschaft, jedem den Sitz zu verweigern, *an dem was falsch oder haz* (5181). Da Walwein mit nobler Geste auf den Kampf mit Valerin verzichtet, kann Lanzelet gegen den Herausforderer antreten. Auch in diesem Kampf zwischen Gleichstarken bleibt das Waffenglück auf seiner Seite. Valerin wird auf Grund eines *sicherheit*-Gelöbnisses freigelassen.

Das jetzt fällige *hôchgezîte* dauert vier Wochen mit Gästen aus aller Welt. Iblis erscheint und wird mit Lanzelet, der *stuol zer tavelrunde* (5419) gewonnen hat, gebührend gefeiert.

An dieser Stelle, genau: mit v. 5428, dürfte auch im Sinne des Autors der Abschluß des ersten Teils der Dichtung anzusetzen sein. Andere sehen ihn früher, so M. HUBY nach der Namengebung v. 4688. Das hätte den Vorteil, daß an dieser Stelle ziemlich genau die mathematische Mitte des Werks erreicht ist. Sicher ist auch der Abschluß der gut thematisierten Namenfindung (31 ff., 312 ff., 1362 f., 1668 ff., dazu die Attribute *der namenlôse* u. a. 1685, 2045, 2059, 2269, 2295) ein markanter Einschnitt. Es darf aber auch nicht übersehen werden, daß die Selbstfindung in der Namensuche mit der Artuswürdigkeit gekoppelt ist. Den drei Hauptaventiuren laufen parallel drei Versuche, Lanzelet an den Artushof zu ziehen: durch den zeitweiligen Gefährten Orphilet, durch Walwein und durch Artus höchstpersönlich. Lanzelet selbst ist sich bewußt, wie es Walwein einmal ausspricht, daß einer, der nicht zum Artushof gehört, *enist vollekomen niht / in allen disen landen* (2469 ff.): Sofort nach der Namengebung macht er sich auf zu Artus. Daß es hier nochmals zu einer Ritterprobe kommt, bedeutet keine Wiederholung: der Kampf mit Valerin ist zwar als Leistung dem Iweret-Kampf gleichzusetzen, ist aber nach Bedeutung und Funktion von diesem völlig verschieden. Es geht um den ‚Einstand' des Helden, er kämpft vor und für Artus und die Tafelrunde. Zugleich ist dieser Kampf formal eine wichtige thematische Klammer zwischen dem ersten und zweiten Teil.

Der Weg zu Artus ist ein Stationenweg, der als Ganzes ‚Sinn' erkennen läßt — Selbstfindung durch Minne und ritterliche Tat —, nicht jedoch, und dies im Unterschied zum Chrétienschen Modell des Artusromans, in jeder Einzelepisode durch ihren Stellenwert im Gesamt Bedeutung erschließt. Verbunden sind jeweils Ritterkampf und Minneerwerb, und zwar nach dem gleichbleibenden Schema: Minneangebot einer *jungfrouwe* und Waffengang mit Vater oder Onkel, der zum Besitz der jungen Dame führt. Trotz dieser Motivgleichheit handelt es sich nicht um Dubletten und damit um austauschbare Szenen. Eine strukturelle Reihe ergibt sich durch das durchgängige Prinzip der Steigerung: Die ritterliche Leistung steigert sich vom Messerkampf mit Galagandreiz über den Riesen-, Löwen- und Männerkampf auf Limors zum Zweikampf mit *dem besten ritter der ie wart* (329), Iweret. Der Minnegewinn der Galagandreiz-Tochter ist derjenige des *tumben* Lanzelet — darin der Parzival-Jeschute-Begegnung vergleichbar —, wobei die beiden Gefährten in der Beachtung von *êre* und *triuwe* den höfischen Maßstab vorzeigen. Die Minne der Ade wurzelt im Mitgefühl und äußert sich in tätiger Hilfe, ist dem Wesen nach Kameradschaft, im Gegensatz zur Galagandreiz-Tochter hat sie Lanzelet, der ihr sein Leben verdankt, verdient — mehr als er, umgekehrt, sie, kämpft er doch um sein Leben, nicht um ihren Besitz. So ist es dann beim Gewinn der Iblis. Abermals gesteht die Frau als erste ihre Minne, wenn auch höfisch-diskret, aber Lanzelet lehnt ihr Angebot, mit ihr zu fliehen, ab, erklärt ausdrücklich, er wolle *durch iuch*, um ihretwegen, *bestân swaz ein ritter sol* (4351 f.). Der Idealfall höfischer Minne liegt vor: der Ritter gewinnt die für ihn bestimmte und ihm bereits zugetane Frau in ritterlichem Kampf.

3. Die im ersten Teil der Dichtung erfolgte Integration des Helden in die Artusgemeinschaft ist von Dauer. Das heißt zugleich, daß es im zweiten Teil zu keiner Krise, keinem Fall mit Wiederaufstieg kommt. Es fehlt so auch der doppelte Kursus, der Chrétiens Modell des Artusromans konstituiert, die zweite Wegstrecke ist eine lineare Fortsetzung der ersten.

PÉRENNEC (S. 27) spricht jetzt im Hinblick auf die „drei ersten Abenteuer und die Plûris-Episode", die er mit mir als „Treueprobe" (‚Lanzelet', S. 52) versteht, von einem „doppelten Kursus", den auch ich erwogen, aber als „wohl nicht in der Absicht des Autors" liegend bezeichnet hatte. Ich sehe keinen Anlaß, das dort Gesagte zurückzunehmen (s. u.).

Als neues ‚Programm' läßt sich Lanzelets Bewährung als *bester ritter, der nu lebet* bestimmen. Dieses Stichwort fällt erst in der Drachenkußszene (7921, vorbereitend 7811), ist indes bereits in der ersten Episode mit mathematischer Präzision thematisiert: Lanzelet besiegt, wie es die *costume* vorschreibt, in Pluris hundert Ritter im Zweikampf, Walwein nur 99, Tristant 89, Erec 73, Karjet 64. Der *beste ritter* bezieht sich indes nicht nur auf die Leistung im Waffenhandwerk, sondern auch auf die Stellung zur Gesellschaft der Tafelrunde: er hat da keine Starrolle zu spielen, er ist der beste unter Gleichen. Endlich schließt der *beste ritter* den besten Herrscher über Land und Leute mit ein. Programmiert ist weiterhin wahre und falsche Minne, indes mehr als These vorgetragen denn in Handlung umgesetzt. Überhaupt tritt in diesem zweiten Teil Handlung, und mit ihr auch Schilderung und Beschreibung, zugunsten didaktischer Elemente zurück.

Nicht geringem Mißverständnis ist die erste Episode, die Pluris-Aventiure (5429—5678, 6129—6672), ausgesetzt — doch wohl weil der Nachschöpfer auf interpretatorische Zeichengebung verzichtet hat. Lanzelet bricht vom Artushof auf, um die *costume* (bei Ulrich fast regelmäßig = *âventiure* 1711, 1752, 5448, 5459, 5477 u. ö.; vereinzelt *(lant)site* 1389, 1393, 6271; *gewonheit* 6736) der Königin von Pluris zu bestehen, die darin besteht, 100 auserlesene Ritter zu besiegen, um so Hand und Land der Königin zu gewinnen. Lanzelet besteht die Aufgabe mit der Folge: *dô muose aber briuten / der wîpsælige Lanzelet* (5528 f.). Wiederholt sich da nicht das Muster des ersten Teils: Frauengewinn durch Aventiure? Thematisch gewiß, aber mit geradezu umgekehrter Sinngebung: Lanzelet befindet sich in Minnehaft, vergleichbar mit der Situation des Odysseus bei der Kalypso, und er vergißt zu keiner Zeit *vrowe* Iblis (5772 f.). Der erneute Frauengewinn bedeutet so paradoxerweise Bewährung der Iblis-Minne!

Dies bestätigt die eingebaute Mantel-Episode (5679—6128). An Pfingsten erscheint am Artushof die Botin der Meerfei und bietet einen kostbaren Mantel derjenigen Dame an, der er in vollkommener Weise paßt — entsprechend der vollkommenen Tugendhaftigkeit der Dame.

Die Mantelprobe ist eine Keuschheitsprobe: das Kleidungsstück zeigt decouvrierend Minneverfehlungen an. Ein aus Frankreich kommendes Schwankmotiv, das derbe Späße über weibliche Schwächen erlaubt. In diesem Sinne hat es später Heinrich von dem Türlin in der ‚Crône' und in einer eigenen Dichtung, ‚Der Mantel', genüßlich inszeniert; am Ende des Mittelalters erscheint es in Fastnachtspiel und Meistersang. Ulrich läßt nur durchblicken, was der Mantel bedeutet. Von eigentlich erotischen Verfehlungen ist nicht die Rede.

Aus der Mantelprobe geht Iblis als einzige ohne Fehl hervor und bestätigt somit die Partnerschaft zum besten aller Ritter.

Die Botin aus dem Frauenland weiß Lanzelets Zwangsaufenthalt auf Schloß Pluris bekannt zu machen. Eine auserlesene Gruppe, Walwein, Tristant, Erec und Karjet, machen sich auf, betätigen die *costume* und bewirken mit kluger List die Befreiung Lanzelets aus Minnefesseln.

Die zentrale Aventiure des 2. Teils ist die Befreiung der Ginover (6673—7816) und damit das Motiv von Chrétiens Karrenroman (s. Höf. Epik I, S. 144 ff.) — indes in vollkommen anderer Durchführung, ohne Karrenmotiv und Schwertbrücke und, vor allem, ohne die Lancelot-Ginover-Liebe. Es darf als ausgeschlossen gelten, daß der Autor des *welschen buoches* Chrétiens Lancelot-Dichtung kannte; er schöpfte aus einer inselkeltischen Quelle, die dem Ginover-Raub in der ,Vita Sancti Gildae' des Caradoc von Llancarfan (um 1130) nahestand.

Die ,Vita S. Gildae', hg. von TH. MOMMSEN, MGH, Auct. Ant. XIII, Berlin 1898, S. 107—110, und, mit Übersetzung und Kommentar, H. WILLIAMS, Gildas, London 1899—1901, S. 23, 390—413. Sie ist der früheste literarische Ausgangspunkt des Motivs vom Königinnenraub. Der Entführer heißt Maelvas, der Ort der Gefangenschaft ist die durch Sümpfe gesicherte Abtei Glasterbury, der Befreier König Artus und sein Heer, der überirdische Helfer der hl. Gildas.

Valerin hat sein Gelübde gebrochen. Er überfiel Artus und die Königin während der Jagd auf den weißen Hirsch und brachte Ginover auf seine unzugängliche Festung *Verworrenes Tan*. Dies erfahren Lanzelet und seine Befreier auf dem Heimweg nach Kardigan. Dort finden sie Artus und den Hof in tiefer Trauer und Bestürzung. Ein Kriegsrat folgt der Strategie des listigen Tristant (6979), zur Eroberung des durch einen Wall von grausig-giftigen Reptilien und undurchdringliche Nebelwände gesicherten *Verworrenen Tan* den Zauberer Malduk vom Nebelsee (*von dem Genibeleten sê*) als Helfer einzusetzen. Dieser ist indes dem König und seinen Rittern mit guten Gründen feindlich gesinnt, ihn zu gewinnen, erweist sich als der schwierigste Teil der Befreiungsaktion.

Malduks Haus ist nur über das ,Schreiende Moos' zu erreichen, einem nebelschwangeren Moorsee mit der Eigenschaft, beängstigende Schreie zu erzeugen. Dorthin macht sich Artus mit Lanzelet, Tristant und Karjet auf. Sie bedürfen indes der Hilfe Dodines des Wilden, dessen Pferd den Moorboden betreten kann, ohne einzusinken, und der schönen Tochter des Zauberers, die den Bittstellern erst den Zutritt zu Burg und Vater ermöglicht. Die Bedingungen Malduks sind hart: Walwein und Erec, seine persönlichen Feinde, müssen ihm ausgeliefert werden.

Nunmehr kann mit Hilfe der *swarzen buochen* der *Verworrene Tan* erreicht und erstürmt werden. Die Königin wird befreit, Valerin mit allen seinen Leuten getötet. Anschließend bricht Lanzelet mit hundert Rittern auf, um Walwein und Erec, die dem Hungertode preisgegeben wurden, zu befreien. Auch das ist ohne märchenhafte Hilfe nicht möglich. Sie wird den Befreiern durch den Riesen Esealt den Langen zuteil, der sie durch das moorige Wasser schleust und auf die Burgmauer hochhebt. Malduk ergeht es wie Valerin, nur seine schöne Tochter bleibt verschont und wird an den Artushof mitgenommen, wo nun ein Hof- und Freudenfest fällig ist.

Die abschließende Drachenkußepisode (7817—8040) wird durch die Erzählung der Iblis von einem Ritter ausgelöst, der in einem Wald auf einen großen *wurm*, einen redenden Drachen, gestoßen sei, der ihn angefleht habe, ihn *durch got* (7851) zu küssen, aber wer würde solches wagen? Lanzelet macht sich auf, findet den Wald und den scheußlichen Drachen, wagt den Kuß, der das Untier *schœne und gesunt* machen würde. Der Kuß verwandelt dieses in ein herrliches Weib. Es ist Elidia (wohl besser mit Handschrift P Clidra), Tochter des Königs von Thile (es dürfte Thule gemeint sein, *ein einlant, / ein breit insele in dem mer*, 7994 f.), und sie wurde zur Strafe für *valsche minne* (8040) in die Drachengestalt verwandelt. Die näheren Umstände zu berichten, wäre zu umständlich, erklärt Ulrich (8016), es kann sich indes, wie v. 8008 ff. angedeutet wird und aus der noch zu besprechenden Minnethese hervorgeht, nur um Versagen von Minnelohn trotz treuem Dienst des Werbenden handeln. Elidia verbringt ihre ferneren Tage am Artushof in der Funktion einer Richterin in Minnefragen.

Die Drachenkuß-Darstellung Ulrichs bzw. des *welschen buoches* ist die früheste literarische Darstellung des Motivs, das in Literaturgeschichte und Folklore unter dem Terminus technicus *Fier baiser* bekannt ist. Wenig später, um 1200, finden wir es in Renauts de Beaujeau ‚Bel Inconnu' (v. 3127 ff.), und zwar in der Gestalt, daß der *Fier baiser* nicht nur eine unglückliche Jungfrau aus einer Schreckgestalt erlöst, sondern auch und vor allem für den erlösenden Ritter Wandlung, Neugeburt, ‚Taufe' bedeutet. ‚Taufe', weil Bel Inconnu in diesem Zusammenhang seinen Namen und seine Herkunft erfährt. Man sieht aus dieser weiteren Übereinstimmung mit dem ‚Lanzelet' — hinzu kommt noch Feengeburt bzw. Feenerziehung —, daß ein näherer, wenn nicht genealogischer, so doch typologischer Zusammenhang zwischen den beiden Werken besteht. Im ‚Lanzelet' ist an Stelle der mythischen Erlösungstat der Ritterschaftsausweis getreten (Kampf mit Iweret), der Drachenkuß beendet einen Minnekasus. Daß die Ausformung des Motivs im ‚Bel Inconnu' die ursprüngliche ist, liegt auf der Hand. Das *welsche buoch* verpflanzte es in einen Kontext, der Ritter- und Minneideologie voraussetzt.

Über die folkloristische Tradition des *Fier baiser* siehe E. FRANK, Der Schlangenkuß. Die Geschichte eines Erlösungsmotivs in deutscher Volksdichtung, Leipzig 1928. Die jüngste Gestalt des Motivs (mit Rollentausch von Mann und Frau) liegt wohl vor in Jean Cocteaus Film ‚La belle et la bête'.

Der letzte Erzählblock (8041—9308) stellt sich dar als Feier, Glanz, Repräsentation, gesicherte Herrschaft. Lanzelet tritt zuerst die väterliche Herrschaft an, das Erbe Pants in Genevis. Er findet dort wohlgeordnete Verhältnisse, seine Mutter in bester Fürsorge eines Oheims und wird festlich gekrönt. Nunmehr verlagert sich die Szene nach Dodone, dem Erbreich der Iblis, das bereits Boten entsandt hat, um Lanzelet zu huldigen. Nach Dodone kommt auch Artus mit seinem ganzen Hofstaat. Die Krönungsfeierlichkeiten, die drei Monate dauern, sind ohnegleichen. Die eigentliche Handlung schließt mit dem Abschied von Artus und den Seinen. — Ein Ausblick (9350 ff.) betont die *sælde* des Paars in der Nachkommenschaft, drei Söhnen und einer Tochter, und in friedlicher Herrschaft. Beide Gatten sollen an einem Tag gestorben sein.

Der Bezugspunkt des Geschehens im zweiten Teil des ‚Lanzelet' und damit räumliche und ideologische Mitte ist der Artushof. Von ihm geht jede Aventiure aus, und zu ihm führt sie zurück. Viermal ist der Hof in Trauer; er klagt um den entschwundenen Lanzelet, um die entführte Königin, über das notvolle Opfer der Geiselstellung, um die gefangenen Helden. Auf diese Klage, die auch die Aufgabe hat, den Stoff zu ordnen, antwortet dann abschließend und kontrapunktisch das große Freudenfest zu Ehren der wiedergewonnenen Königin und der befreiten Helden Walwein und Erec.

Die wiederholte Klage des Artushofs, der grundsätzlich ein Ort höfischer Freude ist, ist ein Novum, und noch mehr, daß die Not des Einzelnen nicht nur passiv hingenommen wird — man denke an Iweins und Parzivals Elend vor versammelter Tafelrunde und deren beschämende Hilflosigkeit —, sondern zu gemeinsamer Aktion führt.

Die Thematik des *besten ritters* wird vom Motiv der Gefangenschaft und der Befreiung getragen: Minnehaft Lanzelets, Gefangenschaft der Königin, von Walwein und Erec, schließlich Gefangenschaft der Elidia durch die Untiergestalt. Die Befreiung ist bis auf die Drachenkußszene, der eine mythische Formel zugrunde liegt, eine Gemeinschaftstat. Auffallend und sicher konzeptionell bedingt ist die Beschränkung der Protagonistenrolle Lanzelets in den Befreiungsaktionen gegen Valerins *Verworrenen Tan* und Malduks Nebelseeburg. Es hängt dies nicht am Umstand, daß Märchenhilfe nötig ist, sondern diese Märchenhilfe verdeutlicht umgekehrt die Gemeinschaftsleistung:

der einzelne soll nicht hervortreten. Diesem Konzept entspricht die ungewöhnliche Solidarität und Kameradschaftlichkeit der Tafelrunder. Ist sie bewußt der Konkurrenzsituation entgegengestellt, die dem Artushof des Chrétienschen Modells eigen ist? Leider verdeutlicht Ulrich zu wenig, als daß man solche Fragen sicher beantworten könnte. Fest steht nur, daß da keiner antritt, um sich zu profilieren, nicht einmal Lanzelet, der Titelheld, der in den Befreiungsaktionen des Hofes der *beste* ist, ohne sich besonders auszuzeichnen, der *beste* durch die integrierende Kraft, die von ihm ausgeht.

Wird die Thematik des besten Ritters an der Gefangenschafts- und Befreiungsmotivik durchgeführt, so bleibt die Minnethematik fast gänzlich auf der Ebene der Belehrung. Zwar ist die Königin von Pluris Lanzelet leidenschaftlich zugetan, aber diese Leidenschaft wird im Unterschied zu den Emotionen der Damen im ersten Teil des Romans nicht mehr artikuliert. Es interessiert einzig das Verhalten Lanzelets, die unverbrüchliche Bindung an Iblis. Die Frage geht hier und im Folgenden immer wieder nach dem richtigen bzw. falschen Verhalten in Minnesituationen. Die Mantelprobe exponiert sentenzhaft Elemente einer Minnelehre. Es heißt da z. B. *starkiu huote und ungetriuwer muot / diu machent stætiu wîp unguot* (5879 f.), was Gottfrieds *huote*-Exkurs entspricht (s. S. 244).

Entscheidend ist indes das eigensüchtige Versagen der Minne seitens der Frau. Diese *tiuret* sich damit keineswegs, *nein, siu swechet sich vil sêre: / ez ist laster und unêre, / swelch wîp des mannes gâbe enphât / und im doch ungelônet lât* (6010 ff.). Das war die *valsche minne* der Elidia, die darauf ausging, *daz si den beschrenke, / der ir dienet umb ir minne;* der Dichter erklärt dazu: *siu unwirdet sich dermite* (8010 ff.).

Es kann kein Zufall sein, daß der Minnekasus der nicht gewährten Minne im zweiten Teil des ‚Lanzelet' thematisch wird: er rechtfertigt die bereitwillig gewährte Minne im ersten Teil. Verpflichtet auch im höfischen Roman grundsätzlich ritterlicher Dienst die Dame zum Minnelohn, so bleibt scharfe Thesenbildung ‚versagter Lohn ist *valsche minne*' in deutscher Epik doch ungewöhnlich. Der einzige Parallelfall ist der ‚Moriz von Craûn'. Es war ein arger Mißgriff, hier und dort von „unhöfischer" Minne zu sprechen. Schon die Tatsache, daß Andreas Capellanus in ‚De amore libri tres' diesen Fall diskutiert (l. II c. VII, n. XIX), hätte davor bewahren müssen.

Eine kleine Zwischenepisode, die Einkehr der Artusritter nach Lanzelets Befreiung in Pluris beim stummen Gilimar (6563—6672), ist offensichtlich nur dazu bestimmt, einen weiteren Fall von *valscher minne* anzusprechen. Gilimar wurde von seiner Dame Stummheit auferlegt, weil er zuviel über sie und seine Minne gesprochen hatte, also dem Gebot der *tougen minne* nicht nachkam.

4. Es verbleibt der Blick auf das Ganze. Trotz bemerkenswertem Perspektivenwechsel vom ersten zum zweiten Teil gibt es verbindende Klammern. Auf der Ebene der Motivik ist es wiederholte Gefangenschaft und Befreiung in beiden Teilen. Der Ginoverraub hat im ersten Teil ein Vorspiel in der Herausforderung des Artushofes durch Valerin. Die drei Minneaventiuren des ausziehenden Lanzelet finden in der Pluris-Aventiure eine Fortsetzung — mit verändertem Vorzeichen. Der Probe des Ehrensteins für Ritter korrespondiert die Mantelprobe als Tugendprüfung der Frau. Die Zwergenbegegnung vor Pluris in der Ausfahrterzählung weist auf das spätere Pluris-Abenteuer hin. Negation und Position stehen sich hier gegenüber wie im Bild des tyrannischen Königs Pant, gegen den sich die Untertanen erheben, und der friedlichen und gerechten Herrschaft Lanzelets über seine Königreiche (JACKSON).

Kompositorisch ist damit ein Wille zu geschlossener Form nachgewiesen. Konzeptionell ist zu erkennen, daß der Selbstentfaltung des Ritters Lanzelet dessen Integration in die Gemeinschaft folgt. Das entspricht dem ‚Programm' des arthurischen Romans Chrétiens und Hartmanns, nur bedingt die Einwegstruktur eine demonstrative (HAUG) Darstellungsform, während der doppelte Kursus den „Sinn" des Geschehens durch die Struktur als solche evident zu machen vermag. Der Doppelweg mit seiner Stationenkorrespondenz ermöglichte es auch dem Helden, zusätzliche Individualität zu entfalten. Im ‚Lanzelet' findet dieser Verlust keinen Ausgleich. Es muß vielmehr auffallen, daß der von seinem Ursprung her und in seiner Entfaltung einzigartige, damit personal ausgezeichnete Held im zweiten Teil, wo er programmgemäß nicht mehr singulär sein darf, an Individualität einbüßt. Nicht nur Negation zum Artusroman Chrétienscher Provenienz, sondern Negativität bewirkt auch die veränderte Rolle Walweins. Er ist zwar der Primus der Tafelrunde im ersten Teil, wird aber im zweiten durch den Titelhelden gerade in dieser Funktion abgelöst. Den Kampf des Titelhelden mit Walwein hat der Verfasser zwar beibehalten, aber den Stellenwert geändert: er leitet den eigentlichen Kontakt mit der Artusritterschaft ein, bestätigt nicht mehr als Schlußkampf die (neu errungene) Artuswürdigkeit des Helden. Ich meine zwar nicht, daß der Lanzelet-Autor die Funktion der Walwein-Rolle nicht mehr verstanden hätte: er hat sie indes auf die Artusritterschaft als ganzes übertragen. Das aber bedeutet zugleich den Ausfall einer Figur.

Es liegt so nahe, mit HAUG, und nun gar im Rezeptionshorizont, von „Reduktion" zu sprechen. Ich möchte den Begriff nur vermeiden, weil er zu einer Kategorie des epigonalen Romans geworden ist, dem ich den ‚Lanzelet', wie immer man jenen definiert, nicht zuordnen möchte. Es müßten Qualitätsunterschiede auf derselben Ebene möglich sein.

Solche lassen sich auch innerhalb des Lanzelet-Romans feststellen. Es hat der erste Teil ein deutliches Übergewicht in der erzählerischen Dichte und Frische, aber auch in Schilderung und Beschreibung. Vom *kindischen* Lanzelet geht Heiterkeit und Frohsinn aus, er ist der *sælige* — häufiges Epitheton —, *er enweiz niht waz trûren ist* (1341). Es ist die deutsche Krankheit, fröhliche Offenheit mit Oberflächlichkeit zu verbinden, und so hat denn Lanzelet wenig Sympathie gefunden auch dort, wo er Sympathie verdient. Besonders niedrig fand man seine *wîpsælecheit* (der *wîpsælige* Lanzelet 5529), obschon sie keinen triebhaften Einschlag hat; der vielzitierte Ausdruck besagt ja auch nur, daß er Glück bei Frauen hat. Im übrigen liegt die Aktivität bei den jungen Damen. Und gerade hier hat Ulrich ansprechende Szenen und Schilderungen geboten: da sind die rührenden Reden der Galagandreiztochter, gerichtet an „Männer, welche Liebe fühlen, und auch ein gutes Herze nicht" fehlt, welchen Bedingungen freilich nur Lanzelet zu genügen vermag, da ist das allmähliche Bewußtwerden der liebenden Gefühle der schönen Iblis, endigend in einem Minnegebet (4372—4406). Man spürt hier die Nähe Veldekes (Lavinias Minnemonolog, s. Höf. Ep. I, S. 82). Von ihm hat der ‚Lanzelet'-Dichter auch die Kunst der Beschreibung gelernt: er präsentiert sie in der Deskription des Zeltes, das die Meerfee den Liebenden zu seligem Aufenthalt überbringen läßt, und dessen paradiesischer Umgebung (4746—4926). Die weitausholende, über alle Mittel volkssprachlicher Rhetorik verfügende kunstreiche Beschreibung eines kunstreichen Gegenstandes gehört zu den Mustern ihrer Art.

Der Gattungsfrage hat PÉRENNEC interessante Überlegungen gewidmet (S. 37 ff.), wie überhaupt dieser jüngste Beitrag der ‚Lanzelet'-Forschung der förderlichste ist. Die Nähe zum ‚Enfance'-Typus überzeugt, nur kann ich damit keine gattungsgeschichtlich relevante Annäherung an die Chanson de geste sehen. Die ‚Enfance'-Thematik ist völlig ins Romanhafte transponiert — wie ja auch im ‚Parzival' und in Thomas' und Gottfrieds ‚Tristan'. Wenn es nötig ist, den ‚Lanzelet' als höfischen Roman auszuweisen, so wären die Kriterien H. R. JAUSS' (Epos und Roman — eine vergleichende Betrachtung an Texten des XII. Jh.s, in: R. J., Alterität und Modernität der mittelalterlichen Literatur, München 1977, S. 310—325) anzuwenden. Besonders einschlägig ist die im ‚Lanzelet' ungemein wichtige Kategorie des Wunderbaren: dieses ist, dem Roman entsprechend, märchenhaft, nicht wie in der Chanson de geste legendär. Einig gehe ich mit PÉRENNECs Feststellung, daß der ‚Lanzelet' „durch und durch ein *welschez buoch*" ist (S. 40).

Mit Recht stand Ulrich mit seiner, wie es scheint, einzigen Dichtung in einigem Ansehen. Eine Generation später nimmt ihn Rudolf von Ems in seine beiden Literaturkataloge auf. Im ‚Alexander' sagt er von *Zazichovn her Uolrich*

der uns daz mære und die getât
künstlîche getihtet hât
wie Lanzelet mit werdekeit
mangen hôhen prîs erstreit. (3201 ff.)

III. Wolfram von Eschenbach

A. Zur Persönlichkeit

Wolfram, mit literarischem Ruhm ohnegleichen in seiner Zeit und der Nachwelt, bleibt in seiner Existenz wie Hartmann und Gottfried jenseits urkundlicher Bezeugung, aber er ist als Person kein bloßer Schatten. Er spricht aus seinem Werk heraus wie kein anderer, spielt auf Zeitgenössisches an, glossiert Personen, hat ein Bild von sich selbst und der Gesellschaft, der er als Dichter diente. Diese Äußerungen sind freilich nicht nur biographisches Material, sondern gehören vielfach, wie der erzählte Kontext, in dem das ‚Biographische' angesiedelt ist, nahelegt, zur Erzählerrolle. Es ist aber auch nicht anzunehmen, wenn auch im Einzelnen nicht auszuschließen, daß der Erzähler sich grundsätzlich vom Autor trennt. ‚Stilisiert' ist das Ich eines Dichters in der Selbstdarstellung allemal und dort vor allem, wo der Dichter noch vortragender Erzähler war. Wolfram war es, wenn uns nicht alles täuscht. Es soll indes, da im Rahmen einer Gattungsgeschichte das Persönlichkeitsbild des Autors zurücktreten darf, das methodische Problem des Autor-Ich und der Erzählerrolle gerade nur angesprochen werden.

Dazu vor allem: M. CURSCHMANN, Das Abenteuer des Erzählens. Über den Erzähler in W.s ‚Parzival', DVjs 45 (1971), S. 627—667; E. NELLMANN, W.s Erzähltechnik. Untersuchungen zur Funktion des Erzählers, Wiesbaden 1973.

1. Es ergeben sich vom gegenwärtigen Wissensstand aus als sichere oder doch sehr wahrscheinliche Bausteine von Wolframs äußerer Biographie die folgenden Daten:

Die bestimmbaren zeitlichen Eckdaten liegen nur 13/14 Jahre auseinander. Pz. 379, 18 ff. spricht Wolfram von den verwüsteten Weingärten Erfurts, die *noch* von Pferdehufen zeugen: Ereignis des Krieges zwischen Philipp von Schwaben und Hermann von Thüringen im Sommer 1203 oder Sommer 1204. Im letzten Buch des ‚Willehalm' wird von Hermann so geredet, als lebte er nicht mehr (*al sîn leben*, 417, 24); er starb am 25. 4. 1217. Wolfram hat so vor 1203/04 am ‚Parzival' gedichtet — mutmaßlicher Beginn um 1200 —, nach 1217 schreibt er noch am ‚Willehalm'. Von diesen Daten aus fällt es in die Beliebigkeit, Geburts- und Todesjahr anzusetzen.

Nach Ausweis der Reime ist Wolfram Ostfranke. Dazu paßt Eschenbach (s. ö. Ansbach, seit 1917 auf Grund eines Gutachtens des Germanisten Carl von Kraus Wolframseschenbach), das er viermal nennt: *ich* (bzw. *mir*) *Wolfram von Eschenbach* (Pz. 114, 12; 185, 7; 827, 13; Wh. 4, 19). Er kennt sich in dieser Region bestens aus, erwähnt Trüdingen (Pz. 184, 24), Abenberg (Pz. 227, 13), Dollenstein (Pz. 409, 8), Nördlingen (Wh. 295, 16), den Virgunter Wald (Wh. 390, 2). Der Graf von Wertheim, den er mit *mîn herre* anspricht (jedoch unterdrückt in der Handschriftengruppe Ggg), hat hier ein Lehen. Außerdem wird Wolfram vom ‚Titurel'-Fortsetzer Albrecht, ca. 50 Jahre nach des Dichters Tod, *von Blîenfelde* (Pleinfeld bei Wolframseschenbach), von Jakob Püterich von Reichertshausen im ‚Ehrenbrief' v. J. 1462 „von Eschenbach und Pleinfelden" genannt; letzterer versichert außerdem, Wolframs Grab im Eschenbacher Frauenmünster samt Wappen, einem Henkeltopf mit fünf Blumen, gesehen zu haben. Derartige Zeugen kann das konkurrierende oberpfälzische Eschenbach nicht aufweisen. Aber es bleibt das beunruhigende *wir Beier* (Pz. 121, 7). Hat Wolfram sich hier mit bayerischer Zuhörerschaft solidarisiert? Das ist nicht unwahrscheinlich, weil der *prîs* der *Beier* ein negativer ist.

Als Gönner nennt Wolfram nur Hermann von Thüringen. Er hat ihm *diz mære* von *kuns Gwillâms de Orangis* vermittelt (Wh. 3, 8 ff.). Hermann gehört aber auch schon zu den Gönnern des ‚Parzival', wie die Thüringer Apostrophe (Pz. 297, 16 ff.) beweist. Im V. ‚Parzival'-Buch vergleicht der Autor die Feuerstellen der Gralburg mit *hie ze Wildenberc* (230, 13), was zu der These geführt hat, daß Wolfram das V. Buch auf der Burg Wildenberg im Odenwald gedichtet hat. Sie gehörte den Freiherrn von Walldürn, ist aber in Wolframs Zeiten nicht gleichzusetzen mit den stattlichen Ruinen (eingeschlossen ein prächtiger Kamin!), die man heute besichtigt und als Wolfram-Stätte verehrt.

Die eingemeißelten Worte OWE MVTER (119, 17) sind unverkennbar Zitation des 19. Jahrhunderts. — Was sich aus dem *Anschouwe*-Komplex für die Gönnerschaft ergibt, wird an späterer Stelle (S. 96) angesprochen.

Wolframs Ritterbürtigkeit dürfte aus Pz. 115, 11 ff. zweifelsfrei hervorgehen. Daß er „ein armer Teufel" war, wie er sich gibt (184, 28 ff.: nicht einmal die Hausmäuse finden bei ihm daheim etwas zum Fressen), dürfte eher Erzählermaske sein. Das Selbstbewußtsein Wolframs, anders als dasjenige Walthers, das von dessen Künstlertum und propagandistischen Erfolgen genährt war, ist nicht von der Art, die sich mit dürftigen und demütigenden Lebensverhältnissen verträgt. Wie er Walther als *gernden* abfertigt (Wh.

136, 7 ff.; 286, 19 ff.: ***hêr Vogelweid von brâten sanc***), läßt ahnen, daß er sich ihm auch standesmäßig nicht gleichsetzte; noch mehr weist die souveräne Manier, mit der er Große apostrophiert oder hochgeborene Damen mit leicht zweideutigen Scherzen bedenkt (Markgräfin von Vohburg, Pz. 403, 26 ff.), auf eine ansehnliche Position in der Gesellschaft hin.

Seine Gattin, die er ungern von wegen ***unkunt gedrenge*** und galanten Minnerittern an den Artushof brächte (Pz. 216, 26 ff.), sein Töchterlein, dessen Puppe nicht so farbenprächtig ist wie die Kämpfer von Alischanz (Wh. 33, 23 ff.), eine Schwester, die er ungern bezüglich ihrer familiären Funktion in der Rolle der Itonjê sähe (Pz. 686, 11 ff.), häuslich-private Züge, die er vielfach seinen Personen zuschreibt — Herzeloyde stillt ihren Sohn selbst (Pz. 113, 5 ff.): das war nicht Brauch von Königinnen; Willehalms intimes Eheglück (Wh. 99, 15 ff.; 279, 6 ff.), Stellungnahmen gegen den zeitgemäßen höfischen Frauentypus (114, 5 ff. sog. Selbstverteidigung) —, spiegeln vielleicht weniger erlebte Häuslichkeit als das Image des Erzählers. Andererseits fehlt Wolframs Vorstellung von der Familie Vater und Mutter, was persönlich zu deuten nahe liegt. Ist er bei Onkeln und Tanten, mit lieblichen Basen und konkurrierenden Vettern herangewachsen? Es bleibt reizvoll, über diese Verhältnisse, die sich vielfach im Werke spiegeln, nachzudenken, wie es BERTAU getan hat.

Zur Biographie: A. SCHREIBER, Neue Bausteine zu einer Lebensgeschichte W.s v. E., Frankfurt a. M. 1922; K. BERTAU, Versuch über Wolfram, Jahrbuch f. fränk. Landesforschung 37 (1977), S. 27—43; weitere Lit. PRETZEL/BACHOFER, Nrr. 82—112.

2. Die Stellungnahmen zu Wolframs vielzitierten Äußerungen über seinen Bildungsstand (Pz. 115, 25 ff.; Wh. 2, 19 ff.) sind heute weniger kontrovers als noch vor 10 und 20 Jahren. Fest steht, daß es keine Zeugnisse von Wolframs Analphabetentum sind, wohl aber Apostrophen gegen Schulweisheit und gelehrtes Dichtertum (wie es Gottfried verkörperte, Meister der Buchstabenkunst: dagegen Wolfram ***ine kan decheinen buochstap,*** Pz. 115, 27). Daß Wolfram Wissen als solches verachtet hätte, ist eine Unterstellung des 19. und 20. Jahrhunderts, dem Mittelalter war die Negativität des Wissens völlig fremd, und was Wolfram betrifft, so bietet er geradezu feil, was er sich an gelehrten Kenntnissen aus Bereichen wie Theologie, Astrologie, Naturlehre, Länder- und Völkerkunde, auf welchem Wege auch immer, angeeignet hatte. In dogmatischen Fragen (Appropriationenlehre, Gottes Geschöpf/Gotteskind) ist er entschieden präziser und unterrichteter als, horribile dictu, die meisten seiner gelehrten Interpretatoren; Kontroverses wie die Engellehre stellt er selbst zur Diskussion. Das Erstaunliche ist jedoch nicht

die Fülle und der Reichtum an Elementen des Wissens, sondern das hohe Maß der Integration dieser Elemente in Erzählung und Sinn. Musterbeispiel ist die Astrologie. Sicher zelebriert Wolfram seine Spezialkenntnisse, z. B. die arabischen Namen der Planeten, die Cundrie zu nennen weiß (782, 5 ff.) — aber eben Cundrie, der umfassende Sprachenkenntnisse und orientalisches Wissen qua persona eignen! Und der Sinn ihrer Rede ist, daß die Planetenkonstellation zur Stunde von Parzivals Berufung zum Gral eine außerordentliche ist (s. S. 129), wie schon Parzivals erster Besuch auf der Gralburg als besondere Sternstunde ausgezeichnet wurde (s. S. 84 u. 102 f.). Mit der Integrierung von Wissen in Erzählung ist ein Konstituens des Romans verwirklicht, wie es generell erst den neueren Prosaroman charakterisiert. Wer aber den Autor im Wissensstand nicht erreicht, bedarf der Deutung — wie Dantes Werk. Gottfried, der literarische Antipode, sieht hier boshaft, aber genau wie in allem, wenn er meint, zu Wolframs Büchern müßten *tiutære*, die *glose suochen in den swarzen buochen*, aufgeboten werden (4683 ff.).

Die Neigung der neueren Wolfram-Forschung zu sublimer theologischer Interpretation und zur Einbindung in die spirituellen Traditionen des Mittelalters hat den Widerspruch H. GRUNDMANNS hervorgerufen (Dichtete W.v.E. am Schreibtisch? Arch. f. Kulturgesch. 40 [1967], S. 391—405). Man wird seitens der Germanistik die Stimme eines hervorragenden Kultur- und Frömmigkeitshistorikers immer respektieren und die Warnung vor dem Bild eines gelehrten, bücherwälzenden Wolfram ernstnehmen. Aber eine Rückkehr zur Position des Analphabeten sollte deswegen nicht versucht werden, und dem Historiker sei entgegengehalten, daß Interpretation, die ja auf ein Verständnis des gegenwärtigen Lesers abzielt, gegenüber dem Verständnishorizont eines alten Autors, zumal im Hinblick auf Traditionsströme, immer und notwendigerweise einen beträchtlichen Überschuß aufweist.

Die fast unbegrenzte Aneignungsfähigkeit Wolframs war zugleich Umsetzung in seinen dichterischen Kosmos. Er hat ein Weltbild ausgebaut, geographisch, völkerkundlich, astronomisch, heils- und weltgeschichtlich, mit Gegenwartsanalysen und Zukunftsprojektionen, das unverkennbar Wolframsche Züge aufweist. Das ist ein entscheidendes Faszinosum seiner Kunst. Die Nachwelt hat es schnell begriffen, wenn sie in Wolfram einen neuen, dem Literatus entgegengesetzten, aber diesem ebenbürtigen oder überlegenen Künstlertypus feierte.

laien munt nie baz gesprach.

Allgemeine Literatur zu Wolframs Werk

Der Stand der Bibliographie und der Forschungsberichte, zumal BUMKES großartiges Forschungsinstrumentarium, erlaubt eine weitgehende bibliographische Beschränkung auf das jüngste Jahrzehnt. Doch bleibt die ältere W.-Literatur, der sich die Forschung schlechthin und die vorliegende Darstellung im Besondern verpflichtet weiß, berücksichtigt. — Zur Entlastung der bibliographischen Verzeichnisse ist in der Regel Literatur zu Spezialfragen dort erwähnt, wo diese angesprochen werden.

Bibliographie und Forschungsberichte:

Bulletin bibliographique de la Société Internationale Arthurienne, Paris 1949 ff.; H. EGGERS, W.forschung in der Krise? Ein Forschungsbericht, Wirk. Wort 4 (1953/54), S. 274—90; U. PRETZEL/W. BACHOFER, Bibliographie zu W.v.E. (Bibliographien z. dt. Lit. d. MAs 2), Berlin [2]1968; J. BUMKE, Die W.v.E. Forschung seit 1945. Bericht und Bibliographie, München 1970; W. SCHRÖDER, Positionen der W.-Forschung auf dem Schweinfurter Colloquium 1972, Euph. 68 (1974), S. 81—87.

Werkübergreifende Studien und Darstellungen:

F. MAURER, Leid. Studien zur Bedeutungs- und Problemgeschichte, besonders in den großen Epen der staufischen Zeit (Bibliotheca Germanica 1), Bern-München [3]1964 ([1]1951), S. 115—204; F. NEUMANN, W.v.E., in: Die großen Deutschen I, Berlin [2]1956, S. 101—113; M. RICHEY, Studies of W.v.E., Edinburgh 1957; W. SCHRÖDER, Zur Chronologie der drei großen mittelhochdeutschen Epiker, DVjs 31 (1957), S. 264—302; W. HARMS, Der Kampf mit dem Freund oder Verwandten in der deutschen Literatur bis um 1300 (Medium Aevum. Philol. Stud. 1), München 1963; H.-H. STEINHOFF, Die Darstellung gleichzeitiger Geschehnisse im mhd. Epos. Studien zur Entfaltung der poetischen Technik vom Rolandslied bis zum ‚Willehalm' (Medium Aevum. Philol. Stud. 4), München 1964; J. BUMKE, W.v.E. (Sammlung Metzler), Stuttgart [3]1970 ([1]1964); K. O. BROGSITTER, Artusepik (Sammlung Metzler), Stuttgart [2]1971 ([1]1965); M. SCHUMACHER, Die Auffassung der Ehe in der Dichtung W.s v. E., Heidelberg 1967; W. SCHRÖDER, *kunst* und *sin* bei W. v. E., Euph. 67 (1973), S. 219—243.

B. 'Parzival'

Wolframs erstes Großwerk fällt ins erste Jahrzehnt des 13. Jahrhunderts. Das sicherste Bezugsdatum ist die Erwähnung der im Sommer 1203 oder 1204 (s. o.) zerstörten Erfurter Weingärten (379, 18—20). Die Dichtung beruht in den Büchern III—XII auf Chrétiens de Troyes 'Conte du Graal' (afrz. *Li contes del Graal*, auch 'Perceval'), der im 8. Jahrzehnt des 12. Jahrhunderts am Hofe Philipps von Flandern entstanden und diesem gewidmet ist. Wolfram selbst nennt als seinen wichtigsten Gewährsmann Kyot, der indes nicht nachzuweisen ist und mehrheitlich, freilich zu Unrecht, als bloßer Deckname für Wolframs eigene Erfindungen gilt.

Ausgaben: K. LACHMANN, W.v.E. (Gesamtausgabe), Berlin 1833, [6]1926 (mit mehrfachen Nachdrucken; zit.); K. BARTSCH, W.v.E. Parzival und Titurel (Dt. Classiker des MAs 9—11), Leipzig 1870/71, [4]1927/32, bearbeitet von MARTA MARTI; E. MARTIN, W.v.E. Parzival und Titurel, 1. Tl.: Text, 2. Tl.: Kommentar (Germanist. Handbibl. IX, 1, 2), Halle a. S. 1900/03; A. LEITZMANN, W.v.E. I—III (ATB 12—14), I. [7]1961, revidiert von W. DEINERT, II. [6]1963, durchgesehen von B. HORACEK, III. [6]1965, besorgt von W. DEINERT.

Über weitere Ausgaben s. PRETZEL/BACHOFER, Bibl. S. 16 f.

Übersetzungen: s. ebda. S. 19—21; dazu: W.v.E. Parzival (in Versen) von W. MOHR (GAG 200), Göppingen 1977; W.v.E. Parzival, von W. SPIEWOK, Leipzig 1977.

Chrétiens 'Conte du Graal': A. HILKA/G. BAIST: Christian von Troyes, Der Percevalroman (Li contes del Graal), Halle (Saale) 1932; W. ROACH, Chrétien de Troyes: Le Roman de Perceval ou Le conte du Graal, Genève-Lille 1956, [2]1959 (zit.). — Übersetzung: Chrestien de Troyes: Perceval oder die Geschichte vom Gral, übers. v. K. SANDKÜHLER, Stuttgart 1957.

Forschungsliteratur

a) Zum 'Parzival':

H. J. WEIGAND, Die epischen Zeitverhältnisse in den Graldichtungen Crestiens und W.s, PMLA 53 (1938), S. 917—950; F. PANZER, Gahmuret. Quellenstudien zu W.s 'Parzival' (Heidelberger S.B., Phil.Kl. Bd. 30/1), Heidelberg 1940; B. MOCKENHAUPT, Die Frömmigkeit im 'Parzival' W.s v. E. (Grenzfragen zwischen Theologie und Philosophie 20), Bonn 1942, [2]1968; B. MERGELL, W.v.E. und seine französischen Quellen. Bd. II: W.s 'Parzival', Münster i. W. 1943; J. SCHWIETERING, Parzivals Schuld, ZfdA 81 (1944/46), S. 44—68 (= J. SCH., Mystik und höfische Dichtung im Hochmittelalter, Tübingen 1960, S. 37—70); F. RANKE, Zur Symbolik des Grals bei W., Trivium 4 (1946), S. 20—30 (= WdF 57, S. 38—48); H. SCHNEIDER, 'Parzival'-Studien (MSB. Phil.-hist. Kl. 1944/46,

Heft 4), München 1947; G. WEBER, Parzival. Ringen und Vollendung. Eine dichtungs- und religionsgeschichtliche Untersuchung, Oberursel 1948; F. MAURER, Parzivals Sünden, DVjs 24 (1950), S. 304—346 (= WdF 57, S. 49—103); W. HENZEN, Das IX. Buch des ‚Parzival'. Überlegungen zum Aufbau, in: Festgabe Karl Helm, Tübingen 1951, S. 189—217 (= WdF 57, S. 125—157); W. J. SCHRÖDER, Der Ritter zwischen Welt und Gott. Idee und Problem des Parzivalromans W.s v. E., Weimar 1952; W. MOHR, Hilfe und Rat in W.s ‚Parzival', in: Festschr. Jost Trier, Meisenheim/Glan 1954, S. 173—197; M. WEHRLI, W. v. E.: Erzählstil und Sinn seines ‚Parzival', DU 6 (1954), Heft 5, S. 17—40 (= M. W., Formen mittelalterlicher Erzählung, Zürich 1969, S. 195—222; P. WAPNEWSKI, W.s ‚Parzival'. Studien zur Religiosität und Form (Germ. Bibl. Reihe 3), Heidelberg 1955; L. WOLFF, Die höfisch-ritterliche Welt und der Gral in W.s ‚Parzival', PBB 77 (Tübingen 1955), S. 254—278; H. KOLB, Schola Humilitatis. Ein Beitrag zur Interpretation der Gralerzählung W.s v. E., PBB 78 (Tübingen 1956), S. 65—115; H. KUHN, Parzival. Ein Versuch über Mythos, Glaube und Dichtung im Mittelalter, DVjs 30 (1956), S. 161—200 (= H. K., Dichtung und Welt im Mittelalter, Stuttgart 1959, S. 151—180, 271—277); M. WEHRLI, W.s Humor, in: Festgabe Theophil Spoerri, Zürich 1950, S. 9—31 (= WdF 57, S. 104—124); W. MOHR, Parzival und Gawan, Euph. 52 (1958), S. 1—22 (= WdF 57, S. 287—318); F. R. SCHRÖDER, Parzivals Schuld, GRM 40 (1959), S. 1—20 (= WdF 57, S. 341—368); W. DEINERT, Ritter und Kosmos im ‚Parzival'. Eine Untersuchung der Sternkunde W.s v.E. (MTU 2), München 1960; M. WYNN, Parzival and Gâwân — Hero and Counterpart, PBB 84 (Tübingen 1962), S. 142—172; H. KOLB, Munsalvæsche. Studien zum Kyotproblem, München 1963; A.M. HAAS, Parzivals *tumpheit* bei W. v. E. (Phil. Stud. u. Quellen 21), Berlin 1964; J. FOURQUET, W.d'E. et le ‚Conte del Graal' (Publications de la Faculté des Lettres et Sciences humaines de Paris-Sorbonne. Série Etudes et Méthodes 17), Paris 1966; A.M. HAAS, Der Lichtsprung der Gottheit (Parz. 466), in: Festschr. Max Wehrli, Zürich 1969, S. 205—232 (= A.M.H., Sermo mysticus. Studien zu Theologie und Sprache der deutschen Mystik (Dokimion 4), Freiburg/Schweiz 1979, S. 37—66); W. HAUG, Die Symbolstruktur des höfischen Epos und ihre Auflösung bei W.v.E. DVjs 45 (1971), S. 668—705; L. GNÄDINGER, Trevrizent — seine wüstenväterlichen Züge in W.s v.E. ‚Parzival', in: Studi di letteratura religiosa tedesca (Studi e Testi 4), Firenze 1972, S. 135—175; CH. ORTMANN, Die Selbstaussagen im ‚Parzival'. Zur Frage der Personengestaltung bei W.v.E. (Studien zur Poetik und Geschichte der Literatur 23), Stuttgart 1972; A. WOLF, Literaturhistorische Aspekte von Parzivals Schweigen, Festschr. Fritz Tschirch, Köln-Wien 1972, S. 74—95; CH. ORTMANN, Ritterschaft. Zur Frage nach der Bedeutung der Gahmuret-Geschichte im ‚Parzival' W.s. v.E., DVjs 57 (1973), S. 664—710; R. A. WISBEY, Wunder des Ostens in der ‚Wiener Genesis' und in W.s ‚Parzival', in: Studien zur frühmhd. Literatur. Cambridger Colloquium 1971, Berlin 1974, S. 180—214; H. DEWALD, Minne und ‚sgrâles âventiur'. Äußerungen der Subjektivität und ihre sprachliche Vergegenwärtigung in W.s ‚Parzival' (GAG 158), Göppingen 1975; A. Groos, Time Reference and the Liturgical Calendar in W.v.E.s ,Parzival', DVjs 49 (1975), S. 43—65; I. Hahn, Parzivals Schönheit. Zum Problem des Erkennens und Verkennens im ,Parzival', in: Festschr. Friedrich Ohly II, München 1975, S. 203—232; K. Ruh, W.v.E. heute (Wolfram-Studien III), S. 9—19; E. Schmid, Studien zum Problem der epischen Totalität in W.s ,Parzival' (Erlanger Studien 8), Erlangen 1976; D. Welz, Episoden der Entfremdung in W.s ,Parzival', Acta Germanica 9 (1976), S. 47—110.

b) Zum Gral:

J. D. Bruce, The Evolution of Arthurian Romance. From the Beginnings down to the Year 1300 (Hesperia-Ergänzungsreihe 8/9), Göttingen-Baltimore 1923/24, ²New York 1958; Eug. Anitchkof, Le saint Graal et les rites eucharistique, Romania 55 (1929), S. 174—194; M. Lot-Borodine, Autor du Saint Graal. Les rites eucharistiques chez Robert de Boron et Chrétien de Troyes, Romania 57 (1931), S. 147—205; K. Burdach, Der Gral. Forschungen über seinen Ursprung und seinen Zusammenhang mit der Longinuslegende (Forschungen zur Kirchen- u. Geistesgeschichte 14), Stuttgart 1938, ²Darmstadt 1974; W. Wolf, Der Vogel Phönix und der Gral, in: Festschr. Friedrich Panzer, Heidelberg 1950, S. 73—95; J. Frappier, Le cortège du Graal, in: R. Nelli (Hrsg.), Lumière du Graal, Paris 1951, S. 175—221; J. Marx, La Légende Arthurienne et le Graal, Paris 1952; R.S. Loomis, The Grail. From Celtic Myth to Christian Symbol, Cardiff-New York 1963; H. und R. Kahane, The Krater and the Grail: Hermetic Sources of the ,Parzival' (Illinois Studies in Language and Lit. 56), Urbana/Ill. 1965; K. Ruh, Joachitische Spiritualität im Werke Roberts von Boron, in: Festschr. Max Wehrli, Zürich 1969, S. 167—196.

c) Zum ,Conte du Graal':

W. Kellermann, Aufbaustil und Weltbild Chrestiens von Troyes im Percevalroman, Halle a. d. Saale 1936, Nachdruck Tübingen 1967; A. Pauphilet, Au sujet du Graal, Romania 66 (1940/41), S. 259—321, 481—504; A. Adolf, A Historical Background for Chrétien's Perceval, PMLA 58 (1943), S. 597—620; dies., Studies in Chrétien's ,Conte del Graal', MLQ 8 (1947), S. 3—19; A. Micha, Deux études sur le Graal: I. Le Graal et la lance, Romania 73 (1952), S. 462—479 (= A.M., De la chanson de geste au roman. Etudes de littérature médiévale [Publications Romanes et Françaises CXXXIX], Genève 1976, S. 123—143); U. Roques, Le Graal de Chrétien et la demoiselle au Graal, Romania 76 (1955), S. 1—27; M. Delbouille, Genese du Conte del Graal, in: Les Romans du Graal, S. 83—91; P. Imbs, L'élement religieux dans le Conte del Graal de Chrétien de Troyes, in: Les Romans du Graal, S. 31—58; J. Frappier, Sur la composition du Conte du Graal, Le moyen âge 64 (1958), S. 67—102; L. Pollmann, Chrétien de Troyes und der Conte del Graal (Beihefte z. Zs.f.rom.Phil. 110), Tübingen 1965; J. Frappier, Le ,Conte du Graal' est-il une allégorie judéo-chrétienne? Romance Philology 20 (1966/67), S. 1—31; ders., Chrétien de

Troyes. L'homme et l'œuvre (Connaissance des Lettres 50), Paris [2]1968; P. GALLAIS, Perceval et l'initiation. Essai sur le dernier roman de Chrétien de Troyes, ses correspondances ‚orientales' et sa signification anthropologique, Paris 1972; L. GNÄDINGER, Rois Peschiere/Anfortas. Der Fischerkönig in Chrestiens und Wolframs Graldichtung, in: Orbis Mediævalis. Mélanges offers à R.R. Bezzola, Bern 1978, S. 127—148.

1. Parzival und der Gral

(Buch V)

1. Im V. Buch der Parzival-Dichtung erzählt Wolfram, wie der junge Held sein durch ritterliche Tat gewonnenes Weib Condwiramurs verläßt, um seine Mutter aufzusuchen *und ouch durch âventiure zil* (223, 23). Er reitet den ganzen Tag durch wegloses und und menschenleeres Gelände, *über ronen und durchez mos* (224, 20) — so etwas, was Jean Cocteau in ‚Orphée' *la zone* nennt, „une frange de la vie" —, bis er gegen Abend an einen See gelangt, wo in einem Nachen nahe dem Ufer ein königlich gekleideter, aber als *trûric man* (225, 19) bezeichneter Fischer mit einem Begleiter angelt. Dieser weist ihn zur einzigen Herberge im Umkreis von dreißig Meilen, zur Gralburg Munsalvaesche, mit dem Zusatz, er selbst wolle heute Nacht sein Gastwirt sein. Auf der Burg, die nicht ohne Schwierigkeiten in felsiger Umwelt zu erreichen ist, wird Parzival mit allen ritterlichen Ehren aufgenommen und mit einem kostbaren Mantel, den vorher Repanse de Schoye, „die Königin", getragen hat, ausgezeichnet. Im prunkvollen *palas*, den hundert Kronleuchter erhellen und drei große in Marmor gefaßte Feuerstellen erwärmen, ist Raum für 400 Ritter auf hundert Lagerstätten. Der Hausherr, der Fischer vom See, ist bereits anwesend. Er ist schwer leidend, *jâmers rîch* (230, 30). Den Gast bittet er an seine Seite.

Jetzt geschehen, wie zu Beginn angekündigt, *grôziu wunder* (224, 3). Die bis dahin verhaltene Trauer der zahlreichen Burgbewohner, *volc von drîzec landen* (231, 25), schlägt in laute Klage um, als ein Knappe einen Speer, an dem Blut von der Spitze bis zur tragenden Hand herunterrinnt, in den Saal trägt und diesen rundum abschreitet. Nach seinem Abgang erscheinen in liturgisch anmutendem Zeremoniell verschiedene Gruppen kostbar gekleideter Jungfrauen, die vor dem Hausherrn und seinem Gast den Tisch zur Mahlzeit aufbauen — alles ist von märchenhaft-schwerer Pracht, die Tischplatte ein einziger Hyazinth —, während Knappen die Tische vor den Rittern errichten. Als letzte erscheint Repanse de Schoye. Sie trägt auf einem grünen Kissen den Gral, *den wunsch von pardîs, . . .erden wunsches überwal* (235, 21/24), und setzt ihn vor dem Hauswirt nieder. Nach der Handwaschung beginnt die Mahlzeit, und es ist der Gral, der der versammelter Ritterschaft nach Wahl Speise und Trank spendet:

> spîse warm, spîse kalt,
> spîse niwe unt dar zuo alt,
> daz zam unt daz wilde. (238, 15 ff.)

Der Gast nimmt mit Staunen *daz wunder grôz* wahr (239, 19), glaubt aber in Erinnerung an die ihm beigebrachte Lehre von ritterlicher *zuht* nicht danach fragen zu dürfen. Ebenso bleibt er stumm, wie ihm der König ein sehr kostbares Schwert überreicht, das er selber geführt hat *ê daz mich got / ame lîbe hât geletzet* (239, 26 f.), ein Gastgeschenk ohnegleichen.

Nach der Mahlzeit, wie der Gralcortège den *palas* wiederum verläßt, erblickt Parzival durch eine offene Tür *den aller schœnsten alten man* (240, 27) auf einem Spannbett liegen. Es ist der Großvater des Gralkönigs, Parzivals Urgroßvater mütterlicherseits, Titurel, der Gastwirt also sein Oheim, Anfortas: Zusammenhänge und Namen, die der Erzähler erst viel später verraten will (Bogengleichnis 241, 9—30).

Man begibt sich anschließend mit Rücksicht auf den müden Gast zur Nachtruhe. Mit auserlesener Aufmerksamkeit wird Parzival in seiner Kemenate von Knappen zu Bette gebracht und von Jungfrauen mit Schlaftrunk und Obst versehen. Er verbringt die Nacht in unruhigem, traumschwerem Schlaf. Am Morgen ist alles verändert: Niemand ist zu seinem Dienst zur Stelle, die ganze Burg scheint ausgestorben, doch sind Harnisch und Schwert, dazu das Gastgeschenk des Gralkönigs, zur Stelle. Draußen steht sein Pferd mit Schild und Speer. Er ruft nach Leuten, aber niemand regt sich. Eine verborgene Hand reißt die Zugbrücke gleich hinter ihm hoch, so daß das Pferd beinahe zu Fall gekommen wäre. Ein Knappe schreit ihm zu: ‚*ir sult varn der sunnen haz*', hätte er das Maul aufgetan und den Hauswirt gefragt, so wäre es zu seinem Ruhme geschehen (247, 26 ff.). Wie der also Verfluchte zurückfragen will, wird das Tor zugeworfen.

Ich habe Parzivals ersten Besuch auf der Gralburg unvermittelt vorangestellt, weil er nicht nur die erzählerische Mitte der Graldichtung und deren genetische Zelle ist, sondern auch Anlaß zu einigen methodischen Vorfragen gibt, die die folgende Darstellung bestimmen werden.

Der Vorgang ist rätselhaft nicht nur für den Helden selbst und damit für den Hörer und Leser, den mittelalterlichen wie den heutigen, sondern ebenso für Wolfram wie für Chrétien de Troyes, der ihn als erster, ungefähr 15—20 Jahre vor dem Eschenbacher, erzählt hat.

Es darf nämlich als sicher angenommen werden, daß Chrétien diese Szenenfolge nicht ersonnen hat, um damit ein dem Autor rational oder psychologisch durchsichtiges Geschehen in märchenhaft verhüllter Gestalt darzustellen, er hat vielmehr den Erzählvorgang, zwar nicht im Detail, aber in seinen konstitutiven Zügen übernommen, um ihn zu erhellen.

Im Prolog des ‚Conte du Graal' beruft sich der Erzähler auf ein von seinem Gönner, dem Grafen Philipp von Flandern, vermitteltes Buch: *Ce est li Contes del Graal / Dont li quens li bailla le livre* (66 f.). Sei dieser *livre* nun eine Art christlicher Legende in lateinischer oder ein *conte d'avanture* (Erec v. 13) in der Volkssprache, als fiktive Quellenangabe wird man ihn jedenfalls nicht verstehen dürfen. Auch ist nicht zu bezweifeln, daß diese Quelle die oben nach Wolfram erzählte Begebenheit als Kernmotiv enthalten hat — auch wenn der Perceval-Vergleich beim Trobador Rigaut de Barbezieux *(Atressi con Persavaus / el temps que vivia, / que s'esbait d'esgardar / tant qu'anc non saup demandar / de que servia / la lansa ni.l grazaus. . .*; „Gleich wie sich Perceval vormals so sehr im Schauen verlor, daß er nicht zu fragen wagte, wozu die Lanze diente, und nicht wozu der Gral") nicht mehr als Zeugnis vor Chrétiens Gralerzählung gelten kann (s. RUH, Rigaut de Barbezieux und der Gral, ZfdA 97 [1968], S. 189—195).

Der Erzähler deutet ein änigmatisches Geschehen: er tut es nicht, oder doch nur in untergeordneten Zügen, in der Darstellung des Geschehens selbst, sondern nachträglich in der Einsiedler-Szene (6217—6518). Dasselbe trifft für Wolfram zu, der Chrétiens Deutung als unverbindliches Angebot betrachtete — ja zu erkennen gibt, daß *von Troys meister Cristjân / disem mære hât unreht getân* (827, 1 f.) —: weite Partien des IX. Buches, das Parzivals Einkehr bei Trevrizent gewidmet ist, dienen der Interpretation der Gralszene und damit der Frage, warum Parzival versagt hat. Dabei bieten Chrétien und Wolfram Theologie auf, die zeitgemäße Möglichkeit zur Lösung dunkler Schuldfragen.

Es gibt also eine auktoriale Ebene der Interpretation. Sie ist freilich weder bei Chrétien noch bei Wolfram von jener Eindeutigkeit, die dem heutigen Forscher jede weitere Geschehensdeutung ersparen könnte: im Gegenteil, gerade diese Auslegungen in ihrem Verhältnis zum Erzähltext evozierten die meisten und auch heute noch zumeist offenen Forschungsfragen.

Die Tatsache, daß die mittelalterlichen Gestalter dem Geschehen der Parzival-Geschichte grundsätzlich nicht anders gegenüberstanden als wir, nämlich als Fragende und Betroffene, berechtigt uns, den Vorgang selbst zu befragen, also ohne — zunächst! — die theologisch-rationalen Lösungen zu berücksichtigen, die Chrétien und Wolfram angeboten haben. Das heißt, daß die Interpretierbarkeit einer Substruktur in Anspruch genommen wird —

nicht generell, aber für das zentrale Handlungsgefüge. Es ist dies meine entscheidende methodische Prämisse.

Zweierlei Fragen beschäftigen den Betrachter der Gralszene. 1. Was für eine Bewandtnis hat es mit den Objekten der erwarteten und versäumten Fragen des Besuchers? Warum blutet der Speer? Was „ist" der Gral? Welcher Art ist das Leiden des Gralkönigs, und warum leidet er? 2. bewegt die Frage als Frage. Sie ist angesichts geheimnisvoller Gegenstände oder nothafter Konstellationen — ein „Hauch des Verwunschenen" liegt über der Gralburg (BUMKE, S. 294) — zwingend erforderlich, sie kann und soll als eine Erlösungsfrage Unheil wenden. Das Problem der versäumten Frage — die Einzahl ist erlaubt, da offensichtlich die Einzelfragen untereinander zusammenhängen und keine möglich scheint, ohne daß auch die anderen gestellt werden; auch war es ursprünglich wohl nur eine einzige Frage — schließt dann weiter die Frage nach dem Fragenden, nach Parzival, mit ein.

Es scheint, daß die Frage nach dem Gralhelden für Gang und Verständnis der Dichtung die enscheidende ist. Dabei setze ich voraus, daß die Parzivalgeschichte und der Gral (bzw. ein anderes geheimnisvolles und erstrebenswertes Objekt) ursprunghaft zusammengehören; eine Gralgeschichte ohne einen Gralhelden, der kein beliebiger sein kann, sondern spezifische Merkmale des Außergewöhnlichen aufzuweisen hat, scheint nicht möglich.

Gegen eine ursprunghafte Verbindung von Parzival und Gral äußern sich viele und namhafte Forscher: W. FOERSTER, Wörterbuch zu Kristian von Troyes' Sämtlichen Werken, Halle (Saale) 1914, S. 155* ff.; KELLERMANN, S. 226; A. MICHA, in: R. NELLI [Hrsg.], Lumière du Graal, Paris 1951, S. 114; FRAPPIER, Chrétien, S. 171; MARX, S. 113 ff., bes. 121. Entscheidend ist dabei die Existenz von Parzival-Erzählungen ohne Gral: Das Mabinogion ‚Peredur' und — bereits umstritten, da der Goldene Becher Arthurs Gralqualitäten aufweist — der mittelenglische ‚Sir Perceval of Galles': entscheidend indes nur, wenn es sich nicht um sekundäre Ausformungen handelt. Dafür spricht indes mehr als für die Ursprünglichkeit; beim ‚Sir Perceval' halte ich auch nur Reflexe ursprünglicher Parzivalmotivik für ausgeschlossen.

Ich stelle die Inhalte der versäumten Frage voran. Sie eröffnen eine Reihe von Sachfragen, über die jeder verfügen muß, der sich der Diskussion der Ursprungsprobleme stellt. Diese zu lösen, kann freilich nicht primäres Geschäft der Wolfram-Forschung sein, wohl aber kommt es dieser zu, die dem ‚Parzival' eigenen Probleme im Zusammenhang der Tradition zu sehen.

2. a) In den wesentlichen Zügen der Handlung folgt Wolfram in der Gralszene dem ‚Conte du Graal' (2976—3421). Das gilt ungeachtet der Tat-

sache, daß er breiter erzählt und ausschweifender schildert und beschreibt, aber auch, daß er verschiedentlich, wie es scheint, nur im Detail, von seiner Quelle abweicht. Es sind nun freilich Details mit Implikationen. Die wichtigsten sind die folgenden:

— Im ‚Conte du Graal' gehört die blutende Lanze zum Gralsaufzug: sie eröffnet ihn. Wolfram trennt das Vorzeigen der Lanze entschieden von der Gralsprozession; es sind verschiedene Türen, durch die der Knappe mit der Lanze und die Jungfrauen mit dem Gral den Saal betreten.

— Die Zurüstung der Speisetafeln erfolgt erst, nachdem der Gralszug ins benachbarte Zimmer getreten ist. Dort wird, wie wir indes erst in der Einsiedler-Szene erfahren, der Vater des Gralkönigs — bei Wolfram der Großvater, Titurel — bedient, und zwar mit einer „einzigen Hostie" (6422). Während der Mahlzeit wird der Gral unablässig und bei jedem Gericht an den Speisenden vorbeigetragen. Es wird indes, im Gegensatz zu Wolfram, nicht gesagt, daß er Speisen spendet. Vielmehr heißt es vom ersten Gang mit der Hirschkeule ausdrücklich, daß Knappen sie servieren.

— Die Jungfrau, *demoiselle*, die den Gral „zwischen ihren beiden Händen" hält, ist „schön, edel und wohlgeschmückt"; ihre Virginität wird nicht erwähnt, auch nicht später, darf aber wohl vorausgesetzt werden. Wolfram betont sie (235, 27 ff.; 477, 13).

— Der Gralsträgerin folgt eine andere Jungfrau mit einem silbernen Teller, *tailleoir d'argant* (3231). Beides, Gral und Teller, gehört aufs engste zusammen, was später die *germaine cousine* (Wolframs Sigune) durch ihre Fragen bestätigt (3565 ff.). Wolfram hat diese Stelle offensichtlich vom Sprachlichen her mißverstanden, indem er aus der Silberplatte zwei scharf schneidende silberne Messer macht (234, 18 ff.), die vor dem Gral auf zwei Servietten herumgetragen und offensichtlich zur Schau vorgezeigt werden und deren Funktion erst in der Trevrizent-Szene erklärt wird: sie dienen dazu, das durch das Einführen der Lanze in Anfortas' „kalte" Wunde zu Eis erstarrte Blut von der Lanzenspitze zu entfernen (490, 3 ff.).

tailleor ist die Vorschneideplatte, abgeleitet von *taillier* ‚schneiden'. Das Grundwort erkennt Wolfram richtig, versteht aber *tailleor* als Nomen agentis. Das ‚Mißverständnis' kann freilich auch ein absichtliches gewesen sein: Wolfram hatte Verwendung für Messer, nicht für eine flache Schale.

— Vom Gral betont Chrétien, daß er eine Helligkeit ausstrahlt, die allen Lichterglanz des Saals verdunkeln läßt (3226 ff.), während Wolfram vor dem Gral Lichter aufstellen läßt (236, 1 ff.), die augenscheinlich dazu da sind, den an sich glanzlosen Gral anzustrahlen. Chrétiens Gral ist aus reinem

Gold und mit Edelsteinen geschmückt, und es darf angenommen werden, daß der große Glanz von der Kostbarkeit des Materials ausgeht: Gold und Edelsteine haben nach mittelalterlicher Auffassung Eigenlicht.

— Die Vorstellung, daß man jemanden aus dem Gral „bedient", vermittelt diesen dem Hörer und Leser als ein Gefäß. Ein ausdrücklicher Hinweis auf die Gestalt des Grals fehlt. Wolfram läßt sie, freilich nur vorläufig, absichtlich im Dunkeln, wenn er den Gral *dinc* nennt (235, 23).

— Der Gral geht in Chrétiens Werk während der Mahlzeit „ganz unbedeckt", *trestot descovert* (3301), an Perceval vorüber. Das kann heißen „unbedeckt" von der Patena (*tailleoir*), wie die Befürworter der liturgischen Ursprungsthese erklären, oder „ganz und gar sichtbar" (FRAPPIER).

— Bei der ersten Nennung des Grals verwendet Chrétien den unbestimmten Artikel — *Un graal . . . / Une damoisele tenoit* (3220 f.) —, nachher immer den bestimmten. Das heißt, daß der Dichter den Begriff als Appellativum einführt, um ihn dann zum Eigennamen zu erheben: der Gral ist nun der genannte, auf der Burg des „reichen Fischers" bewahrte kostbare und geheimnisvolle Gegenstand.

b) Diese Beobachtung lenkt das Interesse auf den Begriff ‚Graal' (ich verwende i. F., wo es um sprachliche Befunde geht, die authentische französische Form). Es gibt das Appellativum *graal* bereits in einer lateinischen Urkunde v. J. 1010 (*gradales duas de argento*), und es wird in zwei Dichtungen vor dem ‚Conte du Graal' bezeugt, im ‚Girard de Rossillon' (nach 1150) und in einer Fassung des Alexanderromans (um 1170). Danach handelt es sich um ein kostbares Gefäß. Die Gefäßform bestätigt *graal* in der Volkssprache, im Provenzalischen und Francoprovenzalischen, aber auch im Norditalienischen und Iberoromanischen: *grazal, grazaus, grazola* usw. bezeichnen Gefäße aus verschiedenem Material und in verschiedenen Formen zum alltäglichen Gebrauch. „Die am meisten irdische Seite des Grals ist sein Name" (TRIER).

Es liegt auf der Hand, daß Chrétien nur ein seltenes, ja apartes Wort zur Bezeichnung eines wunderbaren Gegenstandes verwenden konnte. Sein Publikum dürfte das volkstümliche Wort des Südens nicht gekannt haben, vielleicht auch Chrétien nicht. Was er aufgriff, ist das exquisit gebrauchte Wort *graal* aus literarischer Tradition. Seine Quelle mochte eine Geschichte von Perceval und einem wunderbaren Gegenstand vermitteln: seinen Namen verdankt dieser Gegenstand dem Dichter Chrétien. Das aber heißt: Wer immer nach Chrétien Geschichten vom Graal erzählte, bezog seinen Begriff ‚Graal' unmittelbar oder mittelbar vom ‚Conte du Graal'.

Das ist ein wichtiges Resultat. Wer behauptet, daß es Geschichten über einen wunderbaren oder heiligen Gegenstand mit Namen ‚Graal' vor Chrétien gegeben hat, müßte zuerst einmal erklären, warum dieser bei der Ersterwähnung von einem Graal spricht. Wenn Chrétien aber der Schöpfer des Graalnamens ist, müßte auch der letzte Zweifel darüber ausgeräumt sein, daß Roberts von Boron ‚Roman de l'estoire dou Graal' ein Nachfolgewerk des ‚Conte du Graal ist; s. u. S. 98.

Fest steht auch: Der Graal ist ursprünglich ein Gefäß. Das ist wichtig im Blick auf Wolfram: dessen im IX. Buch vertretene Ansicht, der Graal sei ein Stein, ist eine sekundäre Umdeutung, gleichgültig wie ‚real', d. h. historisch man Wolframs Gewährsmänner Kyot und Flegetanis einschätzt.

Graale, von denen jene alte Urkunde und Dichtungen des 12. Jahrhunderts sprechen, sind uns nicht erhalten. Die Ikonographie der Graldichtungen bietet für diesen Mangel keinen ausreichenden Ersatz. Sie vermittelt immerhin einen wichtigen Befund: sämtliche illuminierte Handschriften von Gralerzählungen geben den Graal als Eucharistiekelch oder Ciborium wieder. Die Vorstellung des Miniaturenmalers dürfte auch diejenige des Publikums gewesen sein.

Literatur: J. TRIER, Topf, ZfdPh 70 (1947/49), S. 337—370, zum ‚Gral' S. 365—370; F. WIERSMA-VERSCHAFFELT, Quelques réflexions au sujet de l'iconographie du Graal, in: R. NELLI [Hrsg.], Lumière du Graal, Paris 1951, S. 324—327; R. LEJEUNE, Préfiguration du Graal, Studi Medievali 17 (1951), S. 277—284; O. TH. GOSSEN, Zur etymologischen Deutung des Grals, Vox Romanica 18 (1959), S. 177—219.

c) Im Aufzug des ‚Conte du Graal' folgt der silberne Teller unmittelbar dem Gral. Beides scheint aufs engste zusammen zu gehören — wie Kelch und Patene im eucharistischen Opfer. Es kann kaum ein Zweifel darüber bestehen, daß Chrétien Gedanken und Vorstellungen seiner Hörer in die Richtung einer liturgischen Handlung lenken wollte. Der silberne Teller hat keine erkennbare Funktion, umso mehr konnte er als Patene verstanden werden, die bei der Oblation die konsekrierte Hostie aufzunehmen hat. Auf diesem Umstand beruht die These vom liturgisch-christlichen Ursprung des Grals. Sie hat indes beträchtliche Schwierigkeiten durch folgende Fakten: Gral und silberne Platte werden von Personen weiblichen Geschlechts getragen; wären sie als Vertreter von Kelch und Patene kultische Gegenstände, so dürften sie nicht von Frauen getragen werden. Weiterhin fehlt jegliches Zeichen der Devotion, das kultischen Objekten zu erweisen ist (Niederfallen, Zeichen des Kreuzes). Endlich müßten Gral und Teller wie Kelch und Patene aus demselben Material sein, was nicht zutrifft. Das heißt nun doch: So deutlich Gral und Silberplatte an Kelch und Patene der eucharistischen Feier erinnern, ebenso deutlich ist, daß wir uns nicht in einem sakralen

Raume befinden und wir keiner sakralen Handlung beiwohnen. Chrétien hält die Szene auf der Gralburg in der Schwebe zwischen Weltlichem und Christlichem, zwischen Hofzeremoniell und Liturgie, und dies sicher nicht in ungefestigter Konzeption, sondern in künstlerischer Absicht.

Entsprechend verhält es sich mit der Lanze. Sie weckt, im Kontext des dem Eucharistiekelch angenäherten Grals und des Silbertellers, die Erinnerung an die heilige Lanze des Longinus, die auf Golgatha die Seite Christi durchstochen hat (Joh. 19, 34). In der Ostkirche gehörte die Longinuslanze zu den Kultgeräten der Eucharistiefeier, nämlich zur Proskomide, während der das Opfer Christi liturgisch nachgebildet wurde.

BURDACH hat mit bewundernswerter Gelehrsamkeit den Nachweis erbringen wollen, daß Chrétiens Lanze „die immer blutet“ ihren Ursprung in der Longinuslanze hat. Aber auch ihr, die als Longinuslanze eine Blutreliquie ist, wird keine Verehrung zuteil. Und an späterer Stelle erfahren wir: „Es kommt der Tag, da das ganze Königreich Logrien (das zu den Reichen Artus' gehört) durch diese Lanze zerstört werden wird“ (6168 ff.). Diese Prophezeihung (durch die Chrétien den Anschluß an Geoffreys ‚Historia regum Britanniae‘ [s. Höf. Ep. I, S. 98 f.] gesucht haben mag) paßt schlecht zum Symbol der Passion und Auferstehung Christi. — Auch bei der Lanze verharrt Chrétien in derselben Schwebe zwischen Liturgie und Profanität wie bei Gral und Silberteller.

Dasselbe gilt endlich vom gesamten Gralcortège. BURDACH und mit ihm ANITCHKOF, PAUPHILET u. a. haben sicher recht, wenn sie hier an den με-γάλη εἴσοδος, den ‚großen Eingang‘, d. i. die Prozession mit den Opfergaben vom Rüsttisch durch die Kirche zum Altar, anknüpfen, einen Aufzug, der sich in der gallikanischen Kirche in Südfrankreich und Spanien bis ins Hochmittelalter erhalten hat. Nur bleibt es auch hier bei der Annäherung: der Aufzug erinnert an eine, sogar bestimmte, liturgische Prozession und bleibt trotzdem höfischer Cortège.

Es ergibt sich: Entweder hat Chrétien seinen Gral und was er ihm zuordnet als ursprünglich profane oder heidnische Gegenstände christianisiert, oder er hat sie aus der kirchlich-liturgischen Sphäre geholt und profaniert, im Sinne des Artusromans ‚bretonisiert‘. So stellt sich die Ursprungsfrage vom ‚Conte du Graal‘ her. Alles spricht nun für die erste Alternative. Schon allgemeine Überlegungen machen dies wahrscheinlich. Christliches zu profanieren, zumal ohne den Zweck der Parodie, der den Vorgang wenigstens formal zu rechtfertigen vermochte, war anrüchig, Profanes, ja Heidnisches zu adaptieren, war das Geschäft der Christianisierung überhaupt. Entscheidend für die Frage Christianisierung oder Profanierung sind indes Sinn und Wirkung der Gralfrage.

3. Ohne Zweifel ist die Frage, die vom Besucher der Gralburg erwartet und versäumt wird, für die Erzählung konstitutiv, ja das eigentliche Zentralmotiv.

Wonach sollte Perceval im ‚Conte du Gral' fragen? Nach der blutenden Lanze und wen man mit dem Gral bediene (3202 ff.; 3243 ff.; 3292 f.). Genau diese beiden Fragen wiederholen später die *germaine cousine* (3547 ff.) und Perceval selbst bei seinem Gelöbnis vor der Tafelrunde (4735 ff.) und in der Einsiedlerszene (6373 ff.).

Während der Einsiedler-Oheim die Frage nach demjenigen, den man mit dem Gral bedient, nämlich den Vater des Gralkönigs, Percevals zweiten Oheim, der so sein Leben erhält (Hostienwunder!), eindeutig beantwortet (6415 ff.), erfahren wir nicht, warum die Lanze blutet. Die Aufklärung darüber wird sich Chrétien für spätere, dann nicht mehr ausgeführte Partien der Torso gebliebenen Dichtung vorbehalten haben. Doch ergibt sich aus der Escavalon-Aventiure (= ‚Parz.'Buch VIII), daß der Kampf Gauvains (Gawans) mit Guigambresil um ein Jahr verschoben wird, „damit Gauvain auf die Suche nach der Lanze gehe, deren Eisen alle Tage blutet" (6110 ff.). In diesem Zusammenhang steht auch die schon zitierte düstere Prophezeihung betr. Logrien. Das genügt nicht, um auch nur ahnen zu können, wie sich Chrétien die Antwort auf die Frage nach der blutenden Lanze gedacht hat.

Was hätten die beiden von Perceval versäumten Fragen bewirkt? Die *germaine cousine* sagt: „Wie warst Du doch so schlecht beraten, da du das alles nicht gefragt hast. Hättest Du doch den guten König, der verstümmelt ist (*mehaigniez*), wiederum gänzlich geheilt, so daß er wieder die Gewalt über alle seine Glieder und sein Land zurückgewonnen hätte: so großes Heil wäre daraus erwachsen" (3584 ff.; s. auch 4670 ff.). Gesundheit und Herrschaft kann man rational verknüpfen, die Heilung des „verstümmelten" Königs ist magischer Natur. Daß letzteres zum Kern der Parzivalsage gehört, dürfte nicht bezweifelt werden — so wenig wie die Magie des Liebestrankes in der Tristansage.

Die Verstümmelung betrifft die Geschlechtsteile. Der Gralkönig „wurde, das ist gewiß, in einem Kampf verwundet und verstümmelt, so daß er sich seitdem nicht mehr selbst bewegen kann. Er wurde von einem Wurfspieß (*gavelot*) zwischen beiden Hüften versehrt" (3508 ff.). So wiederum die *ger-*

maine cousinė. Im mythischen Bereich ist die Fruchtbarkeit des Königs zugleich die Fruchtbarkeit des Landes. Hier ist ein entscheidender Ansatz für die keltische Ursprungsthese der Parzivalerzählung.

Merkwürdig bleibt der Umstand, daß die Frage nach der blutenden Lanze und wen man mit dem Gral bediene die Heilung verstümmelter Glieder bewirken soll, wo doch die Gralhostie nicht dem gelähmten König, sondern dessen Vater dient, m.a.W. der Graldienst, nach dem gefragt werden soll, in keiner Beziehung zu demjenigen steht, der durch diese Frage geheilt wird. Es hat dieser nicht erklärbare Tatbestand die späteren Graldichter veranlaßt, den alten König aus der Erzählung herauszunehmen. Wolfram tat es freilich nicht: sein Titurel hat wie Anfortas teil an der lebenspendenden Kraft des Grals; die Gralgemeinschaft bedarf seines Rates (502, 1).

Der ,Conte du Graal' läßt auch eine Beziehung zwischen dem kranken König und der blutenden Lanze vermissen. Der *gavelot*, der ihn verwundete, kann nicht die *blanche lance* der Prozession sein. Auch hier schufen die Nachfolger engere Beziehungen, diesmal auch Wolfram. Er nahm die Lanze, *glævîn* genannt, aus dem Gralcortège heraus, ließ sie einzeln im Saal herumtragen und alle Anwesenden in laute Klage ausbrechen. Dieser Speer erhält insofern eine Beziehung zu Anfortas, als er, auf dessen Wunde gelegt, zwar keine Heilung, aber Linderung der Schmerzen bewirkt. Daß es sich dabei um den Speer handelt, der die Wunde schlug, möchte man annehmen, geht indes aus dem Text nicht eindeutig hervor: im Zusammenhang mit der Verwundung wird von einem Speerstück, *trunzûn* (480, 7), gesprochen, aber die *glævîn* auf der Gralburg ist ein ganzes Waffenstück.

Die Frage mag sich stellen, ob die hier vorgetragenen Fakten und Probleme des ,Conte du Graal' für die Wolfram-Forschung einschlägig sind. Sie sind es nicht nur im Blick auf die Quellenlage — Chrétiens Graldichtung ist der Ausgangspunkt für Wolframs Werk (und die Graldichtung insgemein) —, sondern auch und vor allem auf die Parzival-Forschung: diese hätte nie so sehr in die Irre gehen können, wenn die Daten und Fragen des ,Conte du Graal' besser beachtet worden wären. Noch in H. HEMPELS Beitrag v. J. 1967 (Die Ursprünge der Gralsage, ZfdA 96, S. 109—149) wimmelt es von diesbezüglichen Mißverständnissen und methodischen Fehlpositionen.

Der magische Charakter der durch eine Frage zu bewirkenden Heilung von herrschaftsgefährdender Wunde und Lähmung, zweifellos das konstitutive Motiv der Parzivalerzählung, dürfte deren keltischen Ursprung sichern. Man sollte aber schon deshalb nicht an der primären Zugehörigkeit des ,Conte du Graal' zur Matière de Bretagne zweifeln, als *Percevaus li Galois* von Chrétien bereits im ‚Erec' (1525, von Hartmann 1512 übernommen) und im ‚Cligès' (4826 ff.) in Nebenrollen eingeführt wurde: es kann ja vernünftigerweise nicht angenommen werden, daß Chrétien bereits 20 Jahre vor dem ‚Conte du Graal' eine Perceval-le-Galois-Figur erfunden hätte, von der er einmal eine eigene Geschichte erzählen will. Perceval gehörte also um 1165, als Chrétien seinen ‚Erec' schrieb, zu den umlaufenden *contes d'avanture*, die „diejenigen, die vom Erzählen ihren Unterhalt bestreiten", mehr schlecht als recht erzählten (‚Erec'-Prolog).

4. Die Gralfrage lenkt den Blick auf denjenigen, der zur Frage berufen schien und sie versäumte.

Das Berufensein zur Frage setzt voraus, daß sie dem Besucher nicht nahegelegt werden darf: *ez wære magt ode man, / daz in der frâge warnet iht, / sone solt diu frâge helfen niht* (483, 24 ff.). Die Berufung selbst ergibt sich aus dem Umstand, daß die Gralburg nicht willentlich zu finden ist: *es muoz unwizzende geschehen* (250, 29).

Warum wurde Parzival und kein anderer auf die Gralburg geführt? Was für besondere Voraussetzungen brachte er mit, um zur Frage befähigt zu sein? Warum versäumte er sie trotzdem?

Auf die zuletzt formulierte Frage scheint der unmittelbare Kontext eine präzise Antwort zu geben: *durch zuht in* (Parzival) *vrâgens doch verdrôz* (239, 10). Er unterließ die Frage, weil er sich an einen höfischen Grundsatz hielt, den ihm sein Erzieher Gurnemanz beigebracht hatte, „nicht viel zu fragen" (239, 11 ff.). Auch im ‚Conte du Graal' lesen wir, sogar zu wiederholten Malen, dieses Argument. Es ist indes nur vordergründig, und ein Fehlschluß wäre es, daraus auf den Bankrott höfischer Erziehung im Urteil des Erzählers zu schließen.

Dies tut am entschiedensten WEBER (1948, S. 43). Ihm widersprach zuerst: L. WOLFF, 1955; neuerdings, ohne Rückbezug auf WEBER, U. HENNIG, Die Gurnemanzlehren und die unterlassene Frage Parzivals, PBB 97 (Tüb. 1975), S. 312—332.

Da offensichtlich in der Perspektive des Erzählzusammenhangs nicht die Verhaltensregel falsch ist, sondern ihre Anwendung zur Unzeit — unmittelbar vorher wird ein anderer Rat des Gurnemanz bei unpassender Gelegenheit befolgt: Parzival verlangt auf der Gralburg nach Wasser, um sich *îsers râme* vom Gesicht zu waschen (228, 1 ff.), wo doch Scharen von Jungherren bereit stehen, ihn für die Mahlzeit herzurichten —, ist nach dem Grund falscher Regelbefolgung zu fragen. Wolfram gibt ihn später selbst: *sît im* (Parzival) *sîn tumpheit daz gebôt / daz er aldâ niht vrâgte* (484, 28 f.). Aus *tumpheit* erfolgte das Versäumnis. Diese Einfalt ist habituell; sie kommt dem jungen Parzival schlechthin zu. Mithin ist das Versagen auf der Gralburg ein notwendiges Versagen. Wie aber sollte einer zur Frage berufen sein, der sie nicht durch einen unglücklichen Zufall, sondern durch seine Beschaffenheit versäumt? Man darf hier die Sippenzugehörigkeit, so wichtig sie für Wolfram generell ist — Parzival ist der Neffe des Gralkönigs —, nicht in Anschlag bringen; sie darf höchstens als formale Voraussetzung für den Gralburgbesucher gelten. Das Berufensein zur erlösenden Frage verlangt vielmehr einen unverwechselbaren Habitus. Was indes Parzival habituell auszeichnet, ist seine — *tumpheit.* Es ergibt sich das Paradox, daß Parzival durch seine *tumpheit* zur Frage berufen ist und daß er sie durch eben diese *tumpheit* verfehlt. Dies ist die entscheidende Crux der ,Parzival'-Interpretation.

Dieser Auffassung kommt HAAS (1964) am nächsten (S. 105—113). Er unterscheidet eine „heile *tumpheit*", eine Simplizität, die „trägt", d. h. auf Glück hin angelegt ist, von der *tumpheit*, die sie „zum Mittel eines Wissens verdinglicht", sie als Kalkül einsetzt. HAAS entnimmt letzteres 239, 14—17: Parzival überlegt, es könne ihm hier ergehen wie bei Gurnemanz: *âne vrâge ich vernim / wiez dirre massenîe stêt.* Versäumnis also durch Verkehrung seiner heilen Simplizität. Ich möchte meinen, daß es dieselbe *tumpheit* ist, die Parzival „trägt" und vor dem Gral fallen läßt: eine These, die das folgende Kapitel bestimmt. — Siehe auch A. WOLF (1972), S. 74—95.

2. Der *tumbe* Parzival

(Buch III—V)

1. Parzival ist der Sohn Gahmurets und der Herzeloyde. Diese ist die Schwester der Repanse de Schoye, der (verstorbenen) Schoysiane, Mutter der Sigune, des Anfortas und Trevrizents. Die genealogische Bindung Parzivals an das Gralgeschlecht hatte bereits Chrétien konzipiert; Wolfram präzisierte und erweiterte den Stammbaum. So ordnete er auch Parzivals Gemahlin Condwiramurs der Gralsippe zu: sie ist väterlicherseits Cousine der Sigune, die ihrerseits über die Mutter Cousine Parzivals ist. So exakt arbeitete Wolfram am Stammbaum! Gahmuret gehört der Artussippe an, und das ist eine Sippenbindung, die erst Wolfram geschaffen hat. Daß der Weg seines Helden über Artus zum Gral führt, konnte er Chrétien entnehmen, und er unterstreicht diesen Weg durch die Genealogie.

Die Herkunft ist bestimmt Voraussetzung, nicht aber Bedingung für den Gralhelden, der durch eine spontane Frage Heil bewirken soll. Die Bedingung ist Einzigartigkeit — wie überall dort, wo Ungewöhnliches geleistet und bewirkt werden soll. Die Einzigartigkeit Parzivals ist durch den Ausgangspunkt bestimmt.

Gahmuret verlor sein Leben in Orientkämpfen unmittelbar vor Parzivals Geburt; Chrétien nennt seinen Helden bis zur Namengebung durch die *germaine cousine* „der Witwe Sohn". Herzeloyde zog sich in ein Ödland zurück, *zer waste in Soltâne* (117, 9), nicht nur aus Schmerz über den Verlust des geliebten Gatten, sondern vor allem, um ihrem Sohn die Begegnung mit der ritterlichen Welt zu ersparen. Ihre Leute sind bei Todesstrafe angehalten, nichts von Ritterschaft verlauten zu lassen (117, 19—28). Das heißt zugleich, daß Parzival keine höfische Erziehung zuteil wird. Er wächst als Naturkind auf, ist *tump*, ‚einfältig', ‚unwissend', bei Chrétien *nice* (*nescius*); Richard Wagner wird vom ‚reinen Toren' sprechen.

Das also ist der Held von seinem Ausgang her: vaterlos, besitzlos (die Erblande sind in die Hand von Usurpatoren geraten), schutzlos, ohne Bildung und Wissen, *tump*; sein Ort ein Ödland, peripher, außerhalb der Gesellschaft. Man erinnert sich, daß Erec und Iwein ihren Weg vom Artushof aus, der Mitte bedeutet, angetreten haben. Endlich ist er namenlos, seines eigenen Ichs nicht mächtig. Was hier, wie in den Texten selbst, negativ formuliert wird, ist aber zugleich Chance ohnegleichen, Gewähr für Außerordentliches in einem Offensein, das alles vermag.

Daß Parzival trotz der rustikal-eremitischen Umwelt zum Ritter geboren ist, verrät seine Jagdleidenschaft: er schießt Vögel mit Pfeil und Bogen, erlegt Wild mit seinem Jagdspieß (*gabilôt*). Die unvermeidliche Berührung mit der ritterlichen Welt erfolgt, wie ihm im Walde drei Ritter mit strahlenden Rüstungen begegnen. Er glaubt zunächst, da die Mutter ihn gelehrt hat, Gott sei Licht und strahlender als der Tag, jeder sei ein Gott, und wirft sich auf die Knie. Doch erfährt er, daß die glanzvollen Reiter sich Ritter nennen und daß König Artus es ist, der Ritterschaft verleiht. Nunmehr will Parzival Ritter werden und zu Artus ziehen, *im was gein Artûse gâch* (128, 15). Herzeloyde, die ihn nicht zurückhalten kann, steckt ihn in Torenkleider und gibt ihm ein minderwertiges Jagdpferdchen mit, im Glauben, er würde ausgelacht und fände so schnell den Weg zu ihr zurück. Bevor er ausreitet, erteilt sie ihm gute Lehren (wie dem Märchenhelden): er soll dunkle Furten meiden, jedermann grüßen, auf die Lehre alter Männer hören, Kuß und Fingerring guter Frauen erwerben (127, 13—128,2). Daß Parzival alle diese Ratschläge, auch die offensichtlich nur metaphorisch zu verstehenden, wörtlich befolgen wird, macht seine *tumpheit* aus. Wie er den mütterlichen Hof verläßt, fällt Herzeloyde, ohne daß er, der nicht mehr nach der Weise des Abschiednehmenden nach ihr zurückschaut, es merkt, in Ohnmacht und stirbt.

Die erste Nacht verbringt Parzival im Walde. Am andern Morgen kommt er zum Zelt des Ritters Orilus, in dem die schöne Jeschute noch schläft, während sich der Gemahl morgendlichen Jagdfreuden hingibt. Parzival denkt an nichts anderes als an die Lehre der Mutter. Die Schöne erwacht bei Kuß- und Ringraub, dem der Ungestüme noch eine Spange hinzufügt, ist zu Tode erschrocken, sieht aber bald, daß sie einen *tumben* vor sich hat. Dieser verpflegt sich noch ausgiebig mit Pasteten und Wein und denkt nicht daran, die inständige Bitte um Rückgabe von Ring und Spange zu erfüllen: *alsus riet mir diu muoter mîn* (132, 24). Abschied ohne ziemlichen *urloub*, knapp bevor der Gatte erscheint. Jeschute berichtet wahrheitsgemäß, aber Orilus glaubt nicht an ihre Unschuld: sie muß ihm in schlechter und zerrissener Kleidung als Entehrte auf einem entehrten Pferd folgen. Später, am Tage nach dem Besuch auf der Gralburg, wird Parzival sein Unrecht wieder gut machen, indem er Orilus besiegt und ihn veranlaßt, die Gattin wiederum in ihre Rechte einzusetzen.

Parzival begegnet hierauf seiner Cousine Sigune, die ihren von Orilus erschlagenen Freund Schionatulander beweint. Er erfährt hier seinen Namen, sehr viel früher als der Perceval Chrétiens. Die frühzeitige Knüpfung von Sippenbindungen — Wolfram hat die ganze Szene aus Eigenem geschöpft — war dem deutschen Erzähler wichtiger als die Auswertung der Namensuche.

Am nächsten Tag kommt Parzival zum Artushof. Vor dem Eingang trifft er den roten Ritter Ither, der soeben den Hof herausgefordert hat, indem er der Königin Ginover einen Becher aus der Hand riß: symbolische Besitzergreifung, denn Ither verlangt ein Land, das Artus verwaltet. Jetzt wartet er auf einen Ritter der Tafelrunde, der mit ihm kämpfe. Parzival, der mit seinem Pferdchen in die Halle reitet und sich höchst ungeniert gibt, verlangt von Artus den Harnisch des roten Ritters. Er erregt außer Bewunderung wegen seiner ungewöhnlichen Schönheit Verwirrung und Gelächter im Saal. Frau Cunneware, die gelobt hatte, nie mehr zu lachen, bis sie denjenigen gesehen hätte, der den höchsten Preis verdiene, bricht in helles Lachen aus, was den Hofmarschall Keie so wütend macht, daß er sie mit ihren Zöpfen schlägt. Später wird Parzival die in ihrer Frauenehre verletzte Cunneware rehabilitieren. Keie rät außerdem, der einfältige und kecke Junge da solle doch mit Ither kämpfen, wenn er schon dessen Rüstung begehre. Das weiß Artus nicht zu verhindern, obschon er um des Jungen Leben fürchtet. Parzival trifft mit seinem Jagdspieß Ither tödlich zwischen die Augen, nachdem ihn dieser, der die Herausforderung nicht ernst nehmen mochte, mit dem stumpfen Lanzenende vom Pferd gestoßen hat.

Parzival hat nun eine ritterliche Rüstung, die er freilich nur mit freundlicher Hilfe des Knappen Iwanet an seinen Leib bringt, und ein Streitpferd. Die Panzerrüstung zieht er indes über seine Torenkleider an: *swaz mir gap mîn muoter, / des sol vil wênic von mir komn* (156, 30 f.).

Der Artushof, zu dem Parzival am dritten Tag seines Auszugs gelangt, befindet sich im Zustand der Verlegenheit und Verwirrung, was nicht bedeutet, daß Wolfram — und vor ihm Chrétien, der die Notlage noch stärker akzentuiert hat — die Krisensituation arthurischer Ritterschaft aufzeigen will (so vielfach die krisensüchtige Forschung), sondern um darzutun, was die unbekümmerte Offenheit des *tumben* vermag. Was der Ritterschaft des Hofes, aus welchen Gründen auch immer, nicht gelingen kann, das bewirkt der Besucher spielend — freilich nicht ohne Belastung mit Schuld: in Ither erschlägt er ahnungslos einen Verwandten. Die Analogie zur Situation auf der Gralburg ist unverkennbar: Parzival ist in seiner „heilen" *tumpheit* dazu berufen, dort Heil zu bewirken, wie er hier die Ordnung wieder herstellt.

Am Abend hält Parzival nach langem Ritt, ohne zu wissen, wie man ordentlich zu Pferde sitzt, Einkehr beim Ritter Gurnemanz, *houbetman der wâren zuht* (162, 23). Er grüßt ihn mit der Bemerkung, seine Mutter hätte ihm anbefohlen, bei dem Rat zu holen, der graue Locken trüge. Auch sonst hat er reichlich Gelegenheit, die Mutter ins Spiel zu bringen: *‚alsus riet mir diu muoter mîn'*. Gurnemanz, der bald merkt, wie es mit Verfassung und Erziehung des jungen Besuchers bestellt ist, nimmt ihn gastfreundlich-väterlich auf. Zum ersten Mal erfährt Parzival, bei Mahlzeit und Unterhaltung, höfische Sitte, auch, in der Begegnung mit Gurnemanz' Tochter Liaze, den ersten Schimmer der Minne. Das Entscheidende ist indes, daß Gurnemanz seinen jungen Gast zum perfekten Ritter ausbildet — ein Geschäft von wenigen Tagen — und ihm eine Ritterlehre vermittelt (170, 10—173, 6). Aber die *tumpheit* bleibt. Sie erweist sich darin, daß er nunmehr zwar nicht mehr die Lehren der Mutter, aber die seines Zuchtmeisters allzu wörtlich befolgt. Weil Parzival unbekümmert daherredet, hat ihm Gurnemanz u. a. nahegelegt, nicht immer zu reden und zu fragen: *irn sult niht vil gevrâgen* (171, 17). Dieser Rat steuert Parzivals Verhalten auf der Gralburg, ohne daß er als Ursache des Fehlverhaltens anzusprechen ist.

Das IV. Buch erzählt, wie Parzival sein Weib Condwiramurs erwirbt.

Bei Chrétien hat Percevals „Freundin" den Namen Blancheflor. Sollte Wolfram den Namen geändert haben, weil Tristans Mutter so heißt? Es wäre dies ein kleiner Baustein der Gottfried-Polemik, die man ihm unterstellt, indes schwer vom Text her abzusichern ist. Dazu gibt es zahlreiche Beiträge; s. PRETZEL/BACHOFER, Bibl. Nr. 250—253, 256, 258, 260, 264, 268; dazu G. GEIL, Gottfried von Straßburg und W.v.E. als literarische Antipoden. Zur Genese eines literaturgeschichtlichen Topos, Köln-Wien 1973.

Condwiramurs ist Königin von Pelrapeire und wird von einem abgewiesenen Freier, Clamide, in ihrer Stadt und Burg belagert. Parzival befreit sie durch erfolgreiche Gefechte und Einzelkämpfe, die den Helden erstmals im Glanz ritterlicher Waffengänge zeigen, und gewinnt sie zur Gemahlin. Es handelt sich um ein Grundmodell höfischer Epik: der Held als Befreier aus großer Bedrängnis gewinnt Hand und Land einer schönen Herrscherin. Wichtig sind indes die Sondermotive des in den Grundzügen geläufigen Geschehens.

Wie sich Parzival zum ersten Mal der Königin gegenüber sieht, wäre das Wort an ihm, aber er glaubt, sie nicht nach ihrer Not fragen zu dürfen, und sitzt so schweigend neben ihr. Condwiramurs findet dies sympathisch und bricht dann selbst das Schweigen.

Auch das Beilager berührt das Motiv der Einfalt. Es ist nämlich ein keusches Beilager, Abglanz einer Paradiesesehe; Parzival, auch in der Liebe unerfahren, läßt die Schöne in der ersten Nacht unberührt. Dies führt weder zu Peinlichkeit noch gar zu einem Konflikt. Vielmehr ist im Zusammenhang die Herrschaft über die Minnekräfte eine hohe Qualifikation.

Parzival hat nun alles, was sich ein Ritter wünschen kann: Waffenruhm und Minneglück. Er ist so weit wie Erec und Iwein nach ihrer ersten Ausfahrt, und auf dieser Wegstrecke ordnet sich der ,Parzival' auch in Schema und Struktur des Artusromans ein. Das gilt auch für das folgende Geschehen: Was Erec und Iwein als Krisis, Infragestellung und Verlust des glücklich Errungenen, erfahren, das widerfährt Parzival im V. Buch auf der Gralburg.

2. Wir wissen nunmehr, was für ein Mensch zur Gralburg kommt. Er ist von seinen Voraussetzungen und seinem Habitus her als Vater- und Besitzloser, als einer, der nicht zur Gesellschaft gehört und deren Sitte und Bildung nicht kennt, als Unerzogener und Ungeschliffener, in naiver Offenheit dazu berufen, die Frage zu finden, die dem Gralgeschlecht neues Heil bewirkt.

Dieser auch ohne mythisches Vorwissen offensichtliche ,Sinn' des Geschehens wird später von Trevrizent bestätigt (483, 21 ff.): es sollte, nach der Inschrift am Gral, ein Ritter kommen, der durch seine Frage vor der ersten Nachtruhe Anfortas von seiner Qual befreien werde. Damit steht Trevrizents frühere Aussage im Widerspruch, daß ein einziger (Parzival) *unbenennt* nach Munsalvaesche gekommen sei (473, 12 ff.). Dieser Widerspruch löst sich nur auf, wenn *unbenennt* ‚ohne namentliche Nennung' heißt, denn die Prophezeihung hält die Person des Besuchers offen: *ez wære kint magt ode man* (483, 24), und wenn der Sprecher von jenem *einen*, der tatsächlich zur Burg kam, zum Ausdruck bringen wollte, er könne, da er versagte, nicht vom Gral *benennt* worden sein.

Nun treffen indes in der Darstellung Chrétiens, und noch deutlicher bei Wolfram, die genannten Voraussetzungen zur heilbringenden Frage nicht mehr zur Gänze zu! Parzival weiß um seine hohe Herkunft — was für Perceval nicht zutrifft —, er ist Landesherr, Gemahl einer Königin, als Ritter am Artushof bekannt (denn er schickte die besiegten Gegner zum Rapport zu König Artus), er verfügt über den Katalog ritterlicher und höfischer Pflichten, und seine *tumpheit* beschränkt sich darauf, daß er die Anwendung dieser Regeln äußerlich-mechanisch befolgt. Diese *tumpheit* ist es dann, die ihm die erlösende Frage blockiert: *sît im sîn tumpheit daz gebôt / daz er aldâ niht vrâgte* (484, 28).

Was ist geschehen, daß *tumpheit* zum einen Auszeichnung und Auserwähltheit, zum andern Disqualifikation und Fehlverhalten bedeuten kann?

Parzival ist Ritter, wie er zur Gralburg kommt, nicht der *tœrsche knabe* (138, 9), der zum Artushof gelangt und den der Erzähler bei dieser Gelegenheit *hêr(n) Hartmann von Ouwe* vorstellt, verbunden mit der Warnung, seinen *gast* am Hofe nicht zum Gespött werden zu lassen (143, 21 ff.). Ist es nun doch die Tünche ritterlich-höfischer Verhaltensnormen, die Parzival am Fragen hinderte? Oder allgemeiner und psychologisch formuliert: Verlust der Unmittelbarkeit, mit der er angetreten, Verlust der ‚heilen' *tumpheit* im Sinne von A. M. HAAS? Ich glaube es nicht.

Die Voraussetzung des Heilbringers, jene ‚göttliche' Einfalt, zweifellos konstitutiv für die Parzival-Erzählung und bei Chrétien und Wolfram noch durchaus präsent, hatte im christlichen Hochmittelalter ihre innere Wahrheit verloren. Kann von Unwissenheit, von ungeformter Natur Heil ausgehen? Dem Christen und dem christlichen Dichter war dies unverständlich (während wir es durch weitere und reflektierende geschichtliche Erfahrung wieder neu als ‚Wahrheit' begreifen können). Weil das Motiv naiver Unwissenheit nicht als Berufensein zu einer Heilstat verstanden werden konnte, behandelt der christliche Dichter das Motiv als defizientes, *tumpheit* als Desorientiertheit, Mangel, Unfertigkeit: jetzt scheitert Parzival auf Grund der *tumpheit*, die einmal Voraussetzung für Gelingen war!

Weiterhin war es für den Dichter des Hochmittelalters selbstverständlich, daß die Formung, deren der zu Großem berufene Mensch bedarf, im Rahmen der Laienwelt nur eine ritterlich-höfische sein konnte. *in zôch nehein Curvenâl* (144, 20), bemerkt Wolfram von seinem *knappen* mit Seitenblick auf den höfisch perfekten Tristan, aber es ist nur eine verspätete Ausbildung: Parzivals Curvenal ist Gurnemanz. Die Defizienz, die zurückbleibt, reicht dann aus, um den Besucher auf Munsalvaesche zum Scheitern zu bringen, und muß später vollständig überwunden werden. Parzival, der zum zweiten Mal zur Gralburg kommt, ist ein Wissender.

Die vorgetragene Änderung der Prämissen der Gralfrage macht dem Verständnis Schwierigkeiten, scheint mir aber die einzige Möglichkeit zu sein, ohne Quälerei und Gewalttätigkeiten das Geschehen zu begreifen und (wovon anschließend die Rede sein soll) die Schuldfrage angemessen zu behandeln. Petitio principii ist der Umschlag einer Erzählung, die vom Mythisch-Märchenhaften in die christlich-ritterliche Welt verpflanzt wird.

Etwas anderes versteht G. WEBER (1948, S. 80 f.) unter den Gralprämissen, nämlich die objektiven Bedingungen, unter denen der Gral gewonnen werden kann, Bedingungen, von denen der Verfasser meint, sie würden im Verlauf der Dichtung von Wolfram geändert, aus der *unwizzende* zu stellenden Frage würde eine Berufung zum Gral (781, 15 f.). Dieser „Wandel der Gralprämissen" sei zugleich eine dichterische Spiegelung des Übergangs vom augustinischen zum thomistischen Weltbild. Siehe dazu BUMKE, S. 154 ff., 168 f.

Es bleibt noch auszuführen, wie Parzival aus seiner *tumpheit* heraustritt: mit dem Wissen um seine Verfehlung vor dem Gral, das ist in der Begegnung mit der *germaine cousine* bei Chrétien, in der entsprechenden Sigune-Szene bei Wolfram. Es empfiehlt sich, vom ‚Conte du Graal' auszugehen, weil dieser hier deutlicher erkennen läßt, worum es geht.

Perceval wird nämlich von seiner *germaine cousine* nicht nur darüber informiert, wo er gewesen und wem er begegnet sei und was er unglückseligerweise versäumt habe, sondern er erfährt erst hier seinen Namen und erfährt ihn in höchst eigentümlicher Weise. Die *germaine cousine* fragt: „Wie heißt Ihr, Freund? Und dieser, der seinen Namen nicht wußte, rät und sagt, er heiße Perceval der Waliser (*li Galois*); er weiß nicht, ob er richtig oder falsch spricht, er spricht indes wahr, ohne es zu wissen" (3572 ff.).

Der Name konstituiert die Person, setzt sie in Beziehung zur Umwelt. So kann es kein Zufall sein, daß Perceval auch zum erstenmal in eine Familie eingebunden wird: die junge Frau, die zu ihm spricht, ist seine Cousine und wurde mit ihm von seiner Mutter erzogen. Die Namensuche ist im höfischen

Roman ein beliebtes Motiv; wir begegneten ihm schon im ‚Lanzelet'. Eigentümlich ist, daß Perceval seinen richtigen Namen errät. Chrétien will damit doch wohl andeuten, daß sein Held von sich aus zum Bewußtsein seiner selbst und zur richtigen Anwendung seiner Geisteskräfte kommt. Aber es ist kein erfüllter Augenblick, in dem dies geschieht, wie die Namenfindung Lanzelets. Die *germaine cousine* spricht weiter: „Dein Name ist verändert, schöner Freund . . . Perceval der Unselige! Ach! Unglücklicher Perceval (*Perchevax maleürous*)" (3681 ff.). Er hat wohl einen Namen, ist nicht mehr unwissend, aber er ist durch sein Versagen auf der Gralburg ‚unselig'.

Das Geschehen auf der Gralburg stellt sich so dar: Der Held kommt als Einfältiger nach Munsalvaesche, und als Einfältiger muß er die erlösende Frage versäumen. Das Bewußtsein des Versagens befreit ihn von der Einfalt, macht ihn aber zugleich zum Unseligen.

Das gilt nicht nur für Chrétien, sondern ebenso für Wolfram; es läßt sich nur aus dem Text des ‚Conte du Graal' besser evident machen. Der deutsche Dichter hat die Namengebung und mit ihr die Einordnung in das Gralgeschlecht, wie wir bereits wissen, in eine vorgezogene Sigune-Begegnung hereingenommen. Er gewann so, zusammen mit späteren Sigune-Begegnungen, eine erhöhte Bedeutung der Sigune-Gestalt und ihrer Beziehung zu Parzival, auch, auf kompositioneller Ebene, einen vollkommeneren parallelen Stationenweg (s. u. S. 87 f.), verschenkte indes auf diese Weise das Motiv der Namenfindung und dessen Zeichenwert für die *tumpheit*. Trotzdem bleibt klar, daß auch bei Wolfram nach der Sigune-Begegnung von Parzivals *tumpheit* nicht mehr gesprochen werden kann. Methodisch lehrt uns die vergleichende Analyse der Sigune-Szene, daß man Wolfram nicht ohne ‚Conte du Graal' lesen soll.

3. Der oben als „Geschehen auf der Gralburg" bezeichnete Umschwung in Parzivals Leben impliziert auch die Schuldfrage. Sie lautet: Als Unwissender hat Parzival gefehlt, der Fehl macht ihn zum Wissenden, und als Wissender wird er diesen Fehl verantworten, tragen und wiedergutmachen müssen.

Das Versäumnis der Frage aus Unwissenheit als zentrale Schuld zu verstehen scheint schon Chrétien und Wolfram Mühe bereitet zu haben. Sie kommentieren das Geschehen. Bei Chrétien ist dies auffällig, da er sonst auf eine auktoriale Deutungsebene verzichtet. Die *germaine cousine* nennt Percevals Sünde an seiner Mutter, die aus Schmerz um ihn gestorben ist (3593 ff.), und der Einsiedler-Oheim formuliert eine eigentliche Sündenkausalität: es war die Schuld am Tode der Mutter, die Perceval „das Wort auf der Zunge abschnitt", als er fragen wollte (6392 ff.). Waren das nur theologisch korrekte Antworten auf die Frage nach Percevals Sünde zum ‚Gebrauch' der Klerikalen unter den Hörern? Man war beim Grafen Philipp von Flandern und seiner Gemahlin Elisabeth von Vermandois, wo der ‚Conte du Graal' entstand, an einem frommen Hof, und die vorgetragene Erzählung war dazu angetan, christliche Mißverständnisse zu erzeugen.

Von Wolfram kann gesagt werden, daß er die theologische Deutung seiner Vorlage nicht übernommen hat. Trevrizent nennt zwar als Schuld den Tod der Mutter (476, 25 ff.) und, als besonders schwer, als Kainssünde, die Erschlagung des Verwandten Ither (475, 21 ff.), beide zusammen als *zwuo grôze sünde* (499, 20 ff.), aber sie stehen in keinem Zusammenhang mit dem Versäumnis vor dem Gral. Parzival selbst versteht sich als *ein man der sünde hât* (456, 30), beklagt seine Gottesferne und seinen Gotteshaß (461, 3 ff.), gesteht endlich auch, daß er, *unsælec barn*, auf Munsalvaesche war und dort *den rehten kumber sach*, ohne darnach zu fragen (488, 16 ff.). Die versäumte Frage wird seiner *tumpheit* zugeschrieben (488, 15), er hat damit *missevarn* ‚das Ziel verfehlt' (488, 20). So schwer der Betroffene selbst die Fehlhandlung bewertet und wie sehr ihr von der Handlung her das entscheidende Gewicht zukommt, „Sünde" wie jene konkreten Verstöße gegen das Sittengesetz wird sie nicht genannt.

Hier liegt ein Problem vor, das nicht, wie mehrfach versucht worden ist (u. a. MAURER, Leid, S. 123 f., 158 ff.), mit dem Unterschied wissentliche und unwissentliche Schuld zu lösen ist — eine Differenzierung, die meines Erachtens Wolfram fremd ist —, sondern nur mit der Unterscheidung von Tat- und Versäumnisschuld zu fassen ist. Jene „zwei großen Sünden", die Trevrizent so stark betont, sind Tatsünden und als solche dogmatisch als Todsünden zu formulieren. Wie ist es mit dem Schuldigwerden durch Versäumnis und Mangel, ohne Willen und ohne Bosheit? Fällt es ins Bewußtsein, im ‚Parzival' durch die Verwünschungen der Sigune und Cundrie, wie ist da Genugtuung zu leisten? Wie kann der Betroffene mit ihm fertig werden, da es zunächst einmal zu Desorientiertheit, zu Gottesferne und Gotteshaß (329, 18 ff.; 332, 1 ff.) führt? Parzival versteht Gott und die Welt nicht mehr: er empfindet seine Schuld als wirklich und weiß nicht, wie er in sie hineingeraten ist.

WAPNEWSKI hat hier zum Verständnis die augustinische *reatus peccati*-Lehre herangezogen, die der Schwere der Versäumnisschuld gerecht wird, ohne sie den handgreiflichen Todsünden gleichzusetzen, ebenso die Betroffenheit des Reatus zu werten vermag, nicht nur das im kanonischen Recht fixierte ‚Maß' der Tatsünde. Er spricht von habitueller Sündhaftigkeit. Dem gegenüber meine ich das Habituelle im

Status der *tumpheit* erblicken zu müssen, die jene Sündhaftigkeit mit umschließt. WAPNEWSKIS Lösung mit Hilfe eines Theologumenon ist mir auch für Wolfram, den theologischen Laien, zu abstrakt und namentlich für die Versäumnisschuld noch zu wenig präzis.

Die Auseinandersetzung mit einer Schuld, die der Betroffene von ihrer Wurzel her und ihrer Artung nach nicht versteht und doch akzeptiert, ist unbezweifelbar im ‚Conte du Graal' wie im ‚Parzival' thematisch, aber weder Chrétien noch Wolfram haben auch nur den Versuch gemacht, sie explizit ins Wort zu bringen. Damit kann auch nicht mit Sicherheit gesagt werden, ob der Erzähler eine erkannte und erfahrene Wahrheit in der Geschichte verhüllt oder ob die Geschichte eine Wahrheit verhüllt, die im 12. und 13. Jahrhundert nicht rational zu fassen war.

Sicher ist nur dies, daß die ‚Wahrheit' und Erfahrung jener Schuld keine zeitbedingte, also spezifisch mittelalterliche Relevanz in Anspruch nehmen kann. Es läßt sich im Gegenteil feststellen, daß neben den Sünden, die göttliche Gebote verletzen, die Unterlassungssünde nur ein Randproblem ist. Thomas von Aquin (den ich hier stellvertretend zitiere) widmet in der Secunda Secundae der ‚Summa theologica' dem *peccatum omissionis* nur zwei Artikel (q. 79, a. 3 u. 4). Unterlassungssünde ist darnach Sünde gegen die Gerechtigkeit und als solche den tatfordernden Geboten entgegengesetzt (*opponitur præceptis affirmativis*); sie ist als leichter zu bewerten als eine Übertretungs-(=Tat)sünde. Das trifft die Problematik der Versäumnissünde, wie sie uns im ‚Parzival', aber auch schon, wenn auch in ganz säkularer Gestalt, im ‚Erec' und ‚Iwein' entgegentritt, in keiner Weise. Vor allem deshalb nicht, weil das Versäumnis ein personales *proprium* ist. Was hier mein Versäumnis ist, ist nicht auch Versäumnis eines andern dort. Es läßt sich keiner Verhaltensregel, die als solche schon in die Erfahrung eingegangen ist, zuordnen. Es findet da eine Probe statt, von der der Betroffene nichts weiß und die einzig ihn betrifft. Nur Parzival, auf Grund habitueller Voraussetzungen, kommt zum Gral und versäumt auf Grund eben dieser Voraussetzungen die Frage. Es ist s e i n e Sünde, der er sich stellen mußte.

4. Wir hatten die *tumpheit* Parzivals als Auserwähltheit u n d als Fehlverhalten verstanden. Das bedarf noch eines Nachweises im Text. Die, genetisch gesehen, neue Wertung, *tumpheit* als Fehlverhalten, darf ja in einem konsistenten Erzählzusammenhang nicht unvermittelt handlungsbestimmend werden, heile *tumpheit* nicht plötzlich in fatale umschlagen. Die *tumpheit* als solche muß beide Möglichkeiten in sich schließen, d. h. als ambivalente Kraft verstanden werden. Als eine solche hat sie Wolfram in der Tat, in der Interpretation des ‚Conte du Graal', erzählerisch breit ausgefaltet.

Die *tumpheit* des Knaben Parzival stellt Wolfram, in Übereinstimmung mit Chrétien, fast uneingeschränkt positiv dar. Sie ist *simplicitas*, Kindhaftigkeit, Einfalt. So in der Begegnung mit den drei Rittern (120, 11 ff.), wo die von diesen wahrgenommene adamische Schönheit Parzivals (123, 12 ff.) geradezu als Ausdruck seiner Simplizität verstanden werden kann. Aber das Defiziente ist angezeigt: er ist ein *tœrsche Wâlise* (121, 5), *knappe der vil tumpheit wielt* (124, 16), ohne *witze: diu gotes kraft dir virre leit* (124, 20 f.). Die *tumpheit* des ausziehenden *knappen* stellt Wolfram gleichfalls ins Licht sympathischer Unmittelbarkeit. Da ist Keckheit, Frische, Ungeniertheit — in Jeschutes Zelt, am Hofe des Königs —, freilich auch, unmittelbar daneben, Unbekümmertheit: im Abschied von der Mutter, im Zugriff von Ring und Spange der Jeschute, in der Begegnung mit Ither, und alle diese Situationen führen ihn in Schuld und Not. Die unbekümmerte Naivität schlägt in *ignorantia* um, die Symptom der Erbsünde ist, Desorientiertheit, Unbeherrschtheit bedeutet. Es bricht zwar dieser Aspekt erst mit Trevrizents Belehrung durch, und nicht zu übersehen ist, daß Wolfram das gefühllose Verhalten Parzivals beim Wegreiten von der Mutter gegenüber Chrétien abgeschwächt, daß er überhaupt als Erzähler die Ambiguität gemieden hat. Trotzdem bleibt die Gefährdung, der Fehlschlag dieses Wegs des *tumben* allzeit gegenwärtig.

Nur positiv erscheint Parzivals *tumpheit* vor Condwiramurs: Erstummen vor der Schönen wirkt als sympathische Schüchternheit des im Umgang mit Frauen unerfahrenen Jünglings und als beherrschte Noblesse sein Verhalten gegenüber der Königin in seinem Schlafgemach. Daß hier kein Konfliktstoff ansetzt, hängt vielleicht mit dem Umstand zusammen, daß diese Szene nicht zur vorliterarischen Parzivalerzählung gehören kann, sicher aber mit der Funktion, die Condwiramurs im späteren Handlungsverlauf zukommt. Das kann indes nur im Blick auf Wolfram mit Sicherheit ausgesagt werden. Der Torso Chrétiens läßt nicht erkennen, inwiefern Blancheflor bei der Gralsfindung eine Rolle spielt; daß der französische Erzähler sie schlichtweg fallen gelassen hat, halte ich indes für ausgeschlossen.

Unmittelbar vor der Gralszene mit Parzivals fatalem Schweigen faltet Wolfram die *tumpheit* nochmals ambivalent aus: der Besucher verlangt nach Wasser, um sich sauber zu waschen, und er zeigt sich unbeherrscht gegenüber dem *redespæhen man* (229, 4 ff.).

Diese Verhaltensweise wurzelt freilich nicht mehr in der *tumpheit*, wohl aber in einer Ambivalenz, von der jene nur eine spezifische Ausformung bedeutet. Gemeint ist Parzivals Elsternnatur.

Ich verstehe damit den Prologvorspruch, 1, 1—14, als unmittelbar auf das Werk und dessen Helden bezogen und möchte der Verunsicherung, die von H. BRINKMANNs (sicher richtigen) Prologtheorie ausgegangen ist (Der Prolog im Mittelalter als literarische Erscheinung, Wirk.Wort 14 [1964], S. 1—21), entschieden entgegentreten. Sollte es nicht ein sehr natürliches Faktum sein, wenn lateinisch-gelehrte Theorie nicht immer mit der Praxis zumal volkssprachlicher Laiendichtung zur Deckung kommt? Zum Folgenden s. BUMKE, S. 275—286.

Ist zwîvel herzen nâchgebûr,
daz muoz der sêle werden sûr.
gesmæhet und gezieret
ist, swâ sich parrieret
unverzaget mannes muot
als agelstern varwe tuot.
der mac dennoch wesen geil:
wand an im sint beidiu teil,
des himels und der helle.
der unstæte geselle
hât die swarzen varwe gar,
und wirt och nâch der vinster var:
sô habet sich an die blanken
der mit stæten gedanken. (1, 1—14)

„Wohnt der Zweifel im Herzen, gereicht dies der Seele zum Unheil. Schmach und Zierde (zugleich) bedeutet es, wenn unverzagter Mannessinn sich färbt wie die Farbe der Elster. Doch kann dieser Mann dennoch zum Heil gelangen, da beides, Himmel und Hölle, an ihm teilhaben. Der Geselle des Wankelmutes (indes) ist gänzlich der schwarzen Farbe verschrieben und trägt sie als Farbe der Finsternis: doch der Beständige bewahrt die weiße Farbe."

Man sollte die Stelle nicht überfordern: Wolfram muß doch, wenn nicht im eigentlichen Prolog, der auf Auseinandersetzung — sei es mit seinem Publikum, sei es mit Gottfried von Straßburg — angelegt ist, so doch im eröffnenden Vorspruch auf allgemeines Verständnis ausgegangen sein. Fest steht der dualistische Aufriß *stæte* - weiß - Himmel / *unstæte* - schwarz - Hölle, und beides ist vereinigt im Bilde der zweifarbigen Elster. Wohin aber stellt sich der in der Eingangssentenz angesprochene *zwîvel*? Man muß sich hüten, ihn dem im Grunde fruchtbaren neuzeitlichen Erkenntniszweifel gleichzusetzen: wie scharf man *sûr* immer übersetzen will, ‚bitter' im Gegensatz zu *süeze* oder gar als Beiwort der Hölle, es zeigt Unheil an, ist also nicht dem Elsternstatus, sondern der *unstæte* gleichzusetzen. Parzival hat an diesem *zwîvel* teil, ist aber nicht der ‚Zweifler', er ist der Elsternfarbige, der auf Heil und Unheil hin lebt; nur so vermag er *dennoch wesen geil*.

Es ist richtig beobachtet worden, daß Parzival nur an einer Stelle mit dem *zwîvel* in direkte Beziehung gebracht wird: in der Gotteslehre der Herzeloyde. Er solle sich vom Teufel und auch von *zwîvels wanke* abwenden (119, 28 f.). *zwîvel* kann auch hier, im dualistischen Denken der Herzeloyde, nur Negation, eine gebrochene Seelenlage bedeuten. — Später wird der gefährdete und schuldhafte Held immer nur als *unstæte* und *triuwelôs* bezeichnet. Das bestätigt die Paraphrase der Eingangsverse im ,Jüngeren Titurel' Albrechts (Str. 22—26), wo es heißt: *unstæter muot dem zwivel wirt gesellet* (25, 3).

Das erste Stichwort, das Wolfram gibt, kommt also nicht zum Tragen. Trotzdem ist es berechtigt. Es ist schon längst gesehen worden, daß mit dem *zwîvel* Hartmanns ,Gregorius' zitiert wird: *der ist ein wortgalle / zum êwigen valle / den nieman mac gesüezen / noch wider got gebüezen* (166 ff.). (Man beachte: Negation von *gesüezen* = *sûr*.) Der Streit geht darum, ob Wolfram sich von Hartmanns *zwîvel* (= *desparatio*, Judassünde) abheben oder sich mit ihm identifizieren will. Offensichtlich letzteres, wenn auch nicht zu unterstellen ist, daß der ,Parzival'-Dichter die besonderen theologischen Implikationen des ,Gregorius'-*zwîvels* ansprechen wollte, ihm war nur an der Negativität des *zwîvels* schlechthin gelegen. Die antihartmannische Akzentuierung der *zwîvel*-Zitation (H. SCHNEIDER, WAPNEWSKI) widerspräche auch dem hohen Stellenwert, der Hartmanns Legende vom *guoten sündære* in Wolframs Bearbeitung des Parzivalstoffes zukommt.

Unübersehbar sind folgende Analogien, die in ihren spezifischen Akzenten über den Ansatz des ,Conte du Graal' hinausgehen: Aufbruch in die ,Welt' gegen den Rat der Mutter bzw. des Abtes: angeborenes Rittertum trotz unritterlicher Erziehung; der Eintritt in die Welt führt in unbewußte Schuld; Befreiung einer Königin aus äußerster Bedrängnis; Auflehnung im *zorn* gegen Gott bei der Aufdeckung der Schuld (bei Gregorius nur für einen Augenblick); vor allem aber und für Wolfram sicher die entscheidende Parallele: beide werden in unbegreiflicher Weise von Gott erhöht, Gregorius zum Papst, Parzival zum Gralkönig (*græzer wunder selten ie geschach*, wie es Trevrizent formuliert, 798, 2).

Das Elsternbild des Prologs, auf Parzival bezogen, birgt eine Schwierigkeit: als elsternfarben wird zweimal und ausschließlich Parzivals Halbbruder Feirefiz bezeichnet (57, 27; 748, 7). Er gehört einem Zwischenbereich an, ist schwarz und weiß, nach der Abstammung Heide und Christ, östlich und westlich, das alles ohne sittlich-religiöse Wertung: Feirefiz ist ein Ritter ohne Fehl und Tadel. Er ist aber auch das andere Ich Parzivals (740, 29; 752, 15 f.), und von daher rechtfertigt sich der Bezug des Elsterngleichnisses auf Parzival. *ein lîp*, die beide sind (740, 29), schließt auch die Elsternfarbigkeit mit ein, nur: was bei Feirefiz genealogisch bedingt ist, bedeutet bei Parzival das *parrieren* von *stæte* und *unstæte*, *triuwe* und *untriuwe*.

Der Vorspruch des Prologs fixiert keine theologische Position — wie es ja auch die Frage ist, ob der ‚Parzival' im Sinne seines Autors als religiöse Dichtung anzusprechen ist. Mit Theologie jedenfalls ist er nicht zu interpretieren, es sei denn punktuell. Wolfram stellt indes den Menschen in eine Situation der Wahl und damit der Offenheit. Nicht *der unstæte geselle*, aber auch nicht *der mit stæten gedanken* ist Gegenstand seiner Erzählung, sondern der Mensch, an dem *sint beidiu teil.* Das aber ist im biblischen Sinne der Mensch schlechthin, in Wolframs Dichtung Parzival.

Die in der Elsternnatur angelegte Ambivalenz Parzivals hat Wolfram bereits in den Ursprung verlegt. Herzeloyde träumte vor der Geburt, sie würde in einem kosmischen Gewitter einen Drachen gebären, den sie säugte (103, 25 ff.). Trevrizent identifiziert den Drachen ausdrücklich mit Parzival: *du wær daz tier daz si dâ souc, / unt der trache der von ir dâ flouc* (476, 27 f.). Daneben aber steht das Gegenbild: Herzeloyde säugt den Knaben mit *siufzen und lachen* und sieht sich in der Rolle der Maria: *diu hœchste küneginne / Jêsus ir brüste bôt* (113, 18 ff.).

Dieselbe Ambivalenz geht durch die Jugendgeschichte: Parzival schießt nach Vögeln und weint nachher um sie, er liebt die Mutter und verläßt sie ohne Zeichen der Liebe, er zeigt sich gefühllos gegenüber den Bitten der Jeschute, aber voll Anteilnahme angesichts der trauernden und klagenden Sigune. Ithers ritterliche Erscheinung bewundert er, doch tötet er ihn und zieht dem Toten ohne Regung des Bedauerns die Rüstung aus. Zu Mitleid und Hilfe ist er gegenüber Condwiramurs fähig, nicht aber gegenüber Anfortas. Dies alles ist nicht als psychologische Ausformung von Parzivals ‚Natur', sondern als eine Reihe von Zeichen zu verstehen, die das zentrale Versäumnis vor dem Gral anzeigen und ins Verstehen heben. Wolfram wäre nicht der große Dichter, als der er gilt, wenn er den Sinn des Geschehens nicht in diesem selbst, sondern nur oder vorrangig im theologischen Kommentar hätte aussprechen können.

3. Parzival und der Artushof

(Buch V, VI)

1. Nach der Begegnung mit Sigune, dem eigentlichen Abschluß der Gralburgszene, führt der Weg zum Artushof.

Parzival trifft beim Weiterreiten Jeschute, erfährt die grausame Strafe, die ihr der Gatte zugedacht hat, und damit seine Schuld. In einem harten Kampfe besiegt er Orilus, beschwört über der Reliquie einer Einsiedelei (es ist die Klause Trevrizents) die Unschuld der Jeschute und zwingt den Gatten, diese wiederum in Gnaden anzunehmen und außerdem seine Niederlage am Artushof zu melden (256, 11—271, 22). Der Erzähler begleitet sodann das versöhnte Paar an den Artushof, der im Tal des Plimizoel ein mächtiges Zeltlager aufgeschlagen hat. Er ist auf der Suche nach dem roten Ritter (Parzival), von dem so große Taten kund geworden sind (271, 23—281, 9). Parzival indes verbringt die Nacht im Walde, mit ihm Artus' bester Falke, der den Falknern entflogen ist: *Die naht bî Parzivâle er stuont* (282, 1). Es schneite aber in dieser Nacht, sehr zur Unzeit — *ez enwas iedoch niht snêwes zît* (281, 14). Am Morgen liegen die Pfade verschneit. Parzival reitet über gefällte Bäume, Geäst und Steine; der Falke folgt ihm, stürzt sich auf eine Wildgansherde, schlägt einen Vogel im Flug, so daß drei Tropfen Blut auf den Schnee fallen: *die Parzivâle fuogten nôt* (282, 22). Wie gebannt steht er vor ihnen. Das Bild erinnert ihn an die geliebte Condwiramurs. Sie *zuct im wizzenlîchen sin. / sus hielt er als er sliefe* (283, 22 f.).

Parzival, ganz in der Nähe von Artus' Zeltlager, wird von einem Knappen wahrgenommen, der ihn für einen Herausforderer hält. Alarm im Lager. Segremors, ein jugendlicher Heißsporn, stürmt als erster ins Zelt Artus', der noch mit Ginover im Bette liegt, und verlangt den Kampf mit dem Provokateur. Parzival, für einen Augenblick durch eine Bewegung des Pferdes des Anblicks der drei Blutstropfen beraubt, besiegt Segremors mit einem einzigen Lanzenstoß und verliert sich erneut in sein Schauen. Genau so ergeht es Keie, der als zweiter den Kampf reklamiert und mit mächtigen Worten angeritten kommt. Er bricht im Sturz den rechten Arm und das linke Bein. Ohne daß Parzival es weiß, hat er mit diesem Sieg die von Keie seinetwegen geschlagene Cunneware rehabilitiert. Erst Gawan, der als dritter aufbricht, erkennt den Grund des befremdlichen Verhaltens Parzivals. Er wirft seinen Mantel aus syrischem Tuch über die Blutstropfen und bringt so den Versunkenen in die Wirklichkeit zurück. Es folgt das gegenseitige Erkennen.

Wolfram braucht für diese Szene über 700 Verse (281, 10—305, 6), ein Hinweis, daß er nicht nur ausführlich erzählt, sondern an Erzählerreflexion nicht spart. Bei Chrétien beansprucht die Episode wenig mehr als die Hälfte (4162—4540), obschon auch er die Szene sorgfältig ausformt. Aber er erzählt nur; daß er zumal in der Darstellung der Blutstropfen im Schnee und deren Wirkung die reinere poetische Wirkung erzielt als Wolfram, ist wiederholt und mit Recht beobachtet worden; s. z. B. R.R. BEZZOLA, Le sens de l'aventure et de l'amour, Paris 1947, S. 19—32; deutsch: Liebe und Abenteuer im höfischen Roman, Reinbek 1961, S. 26—38; darüber und über weitere Stellungnahmen: BUMKE, S. 299—303. Daß seither mehrere neue Beiträge vorliegen, indiziert die kontroverse Beurteilung: W. HAUG,

1971, S. 684—692; W.u.H. FREYTAG, Zum Natureingang von W.s v.E. Blutstropfenszene, Studi Medievali (Spoleto), 3ª ser.14 (1973), S. 301—334; T. EHLERT/G. MEISSBURGER, Perceval et Parzival. Valeur et fonction de l'episode dit ‚des trois gouttes de sang sur la neige', CCM 18 (1975), S. 197—227; D. WELZ, 1976, S. 47—110.

Die Unterschiede zu Chrétiens Darstellung — umfassende Integration in das Beziehungsnetz der ganzen Handlung, realistisches Detail, Erzählerkommentar, verstehender Humor oder distanzierende Komik — sind gut herausgearbeitet, aber auch schon wieder, durch EHLERT/MEISSBURGER, verzerrend auseinandergetrieben worden. Den Stellenwert, den KÖHLER (S. 184) der Minne im ‚Conte du Graal' zuschreibt, halte ich (noch) für richtig, nicht aber die weiterreichende These EHLERT/MEISSBURGERS, die Blutstropfenszene bedeute „la disparation définitive de Blancheflor et même de l'amour dans la vie de Perceval" (S. 207), und dies bei der gegen HAUG gerichteten Voraussetzung, die Struktur von Chrétiens Dichtung sei für das Ganze nicht verbindlich zu rekonstruieren. Die Autoren sind ihrer These so sicher, weil sie die Aussage, die Sonne hätte die Blutstropfen hinweggeschmolzen (4426 ff.), in ‚wörtlicher' Symbolik deuten. Ich halte das methodisch für unerlaubt, auch wenn man unberücksichtigt läßt, daß Chrétien aparterweise nur von zwei dahingeschwundenen Tropfen spricht.

Das Bezugssystem, in dem Wolfram die Blutstropfenszene sehen läßt, ist eindrucksvoll. Wir sind an einem bestimmten Ort, am Fluß Plimizoel, und zwar dort, wo er an den Herrschaftsbereich des Gralkönigtums grenzt (S. 286, 10 ff.) — ein Hinweis, daß Parzival der *strengen nôt* auch des Grals nahe bleibt (296, 5 ff.). Der Schneefall ist ungewöhnlich, nicht nur jahreszeitlich aus humorvoller Erzählerperspektive im Bezug auf Artus, *den meienbæren man* (281, 14 ff.), sondern kosmisch und wiederum auf den Gral bezogen: wie Trevrizent 489, 24 ff. belehrt, ist der *sumerlîche snê* durch den Eintritt des kalten Saturn in sein Haus — was nur alle dreißig Jahre geschieht — bedingt, was vor allem Parzivals Gralburgbesuch einen unvergleichlichen Stellenwert verleiht, aber auch, freilich erst a posteriori, die Blutstropfenszene astronomisch ortet. Handlungsmäßig ist Parzivals Begegnung mit der arthurischen Ritterschaft aus aller Zufälligkeit herausgehoben: Artus ist auf der Suche nach dem Roten Ritter, und der Falke, der sich zu Parzival gesellt, ist nicht irgendein Falke sondern der beste des Königs. Sodann schafft Wolfram listig-komische Bezüge, indem er Keie an eben dem Baumstamm seine Knochen brechen läßt, unter den sich die verwundete Wildgans geflüchtet hat (295, 17 ff.). Diese Erzählerpräsenz hat eine weitere Dimension im großen Minneexkurs (291, 1—293, 18), einer rhetorisch aufgeputzten Ansprache an die *Frou minne*, sowie der Einflechtung von Personalia: seine Minnenöte (287, 11 ff.; 292, 5 ff.; 293, 15 f.), die Hermann-von-Thüringen-Apostrophe (297, 16 ff.) im Anschluß an ein überraschendes positives Votum für den arthurischen Prügelknaben Keie. — Das Geflecht von Bezügen und die Gegenwart des Erzählers werden hier hervorgehoben, nicht weil sie in der Blutstropfenszene singulär sind, sondern weil ihre Verwirklichung in dieser Episode als Modell für die gesamte Dichtung gelten darf.

Die übergeordnete Thematik, Minne und Aventiure, gestaltet sich in harter Konfrontation: da ist ein Mann im Banne erinnernder Minne, *unversunnen* (283, 17), *als er sliefe* (283, 23), *der truoc der minne grôzen last* (290, 26), und er wird für einen Herausforderer gehalten. Er soll sodann, von Segremors und Keie aufgeschreckt, kämpfen, wo er träumen will. Es geht Wolfram indes nicht um die Darstellung des Konflikts von ritterlicher Tat und Minne, er weiß nur um ihn aus literarischer Tradition (Hartmann), und so kann er ihn in komischer Distanz inszenieren. Der marionettenhafte Ablauf des Kampfgeschehens darf indes den Ernst des Minneversunkenseins nicht in Frage stellen. Der Einsame, dem *was versnît sîns pfades pan* (282, 5), findet zu dem zurück, was ihm als höchstes Gut geblieben ist: zu Condwiramurs. Ihr gilt ein ergriffener Preis (282, 26 ff.), der übergeht in *sich verdenken* (283, 16) und Entrückung: *diu zuct im wizzenlîchen sin* (283, 22); *zucken* ist in der späteren deutschen Mystik ein Terminus für den mystischen *raptus*.

Die so erinnerte und introvertierte Liebe als *unversunnene* Minne zu problematisieren, weil Wolfram sich im Minneexkurs über die Allgewalt der Minne ereifert (Kolb, 1957), scheint mir unberechtigt. Warum sollte sich ein Erzähler nicht verbal von einer Liebesform distanzieren, die er für seinen Helden in Anspruch nimmt? Selbstverständlich ist im Horizont der Gesellschaft „unvernünftige“ Minne ein Übel, aber wer weiß nicht, daß ihr alle, und noch so gerne, verfallen sind! Es gilt hier und vielfach, für das Publikum bestimmte Rhetorik nicht als Kommentar der Handlung zu verstehen.

Wolfram nennt die Minne, wie sie sich angesichts der drei Blutstropfen manifestiert, *wâre minne*, die Parzival *âne wenken* bewahrte (283, 14 f.). Daß dies höchste Qualifikation bedeutet, bestätigt Trevrizent (468, 1 ff.), und über dies hinaus der Handlungsverlauf: mit Parzival ist auch ausdrücklich Condwiramurs und ihr Sohn Loherangrin zum Gral berufen (781, 17 ff.). Minne ist zwar keine Macht, die zum Gral führt, wohl aber die Kraft, die in der *wâren minne* wirkt: *triuwe*. Als Bindung an Condwiramurs in Parzival mächtig, ist sie eine Magnetnadel zum Gral.

2. Gawan führt Parzival ins Artuslager. Durch Cunneware wird er prächtig eingekleidet, erstrahlt im Glanze seiner adamischen Schönheit, *gebluomt für*

alle man (306, 27), ja einem Engel gleich (308, 1 ff.). Artus begrüßt den Gast in Gawans Zelt. Dann bildet sich im Freien die Tafelrunde, keine strenge Männergesellschaft, sondern so weit ist der Kreis, daß alle Damen Platz an der Seite ihrer Geliebten finden. Glanz und Freude überall. Artus übertrifft sich selbst im Charme seiner Gastgeberrolle.

Der jähe Umschlag geschieht durch die Ankunft der Gralsbotin, Cundrie *la surziere*, ebenso gelehrt und sprachenkundig wie von monströser Häßlichkeit bei modisch-vornehmer Kleidung.

Die Gestalt der Cundrie, der Wolfram später Malcreatiure, ihren Bruder, hinzufügt (517, 15 ff.), fand als Curiosum viel Interesse; s. BUMKE, S. 303 f.; DEINERT, 1960, S. 109—111; KOLB, 1963, S. 38—46; P. KNAPP, Die häßliche Gralsbotin und die victorinische Ästhetik, Sprachkunst 3 (1972), S. 1—10; F. R. SCHRÖDER, Cundrîe, in: Festschr. Ingeborg Schröbler, Tübingen 1973, S. 187—195; R. A. WISBEY, S. 201—214. Mit Wolfram ist man gern bereit, ihre literarische Herkunft im Osten zu suchen (KOLB, SCHRÖDER), aber es überrascht doch, daß bei solchem Forschungsaufwand das nächstliegende literarische Modell der ebenso gelehrten wie häßlichen alten Frau ausgespart wird: die Sibylle des Äneasromans. Dabei ist interessant: ,Le Roman d'Eneas' betont vor allem die Gelehrsamkeit (2199—2209), deutet die Häßlichkeit nur an (2268—72), Veldeke läßt erstere fallen und gibt eine ausführliche Schilderung der letzteren (2693—2741), der ,Conte du Graal' hat gleichfalls nur eine Häßlichkeitsschilderung (4614—36), Wolfram führt beide Wesenszüge breit und genüßlich aus (312, 19—314, 10).

Cundrie, *trûrens urhap, freuden twinc* (314, 12), erklärt vor Artus' Angesicht, die Tafelrunde sei vernichtet, da die Falschheit unter ihr sei, und, an Parzival gewandt, er sei der Grund, warum sie Artus und der Tafelrunde den Gruß versage. In langer, schneidend scharfer Rede wird er der Treulosigkeit, Hartherzigkeit, Falschheit angeklagt, da die Not des „traurigen Fischers" ihn nicht erbarmt habe. Fluch über ihn, *gunêrter lîp, hêr Parzivâl* (316, 25).

Kaum ist die Gralsbotin hinweggeritten, wird der Artushof ein zweites Mal geschockt, diesmal vom Landgrafen Kingrimursel aus dem Königreich Ascalun, der Gawan anklagt, seinen Herrn *mortlîche* erschlagen zu haben. In Schanpfanzun solle er sich ihm in 40 Tagen zum Zweikampf stellen.

Zurück bleibt Trauer und Niedergeschlagenheit. Die Frauen, Cunneware vor allem, suchen Parzival zu trösten. Beide der Ehre beraubten Ritter rüsten sich zum Aufbruch. Gawan ist gefaßter, dessen Gotteswünsche nimmt Parzival nicht an: Wäre Gott mächtig und sollte er über diese Macht verfügen, er hätte sie beide nicht in diese Schmach geführt. Er, Parzival, habe ihm stets ergeben gedient, jetzt aber kündige er ihm seinen Dienst auf. Ist er ihm feind, so wolle er es dulden. Vertrau lieber einer Frau als Gott! Die möge ihm im Kampfe beistehen (332, 1—14). Trotzdem hat er nur ein Ziel: *schildes ambet umben grâl* (333, 27).

Die Szene hat eine Parallele im ‚Yvain'/‚Iwein': dort wird Iwein ebenfalls vor versammelter Tafelrunde von der Botin der Laudine der Untreue bezichtigt und der Ehrlosigkeit preisgegeben. Und auch da handelt es sich um eine Versäumnisschuld, die Nichtbeachtung des Rückkehrtermins: Tiefer Fall aus glanzvollem Ritterdasein, ein Weg in die Einsamkeit und ins Dunkle, das ist das gemeinsame Geschehen.

3. Die Thematik dieser Szene wie ihr Stellenwert im Gesamt geben Anlaß zu vergleichender Strukturbetrachtung. Ungeachtet der Gralszene, die aber auch nur motivisch, nicht thematisch den Artusroman durchbricht, ist der Weg Parzivals ein Weg zum Artushof, die ‚Laufbahn' eines erwählten Ritters, Initiation und Selbstfindung, der Gewinn von *sælde und êre*. Er entspricht dem ersten Zyklus des Artushelden. Ohne Zweifel hat Chrétien seine Parzivalerzählung mit Hilfe des ‚Erec'- und vor allem des ‚Yvain'-Schemas, dem Hartmann folgte, aufgebaut. Wolfram hat dieses Schema nicht nur übernommen, sondern erweitert und ausgefüllt. Er hat auch die besondere Nähe zur ‚Iwein'-Struktur erkannt und (wovon später die Rede sein soll) mit Hilfe eben dieser Struktur den Abschluß der Dichtung konzipiert.

Die umstehende Skizze verdeutlicht die strukturelle Parallelität wie den Modus der Integration. Zur Erläuterung das Folgende:

Alle Positionen der ‚Iwein'-Struktur sind besetzt. Die zusätzlichen kommen aus dem Bereich der Graltheematik: der Ausgangspunkt außerhalb der etablierten Ritterwelt, der Weg des *tumben* (Jeschutebegegnung und Erziehung durch Gurnemanz), der indes in die Artuswelt eingeordnet wird, die Sigunebegegnung mit Namenfindung und Schuldzuweisung. Einzig hier hat Wolfram gegenüber dem ‚Conte du Graal' das Schema erweitert: er macht zwei Begegnungen aus einer einzigen und wird im zweiten Zyklus nochmals zwei hinzufügen; es entsteht eine besondere Sigunenhandlung, die Wolfram im ‚Titurel' erneut aufgreifen wird.

Die artusfremde Gralthematik trägt die dem Artusroman geläufige ‚Schuld': das Versäumnis. Die Integration ist in diesem entscheidenden Punkte am vollkommensten. Nur schon der strukturelle Stellenwert des Frageversäumnisses im Artusroman hätte davor bewahren müssen, die ‚eigentliche' Schuld anderswo zu suchen, was zugleich heißt, der kommentierend-rationalen Aussage mehr Glauben zu schenken als der künstlerischen Form. Interessant ist

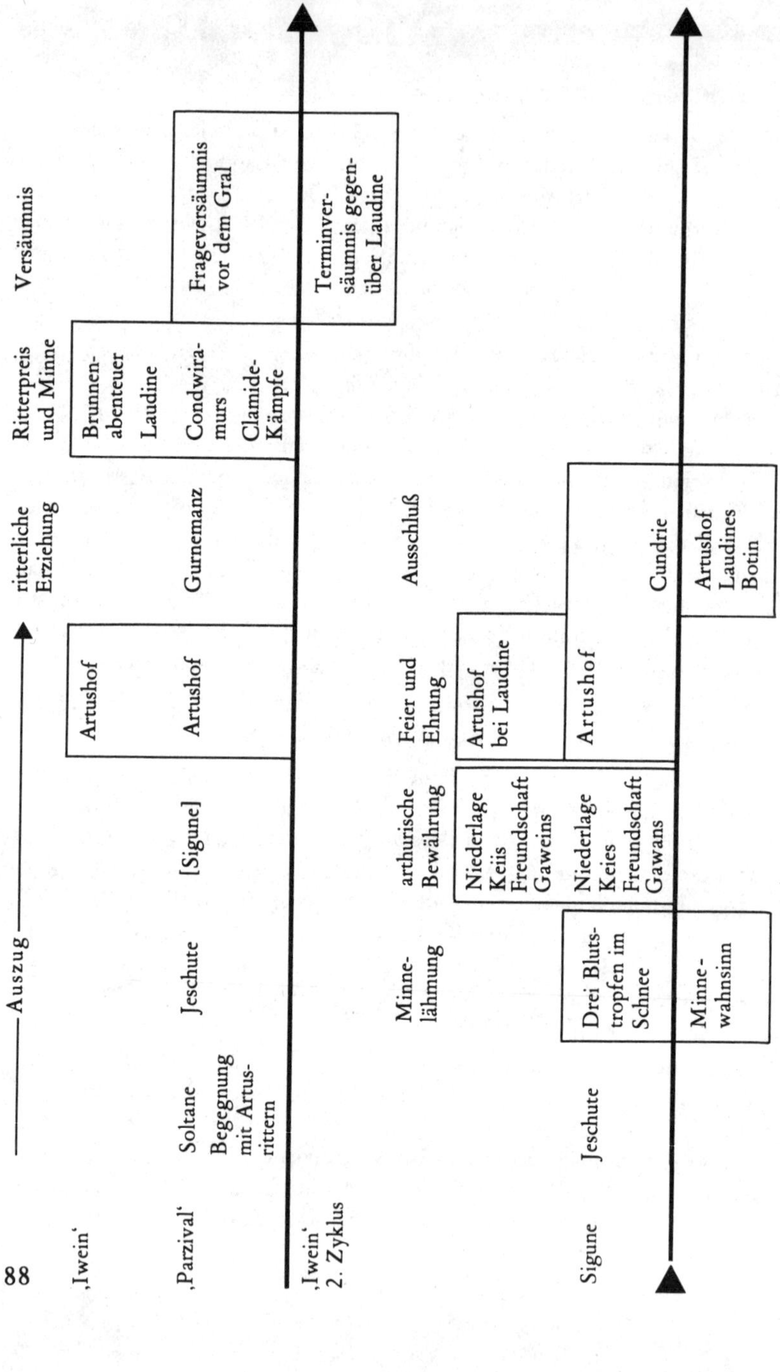
‚Iwein‘
‚Parzival‘
Auszug
ritterliche Erziehung
Ritterpreis und Minne
Versäumnis
Soltane
Begegnung mit Artusrittern
Jeschute
[Sigune]
Artushof
Artushof
Gurnemanz
Brunnenabenteuer
Laudine
Condwiramurs
Clamide-Kämpfe
Frageversäumnis vor dem Gral
Terminversäumnis gegenüber Laudine
‚Iwein‘ 2. Zyklus
Minnelähmung
arthurische Bewährung
Feier und Ehrung
Ausschluß
Sigune
Jeschute
Drei Blutstropfen im Schnee
Minnewahnsinn
Niederlage Keiis Freundschaft Gaweins
Niederlage Keies Freundschaft Gawans
Artushof bei Laudine
Artushof
Cundrie
Artushof Laudines Botin

auch — was der 2. Zyklus bestätigen wird —, daß die neue Gralthematik die strukturellen Stellen besetzt, die dem Minnebereich zugeordnet waren. Das bedeutet gewiß, daß die Minneproblematik im Gang des Helden durch die Gralproblematik abgelöst wird, — indes ohne daß damit die Minne als solche zur bloßen Episode wird oder gar den Anspruch aufgibt, den Menschen entscheidend zu formen. Sie behält ihren festen Platz im Schema. Bei Wolfram ist zugleich deutlich, daß er die *wâre minne*, diejenige Parzivals zu Condwiramurs, dem Gralsbereich zuordnet. Er gliedert nicht nur Condwiramurs genealogisch in das Gralgeschlecht ein, sondern läßt sie auch, woran bereits erinnert wurde (S. 85), an der Seite Parzivals zum Gral berufen. Ich kann mir schwer vorstellen, daß Chrétien an eine grundsätzlich andere Lösung gedacht hat.

Die feste strukturelle Einbindung der Gralerzählung in die Lebensordnung des Artusritters bedeutet, daß diese verbindlich bleibt, auch wenn sie vom Gralrittertum relativiert wird. Es dürfte weder die Meinung von Chrétien noch gar von Wolfram gewesen sein, daß höfisches Rittertum, wie es die arthurischen Tafelrunder praktizieren, ausgedient hat. Gewiß, es kann versagen, höchsten Ansprüchen nicht genügen, es bedarf der Hilfe des erwählten Einzelnen; es ist nicht unanfechtbarer Maßstab für ritterliche Vollkommenheit vor Gott und den Menschen, aber immer noch ‚hohe Schule' in Formzucht, Takt, Gesittung, Unerschrockenheit und Tapferkeit. Was Wolfram betrifft, so stellt er diese Welt erst im ‚Willehalm' in Frage.

Textklauberei unter gleichzeitiger Ausklammerung von spezieller Funktionalität macht es immer möglich, Artus und seinen Hof als krisenhaft zu denunzieren. Es ist so reichlich geschehen, daß es keiner Namen und Belege mehr bedarf. Gleichzeitig wird so getan, als gäbe es keinen Gawanzyklus, auf den im ‚Conte du Graal' 4184 Verse von 9234, im ‚Parzival' im selben Bereich 8130 von 16 890 fallen. Ist es beiden Erzählern wirklich zuzutrauen, annähernd die Hälfte ihres Werks, das höfisches Rittertum verdammen soll, eben diesem Thema, ins Heitere gewendet, zu widmen?

Bei Wolfram ist die arthurische Komponente noch dominanter als im ‚Conte du Graal'. Hinzu kommen ja noch, wenn nicht unmittel-, so doch mittelbar, die beiden Gahmuret-Bücher (I, II) und die genealogische Zuordnung Parzivals im männlichen Stamm zur Artussippe. Gahmurets *art*, wiederholt angesprochen (118, 28; 174, 24; 179, 24 f.; 300, 18 f.), wird alles andere als negativ gesehen. Selbst die Gralsbotin verlegt sich darauf, die Treulosigkeit Parzivals von Gahmuret abzuheben, *des herze ie valsches was erjeten* (eine, von Wolframs *triuwe*-Verständnis aus gesehen, freilich höchst fragwürdige Feststellung!), dem der Sohn unwürdig sei (317, 11 ff.).

Frageversäumnis und Minnelähmung (Blutstropfenszene) haben ihre strukturelle Entsprechung im zweiten Zyklus des ‚Iwein'. Die entsprechenden Motive gehören dort handlungsmäßig und funktional zusammen, im ‚Parzival' trifft dies offensichtlich nicht zu, doch bindet der Erzähler beide Motive durch die zweifache *nôt*: *sîne gedanke umben grâl/unt der küngîn glîchiu mâl,/ iewederz was ein strengiu nôt* (296, 5 ff.).

Zur Struktur des ‚Conte du Graal' und des ‚Parzival' s. vor allem: KELLERMANN, 1. Teil; H. EMMEL, Formprobleme des Artusromans und der Gralsdichtung, Bern 1951, S. 70—146; KÖHLER, S. 236—261 (mit Schema S. 261); KUHN (1956), vor allem S. 181 ff.; HAUG (1971).

4. Parzival bei Trevrizent

(Buch IX)

In der Einkehrszene treten Chrétien und Wolfram entscheidend auseinander. Schon die Proportion des Umfangs ist ungewöhnlich: 2070 Versen Wolframs stehen 300 im ‚Conte du Graal' gegenüber, eine fast siebenfache Erweiterung also, während das Verhältnis der übrigen Partien 5:3 steht. Dabei schlägt die Erweiterung der Handlung (Begegnung mit Sigune, Kampf mit einem Gralritter) wenig zu Buch, es sind die informativen und lehrhaften Stücke, die in die Breite gehen — und von Chrétien abweichen. Hier, wo Parzival *diu verholnen mære umben grâl* (452, 30) erfährt, beruft sich der Erzähler auf einen neuen, d. h. seinen eigentlichen Gewährsmann Kyot und mit ihm auf Flegetanis. Er holt in allen Punkten weit aus, denn es gilt eine neue Konzeption zu begründen, die selbst Bruchstellen mit den früher, in Buch V, vorgetragenen Anschauungen nicht scheut.

1. Der Erzähler hat lange Zeit die Ausfahrt Gawans verfolgt (Bücher VII u. VIII), jetzt aber klopft Frau Aventiure ans Herz des Dichters und begehrt Einlaß. Sie holt indes keine Tatenschilderungen Parzivals nach, erwähnt nur seine Fahrten zu Land und zu Wasser, seine unzähligen und immer erfolgreichen Kämpfe, und dies im Zustand der Freudlosigkeit, *an vreuden verzagt* (433, 17).

Die Geschichte Parzivals wird erst an dem Punkte wieder aufgenommen, wo sie ‚sinnvoll' zu werden verspricht. Der Held kommt zwar *durch âventiure suochen* durch ein einsames Waldgebiet geritten, gelangt aber mit Gottes Führung zur Klause der Sigune (435, 10 ff.). Die dritte Sigune-Begegnung ist wie die erste und die letzte im XVI. Buche eine Neuerung Wolframs. Sie steht indes nicht im Zeichen stofflicher Erweiterung und Verselbständigung von Einzelgestalten, so sehr das Schicksal der Sigune als solches

Interesse beansprucht, sondern sie hat als wesentliche Station von Parzivals Heilsweg zu gelten. Sigune stand am Wege des vom Gral Verstoßenen, sie steht nun wieder am Beginn der Rückkehr und Neufindung: eine strukturgerechte Einbindung — wie immer da, wo Wolfram erweitert.

Sigune hat über dem Grabe des geliebten Verlobten, als dessen Gemahlin sie sich trotz bewahrter Jungfräulichkeit empfindet, eine Klause erbauen lassen. Jede Woche einmal erhält sie von der Gralsbotin Cundrie die kärgliche Nahrung, die sie am Leben erhält. Nachdem sich Sigune und Parzival erkannt haben, bittet dieser, der gesteht, sich nach der Minne der Condwiramurs zu sehnen, noch mehr aber nach Munsalvaesche, *dem hôhen zil* (441, 10 ff.), um Rat und Hilfe. Sigune weist Parzival auf die Spur von Cundries Maultier. Aber der Weiterreitende verliert sie bald: *sus wart aber der grâl verlorn* (442, 30).

Daß er sich in der Nähe der Gralburg befindet, verrät indes die Herausforderung eines Gralritters. Parzivals Lanze hebt ihn aus dem Sattel, er stürzt in die Schlucht, an deren Rande der Kampf stattfindet, entkommt aber unverletzt nach der andern Seite. Parzival selbst verliert sein Pferd im Sturz, er selbst rettet sich durch Festhalten am Aste einer Zeder (ein Hinweis, daß Wolfram sich die Gralburg im mittelmeerischen Süden, nicht im Odenwald vorgestellt hat). Auf dem Pferde des Gralritters reitet er weiter, wieviele Wochen läßt der Erzähler offen.

Erst die Begegnung mit der büßenden Ritterfamilie hat Wolfram wiederum mit Chrétien gemeinsam (6217 ff.), der für die Zeit der Irrfahrten Parzivals fünf Jahre nennt, eine Angabe, die Wolfram an späterer Stelle mit pedantischer aber begründeter Präzision (s. u. S. 136) modifiziert: viereinhalb Jahre und drei Tage (460, 22). Wichtiger aber als chronologische Genauigkeit als solche ist, daß aus der Zeitlosigkeit wieder Zeit wird: es ist Karfreitag. Dies erfährt Parzival, nachdem er festgestellt hat, Jahre, Wochen und Tage seien ihm entfallen (447, 20 ff.). So kommt Parzival aus der Zeitlosigkeit, die Unheil bedeutet, in die Heilszeit des heiligen Jahres.

Die Begegnung mit der büßenden Ritterfamilie, die in Bußgewändern und barfuß zur Klause des Einsiedlers Trevrizent gepilgert ist, hat Wolfram um einen schönen Bezug erweitert: es hat in der Nacht geschneit, *dünner snê* liegt auf dem Waldboden. Die Szene erinnert so an die von den drei Blutstropfen zurück. Hier wie dort ist Parzival *wîselôs*. Nachdem der büßende Ritter die Heiligkeit des Tages angesprochen hat, an dem es dem Christen nicht erlaubt sei, in Waffen einherzugehen, weist er Parzival zur Klause Trevrizents.

Schon auf dem Wege dahin brechen heiße Reue und das heftige Verlangen nach Hilfe in Parzival auf.

er sprach ‚waz ob got helfe phligt,
diu mînem trûren an gesigt?
wart ab er ie ritter holt,
gedient ie ritter sînen solt,
ode mac schilt unde swert
sîner helfe sîn sô wert,
und rehtiu manlîchiu wer,
daz sîn helfe mich vor sorgen ner,
ist hiut sîn helflîcher tac,
sô helfe er, ob er helfen mac.‘ (451, 13 ff.)

Parzival legt dem Pferd die Zügel hinter die Ohren, wie er es bei seinem Weggang von Condwiramurs getan hat. Gott möge ihn richtig weisen. So gelangt er zur Klause des Einsiedlers. *an dem ervert nu Parzivâl/diu verholnen mære umben gral* (452, 29 f.), womit gleich die Lehrthematik der Szene formuliert wird, der das erste Lehrstück, dasjenige über die Quellenfrage, unmittelbar folgt.

Der ganze Textkomplex ist so angeordnet, daß dem eigentlichen Geschehen, dem Geständnis Parzivals, in fünf Ansätzen vorgetragen, fünf Lehrstücke zugeordnet werden, wobei das erste, wie soeben vermerkt, der Trevrizent-Szene als solcher vorangeht.

Parzival eröffnet das Gespräch mit einem allgemeinen Sündenbekenntnis: *ich bin ein man der sünde hât* (456, 30), dem die freundliche Aufnahme des Gastes durch den Einsiedler folgt. Das Pferd wird unter den Brunnenstein geführt — *daz was ein wilder marstal* (458, 29) —, Parzival zur Feuerstelle der Felsengruft, um sich zu erwärmen, hierauf zur Kapelle mit dem Reliquienbehälter, auf den Parzival die Unschuld Jeschutes beschworen hatte. Trevrizent kann genau angeben, wie lange das her ist: viereinhalb Jahre und drei Tage (460, 22) — vordergründig keine sehr einsichtige Berechnung, weil so die Dreiblutstropfenszene in die herbstliche Jahreszeit fällt! Jetzt bekennt Parzival seinen andauernden Gotteshaß und damit seine Herzensnot und seine Sehnsucht nach Hilfe (460, 28—461, 26). Diese Verse gehören, zusammen mit der anschließenden Ermahnung Trevrizents, zu den religiös eindrucksvollsten der ganzen Dichtung. Der Einsiedler mahnt, Gott zu vertrauen. Durch *ab erzürnen* (463, 1) sei Gottes Hilfe nicht zu erlangen. Das sei Hoffahrt, die Sünde Luzifers. An diese persönliche Mahnrede schließt als zweites Lehrstück eine Schöpfungs- und Erlösungstheologie an (463,

4—467, 18). Das dritte Bekenntnis Parzivals ist dessen zweifache *nôt*: nach dem Gral und nach seinem Weib (467, 26 ff.). Für diese hat Trevrizent großes Verständnis, jene erklärt er als töricht, weil *den grâl nieman bejagn* könne (468, 12). Daran schließt das dritte Lehrstück an, das über den Gral, dessen Herkunft und dessen irdische Hüter berichtet (468, 23—474, 24). Das weitere Geständnis Parzivals, das Bekenntnis zu seinem Geschlecht und daß er Ither erschlagen und seiner Rüstung beraubt habe (474, 25—475, 12), veranlaßt Trevrizent zur Erklärung der Gralverwandtschaft — er ist der Bruder der Herzeloyde und des Anfortas — und zur Schilderung von Anfortas' Sünde und Leiden (475, 19—484, 30).

Die Mittagszeit unterbricht das Lehrgespräch. Parzival nimmt teil an der kärglichen Kräuter- und Wurzelmahlzeit seines Oheims. Auch das Pferd wird nicht vergessen; es erhält *îwîn loub* ‚Efeu' (nicht ‚Eibenlaub', s. Th. Klein, ZfdA 106 [1977], S. 363 ff.). Trevrizent erkennt das Gralszeichen des Streitrosses: Anlaß zum letzten Geständnis Parzivals: Er sei der *unsælic barn*, der auf die Gralburg gekommen sei und nicht nach dem Kummer des Königs gefragt habe (488, 2—20). Im Anschluß daran schildert Trevrizent im 5. Lehrstück (488, 21—499, 30) die Behandlung von Anfortas' Wunde (Speerwunder), die besonderen Bewandtnisse bei Parzivals Besuch, sodann seine eigene Geschichte.

Fünfzehn Tage bleibt Parzival beim Einsiedler-Oheim bei Fastenspeise und auf einem Lager von getrocknetem Pfeifengras. *eins tages* vernimmt er noch die Bewandtnisse des Urahnen Titurel, jenes schönen alten Mannes, den er durch eine offene Türe auf Munsalvaesche gesehen hatte. Er ist durch Podagra unbeweglich, wird aber durch den Gral am Leben erhalten, da die Gralgemeinde seines Rates bedarf (501, 19—502, 3).

Im Gegensatz zu Chrétien verzichtet Wolfram auf eine sakramentale Buße Parzivals. Es heißt jedoch, daß *in der wirt von sünden schiet* (501, 17); *gip mir dîn sünde her:/vor gote ich bin dîn wandels wer* (502, 25 f.). Man braucht dies nicht, wie vielfach geschehen, als fragwürdige Absolution zu verstehen, weil Trevrizent Laie, nicht Priester ist: er *schiet* Parzival *von sünden*, indem er ihn zum Bekenntnis (Beichte) brachte und zur Buße aufforderte, und er „übernimmt" seine Sünden als Gewährsmann und Zeuge seines Wandels.

Die Trevrizent-Szene zeugt von Wolframs Fähigkeit, auch eine verwirrende Stofffülle zu ordnen und Lehre in die Handlung zu integrieren. Umso auffälliger ist der locker gehandhabte Schluß des IX. Buches. Die zwei „großen Sünden" werden nochmals herausgestellt, aber auch weniger Gewichtiges wird wiederholt, und wie ein vergessenes Stück Information wirkt die Aufklärung über Titurel — ausgerechnet der Punkt, um dessentwillen Wolfram im V. Buch das anspruchsvolle Bogengleichnis einführte (241, 1 ff.), aber auch die einzige wesentliche Information, die er Chrétien verdankt (6415 ff.). Man hat diese Unausgewogenheit wohl zu Recht auf Spuren einer Überarbeitung zurückgeführt, die aus mancherlei Gründen wahrscheinlich ist (s. u. S. 102).

Dem kunstvollen Aufbau des IX. Buches gelten verschiedene Bemühungen der Forschung. Heraus ragt W. HENZEN, Das IX. Buch des ‚Parzival' (1951) (= WdF 57, S. 125—157). Neuerdings: B. SCHIROK, Trevrizent und Parzival. Beobachtungen zur Dialogführung und zur Frage der figurativen Komposition, Amsterdamer Beiträge 10 (1976), S. 43—71; der Verfasser glaubt, auch mathematische Gesetzmäßigkeiten, vor allem einen *ordo quadratorum*, feststellen zu können.

2. Der strukturelle Ort der Einsiedler-Szene im Gefüge des Artusromans ist eindeutig. Es ist die Zäsur, die den zweiten Zyklus mit der Bewährungsfahrt des Helden in zwei Reihen teilt. Im ‚Erec' ist es eine Zwischeneinkehr bei Artus, im ‚Yvain'/‚Iwein' eine Zwischeneinkehr bei Laudine, strukturelles Zeichen einer Aufgabe der absoluten Position der Mitte, die dem Artushof zukam, zugunsten der Eigenmacht Minne (s. Höf. Epik I, S. 133 u. 159). Die entsprechende Einkehr Parzivals bei Trevrizent verrät wiederum die besondere Nähe des ‚Yvain'/‚Iwein'-Modells sowie den bereits vermerkten Umstand, daß im ‚Conte du Graal'/‚Parzival' die wichtigsten Positionen der Minne mit solchen des Grals besetzt sind.

3. Die Lehrstücke des IX. Buches sind der entscheidende und öfter einzige Ausgangspunkt für spezifische ‚Parzival'-Fragen. Es kommt viel, ja alles auf das Verständnis des Wortlauts an.

a) Die Quellenangaben

Kyôt der meister wol bekant
ze Dôlet verworfen ligen vant
in heidenischer schrifte
dirre âventiure gestifte.
der karakter â b c
muoser hân gelernet ê,
ân den list von nigrômanzî.
ez half daz im der touf was bî:
anders wær diz mær noch unvernumn. (453, 11 ff.)

„Kyot, der berühmte Meister, fand in Toledo in einer unbeachtet gebliebenen arabischen Handschrift die Erstfassung dieser Erzählung. Er mußte zuerst die Bedeutung der Symbole a, b, c lernen (d. h. deren geomantisch-astrologische Bedeutung, so H.u.R. KAHANE, Wolframs Gral und Wolframs Kyot, ZfdA 89 (1959), S.

191—213, bes. 208), dies jedoch, ohne sich auf die Nekromantik einzulassen. Dabei kam ihm zustatten, daß er Christ war: anders wäre die Erzählung bis heute unbekannt geblieben."

Die von Kyot aufgefundene Handschrift, *von grâles âventiur,* schrieb der jüdisch-heidnische Naturgelehrte (*fisîôn*) Flegetanis, der zur Zeit von Christi Geburt lebte (*unz unser schilt / der touf wart fürz hellefiur*) (453, 23—454, 3; dazu LOFMARK, Zur Interpretation der Kyotstellen im ‚Parzival', Wolfram-Studien IV, S. 38 f.). Er las nun als Sternkundiger *im gestirn*, d. h. am Fixsternhimmel, ein verborgenes Geheimnis (*verholenbæriu tougen*): *er jah, ez hiez ein dinc der grâl* (454, 9—23).

> ‚ein schar in ûf der erden liez:
> diu fuor ûf über die sterne hôch,
> ob die ir unschult wider zôch,
> sît muoz sîn pflegn getouftiu fruht . . .' (454, 24 ff.)

„Eine Engelschar ließ ihn (den Gral) auf der Erde zurück, als sie zu den Sternen emporschwebte, sofern ihre Schuldlosigkeit sie wiederum (zum Himmel) zurückzog. Seither hüten ihn Christen."

Es handelt sich um die neutralen Engel, wie später (471, 15 ff.) präzisiert wird: sie waren nach dem Fall Luzifers dazu bestimmt, den Gral, einen, wie der Zusammenhang nahelegt, aus der Krone des Abtrünnigen gefallenen Edelstein, auf der Erde zu hüten — bis zur Zeit des Christentums. Soweit Flegetanis: *Sus schreip dervon Flegetânîs* (455, 1). Kyot sucht nun in lateinischen Büchern nach der Geschichte der von Gott erwählten christlichen Gralshüter und findet sie *ze Anschouwe*:

> er las von Mazadâne
> mit wârheit sunder wâne:
> umb allez sîn geslehte
> stuont dâ geschriben rehte,
> unt anderhalb wie Tyturel
> unt des sun Frimutel
> den grâl bræht ûf Amfortas,
> des swester Herzeloyde was,
> bî der Gahmuret ein kint
> gewan, des disiu mære sint. (455, 13 ff.)

Mythische Gralvorgeschichte also bei Flegetanis, Geschichte des Gralgeschlechtes bis auf Parzival, *des disiu mære sint,* bei Kyot, *der uns diu rehten mære enbôt,* während *von Troys meister Cristjân/disem mære hât unreht getân,* wie es dann im Epilog heißt (827, 1 ff.).

Ein so weit bündiger Bericht, für uns sicher phantastischer als für mittelalterliche Hörer. Nur ist aus andern Quellen nichts Entsprechendes bekannt, weder von einem heidnisch-israelitischen Natur- und Sternenkundigen Flegetanis, noch von einem *meister wol bekant* (!) Kyot und einer *Anschouwe*-Chronik. Auch die näheren Angaben Wolframs über Kyot, 416, 20 ff., helfen nicht weiter: *Kyôt la schantiure hiez,* was doch wohl im Hinblick auf den Kontext („mit seinem kunstvollen Singen und Dichten erfreute er viele Menschen"), ‚der Sänger' heißen wird; er war ein Provenzale und dichtete *en franzoys* (Wolfram dürfte nicht zwischen Provenzalisch und Französisch unterschieden haben). Das ist ‚gut erfunden': der Provenzale, weit weg von Chrétien, aber in der Nähe von Toledo, dem berühmten Umschlagplatz von antik-orientalischer Literatur und Wissenschaft.

Anschouwe, verbunden mit dem *Anschouwe*-Zyklus im ‚Parzival', von dem noch die Rede sein wird, eröffnet einen zeitgeschichtlichen Aspekt. Es darf als sicher gelten, daß hinter *Anschouwe* das Haus Anjou-Plantagenet steht. Man kann zwar bewußte Parallelen zwischen Gahmuret und Richard Löwenherz bezweifeln, ebenso, daß der Aventiure-Weg Trevrizents mit dem Fluchtweg des englischen Königs identisch ist (496, 19 ff.) — darüber Bumke, S. 208 ff. —, nicht aber, daß das zeitgenössische Publikum *Anschouwe* mit Anjou in Beziehung bringen und Wolfram dies wissen mußte. Das aber zwingt doch wohl, welfische Gönnerschaft und welfische Parteinahme anzunehmen. Daß Hermann von Thüringen nur gezwungenermaßen zur staufischen Herrschaft stand, ist bekannt. An seinem Hofe, wo Wolfram 1204/1205 weilte, konnte preisende *Anschouwe*-Thematik nicht befremden und später, in den Jahren des gesicherten Welfenkönigtums (1208—1210), als Wolfram im XV. Buch den *Anschouwe*-Zyklus wieder aufnahm, schon gar nicht. Umso mehr irritierte sie die deutsche Germanistik. Es ist bezeichnend, daß, wenn ich recht sehe, erst Kolb (Munsalvaesche, S. 24 ff.) es gewagt hat, offen von einem ‚welfischen Parzival' zu sprechen.

Die Kyot-Frage soll hier nicht als Forschungsgespräch entfaltet werden, zumal Kolb mit ‚Munsalvaesche' (1963) einen gewissen Schlußstrich gezogen und der simplifizierenden These, Kyot sei nur ein Deckname für Wolframs eigene Erfindungen, aber auch ungezügelten Kyot-Spekulationen den Boden entzogen hat, und zwar durch weise Beschränkung auf die philologische und geschichtliche Argumentation. Nur methodisch Grundsätzliches sei angesprochen.

— Die Glaubwürdigkeit von Wolframs Angaben. Er nennt Kyot sechsmal, dreimal en passant-formelhaft, in der Absicht, dem Hörer den wichtigen Namen einzuprägen, dreimal mit substantiellen Angaben (416, 20 ff.; 453, 11 ff.; 827, 1 ff.), die wir zitierten. Von diesen kann man die erste Nennung als Voranzeige der ausführlichen Quellenanalyse im IX. Buch verstehen. Der Stellenwert dieser Hauptnennung ist bedeutend. Wolfram will sich hier, was er bis jetzt versäumt hat, über seine Quelle äußern: *an dem* (von Trevrizent) *ervert nu Parzivâl/diu verholnen mære umben grâl* (452, 29 f.). Das was der Einsiedler-Oheim in der Folge berichtet, ist denn auch die eigentliche Substanz der Kyot-Quelle. Wolfram soll also, nach den Kyot-Leugnern, aus welchen Gründen auch immer, an entscheidender, ernster Stelle seines Werks schlichtweg geschwindelt haben. Das zu postulieren, ist schwerlich erlaubt. — Bedeutsam ist auch der Stellenwert der letzten Aussage, wo Kyot gegenüber Chrétien ausgespielt wird, nämlich im Epilog. Das ist, wie der Prolog, ein Ort ernstzunehmender Information, und, worauf KOLB besonders abhebt (S. 188 ff.); eine Art literarische Urkunde.

— Im Hinblick auf die Kyot-Kontroverse muß deutlich ausgesprochen werden, daß derjenige die Beweislast zu tragen hat, der Kyot bestreitet und damit Wolfram zum Lügner macht, nicht derjenige, der, wie es abschätzig heißt, an Kyot „glaubt".

— Die ernsthafte Kyot-Frage besteht darin, welche inhaltlichen und ideologischen Elemente mit ‚Kyot' abzudecken sind.

Gewiß nicht alles, was von Chrétiens ‚Conte du Graal' abweicht oder dort nicht zur Darstellung kommt. Vom Spielraum der Adaptation, bei Wolfram ziemlich groß (das III. Buch eignet sich am besten als Beispiel), ist von vornherein abzusehen. Die Gahmuret-Bücher sind auf ihre Quellen hin gründlich, von PANZER u. a., untersucht worden. Es kann auf Grund dieser Untersuchungen und darüber hinaus im Blick auf den spezifisch deutschen Geschichtsaspekt der Orientdarstellung (KUHN, S. 165 f., 174 ff.) mit erheblicher Sicherheit gesagt werden, daß sie außerhalb der Kyot-Quelle liegen. Mit ähnlicher Sicherheit möchte ich den Schlußteil, die Bücher XIV—XVI (mit Ausnahme einzelner Gral‚elemente'), ausschließen. Sie sind, wie noch zu zeigen sein wird, nach einem Modell, nämlich dem ‚Iwein', angelegt, was es dem geschickten Kompositeur, der Wolfram war, erlaubte, die verschiedenen Handlungen, die Parzival-, die Gawan-, die Feirefiz-Geschichte, zusammen und zu Ende zu führen. — Es läßt sich so alles, was blockhaft außerhalb des ‚Conte du Graal'-Torso steht, mit guten Gründen von Kyot abheben.

Die sozusagen ‚urkundliche' Bestätigung dieses Befundes gibt die Kyot-Nennung im Epilog. Wolfram hätte ja Kyot nicht Chrétien entgegensetzen dürfen, wenn er zur Hauptsache auf Teile der Dichtung abheben wollte, die Chrétien gar nicht erzählt hat! Es ist damit auch gesagt, daß Wolframs Kyot keinen eigentlichen Parzival-Gral-Roman abdecken kann, womit zugleich ausgesprochen ist, daß Wolfram in der Umschreibung der angewinischen Chronik (455, 13 ff., oben zit.) den Mund sehr voll genommen hat. Auch in anderem übertreibt er oder ist zur Ausschmückung bereit. Mit Sicherheit schreibt er Kyot mehr zu, als was er ihm verdankt. Aber das entspricht nun der Erzählermentalität Wolframs durchaus.

— Zurück bleibt immer noch ein nicht unbeträchtlicher Motivkomplex den Gral betreffend, in der Hauptsache das, was Trevrizent vorträgt (und worüber gleich noch zu berichten ist), und das ist es ja auch, was Wolfram expressis verbis Kyot zuschreibt. Es handelt sich 1. um den Gral als Stein mit Namen *lapsit exillîs*, 2. dessen Zusammenhang mit dem Luzifer-Sturz und die neutralen Engel als erste, vorchristliche Gralshüter, 3. die Beziehung zwischen Gral und Phönixsage, 4. die Inschriften auf dem Gralstein, 5. die Karfreitagstaube mit der Hostie, 6. mit Sicherheit auch astrologisches und naturkundliches Einzelwissen, das Wolframs Sinn für Curiosa und Mirabilia entgegenkam. Was sich so als Kyot-Komplex abzeichnet, ist eine Sonderquelle, eine legendäre Geschichte astralen Charakters, verbunden mit der Parzival-Gestalt Chrétiens.

Letzteres ist anzunehmen, um den Aussagen Wolframs Genüge zu tun. Dieser konnte Chrétien gegenüber nicht mit einer Geschichte auftrumpfen, die allenfalls mit einem gralähnlichen Gegenstand, aber nichts mit dem Gralhelden zu tun hat. Man kann sich, womit ich nur die Möglichkeit eines derartigen Büchleins andeuten will, etwas Ähnliches vorstellen, wie es Robert de Boron im ‚Roman de l'estoire dou Graal' unternommen hat: unter Benutzung von Chrétiens ‚Conte du Graal' dichtete er in Anlehnung an christliches und apokryphes Legendenmaterial eine Ur- und Vorgeschichte des Grals und der Gralshüter. Hat dieses Modell für die Kyot-Quelle hermeneutische Bedeutung, so dürfte über Kyot noch zusätzlich ausgesagt werden, daß er sein Gralbüchlein n a c h dem ‚Conte du Graal' und in Bezug auf ihn geschrieben hat.

Das hier angenommene Verhältnis zwischen Chrétien und Robert de Boron halte ich für einwandfrei gesichert; s. meine Abhandlung ‚Joachitische Spiritualität im Werke Roberts de Boron', in: Festschr. Max Wehrli, Zürich 1969, S. 167—196. E. KÖHLER wollte widersprechen (^{2}1970, S. 272), hat aber offensichtlich Abstand davon genommen.

Auf eine Besprechung der Kyot-Identifizierungen verzichte ich. Im Vordergrund stand immer wieder Guiot de Provins.

Zum Kyot-Problem s. BUMKE, S. 208—250; seither: W. FALK, Wolframs Kyot und die Bedeutung der Quelle im Mittelalter, Lit.wiss.Jb. 9 (1968), S. 1—63;

F.R. SCHRÖDER, Kyot und das Gralproblem, PBB 97 (Tüb. 1975), S. 263—311; C. LOFMARK, Zur Interpretation der Kyotstellen im ‚Parzival', Wolfram-Studien IV, S. 33—70.

b) Der Gralstein, die Gralritterschaft und das Gralkönigtum

Im V. Buch nennt Wolfram den Gral in gezielter Unbestimmtheit *ein dinc* (235, 23), wobei der Hörer jedoch vor allem an ein Gefäß denken mußte, da der Gral ja Speisen nach Wunsch zu spenden vermag. Im IX. Buch bestimmt ihn der Dichter als *stein* (Edelstein), genannt *lapsit exillîs* (469, 1 ff.).

Trotz vielfachen und heißen Bemühens gibt es keine anerkannte Deutung von Wolframs Gralnamen, der immer auch mit einem Sachkomplex und diesem zugehörigen Implikationen verbunden ist (s. BUMKE, S. 250—261). Trotzdem *lapsit exillîs* nach absichtlich verballhorntem Latein aussieht und textkritisch als lectio difficilior gelten darf, wird man mit BUMKE (S. 259 Anm. 271) die Lesarten nicht gänzlich vernachlässigen dürfen. So lesen die meisten Handschriften des 13. Jahrhunderts *jaspis* für *lapsit*, und auch Albrecht im ‚Jüngeren Titurel' hat den Namen so verstanden. Nimmt man diese Lesarten als hermeneutischen Fingerzeig, so wird man in *lapsit exillîs* mit einiger Sicherheit einen Steinnamen vermuten dürfen. Bei Wolframs betonter Vorliebe für Edelsteine — die Tischplatte, die man vor Anfortas und Parzival errichtete, ist aus einem Hyazinth geschnitten; im XVI. Buch bietet Wolfram eine Edelsteinliste mit 58 Namen (791, 1—30); von der *kraft* der Steine ist immer wieder die Rede — ist das ohnehin das wahrscheinlichste. — Auf eine Diskussion der einzelnen Theorien soll hier verzichtet werden. Großer Wertschätzung erfreute sich F. RANKEs Deutung: *lapsis exilis* als Stein der Demut aus der Alexanderdichtung (‚Iter ad paradisum'), bis QUINTs Überlegungen auch sie der Fragwürdigkeit überantworteten (darüber BUMKE, S. 255—257).

Es sind vier Wundereigenschaften, die Wolfram dem Gralstein zuschreibt: Er entzieht sich 1. denjenigen, die seiner nicht würdig sind. Nur von einer reinen Jungfrau läßt er sich tragen, allen andern ist er zu schwer (477, 13 ff.). Ein Heide vermag ihn nicht einmal zu sehen; so erfährt es Feirefiz (810, 3 ff.; 813, 10 ff.).

2. ist die Kraft des Grals dieselbe, durch die der Phönix zu Asche verbrennt, um aus ihr neu zu erstehen (469, 8 ff.). Er ist somit lebenspendend, lebenerhaltend. Wer ihn sieht, kann im Verlaufe einer Woche nicht sterben. Auf diese Art erhalten der alte Titurel und der schwerkranke Anfortas ihr Leben.

3. ist der Gral Speisespender (469, 29 ff.), was Wolfram als seine *hôhste kraft* anspricht. Das vollzieht sich durch eine kleine Hostie, die eine Taube jeden Karfreitag vom Himmel bringt und auf den Gral legt. Das bedeutet, daß Wolfram einen märchenhaften Gegenstand, der aus eigener ‚Kraft'

Wunderbares erzeugt, ins christliche Wunder umdeutet. Wie der Stein mit seiner Oblate technisch gehandhabt wird, um ihm *spîse warm, spîse kalt, / spîse niwe unt dar zuo alt, / daz zam unt daz wilde* (238, 15 ff.) zu entnehmen — die Frage muß erlaubt sein —, läßt Wolfram bei beiden Mahlzeiten auf der Gralburg, im V. und XVI. Buche, völlig offen. Nur bei Feirefiz' Taufe deutet er das ‚Verfahren' wenigstens an: man neigt das Taufbecken gegen den Gral, um das wünschenswert temperierte Wasser zu erhalten (817, 4 ff.).

Die 4. Wunderkraft des Grals besteht darin, daß an ihm himmlische Botschaften erscheinen (470, 21 ff.), *von karacten ein epitafum*, eine Buchstabenschrift. Sie berufen diejenigen, die in irgendeiner Funkion zum Graldienst bestimmt sind. Weiterhin verkündet die Schrift besondere Aufträge (494, 7—495, 12): sie veranlaßt, Gralritter als Herrscher in herrenlose Länder auszuschicken, und zwar *verholn*, ohne das Geheimnis ihrer Herkunft zu lüften — die von Wagners ‚Lohengrin' her bekannte Problematik der am Schluß erzählten Schwanenritter-Geschichte (824, 27—826, 28) —, während Graljungfrauen *offenlîch* in Herrschaften eingewiesen werden, so Herzeloyde. Hier zeichnet sich von Gott gelenkte Gralpolitik ab, ein theokratischer und keineswegs nur beiläufiger Entwurf, vielmehr eine Grundkonzeption des Dichters, die freilich erst am Schluß voll zur Geltung kommt (s. u. S. 133 f.).

Die Gralritter werden umschreibend *werlîchiu schar* (469, 1) und *rîterlîchiu* bzw. *werdiu bruoderschaft* (470, 19; 473, 5) genannt und sind so als Ordensritter umschrieben. Das bestätigt der reguläre Name *templeise* (444, 23; 468, 28; 702, 24; 792, 21; 797, 13 u. ö.). Mit ihm ist sicher keine Gleichheit mit dem Templerorden gemeint — die korrekte Form müßte, wie Kolb S. 64 ff. vermerkt, *templier* lauten —, aber eine Annäherung, die besagt: die Gralritterschaft hat Züge einer Ordensritterschaft, ohne im strengen Sinne des Wortes eine zu sein. Warum Wolfram trotz der bekannten Deutschfeindlichkeit der Templer die Assoziation mit ihnen nicht scheute, bleibt ein Wolfram-Rätsel.

Die Templeisen vom Gral haben ihr Land, Terre de Salvaesche, zu verteidigen (473, 6 ff.); Parzival hat es selbst erfahren, als ihn in der Nähe von Sigunes Klause ein Gralritter zum Kampfe stellte. Dazu treten die erwähnten besonderen Aufgaben, wie sie Loherangrin zugewiesen werden. Das kommt der Aventiure gleich, nur hat sie mit arthurischer Selbstbestätigung und Selbsterprobung nichts mehr zu tun: sie ist Dienst im höchsten Auftrag. Versagt ist dem Gralritter Minnedienst, eine *vriundin*, aber auch eine Gemahlin: er untersteht dem strikten Gebot der *kiusche*. Einzig der Gralkönig darf sich vermählen und derjenige, den Gott in ein „herrenloses Land" schickt (495, 7 ff.). Mit der *kiusche* verbindet Wolfram aufs engste *diemüete: Der site* (*minne ûzerhalp der kiusche sinne*) *ist niht dem grâle reht: / dâ muoz der rîter unt der kneht / bewart sîn vor lôsheit. / diemüet ie hôchvart überstreit* (473, 1 ff.). Demut ist die eigentliche religiöse Grundtugend des Gralritters. Deshalb vertritt sie auch Trevrizent seinem Gast gegenüber mit besonderem Nachdruck.

Die Gralritterschaft bildet eine Monarchie und trotz göttlicher Berufung eine Erbmonarchie — ein Widerspruch, der Wolfram unbekümmert ließ. Titurel, der einzig durch den Anblick des Grals am Leben erhalten bleibt, ist zugleich derjenige, dem *alrêrst des grâles van bevolhen* wurde (501, 24 f.), also der erste Gralshüter, Frimutel, sein Sohn und Nachfolger, lebt nicht mehr. Seine Töchter sind Herzeloyde, Repanse de Schoye, die Gralsträgerin, und Schoysiane, die früh verstorbene Mutter der Sigune, seine Söhne Anfortas, dem die Königswürde zufiel, und Trevrizent. Parzival gehört so erst der 4. Generation an.

Die chronologische Einordnung in die Weltgeschichte scheint Wolfram zu keinen Überlegungen veranlaßt zu haben, obschon er mit der Angabe, daß nach dem Abzug der neutralen Engel *getouftiu fruht* den Gral in Pflege genommen hat (454, 25 ff.), den Beginn des Christentums ins Auge faßt und damit gerade ein chronologisches Problem evoziert. Wolframs Nachfolger Albrecht hat die problematische Chronologie erkannt und sie dadurch zu lösen versucht, daß er Titurel mit Gottes Gnaden 400 zusätzliche Jahre gewährt, die Zeit nämlich, die erforderlich war, den Graltempel zu erbauen.

c) Das Leiden des Anfortas

Die gegenwärtige Not der Gralritterschaft ist verursacht durch die Sünde des Anfortas. Seine Jugend und seine Macht verleiteten ihn dazu, *daz er gerte minne / ûzerhalp der kiusche sinne* (472, 27 ff.). Es war Orgeluse, die spätere Freundin Gawans, in deren Minnedienst er sich begab. *Amor was sîn krîe* (478, 30). In einem Zweikampf mit einem Heiden am Tigris (479, 16 f.) empfing er den Stoß eines vergifteten Speers durch *diu heidruosen* (Hoden). Dem Arzte gelang es zwar, die Speerspitze, die in der Wunde steckte, herauszunehmen, aber die Wunde ist unheilbar. Anfortas bleibt nur am Leben kraft des lebenerhaltenden Anblicks des Grals. Das ist nun freilich seine zweite Not: er leidet unerträgliche Schmerzen und kann doch nicht sterben. Er soll aber auch nicht sterben, denn der Gralstein zeigte durch eine Inschrift an, daß die Frage eines Ritters den kranken König gesund machen könne (483, 20 ff.). Die Gralsgemeinschaft steht so in Erwartung desjenigen, der Anfortas von dessen Leiden erlösen wird — und zugleich des neuen Gralkönigs, denn der geheilte Anfortas geht der Königswürde zugunsten seines Erlösers verlustig (484, 3 ff.).

Die Not des Gralkönigs und mit ihm der ganzen Gralritterschaft hatte Trevrizent veranlaßt, seine *wilden âventiure* (495, 19), die ihn in der ganzen bekannten Welt herumführten, zu unterbrechen, aller Ritterschaft abzuschwören und als Einsiedler ein Leben der Buße zu führen (480, 11 ff.).

Die Schmerzen des Anfortas sind abhängig vom Wandel der Planeten. Je mächtiger der herrschende Planet ist, umso größer die Schmerzen. Die stärkste Wirkung hat der oberste Planet, Saturn. Da er alle dreißig Jahre in sein Haus zurückkehrt, wobei beim Eintritt seine Kraft am stärksten ist, ist diese Konstellation eine ausgezeichnete, im Blick auf ein Menschenleben sogar eine einmalige Stunde. Dies aber war die Stunde des Besuches Parzivals auf der Gralburg (489, 24 ff.). Der *sumerlîche snê* steigerte den Wundenschmerz ins Unerträgliche: die besondere Wirkung Saturns besteht in seiner Kälte — deshalb der unzeitige Schnee, Voraussetzung der Dreiblutstropfenszene —, nichts aber schmerzt Anfortas' Wunde so sehr wie Frost. Zur Linderung des Schmerzes pflegte man die vergiftete und damit ‚heiße' Speerspitze auf die Wunde zu legen nach dem Grundsatz des Gegenmittels (Isidors Etymologiae IV, 9). Am Tage der Saturneinwirkung bei Parzivals Besuch war der Schmerz so groß, daß man den Speer in die Wunde einführen mußte (492, 23 ff.). Deswegen war er blutigrot (490, 2) — im Unterschied zu Chrétiens Lanze, die immer blutet.

Vom IX. Buche aus betrachtet kann kein Zweifel darüber bestehen, daß der vergiftete Speer, der zur Linderung von Anfortas' Schmerzen auf die Wunde gelegt oder in sie eingeführt wird, mit dem Speer identisch ist, der die Wunde schlug. Worüber man auf der Gralburg verfügte, kann freilich nur die Speerspitze gewesen sein, genauer der *trunzûn*, den man aus der Wunde zog (480, 7). Dem steht entgegen, daß bei Parzivals Besuch im V. Buch jener Knappe eine *glævin* trug, von deren Spitze das Blut den Schaft hinunterfloß bis auf die tragende Hand und den Ärmel (231, 17 ff.), also ohne jeden Zweifel eine ganze Lanze. Es gibt keine Möglichkeit, diesen Widerspruch zu beseitigen. Er darf als Werkstattsplitter gelten. Wolfram muß das IX. Buch, als ihm die Kyot-Quelle bekannt wurde, völlig umgearbeitet haben: das aber führte zu Widersprüchen zur Darstellung des V. Buches. Auf die Gralvorstellung haben wir bereits hingewiesen. Wolfram ‚retouchierte' hier sicher im Nachherein den Gral zum *dinc*. Was aber den Speer betrifft, so konnte er sich, aus welchem Grunde auch immer, nicht entschließen, den eindrucksvollen Auftritt des Knappen mit dem bis zur Hand herabrinnenden Blut, dem ‚Conte du Graal' genau nachgebildet, umzuformen. Wolfram, als Künstler stark vom Bilde her bestimmt, nahm wohl lieber eine sachliche Unstimmigkeit in Kauf als den Verlust eines eindrucksvollen Bildes. Er darf deswegen nicht gescholten werden.

Vieles, worüber Wolfram im IX. Buche und zumal über das Leiden des Anfortas durch den Mund Trevrizents erzählt, gehört zu den Curiosa und Mirabilia des Mittelalters, denen Wolfram sehr zugetan war. Als solche haben sie einen beträchtlichen Stellenwert in Wolframs Bildung. Über dies hinaus sind sie aber auch vielfach als Elemente einer geistigen Konzeption zu verstehen, die ihren Sitz unmittelbar in der Handlung hat. Die Wirkung des ‚kalten' Saturn, auf die Wolfram sicher erst in der Deutung des merkwürdigen Schneefalls bei Chrétien in der Nacht nach dem Gralburgaufenthalt Parzivals verfiel, ist nicht nur Wissensschau und ‚höhere Bedeutung' als ‚Klimborium', sondern zeigt an, daß Parzival nicht zu irgendeiner Stunde nach Munsalvaesche gekommen ist, sondern wahrhaft in einer Sternenstunde: nur alle dreißig Jahre betritt Saturn sein Haus. Diese ungewöhnliche Konstellation ließ die Frage umso nothafter erscheinen, ihr Unterlassen bedeutete Mißachtung dessen, was die Sterne anzeigten. Parzivals Versagen, aber auch seine Aufgabe, werden so in eine kosmische Perspektive hineingestellt.

5. Der Gawan-Zyklus
(Buch VII, VIII; X—XIV)

1. Am Schluß des VI. Buches, das den Fall des Helden unmittelbar nach der festlichen Aufnahme in die Tafelrunde öffentlich kundtat und ihn aus der Gemeinschaft der Besten ausschloß, wurde auch Gawan der Treulosigkeit bezichtigt und aufgefordert, sich in Schanpfanzun zum gerichtlichen Zweikampf zu stellen. Damit ist eine Doppelhandlung eingeleitet, die namentlich im Rahmen der Chrétien-Forschung viel diskutiert worden ist.

Zur Orientierung: E. Köhler, Zur Diskussion über die Einheit von Chrestiens ‚Li contes del Graal', Zs. f. rom. Phil. 75 (1959), S. 523—539; H. Hatzfeld, Deuten Stilelemente in Chrétiens ‚Perceval' auf eine strukturelle Einheit? in: Festschr. Hans Rheinfelder, München 1963, S. 140—160; L. Pollmann, S. 1—79, bes. S. 54 ff.

Nicht nur, daß man den Perceval-Gauvain-Doppelroman als „d'une choquante dualité" bezeichnet hat (Fourquet, 1956, S. 202), es hat nicht an Stimmen gefehlt, die von zwei Romanen Chrétiens sprachen, die im Nachherein von einem Anonymus zusammengefügt worden seien, aber auch nicht an solchen, die die Gauvain-Partien als solche einem zweiten Autor zuschreiben wollten. Berücksichtigt man die Werkstruktur einschließlich ihrer Funktionalität, so fallen ernsthafte Zweifel an der uneingeschränkten Echtheit wie an der ‚Einheit' von Chrétiens Werk dahin. Man braucht damit Unstimmigkeiten, vor allem chronologische, zwischen Perceval- und Gauvain-Teil nicht zu leugnen. Sie fehlen auch im übrigen Werk Chrétiens nicht und sind zusätzlich vom fragmentarischen Charakter der Erzählung her verständlich.

Was mit dem ‚Conte du Graal' v. 4816 und Wolframs VII. Buch anhebt, ist nach der Struktur des arthurischen Romans der zweite Zyklus, der den Helden aus seiner ‚Krise' auf einem Stationenweg der Prüfungen und Bewährungen zurück zum Artushof und damit zu *sælde und êre* führt. Ein solcher Weg ist nun für Parzival, der mit dem Gral ein religiöses, jedenfalls ein außer- und überarthurisches Ziel anstrebt, nicht motiviert. Wenn Chrétien geplant haben sollte, was ich aus Gründen struktureller Konsequenz annehmen möchte, Perceval, wie es Wolfram getan hat, an den Artushof zurückzuführen, so konnte dieser nur eine Zwischenstation bedeuten. Entscheidend für den Gralhelden, der sich nicht mehr an Gott erinnert (6219), ist die religiöse Umkehr. Ihr reservierte Chrétien das bedeutsame strukturelle Gelenk der ‚Zwischeneinkehr'. Der Weg bis dahin aber war als ein Weg von ‚Irrfahrten', dessen Stationen und Siege nicht zählen konnten, episch bedeutungslos. Es drohte so gerade vom strukturell festgelegten Heldenweg her eine Strukturauflösung, für die man paradoxerweise den Gawan-Zyklus verantwortlich machen wollte! Gerade um der Struktur gerecht zu werden, bedurfte es einer stellvertretenden Handlung, zusätzlich auch, um Zeit, bei Chrétien fünf, bei Wolfram viereinhalb Jahre bis zur Einsiedler-Oheim-Szene, episch zu realisieren. ‚Stellvertreter' konnte nur Gauvain/Gawan sein, der Artusritter nämlich, der Artuswürdigkeit, *êre unde heil* (398, 7), nicht mehr zu erwerben brauchte, also keines ‚ersten Kursus' bedurfte, nur einen zweiten ausfüllen konnte, wozu es einzig der Beschuldigung einer ehrlosen Tat bedurfte. Daß diese nur eine scheinbare ist, ein arges Mißverständnis, daran lassen beide Autoren keinen Zweifel: eine wirkliche Ehrlosigkeit, wie sie die Protagonisten der Artusromane und mit ihnen Parzival auf sich zu nehmen haben, widerspräche der Gawan-Rolle. Es kann denn auch nicht überraschen, daß es zu einem eigentlichen Weg der Rehabilitation gar nicht kommt, daß vielmehr die Ausfaltung der Gawan-Rolle programmatisch wird. Es heißt dies, daß die spezifischen Gawan-Qualitäten, wie sie ihm die bisherigen Artusromane attestierten, der Tapferste im Kampf, der perfekt Höfische, der Galante und Erfolgreiche im Umgang mit Damen, episch ausgeschrieben werden. Diese Individuation der Gawan-Rolle konnte als kontrastierende Folie der Parzival-Handlung verstanden werden. Darüber hinaus war aber auch, unübersehbar mit der Lanzen- bzw. der Gralsuche des zweiten Protagonisten und in der Schastel-marveil-Episode, die Parallelhandlung angestrebt. Wolfram baute sie mit einer Fülle von Querverbindungen geradezu systematisch aus.

Die Perceval-Gauvain-Doppelhandlung hat ihren genetischen Ansatz im ‚Chevalier de la charrete'. Den Weg nach Gorre, wo die geraubte Königin gefangen gehalten wird, treten Lancelot und Gauvain gemeinsam an, und sie verfolgen ihn auf zwei verschiedenen Wegen: jener über die Schwertbrücke (woran Wolfram zweimal erinnert, 387, 1 ff.; 583, 8 ff.), dieser über die Unterwasserbrücke. Hier ist die Doppelhandlung ganz auf Kontrast angelegt, und das ist zunächst auch die Linie, die Chrétien im ‚Conte du Graal' verfolgt.

Von 14 Büchern (der Gahmuret-Teil, Buch I—II, ist hier füglich abzutrennen) gehören 6 Gawan allein zu, ein weiteres, das XIV, zumindest zur Hälfte. Das ist nur ein Buch weniger als *des mæres hêrre* gewidmet sind, und die Aufgliederung unterstreicht das angestrebte Gleichgewicht:

III—VI	VII, VIII	IX	X—XIII	XIV	XV, XVI
4	2	1	4	1	2
P	G	P	G	G/P	P

Wolfram hat es sogar für nötig befunden, den Gawan-Zyklus mit einem Prolog zu eröffnen (338, 1—30). Er erklärt hier die Darstellung der *aventiure* eines andern neben der des ausgemachten Helden geradezu als künstlerisches Prinzip.

Die Gewichtung des Gawan-Zyklus war herauszustellen, um der Vorstellung entgegenzutreten, der ‚Parzival' sei schlichtweg ein „religiöses Epos". Nichts spricht gegen, vielmehr alles für die Auffassung, Wolfram habe Gawan nicht weniger Aufmerksamkeit zugewandt als Parzival; auf rein erzählerischer Ebene gilt dies mit Bestimmtheit. Es dürfte so auch nicht mehr überraschen, wenn im klerikalen Urteil der ‚Parzival' nicht anders beurteilt wird als der Roman schlechthin, d. h. als verderbliche Lügengeschichte.

Das Verständnis der Gawan-Bücher hat W. Mohr in verschiedenen Beiträgen (die Bumke, S. 190—194 referiert) so feinsinnig und gültig gefördert, daß nur noch Ergänzendes oder Punktuelles übrig blieb; s. Bumke, S. 194—198; G. Zimmermann, Untersuchungen zur Orgeluseepisode in W. s. v. E. ‚Parzival', Euph. 66 (1972), S. 128—150; M. Wynn, Orgeluse. Persönlichkeitsgestaltung auf Chrestienschem Modell, German Life and Letters, N.S. 30 (1977), S. 127—137. — Vor Mohr hat J. Fourquet sich am erfolgreichsten, im Rahmen struktureller Überlegungen, mit dem Gawan-Komplex beschäftigt (s. Bumke, S. 184 f.; dazu zusammenfassend Fourquets Beitrag ‚Die Entstehung des ‚Parzival', Wolfram-Studien III, S. 20—27). Indes ist, wie aus dem Vorstehenden deutlich geworden sein dürfte, seine Auffassung zu korrigieren, es handle sich um den ersten Teil eines Gawan-Romans. Es ist vielmehr der zweite Teil eines solchen, den Chrétien/Wolfram dem ‚Parzival' inserierten. FOURQUET mag von der Hochzeit Gawans mit Orgeluse und von der französischen Gauvain-Fortsetzung her zu seiner Auffassung gekommen sein. Indes darf als ausgeschlossen gelten, daß diese Erfindungen Chrétiens Intentionen entsprochen haben.

2. Gawan ist schon eine unbestimmte Reihe von Tagen unterwegs, als er auf einen mächtigen Heereszug stößt, der, wie er von einem Knappen erfährt, von König Meljanz von Liz angeführt wird und die nahegelegene Stadtfestung Bearosche zum Ziele hat. Herr von Bearosche ist der Fürst Lyppaut, und er war es, dem der jugendliche, früh verwaiste Meljanz seine Erziehung verdankt. Wenn er jetzt gegen seinen väterlichen Wohltäter zu Felde zieht, so ist es ein Minnekonflikt, der ihn zu solch hohem Einsatz bewog. Er entbrannte nämlich in Liebe zur älteren der beiden Töchter Lyppauts, Obie, wurde indes, als er um Liebeslohn bat, mit schnöden Worten zurückgewiesen (obschon auch sie ihn liebt): vor fünf Jahren ritterlicher Bewährung wäre bei ihr nichts zu holen, und dann noch wäre es verfrüht (345, 30 ff.). Umsonst versuchte der redliche Vater, die Überheblichkeit der Tochter durch loyale Angebote zu sühnen, Meljanz schied im Zorn, *als im sîn kranker sin geriet* (348, 6), und kehrt nun wieder zurück mit Heeresmacht.

Gawan lagert sich in Bearosche vor der Burg auf einem schattigen Rasenplatz und wird hier Ohrenzeuge eines Streites der beiden Töchter Lyppauts. Während Obie die entschiedene und abschätzige Meinung äußert, der unbekannte Ritter mit reichem Troß und kostbarer Ausstattung sei ein Krämer, der hier Geschäfte machen wolle, glaubt die jüngere Schwester, Obilot, noch ein Kind, das mit Puppen spielt, in Gawan einen hervorragenden Ritter zu erkennen, für den sie leidenschaftlich Partei ergreift. Sie kommt indes in eine schwierige Lage, als gegen Abend, wie die Belagerten einen Ausfall wagen und es zu heftigen Kämpfen kommt, Gawan nicht in das Geschehen eingreift. Als einer, der einen gerichtlichen Zweikampf vor sich hat, kann er es nicht wagen, sich der Gefahr der Gefangenschaft oder Verwundung auszusetzen. Später, als Gast des Burggrafen Scherules, widersteht er aus diesem Grunde auch der Beistandsbitte Lyppauts, nicht aber der Rede der kleinen Obilot, die von der Burg heruntergelaufen war, um den schönen fremden Ritter in ihre Pflicht zu nehmen. Sie tut dies in entzückender ernster Naivität, indem sie ihn bittet, fortan ihren Namen zu tragen: *ir sît mit der wârheit ich, / swie die namen teilen sich. / mîns lîbes namen sult ir hân: / nu sît maget unde man* (369, 17 ff.). Diese kindliche Identitätsformel ermöglicht es Gawan, als Obilot, deren Ärmel er als Verpflichtungszeichen trägt, in den

Kampf einzugreifen; auch denkt er an den Rat Parzivals, er solle sich mehr den Frauen als Gott anvertrauen (370, 18 ff.) — ein locus classicus für den leichtfertig-souveränen Umgang Wolframs mit Motiven und Motivierungen!

In der Feldschlacht des folgenden Tages besiegt Gawan Meljanz und macht ihn zum Gefangenen der Obilot. Das kleine Mädchen triumphiert nicht nur durch ihren siegreichen Ritter über die Schwester, sondern kann ihr Meljanz zusprechen, was den Wünschen beider entspricht und allen Beteiligten nur angenehm sein kann. Gawan verabschiedet sich. Er hat, und das ist seine eigentliche Funktion, verquere Dinge in Ordnung gebracht, Verworrenes entkrampft, wobei sein Sieg über Meljanz nur als eine Voraussetzung des Ausgleichs, nicht als dessen eigentlicher Grund anzusehen ist. Dieser ist vielmehr in der in sich ausgeglichenen und ausgleichenden Natur Gawans zu suchen, in dessen Gegenwart sich Dinge und Menschen wie von selbst zurechtstellen.

Wolfram erzählt im VII. Buch eine Geschichte ohnegleichen. Hatte Chrétien, um mich einer glücklichen Formel W. MOHRS zu bedienen (Obie und Meljanz, WdF 57, S. 265 f.), alles „genau auf Gauvain zu erzählt“, so fesselt Wolframs Geschichte als „Rahmennovelle“ mit Gawan als „Rahmengestalt“ (S. 274) „um ihrer selbst willen“. In der Tat gewinnt Wolframs Erzählkunst hier eine Höhe, die er selbst nur gelegentlich erreicht. Sammelten sich die Voraussetzungen der Geschichte zunächst als Knappenbericht im Bewußtsein Gawans, so erzählt sich die eigentliche Geschichte selbst: durch ständig wechselnde Erzählerperspektive — die die Schlachtenschilderungen des ‚Willehalm‘ vorwegnehmen — gewinnen nicht nur die Hauptpersonen des Spiels ungewöhnliche Profilierungen — die Liebenden, die es sich in jugendlicher Unreife schwer machen, das Mädchen Obilot, das ihre erste große Stunde hat, die ihr ganzes Leben bestimmen könnte, und dann doch die einzige ist, die ihren Teil nicht zu halten vermag (Gawan reitet weiter), der redliche Lyppaut, der ohne Arg seine leibliche Tochter ins Interesse der Familie einzubinden versteht —, sondern auch Nebenpersonen erhalten perfekt ausgeformte Rollen: der Burggraf Scherules, dessen Töchterchen Claudille, Spielkameradin der Obilot, verschiedene Ritter auf dem Schlachtfeld, ganz abgesehen vom Roten Ritter (Parzival), der geheimnisvoll-unwirklich ins Geschehen hineinwirkt und seinen Besiegten unverständliche und unerfüllbare Aufgaben stellt.

Gawan bleibt, im Gegensatz zu Chrétiens Gauvain, der unerkannte Ritter, eine Annäherung, wie BERTAU richtig gesehen hat (Deutsche Lit. S. 982), an den ebenfalls wieder anonym gewordenen Parzival.

3. Das VIII. Buch führt Gawan an seinen Bestimmungsort Schanpfanzun, ohne daß er dies zu realisieren scheint, obschon er darnach fragt und der Stadtname auch in seiner Gegenwart genannt wird (402, 20). Vor der Stadt trifft er den jungen König Vergulaht mit seinem Falkner, der ihn nicht erkennt, indes bis zu seiner Rückkehr den Gast seiner schönen Schwester Antikonie empfiehlt. Der Begrüßungskuß, *ungastlich* (405, 21), d. h. vertraulich-heißblütig geboten, entflammt Gawan in Minne, und er geht auf raschen Erfolg aus. Da bricht ein Ritter in die Kemenate ein, der den Gast als Gawan und Landesfeind erkennt, beschimpft und zu den Waffen ruft. Es kommt zu einer heftigen Belagerung des Wohnturms, in dem sich Gawan befindet. Dieser benutzt ein Schachbrett erfolgreich als Schild, während Antikonie die schweren Schachfiguren auf die Belagerer schleudert. Der in die Stadt zurückgekehrte Vergulaht will sich, wie er hört, wer sein Gast ist, an der Belagerung beteiligen, aber Kingrimursel, der Gawan am Plimizoel herausgefordert hatte, schlägt sich betroffen und erzürnt über den Bruch der Gastfreundschaft wie des Gawan zugesagten freien Geleites auf die Seite des Herausgeforderten. Das erzwingt Waffenruhe und Verhandlungen, in denen sich, ohne Vorbild bei Chrétien, ein zwielichtiger Ratgeber, Liddamus, als Gegenspieler zu Kingrimursel profiliert: vielleicht ein politisch-gesellschaftliches Zwischenspiel, in dem sich Verhältnisse des Thüringer Hofes spiegeln (MOHR). Über dieser aktuellen Einlage gerät Gawans Situation für den Erzähler ins Nebensächliche. An Stelle des fälligen Zweikampfes wird ihm schließlich bis zum nächsten Jahrestag eine Verpflichtung übertragen, die Vergulaht als ein von des Roten Ritters Hand Besiegter hatte auf sich nehmen müssen: die Suche nach dem Gral (428, 21 f.). (Interessant festzustellen, daß *sicherheit*-Verpflichtungen übertragbar sind!) Gawan entläßt seine Begleitung nach Hause und *reit al ein gein wunders nôt* (432, 30).

Chrétien hatte Gauvain nach dem Vergleich in Escavalon (= Schanpfanzun) auf die Suche nach der blutenden Lanze geschickt, von der prophezeit ist, daß sie einstmals das arthurische Königreich Logrien zerstören wird. Der Torso des ‚Conte du Graal‘ erlaubt keine Aussage darüber, wie sich der Erzähler den Verlauf der Lanzensuche gedacht hat: das Motiv wird bis zum Abbruch des Werks nie mehr aufgegriffen. Daß Wolfram das Motiv übernommen hat, nicht zwar die Lanzensuche, die bei geänderten Voraussetzungen (s. S. 62 u. 102 f.) keinen Sinn haben konnte, aber an deren Stelle die Gralsuche, überrascht. Um eine bewußte Annäherung an die Vorlage des ‚Conte du Graal‘ kann es sich insofern nicht handeln, als sich Wolfram ausgerechnet im Schlußteil des VIII. Buches erstmals auf Kyot beruft (416, 20 ff.). Auch die Motivation, Wolfram hätte Gawans Gralsuche als Element der Parallelisierung zur Parzival-Handlung aufgegriffen, trägt nicht, da Wolfram nach einer knappen Erinnerung zu Beginn des X. Buches (503, 21 ff.) das Motiv schlichtweg fallen läßt. Eine bemerkenswerte Leerstelle in Wolframs so dichtem Motivationsnetz.

4. Die Zeitangabe im IX. Buch, ca. viereinhalb Jahre seit den Ereignissen des VI. Buches, gilt auch für die im X. Buche wieder aufgenommene Gawan-Handlung, doch präzisiert sie Wolfram erst im Nachherein (646, 14 ff.). Der Leser erfährt zunächst nur, daß der Rechtfertigungskampf in Schanpfanzun bzw. in Barbigoel, wohin er verlegt wurde, nach einem Jahr unterblieb, weil sich herausstellte, daß Gawan und König Vergulaht eng versippt sind (503, 5 ff.).

Das mit Buch X einsetzende Geschehen beansprucht bis zum Schluß nur eine beschränkte Reihe von Tagen. Bis tief ins XIII. Buch, d. h. bis zu Gawans Beilager mit Orgeluse (644, 11), verstreichen nur vier Tage, die erzählerisch vollständig ausgefüllt werden. Die Ereignisse, die zumal in ihrer Ausgangsphase wie ein Marionettenspiel anmuten, dessen Drahtzieher unsichtbar und unverständlich bleibt, beginnen *eins morgens* (504, 7), wie Gawan auf eine klagende Frau stößt, in deren Armen ein schwer verwundeter Ritter (Urjan) innerlich zu verbluten droht. Gawan nimmt eine erfolgreiche Wundbehandlung vor und erfährt, daß der Ritter von Lischoys Gwelljus besiegt worden ist. Dieser bewacht, wie wir indes erst später erfahren, im Dienste der Orgeluse von Logroys den Flußübergang zu Schastel marveil, und Orgeluse ist es gewesen, die Urjan zu diesem aussichtslosen Kampfe veranlaßt hatte (521, 25 ff.). Auf dem Wege zur Burg Logroys trifft Gawan deren Herrin, die Herzogin Orgeluse, die schönste aller Frauen außer Condwiramurs, *ein reizel minnen gir, ... unt ein spansenwe des herzen* (508, 28/30). Gawan, sofort in heftiger Minne entbrannt, bietet ihr Dienst und Herz an und zeigt sich von abweisenden Spottreden und Warnungen der Dame keineswegs beeindruckt. Fürs erste holt er ihr aus dem nahen Baumgarten, wo ihn Herren und Damen vor der schönen Gebieterin warnen, ihr Reitpferd, hierauf erlaubt sie ihm, wenn auch unter ständigen und beleidigenden Reizreden, seine Begleitung. Ihr Knappe, Malcreature, eine wahre Mißgeburt, Cundries Bruder, deren beider orientalische Herkunft bei dieser Gelegenheit erzählt wird (518, 1 ff.), glaubt gegenüber Gawan gleichfalls anmaßende Reden führen zu dürfen; er wird zwar von diesem gemaßregelt, aber seine Igelhaare hinterlassen eine blutende Hand. Die Reitenden stoßen auf den verwundeten Urjan und dessen Dame. Ein Heilkraut, das Gawan unterwegs gepflückt hat, läßt jenen vollends gesunden. Jedenfalls ist er, ein einstmals von Artus bestrafter Ritterschuft, in der Lage, in listigem Arrangement mit seiner Freundin, Gawans Streitpferd Gringuljet, Geschenk des Orilus und von dessen Brüder Lähelin von einem Gralritter erkämpft, zu entwenden. Gawan muß sich des jämmerlichen Kleppers Malcreatures bedienen und hat zum Schaden seiner Dame Spott. Diese führt ihn zum Flußübergang, läßt sich vom Fährmann Plippalinot überführen, während es an Gawan ist, mit dem starken Lischoys trotz seiner Benachteiligung durch den Verlust Gringuljets fertig zu werden. Er läßt den besiegten Gegner, trotzdem dieser keine *sicherheit* leisten will, am Leben, gewinnt sein Streitpferd zurück, das Lischoys in der Zwischenzeit dem Urjan wieder abgewonnen hat, droht es aber gleich wieder an den Fährmann zu verlieren, der dank einer *costume* Anspruch auf das Pferd des Besiegten hat. Indes ist er auch mit der Auslieferung Lischoys' zufrieden. Außerdem bietet er Gawan Herberge im Fährhaus auf der anderen Flußseite an. Sein Töchterlein Bene, eine der anmutigsten und kecksten Geschöpfe Wolframs, ist rührend und mit erotischer Aura um Gawans Dienst besorgt.

Am anderen Morgen (XI. Buch) erblickt Gawan unmittelbar vor sich die Wunderfestung Schastel marveil, die ihn bereits am Vorabend vom anderen Flußufer aus gefesselt hat, vor allem weil er an den Fenstern vierhundert Damen erblickte, vier davon von herrscherlicher Art und Schönheit. Gawans Frage nach den Bewandtnissen des Schlosses will Bene nicht beantworten, und auch dem Fährmann muß die Auskunft geradezu entrissen werden.

Mit Bedacht und Bezug thematisiert Wolfram das Fragen Gawans (554, 23 ff.): *mit vrâge er gienc dem mære nâch* (555, 11). Der „Bezug" gilt der Parallele und Gegenbildlichkeit zu Parzival. Schastel marveil ist für Gawan was die Gralburg für Parzival: die ihm allein bestimmte ritterliche Aufgabe.

Vom Fährmann erfährt Gawan nur das Notwendigste und Vordergründige, nämlich das, was den Besucher des Schlosses erwartet, *aventiure ... scharpf und ungehiure* (557, 27 f.), verglichen mit der alle bisherigen Taten Gawans ein Kinderspiel zu nennen sind (557, 11 ff.). Die Zusammenhänge werden dem Helden wie dem Leser erst allmählich wie in einem analytischen Drama aufgedeckt: sie seien hier vorweggenommen.

Schastel marveil ist das Werk Clinschors. Aus Gram über seine immerhin selbst verschuldete Entmannung hatte er die Zauberkunst gelernt und mit deren Hilfe Schastel marveil erbaut (656, 12 ff.). An Pracht ist ihr nur die Gralburg vergleichbar, ihr Signum ist indes der Zauber. Da ist die Wundersäule über einer Wendeltreppe, in deren glänzenden Edelsteinen man alles zu sehen vermag, was im Umkreis von sechs Meilen zu finden ist (589, 5 ff.; 592, 1 ff.), eine Nachrichtenzentrale, die modernste Technik vorwegnimmt, und da ist in einer kostbaren *kemenâte* das Wunderbett Lit marveile (561, 20 ff.), mit dem sich Gawan auseinandersetzen muß. Vierhundert adelige Frauen hält Clinschor in seinem Schlosse gefangen — er entzog sie ihrer Bestimmung, weil sie seiner Lust nicht mehr dienen konnten —, darunter Arnive, Gawans Großmutter und Artus' Mutter, Sangive, Gawans Mutter und Artus' Schwester, sowie Cundrie und Itonje, zwei unverheiratete Schwestern Gawans, also dessen allernächste Verwandtschaft. Wie Parzival im unbekannten Gralkönig seinen Onkel von unerträglich schwerem Leiden erlösen sollte, so Gawan, gleichfalls *unwizzende,* Großmutter, Mutter und Schwestern aus schmählicher Gefangenschaft.

Die Summe der weiblichen Verwandtschaft, die Gawan erlösen wird, hat betont komödiantische Züge. Sie sind dem ‚Conte du Graal' entnommen. Wolfram hat nur die eine Schwester, Cundrie, hinzugefügt, offensichtlich um abschließend alle Würdigen mit einer Frau belohnen zu können.

Gawan betritt das Wunderschloß, das jetzt unbewohnt erscheint, und findet zur Kemenate mit Lit marveile. Dieses fährt auf Rädern mit rasender Geschwindigkeit auf dem mit Edelsteinen belegten glatten Fußboden herum, Gawan wirft sich mit einem gewaltigen Sprung darauf, bringt es indes dadurch keineswegs zum Stillstand, sondern nur zu schärferer und gefährlicherer Gangart, indem es mittels Aufpralleffekten an die Wände, begleitet von apokalyptischem Donner- und Trompetenschall, den Liegenden abzuwerfen versucht.

Die anschließende *helfe*-Stelle (568, 2—11) ist im Unterschied zu vorangehenden Erzählerglossen — *sus reit er manegen poynder grôz* (567, 19); *Gâwân muose wachen, / swier an dem bette læge* (567, 26 f.) — ernst gemeint. Sie ist deutlich bezogen auf Parzivals Worte auf dem Wege zu Trevrizent (451, 13 ff.) und stellt klar, daß auch Gawan der Hilfe Gottes bedarf.

Plötzlich hält das Bett mitten im Raume an. Aus fünfhundert unsichtbaren Schleudern werden Kieselsteine und anschließend aus ebenso vielen Armbrüsten Pfeile auf den Helden geschossen. Der mächtige Schild, den ihm der Fährmann mitgegeben hat, bewahrt Gawan vor tödlichem Schaden. Doch blutet er aus vielen Wunden. Den letzten Akt bildet der Kampf mit einem Löwen, den ein keulentragender starker *gebûr* anzeigt und der so groß ist wie ein Pferd. Mit der Erschlagung des Löwen ist das Erlösungswerk vollendet, aber Gawan fällt ohnmächtig auf seinen Schild und den Körper des toten Tieres nieder. So findet ihn eine Jungfrau, und die rasch herbeigerufene

Arnive übernimmt die Regie der Wiederbelebung und Heilung. Dabei bedient sie sich einer Salbe, die Cundrie von Munsalvaesche herbeigeschafft hat. Ein Schlafkraut bewirkt heilsamen Schlummer. Schon am Abend kann Gawan, umstanden von einem ganzen Kranz schöner Frauen, eine Mahlzeit einnehmen, und zwar *mit guoten freuden* (Appetit) (581, 26). Es folgt die Nachtruhe.

Vergleichbar mit Gawans Lit-marveile-Aventiure ist Lancelots Erlebnis auf der Wasserburg Lentergalesche, der ersten Station auf dem Weg nach Gorre (,Chevalier de la charrete' v. 463 ff.; Prosalancelot, ed. KLUGE, I, S. 605, 18 ff.). Man hat beide Aventiuren auf die irische Sage von Bricrius' Fest zurückgeführt, die eine Heldentat Cuchulainns erzählt (s. R. SH. LOOMIS [Hrsg.], Arthurian Literature in the Middle Ages, Oxford 1959, c. 30 u. 38). Es gibt zwar nothafte Hilfsbrücken, die erklären sollen, wie Motive irischer Heldensage nach Frankreich gekommen sind, aber bedenklicher als dieses Vermittlungsproblem ist der Motivvergleich als solcher, der zudem noch in methodischen Kinderschuhen steckt.

Wichtiger als diese Herkunftfrage ist der Sinn der zauberhaften Praktiken, denen Gawan ausgesetzt ist. Das ,Prinzip' Gottes ist die Ordnung: *Omnia in mensura, numero, pondere disposuisti* (Sap. 11, 21). Bald nach Wolfram ging die Theologie daran, Gottes Weltentwurf, also sein *disponere*, mit aristotelischen Begriffen zu formulieren: die Tat der Scholastik. Was nicht geordnet ist, was außerhalb von *mensura, numerus* und *pondus* steht, ist widergöttlich. In der Schastel-marveil-Episode ist es, geboren aus perversen Antrieben, der Mißbrauch der Naturkräfte (*list von nigrômanzî*, 617, 12), der eine verkehrte, verteufelte Welt aufbaute, deren Unheilstruktur sich trotz aller Pracht und technischem Komfort den Anwohnern mitteilt: *dâ ist nôt ob aller nôt* (556, 16), wie es die kleine Bene formuliert, und sie meint mehr die Institution als solche als die Schrecknisse, die den eindringenden Ritter erwarten. Es ist die höchste Aufgabe des Ritters, solche Einrichtungen, in der feudalen Rechtssprache der Ritterromane *costumes* genannt, aufzuheben, die Perversion in Ordnung zurückzuführen. Menschenfeindliche *costumes* treten so dem Hörer und Leser zunächst und vordergründig als Gegenwelt der arthurischen Ritterschaft entgegen, sind aber zugleich antigöttlicher Bereich und als solcher per se verworfen. Das heißt aber auch, daß dem Ritter, der das Zauber- und Teufelswerk aufhebt, eine entschieden messianische Funktion zukommt.

Dies ist hervorzuheben, weil Chrétien wie Wolfram die Gawan-Aventiuren in eine schwerelose narrative Eigenwelt getaucht haben. W. MOHR nannte sie, ich möchte meinen, in diesem Sinne, die Welt des ,Humors' und hat auch richtig gesehen, daß sie gleichfalls der Parzival-Erzählung, nur in anderen Graden, eigen ist (WdF 57, S. 306 f.). Diesem ‚Geist der Erzählung', der exempelhafte Theologie in Vitenform vermeidet (dies vielen ‚Parzival'-Forschern ins Stammbuch), widerspricht es indes nicht, wenn heilsgeschichtliche Funktionen am Grunde arthurischer Aventiuren haften. Das Bewußtsein davon war lebendig, anders bliebe die ‚Überführung' des Artusromans in den spirituellen Gralroman — wobei Chrétiens und Wolframs Werk mit Inserierungen religiöser Elemente genetisch als Zwischenstufen zu verstehen sind — unverständlich: in Roberts de Boron ‚Roman de l'estoire dou Graal' und in der ‚Queste del Saint Graal', aber auch im deutschen ‚Jüngeren Titurel' ist die Heilsgeschichte nicht nur analogisch eingeführt, sondern grundlegendes und strukturbestimmendes Schema; in der ‚Queste' wird Galaad (der an die Stelle Parzivals getreten ist) ausdrücklich ein „zweiter Messias" genannt, gekommen „aus dem Geschlechte Davids" (was nachgewiesen wird!), um die verwunschene Schreckensform, der der Gral und dessen Hüter anheimgefallen waren, aufzuheben. Dazu wirken die Verzauberungen von Schastel marveil wie ein vorbereitendes Muster.

5. Das XII. Buch kehrt zur Orgeluse-Leidenschaft Gawans zurück, die bei Wolfram enger mit der Schastel-marveil-Aventiure verflochten ist als im ‚Conte du Graal'. Auf einem morgendlichen Rundgang im erlösten Schloß entdeckt Gawan die Informationssäule und durch sie Orgeluse, die sich mit einem ritterlichen Begleiter, wie Gawan meint: herausfordernd, dem Schlosse nähert. Trotz der Warnungen der vier Damen aus der Gawan-Sippe, die Gawan gefolgt sind (aber weder ihn noch er sie als Verwandte erkennen), läßt sich der kaum von seinen Wunden Genesene wappnen und stellt sich dem Begleiter seiner Dame. Es ist ihr treu ergebener *turkoyte* (Leibwächter) Florant — der andere ist der bereits besiegte Lischoys —, und es ergeht ihm wie diesem. Orgeluse imponiert weder diese Rittertat Gawans noch sein Erlösungswerk auf Schastel marveil, über das sie sich als bestens informiert erweist. Hingegen will sie seinen Minnedienst entgegennehmen, wenn er ihr einen Kranz aus Gramoflanz' Garten holt. Dazu muß Gawan mit seinem Pferd eine Schlucht überspringen, rettet sich, da Gringuljet etwas zu kurz springt und ins Wasser fällt, mit knapper Not, bricht indessen ungehindert den Kranz von einem bestimmten Baum. Erst jetzt tritt ihm König Gramoflanz entgegen, unbewaffnet, lässig-souverän: er pflegt nur mit zwei Gegnern zu kämpfen. Es stellt sich heraus, daß er in Gawans Schwester Itonje verliebt ist und diese in ihn, ohne sich freilich näher zu kennen (Bene spielt die Vermittlerin) und ohne daß Gramoflanz zu wissen scheint (s. 606, 29; 608, 12), daß die Angebetete aus der Gawan-Sippe stammt, die er haßt: er

glaubt nämlich — irrtümlich —, daß sein Vater von Gawans Vater, König Lot, hinterlistig erschlagen worden ist. Da Lot nicht mehr lebt, richtet sich seine Rache auf Gawan, mit dem will er auch allein kämpfen. Gawan gibt sich nunmehr zu erkennen, doch kommt es nicht sogleich zum Kampf, vielmehr wird ein großer Schaukampf verabredet, der in acht Tagen mit Teilnahme der arthurischen Ritterschaft auf der nahen Joflanze-Ebene stattfinden soll.

Wie Gawan zu Orgeluse zurückkehrt und ihr den Kranz überreicht, ist sie wie verwandelt. Gawan nimmt aber nun doch die Gelegenheit wahr, die launenhafte Gebieterin über die Würde des *schildes ambet* zu belehren, an dem sie sich durch ihren Spott vergangen hat (612, 5 ff.). Indes war ihr Verhalten Prüfung (614, 3 f.), aus der er wie geläutertes Gold aus dem Feuer hervorgegangen ist (614, 12 ff.). Während die beiden Schastel marveil entgegenreiten, erfährt Gawan Orgeluses Geschichte: Gramoflanz hat ihr den über alles geliebten Cidegast erschlagen, deshalb verfolgt sie ihn mit ihrem Haß, der insofern ein ohnmächtiger ist, als Gramoflanz unbesiegbar erscheint; wen immer Orgeluse gegen ihn durch Sold oder Minneversprechen in den Kampf schickte, fand den Tod. Große Hoffnung setzte sie auf den unvergleichlichen Anfortas, den sie in der Minne Pflicht zu nehmen wußte, aber er empfing jene unheilbare und heillose Wunde durch den vergifteten Speer eines Heiden (616, 11 ff.). Noch viele ließ sie *nâch minne dienen* (618, 17), und jedermann, der sie erblickte, war ihr willfährig — außer der Ritter mit der roten Rüstung (Parzival), der ihr erklärt habe, *er hete ein schœner wîp* (619, 4).

Gawan hatte bereits am Morgen seiner Schastel-marveil-Aventiure vom Fährmann erfahren, daß dieser Parzival mit fünf erbeuteten Pferden übergesetzt habe (559, 9 ff.), und zwar *gestern*. Das hieße am gleichen Tag, an dem Gawan nach Logroys und, abends, nach Schastel marveil gekommen ist. Da sich Orgeluse den ganzen Tag bei Gawan befand, kann sie nicht auch noch Parzival begegnet sein, und dessen spektakuläre Kämpfe mit fünf Königen und Herzögen können gleichfalls nicht gut unbeachtet in einer Szenerie vor sich gegangen sein, die Gawan betreten hat. Mit *gestern* irrt Wolfram. Er muß zumindest vorgestern meinen. Sicher ist, daß er Gawan und Parzival zeitlich ganz nahe zusammenführen wollte — sie müssen ja bald aufeinander stoßen.

Gawan und Orgeluse erleben in Schastel marveil einen großen Empfang. Doch vergißt Gawan nicht, heimlich einen zuverlässigen Boten zu Artus zu schicken, der sich nicht allzuweit entfernt mit Heeresmacht und allen Damen befindet (Gramoflanz wußte es), um ihn zum Schaukampf auf die Ebene von

Joflanze einzuladen. Es ist die erste Botschaft Gawans an den Artushof seit seinem Weggang vor viereinhalb Jahren und sechs Wochen (646, 14).

Der nächste Tag dient ganz der Ruhe und Festlichkeit. Gawan vermittelt Itonje eine Botschaft Gramoflanz', bleibt aber anonym und tut so, als wüßte er nicht, daß er mit seiner Schwester redet, die er doch anspricht mit *frouwe, hiez iur vater Lôt* (633, 12) (womit er wiederholt, was ihm Gramoflanz vorsprach, 606, 28). Wolfram treibt hier mit seinen Zuhörern ein keckes Versteckspiel. Wer kombiniert zuerst? Mußmaßlich will er seine Zuhörer in die Lage der Ungeduld oder geheimen Überlegenheit bringen: Sag's doch endlich diesem Heldenjüngling, der nicht einmal die einfachste Schlußfolgerung zu ziehen vermag: Itonje ist die Tochter Lots, ich, Gawan, bin der Sohn Lots, ergo ... Die Festlichkeiten schließen mit dem Beilager Gawans mit Orgeluse, das Wolfram mit einer saftigen sexuellen Metapher würzt (643, 28 ff.). Die Form dieser Verbindung ist offensichtlich die Friedelehe.

Der Knappe kommt an den Artushof, zuerst zu Ginover, dann zu Artus. Seine Botschaft löst große Freude und Erregung aus; nur Keie schimpft rollengerecht über das Getue wegen des einen, Allerwertesten (650, 7 ff.). Das Ganze ist das reizendste Genrebild, das wir vom Artushof besitzen, vermutlich, weil keine Hauptperson das Interesse auf sich lenkt.

Der Aufmarsch auf der Ebene von Joflanze wirkt wie die Introduktion des Schlußaktes einer großen Oper. Artus zieht zunächst an der anderen Flußseite von Schastel marveil auf, nicht nur prächtig, auch ein wenig furchterregend (es kam auch zu Kämpfen mit Orgeluses Rittern, denn es war kein Durchmarsch durch Logroys angekündet: Gawan hielt auch gegenüber der Geliebten dicht). Andern Tags zieht Artus nach Joflanze, Gawan, als neuer Herr von Schastel marveil, mit seinem ganzen Aufgebot an Mannen und Damen (*wer gap Gâwân die frouwen luot,* ‚den Frauenhaufen'? 675, 14, fragt Keie erstaunt) folgt, und erst jetzt kommt es zur herzbewegenden Begrüßung.

Gawan steht vor einem schweren Kampf. Nach den Verwundungen auf Schastel marveil liegt ihm daran, seine Bewegungsfähigkeit zu testen (*baneken den lîp*, 678, 3). In der Morgenfrühe wappnet er sich heimlich und reitet aus der Sichtweite des Lagers. Am Flusse Sabins, der auf der einen Seite die Ebene von Joflanze begrenzt, begegnet ihm ein schwerbewaffneter Ritter, der wie Gawan einen Kranz aus Gramoflanz' Garten auf dem Helm trägt. Er glaubt so, es sei sein großer Gegner, wortlos beginnt ein grimmiger Kampf. Der Erzähler unterbricht seine Präsenz bei den Kämpfenden, um zu schildern, wie Artus' Boten zu Gramoflanz kommen, um Schlichtungsverhandlungen einzuleiten. Aber Gramoflanz will mit Gawan kämpfen, und seine Heeresschar mit Damengefolge setzt sich gegen Joflanze in Marsch.

Auf dem Heimritt treffen Artus' Boten auf die am Sabins kämpfenden Ritter. Ein entsetzter Zuruf an Gawan, der vor der Niederlage steht, veranlaßt den Gegner, sein Schwert wegzuwerfen. Es ist Parzival.

Wolfram hat sich des ‚Iwein'-Schemas bedient, um Gawan- und Parzival-Handlung zusammenzuführen. Auch im ‚Iwein' bekämpfen sich Titelheld und Gawan als Unbekannte. Der Kampf endet unentschieden; Wolfram, im Unterschied dazu, läßt keinen Zweifel darüber, wer der Überlegene ist, *des mæres hêrre*.

Es sei an dieser Stelle erinnert, daß Chrétiens ‚Perceval'-Torso bereits mit der Ankunft von Gauvains Boten am Artushof abbricht, indes kein Zweifel darüber bestehen kann, daß Wolfram eine Handschrift mit der sog. kürzeren Fassung der ‚Gauvain-Fortsetzung' (Hs. R?) zur Verfügung stand, die die Gauvain-Handlung über die Wiederbegegnung mit Artus zum Kampf mit Guiromelant (= Gramoflanz) und dessen Schlichtung durch die liebende Schwester Clarissant (= Itonje) weiterführt. Der Rahmen für die Zusammenführung von Gawan und Parzival war denkbar günstig — und doch war es von verschiedenen Fortsetzern nur Wolfram, der ihn zu nutzen verstand. Zur Vorlage von Wolframs Abschluß des Gawan-Zyklus s. J. FOURQUET, 1966, S. 103 ff. J. HEINZLE berührt in seiner FOURQUET-Kritik, Gralkonzeption und Quellenmischung, Wolfram-Studien III, S. 28—39, den hier entscheidenden Punkt nicht, was man als Zustimmung deuten darf.

Da Gramoflanz einen entkräfteten Gawan vorfindet, verzichtet er auf den Zweikampf bis zum morgigen Tag. Das Angebot Parzivals, an Stelle seines Neffen und Freundes Gawans zu kämpfen, lehnt er ab.

Erneutes Begrüßungs- und Wiedersehenszeremoniell bei Parzivals Ankunft im Lager. Es ist, wenn ich richtig sehe, nie hervorgehoben worden, daß Parzival in einer kleinen ‚offiziellen' Ansprache um Wiederaufnahme in die Tafelrunde bittet (700, 15 ff.; dazu 701, 15) und seine Artusritterschaft noch nach dem Feirefiz-Kampf stolz bekennt (763, 21 ff.). Wenn schon die Tatsache, daß Wolfram Parzival in den Artuskreis zurückführt, als solche besagt, daß arthurische Ritterschaft die Grundlage von *ritters prîs* bleibt, so straft Parzivals — und zwar Parzivals nach dessen Aufenthalt bei Trevrizent! — betonte Wertschätzung der Rittergemeinschaft Artus' die verbreitete Ansicht Lügen, Wolfram stelle die Artusritterschaft in der Krise dar. Einen Tag später wird auch Feirefiz in die Tafelrunde aufgenommen.

Wie am Vortag Gawan so reitet Parzival in der Morgenfrühe heimlich aus dem Lager. Er stößt auf Gramoflanz, der glaubt, sich Gawan gegenüberzusehen, und wortlos hebt der Kampf an. Während der stolze Gramoflanz *sûren zins für sînen kranz* (706, 14) kassieren muß, bereitet sich Gawan mit einer für den wissenden Zuhörer aufreizenden Betulichkeit mit einer Messe auf den Kampf vor, der bereits stattfindet. Man trennt die Kämpfenden im Augenblick, wo Gramoflanz hätte zu Boden gehen müssen. Jetzt ist es an Gawan, den Kampf mit einem ermüdeten und mitgenommenen Gegner abzulehnen. Der Rest sind diplomatische Verhandlungen um die Beilegung des Streits, wobei es vor allem darum geht, Gramoflanz zum Bewußtsein zu bringen, daß seine Liebe zu Itonje unvereinbar mit seinem Haß auf Gawan ist. Schließlich ist die Versöhnung perfekt. Der Vermählung Gramoflanz' mit Itonje fügt Artus als erfolgreicher Heiratsvermittler — *Artus was frouwen milte* (730, 11) — gleich noch weitere hinzu: Lischoys erhält Cundrie, der *turkoyte* Florant Sangive, außerdem wird der Bund zwischen Gawan und Orgeluse offiziell. Unter den Glücklichen denkt Parzival an seine Condwiramurs, sehnsuchtsvolle Trauer erfaßt ihn. *‚got gebe freude al diesen scharn: / ich wil ûz disen freuden varn‘* (733, 19 f.). Unbemerkt verläßt er das Lager.

6. Vom Strukturschema her ist der Gawan-Zyklus stellvertretende Handlung (s. o. S. 104 f.), inhaltlich eine Ausfaltung der Gawan-Rolle, damit zugleich eine gegenbildliche Handlung zu derjenigen Parzivals, endlich ein auf Parallelität zu dieser ausgerichtetes Geschehen. All dies fand Wolfram bei Chrétien angelegt und auch größtenteils durchgeführt. Darüber hinaus war er bestrebt, beide Handlungsstränge zu integrieren, was nur heißen konnte, während der Gawan-Erzählung die Erinnerung an Parzival ständig wachzuhalten. Ich führe im Folgenden die wichtigeren Querverbindungen an.

Gawans Pferd Gringuljet, das seine eigene Geschichte hat, ist ein Gralpferd (339, 26 ff.). Meljacanz, der auf der Seite des Meljanz von Liz vor Bearosche kämpft, ist der Frauenräuber des III. Buches (125, 6 ff.); Gurnemanz hat ihn nicht erzogen (343, 23 ff.; 356, 21 ff.). Gawan denkt an die Worte Parzivals über das Vertrauen zu den Frauen (370, 18 f.). An den Kämpfen um Bearosche nimmt Parzival als roter Ritter teil und zeichnet sich aus. Seine Gefangenen sollen den Gral suchen, gelingt dies nicht innert Jahresfrist, so müssen sie sich Condwiramurs stellen (383, 23 ff.; 388, 28 ff.; 392, 20 ff.).

Von König Vergulaht, der sehr schön ist, meint Gawan, *ez wære der ander Parzivâl* (400, 15); in der Tat sind es Vettern. Auch Vergulaht hatte nach einer Niederlage gegen den roten Ritter die Gralsuche geloben müssen (424, 15 ff.). Diese Verpflichtung wird Gawan übertragen (428, 20 ff.; 432, 29; 503, 21 ff.).

Malcreatiure ist der Bruder der Gralsbotin Cundrie (517, 15 ff.). Gringuljet trägt das Gralswappen, eine Turteltaube (540, 25 ff.).

Der Fährmann hat am Vortag Parzival mit fünf erbeuteten Pferden über den Fluß geführt (559, 9 ff.). Der auf Schastel marveil verwundete Gawan wird mit einer Salbe aus Munsalvaesche geheilt.

Der Erzähler erinnert an die Blutstropfen im Schnee (586, 16 ff.). Orgeluses Verhältnis zu Anfortas (616, 11 ff.) bekennt die Schöne selbst, ebenso daß sie von Parzival abgewiesen wurde (618, 21 ff.).

Der Schmied Trebuchet schmiedete des Gralkönigs Frimutel Schwert (643, 18 f.). Ginover erinnert an die Ereignisse vom Plimizoel und daß viereinhalb Jahre und sechs Wochen seither verflossen sind (645, 21 ff.).

7. W. Mohr hat schon recht, wenn er es ablehnte, Gawan „allzusehr als Minneritter" zu verstehen bzw. „den Sinn und die Erfüllung von Gawans ritterlichem Dasein in seinen Liebesabenteuern" zu suchen (WdF 57, S. 275, 293). Indes ist nicht zu übersehen, daß der ‚Parzival'-Roman als solcher von der Thematik her als Minneroman angesprochen werden darf (er spielt wie kein anderes Werk des deutschen Mittelalters sämtliche Möglichkeiten der Liebesbindungen durch) und daß in diesem Rahmen den Minneverhältnissen Gawans eine wichtige Funktion zukommt. Im Minneexkurs des X. Buches (532, 1—534, 10) engagiert sich der Erzähler persönlich für Gawan in Liebesbanden (532, 19 ff.), denn er weiß: *wert man sol sich niht minne wern: / wan den muoz minne helfen nern* (534, 7 f.). Im Hundertverse-Minneexkurs des XII. Buches (584, 5—587, 14) führt er aus, wie Gawans Geschlecht väterlicher- und mütterlicherseits der Minne treu gedient hat und durch sie Schmerzen und vielfach den Tod erlitt. Diese Akzentuierungen seitens des Autors sichern den Liebschaften Gawans einen bedeutenden Stellenwert.

In der Obilot-Begegnung liegt das Interesse auf dem selbstbewußten adeligen Mädchen, das sich Gawan mit untrüglichem Sinn für dessen Wert als Ritter erwählt und dessen Dienst erlangt. Untadelig ist das Verhalten Gawans, der Dienst leistet, ohne mit Lohn rechnen zu dürfen, taktvoll in jedem Wort und jeder Geste. Er ist hier Gegenbild zu Meljanz, der Mädchenstolz und -spröde nicht richtig einzuschätzen versteht und Herrscherrechte in Anspruch nehmen möchte, wo *herzeminne* (365, 1 f.) gefordert ist.

Rasch entbrannte Minne, die auf Liebesgenuß ausgeht, bestimmt das Verhältnis Gawan-Antikonie. Fourquet hat ein glückliches Stichwort dafür gefunden: Husarenliebe (La structure du ‚Parzival', in: Les romans du Graal, S. 202). Von Dienst ist nur beim Abschied, also ohne Verbindlichkeit, die Rede (431, 6 ff.). Kein Wort des Tadels trifft indes auch diese Form der Minne. Antikonie wird vielmehr wiederholt in ihrer Tugend, Zucht und Vollkommenheit gepriesen. Wer dies nicht als Wolframs aufrichtige Meinung gelten lassen will, spricht von dessen Ironie — ein probates Mittel, Meinungen, die dem modernen Leser nicht passen, ins Gegenteil zu verkehren.

Die Minne zu Orgeluse demonstriert — im Unterschied zu Chrétien, der in Orgeluse keine Standesperson darzustellen scheint — perfekten Dienst, ohne daß der Werber sich durch Abweisung, Spott und Beleidigung beirren läßt; freilich kennt und weist Gawan auch die Grenze auf, die das *reht* des *schildes ambet* gegenüber *spot* behaupten muß (612, 5 ff.). Der vorbildliche Dienst als Werbung um Lohn geht auf Kosten der Dame, die willkürlich, launisch, grausam und überheblich erscheint. Aber das Erscheinungsbild täuscht. Orgeluse verkörpert „treue" Minne, und es ist verletzte und zerstörte Treue, die sie zur anmaßend-unberechenbaren Minneherrin machten. Wolfram legt großen Wert auf dieses Psychologikum. Er kann wie Reinmar nichts Böses über Frauen sagen — außer jener einen, der er *dienstliche triuwe* abgeschworen hat (114, 8 ff.), und das ist keine Gestalt seines Werks. Orgeluse ist Gawans würdig, so sehr, daß Wolfram das Paar zur Ehe bindet — gegen Sinn und Funktion der Gawan-Figur.

6. Der Anschouwe-Zyklus

(Buch I, II; XV)

1. FOURQUET (‚Romans du Graal', S. 205) hat in einem erkenntnisfördernden Bild von Wolfram als dem Architekten gesprochen, der aus zwei unvollständigen Schlössern in unterschiedlicher Bauweise, Chrétiens Perceval- und Gauvainroman, mit Hilfe eines dritten und mit verbindenden Galerien ein neues Ganzes geschaffen hat. Das dritte ‚Schloß' ist der Anschouwe-Zyklus. Wolfram bietet eine umfangreiche Vorgeschichte (Buch I u. II), deren Fäden er nie ganz fallen läßt und die er dann mit Hilfe von Feirefiz, Parzivals Halbbruder, souverän in der Haupthandlung einmünden läßt (Buch XV). Mehr als das: der Anschouwe-Komplex entfaltet ein Ritterschaftsprogramm, das erst die Schlußvision einer weltweiten Gralherrschaft ermöglicht.

Chrétien beginnt den ‚Conte du Graal' mit der Begegnung des „Sohns der Witwe" mit Rittern des Artushofes (= Parz. 120, 11 ff.). Eine Elterngeschichte wird v. 407—488 skizziert, die Wolfram unberücksichtigt ließ. Darnach verlor Percevals Vater wegen einer Wunde zwischen den Beinen — wie der Gralkönig — seinen ganzen Besitz bis auf ein ärmliches Waldschloß in der *foreste gaste*, wo Perceval aufwächst. Zwei ältere Brüder wurden, kaum hatten sie den Ritterschlag empfangen, im Waffengang besiegt und erschlagen. Aus Schmerz darüber starb der Vater, und dieser dreifache Verlust war es, der Percevals Mutter veranlaßte, ihren Jüngsten von allem Ritterleben fernzuhalten.

Näher der Vorgeschichte Wolframs steht der sog. Bliocadran-Prolog zum ‚Conte du Graal' (HILKA, S. 430—454), dem namentlich die ältere Forschung viel Aufmerksamkeit zugewandt hat. Die Diskussion, ob Wolfram diesen Text gekannt hat, führte zu keinem Konsens. Die Parallelen stellte PANZER (Gahmuret, S. 53—56) übersichtlich zusammen.

Die Quellenfrage, von PANZER umsichtig gefördert, wird man nicht auf eine geschlossene Quelle, die Kyot heißen müßte, zurückführen wollen. Sie muß auch an Erkenntniswert hinter der Tatsache zurücktreten, daß Wolfram hier, erstmalig im Rahmen eines Artusromans, die reale Mittelmeer- und Kreuzzugwelt seiner Gegenwart einbringt, um sie mit der Idealität der Artusritterschaft wie mit der Utopie einer spirituellen Gralherrschaft zu verbinden. Damit war eine Integrationskraft ohnegleichen gefordert.

Es fällt mir schwer, die Fülle der Parallelen, die PANZER und W. SNELLEMAN (Das Haus Anjou und der Orient in Wolframs ‚Parzival', Amsterdam 1941) zwischen Gahmuret und Richard Löwenherz aufgezeigt haben, ergänzt durch ein gemeinsames Itinerar der Aventiurefahrt Trevrizents (498, 21 ff.) und des Fluchtweges Richards im Herbst des Jahres 1192, mit BUMKE (S. 210) insgesamt als „vage Ähnlichkeiten" zu entwerten, ich meine vielmehr, Wolfram hätte, aus welchem Grunde auch immer, das Fahnenwort *Anschouwe* nicht eingebracht, ohne es mit Realitätsgehalt zu füllen. Und was lag da näher als die in Deutschland durch Orientberichte und die spektakuläre Gefangenschaft allbekannte Gestalt des Richard Löwenherz?

Zur Forschung s. BUMKE, S. 187—190, 206—210, 214—217, 223 f., 233—235; KUHN, Parzival, S. 164—166, 174—176 [im Rahmen einer Gesamtkonzeption]; M. PLESSNER, Orientalistische Bemerkungen zu religionshistorischen Deutungen von Wolframs ‚Parzival', Medium Aevum 36 (1967), S. 253—266; D. H. GRENN, Der Auszug Gahmurets, Wolfram-Studien [I], S. 62—86; U. PRETZEL, Gahmuret im Kampf der Pflichten, in: Festschr. Helmut de Boor, München 1971, S. 379—395; CH. ORTMANN, Ritterschaft. Zur Frage nach der Bedeutung der Gahmuret-Geschichte im ‚Parzival' W. s. v. E., DVjs 47 (1973), S. 664—710; P. W. TAX, Gahmuret zwischen Äneas und Parzival, ZfdPh 92 (1973), S. 24—37; P. KUNITZSCH, Die Arabica im ‚Parzival' W.s v. E., Wolfram-Studien II, S. 9—35; ders., Die orientalischen Ländernamen bei Wolfram (ebda.), S. 152—173; ders., Quellenkritische Bemerkungen zu einigen Wolframschen Orientalia, Wolfram-Studien III, S. 263—275.— Die Orientalistik vermochte manches punktuell zu erhellen, die übergreifenden Thesen überzeugen nicht, scheitern in der Regel schon am mangelnden philologischen Textverständnis.

2. Gahmuret, der jüngere Sohn Gandins aus dem Geschlechte der Anschevin, erhält nach dem geltenden Majoratsrecht seines Landes kein Erbe und zieht trotz reichen freiwilligen Ausstattungsangeboten des großzügigen Bru-

ders Galoes und der Mutter *durch . . . werdekeit / nâh ritterschaft in fremdiu lant* (11, 6 f.). *werdekeit* (*prîs*) schließt neben ritterlichem Kampf auch Frauenliebe mit ein: *strît und minne was sîn ger* (35, 25). Sein Selbstverständnis und Selbstbewußtsein lassen es nur zu, dem Höchsten zu dienen (13, 9 ff.), und so bietet er seine Dienste dem Baruch von Baldac (Bagdad), dem Papstkönig der Heiden, an. Seine hervorragenden Waffentaten machen ihn berühmt und reich an Schätzen. Einst trugen ihn seine Schiffe nach der Stadt Patalamunt im Königreich Zazamanc, das die junge Mohrenkönigin Belakane regiert. Diese hatte sich die bewaffnete Feindschaft vieler heidnischer Fürsten und deren z. T. westlichen Bundesgenossen zugezogen, weil sie ihren Freund und Bewunderer Isenhart durch Überspannung ihrer Forderungen an ritterlichem Minnedienst in den Tod getrieben hat. Jetzt beweint sie den Tod des Geliebten und muß sich zugleich gegen ein großes Belagerungsheer behaupten. Gahmuret bietet der bedrängten schwarzen Schönheit seine ritterlichen Dienste an. Er wird begeistert als Retter in der Not empfangen — sein Einzug in die Stadt mit reichem Gepränge und Musik (18, 17 ff.) hat orientalischen Zuschnitt und ist zugleich eine Selbstdarstellung des Helden —, erledigt die Prominenz der Belagerer an einem einzigen Kampftag und empfängt als Lohn Hand und Land der Belakane. Die Form dieser Gemeinschaft ist die Friedelehe. Am andern Tage regelt und diktiert Gahmuret als neuer Landesherr großmütig den Frieden und ordnet die Lehensverhältnisse neu.

Wolfram hat die schwarze Belakane mit allen Vorzügen seiner Lieblingsfrauen ausgestattet. Ihre *kiusche* und die Trauertränen ihrer Augen waren eine vollkommene Taufe (28, 14 ff.), ihre Treue vorbildlich durch Trauer bis in den Tod (750, 24 ff.). Doch Gahmuret verläßt sie, heimlich wie ein Dieb (55, 22). Ein Abschiedsbrief schützt vor, ihr heidnischer Glaube sei das trennende Element gewesen, es sind indes der unbezähmbare Drang nach Ritterschaft, der ihn forttreibt, und *der frouwen huote* (90, 29), der er sich entzieht. Wolfram gibt dazu keinen Erzählerkommentar.

Das Modell der Belakane-Erzählung, Erwerb von Frauenminne und Herrschaft durch Befreiung einer von Feinden bedrängten Landesherrin, kannte Wolfram aus Hartmanns ‚Gregorius' wie aus der Blancheflor- (= Condwiramurs) Episode des ‚Conte du Graal'. Die Lösung der Liebesbindung konnte an Veldekes ‚Eneide' anknüpfen. Das Isenhart-Belakane-Verhältnis ist im französischen Thebenroman angelegt (Kampf ohne Harnisch), dessen Problematik, Frauendienst mit dem Risiko des Todes, hat Wolfram in der Sigune-Schionatulander-Geschichte wieder aufgegriffen, aber neu gesehen.

Das Problem der religiösen Mischehe ist gestellt, ohne daß sich Wolfram zu einer Stellungnahme veranlaßt sieht. Es ist so im ersten Buch des ‚Parzival' vieles Weit- und Weitergreifende und Problemträchtige thematisiert und angesprochen.

Das Entscheidende bleibt indes der neue Realitäts- und Gegenwartsbezug. Mit der Mittelmeerwelt und dem Orient der Kreuzzüge war in der Fiktion eine außerfiktionale Welt aufgetan, die in den Erfahrungsbereich der zeitgenössischen Zuhörer gehörte oder doch, soviel wir wissen, brennend interessierte. Bei allen phantastisch-märchenhaften Zügen eines Aventiurelebens im Orient war die Gegenwartsperspektive nicht zu übersehen. Schon um 1125 hatte Fulcher von Chartres geschrieben: „Wir, die wir Abendländer waren, sind Orientalen geworden ... Manche von uns besitzen in diesem Land Häuser und Diener, die ihnen gehören, wie nach Erbrecht; ein anderer hat eine Frau geheiratet, die durchaus nicht seine Landsmännin ist, eine Syrierin oder Armenierin oder sogar eine Sarazenin, die die Gnade der Taufe empfangen hat ... Sie sprechen verschiedene Sprachen und haben es doch schon alle fertiggebracht, sich zu verstehen ... Das Vertrauen nähert die entferntesten Rassen einander an" ... (bei R. PERNOUD [Hrsg.], Die Kreuzzüge in Augenzeugenberichten, München 1971, S. 125). Es ist, als ob Wolfram diese Beobachtungen, bereichert mit dem Geschichtsbild der frühmhd. geschichtsepischen Literatur (Annolied, Kaiserchronik, ‚König Rother', ‚Graf Rudolf'), in epische Handlungen und Situationen umgesetzt hätte. Durch diesen Realitätsbezug erhält aber auch das in der Gahmuret-Gestalt angelegte ritterliche Programm, die Einheit von Kampf und Minne (s. oben) und dessen weltweite Geltung, eine zusätzliche Verbindlichkeit.

3. Gahmuret kommt nach Toledo in Spanien und, seinem königlichen Vetter Kaylet folgend, nach Konvoleis, wo ein großes Turnier mit der Blüte abendländischer Ritterschaft stattfindet. Herzeloyde von Waleis (von der eigentümlicherweise an dieser Stelle nicht gesagt wird, daß sie aus dem Gralgeschlecht stammt) hat es ausgeschrieben, und der Sieger soll sie mit ihrem Lande besitzen. Gahmuret hält wie in Patalamunt einen prunkhaft-tönenden Einzug ins Zeltlager. Geckenhaft legt er das eine Bein auf das Pferd, bringt es freilich, wie die Königin erscheint, schleunigst in Normallage.

Wolfram hat die Gelegenheit des Turniers ergriffen, viele Personen zu nennen und vorzustellen, die später noch eine Rolle spielen sollen oder die als solche interessieren mochten. Artus' Vater Utrepandragun ist zugegen, der bereits im dritten Jahr seine von einem zauberkundigen *pfaffen* (Clinschor) geraubte Gemahlin (Arnive) sucht, desgleichen sein Schwager König Lot von Norwegen mit dessen Knaben Gawan, der zusehen darf. Lähelin ist Turnierteilnehmer, aber auch Parzivals späterer Erzieher Gurnemanz. Aus dem Tristanroman läßt der Erzähler Riwalin von Lohneis und Morholt von Irland (die Namensformen Eilharts!) am Turnier partizipieren, indes ohne Bezugnahme auf den ,Tristrant'.

Im Vorabendturnier (*vesperîe*) zeichnet sich Gahmuret vor allen anderen aus, und es wird so heftig und mit ganzem Einsatz gekämpft, daß das eigentliche Turnier nicht mehr notwendig erscheint. Das Eigentümlichste aber ist im Umstand zu sehen, daß aus dem erklärten Zweck des Turniers, dem Kampf um Hand und Land der Herzeloyde, ein Kampf um den Gewinn Gahmurets wird. Herzeloyde, tief beeindruckt von seiner ritterlichen Überlegenheit und höfisch-prächtigen Erscheinung, wirbt unumwunden um ihn und macht das Recht geltend, das sie als Turnierveranstalterin auf ihn hat. Es wirbt aber auch die französische Königin Ampflise mittels Boten um Gahmuret, und ihr kommt das Recht der Minneherrin zu. Gahmuret ist ihr seit seiner Jugend verpflichtet und zugetan; Ampflise, Witwe geworden, bietet ihm ihre Hand und das Reich an. Ihrer Bitte, in Konvoleis als ihr Minneritter zu kämpfen, kommt er spontan nach. Bei solchem Angebot kann sich Gahmuret wie eine umworbene Dame rar machen und sich außerdem öffentliche Sehnsuchtsgefühle nach der verlassenen Belakane leisten (90, 17 ff.), die das Recht der *ê* in Anspruch nehmen könnte. Es bedarf eines turnierrichterlichen Entscheids über die Vorhand der Herzeloyde, um Gahmuret zu veranlassen, die Hand der jungfräulichen Königin anzunehmen. Zudem stellt er Bedingungen: sie darf seine ritterliche Aktivität nicht beschränken, anders würde er sich wiederum des alten *slichs* (Tricks) bedienen, der ihn aus der *huote* der Belakane befreite (96, 25 ff.). Das Beilager vollzieht sich sofort, und Wolfram vergißt nicht, mit der Nennung der Jahreszeit, der Blütezeit des Maien, daran zu erinnern, daß Gahmuret als Nachkomme einer Fee *muose minnen oder minne gern* (96, 21).

U. PRETZEL hat die entscheidenden Vorgänge des II. Buches, Gahmuret zwischen drei Frauen mit einem je spezifischen *reht* auf ihn (dazu CH. ORTMANN, S. 683 ff.), einem germanistischen Traditionsschema, dem Kampf widerstreitender Pflichten, unterworfen, das interpretatorisch nicht hilfreich sein kann. Der Verfasser selbst bringt die Unangemessenheit des Pflichtenkampfes Gahmurets ins Schlaglicht, wenn er ausdrücklich Rüdigers Pflichtenkampf im Nibelungenlied als Parallele heranzieht. Was die Formalität der Turnierregel leistet, kann doch wohl nicht gut als objektiviertes Resultat eines Pflichtenstreits ausgegeben werden —, was PRETZEL nicht tut, aber er müßte es, wenn er dem Gahmuret zugedachten Pflichtenkampf interpretatorische Verbindlichkeit zuerkennen will.

Wolfram bringt Gahmuret in eine Lage ohnegleichen, und dies notwendigerweise zulasten der Herzeloyde, der zwar die Qualitäten einer selbstbewußten Herrscherin zukommen, der aber die Einzigartigkeit noch durchaus vorenthalten bleibt (die kommt ihr erst als Mutter Parzivals zu). Im Typus der Landesherrin, die von ihrer Stellung aus werben darf, wiederholt sie Belakane und Condwiramurs, indes eigenartig verkürzt auf die politisch-rechtliche Position. Schön ist auch sie, aber ihr fehlt die weibliche Ausstrahlungskraft Belakanes und der jungfräuliche, mit rührender Hilflosigkeit verbundene Charme der Condwiramurs. Sicher hängt es mit dieser ‚Verkürzung' zusammen, daß Wolfram, sehr gegen seine Gewohnheit, ihre Herkunft verschweigt. Wie aber ist diese Reduktion zu erklären? Doch wohl nur mit der Situation der Wahl, in die der Erzähler Gahmuret zu stellen beliebte. Das Angebot der Ampflise wie der Herzeloyde soll offensichtlich gleichwertig sein, und da wird es nötig, diese als Person auf das zu beschränken, was jene, die persönlich nicht auftreten kann, darzustellen vermag. Aber warum geht Wolfram darauf aus, Gahmuret in eine derartig exklusive Wahlmöglichkeit zu stellen? Die Frage hängt sicher mit der Tatsache zusammen, daß Wolframs Urteil über Gahmuret (dem sich Parzival und Feirefiz [751, 1 ff.] und selbst die Instanz des Grals, Cundrie [317, 11 ff.], anschließen) dem unsrigen (und ich denke doch auch demjenigen der mittelalterlichen Hörer) in krasser Weise entgegengesetzt ist. Die moralische Fragwürdigkeit, die wir Gahmurets Handeln und Trachten glauben zuschreiben zu dürfen, deutet Wolfram nicht einmal an, und dieses ambivalente Urteil von Autor und Leser (das z. B. Gottfrieds ‚Tristan' immer wieder auslöst!) ist bei ihm höchst singulär. Wolfram bei seinem sehr feinen Empfinden für menschliche und sittliche Werte ist sicher die moralische Problematik seines Helden nicht verborgen geblieben. Er kaschiert sie ja auch nicht, er läßt sie nur unkommentiert.

Vielleicht wäre im Sinne des Dichters zu unterscheiden zwischen dem, was Gahmuret programmatisch vertritt — ein sozusagen perfektes Rittertum mit universalem, Ost und West umschließendem Anspruch: im Orient wird Gahmuret nach seinem Tode als ein Gott verehrt (107, 19 ff.), doch wohl nicht einfach ein skurriler Einfall Wolframs — und dem, was seine tatsächliche Rittervita, die im Menschlichen, nicht im Idealtypischen angesiedelt ist, zu leisten vermag.

Die Sonderstellung Gahmurets in der moralischen Welt Wolframs ist eine, wenn ich richtig sehe, offene Wolframfrage, ja sie ist noch nicht einmal gestellt worden, so sehr die Art, wie Gahmuret Belakane verläßt, befremdete. Eine Antwort kann ich nur andeuten. Wolfram stellt in seinem Werk über ein Dutzend Liebesverhältnisse dar (Isenhart-Belakane, Gahmuret-Belakane, -Ampflise, -Herzeloyde, Parzival-Condwiramurs, Schionatulander-Sigune,

Meljanz-Obie, Gawan-Obilot, -Antikonie, -Orgeluse, Gramoflanz-Itonje, Feirefiz-Secundille, -Repanse de Schoye), wobei der Eindruck schwer abzuwehren ist, es handle sich um exemplarische Möglichkeiten der Minnebindungen im Bewußtsein des Autors. Es fehlt, und ich meine nun doch (obschon ich der Gottfried-Polemik Wolframs keinen sehr hohen Stellenwert einräumen möchte) bezeichnenderweise, nur die Ehebruchminne, während die höfische Minne als Fatalität, wie sie der Lancelotprosaroman in der Jungfrau von Escalot- und der Burgdame von Beloé-Episode thematisiert, überhaupt noch nicht dem Bewußtsein der Generation von 1200 angehört. Das Verhältnis Gahmurets zu Herzeloyde und Ampflise ist nun ein ausgesprochener Minnecasus, nicht zwar als Mann zwischen zwei Frauen, aber als Mann, der umworben wird und damit sozusagen eine Damenrolle spielt. Dieser höchst exquisite Fall dürfte Wolfram so gefesselt haben, daß er ihn mit moralischen Implikationen nicht belasten wollte. Auch das Bild Richards Löwenherz, das dahinter stand — er war verlobt mit der französischen Prinzessin Adelaide und vermählt mit der spanischen Königstochter Berengaria —, mochte ihn zu solcher Zurückhaltung bestimmt haben.

Von der Gralsverfassung her, die bestimmt, daß „herrenlose Länder“ mit Templeisen beschickt werden, kommt S. M. JOHNSON (‚Herzeloyde and the Grail‘, Neophilologus 52 [1968], S. 148—156) zum Schluß, Herzeloyde komme mit der Turnierausschreibung der Hilfe des Grals zuvor, und diese ‚Übertretung‘ sei dann auch der Grund für Gahmurets Tod, der als Strafe Gottes zu verstehen sei. Das ist messerscharf geschlossen, nur ohne jegliche Stütze in Wolframs Text. Wolfram erwähnt im ganzen Gahmuret-Zusammenhang nicht einmal, wie wir gesehen haben, die Herkunft der Herzeloyde, was doch nur heißen kann: der Hörer soll jetzt an diese Beziehungen nicht denken, sie sind zum Verständnis der Herzeloyde-Gahmuret-Beziehung entbehrlich, ja hinderlich.

Nicht lange nach der Vermählung — Parzival ist noch ungeboren — zieht Gahmuret abermals in den Orient, um dem bedrängten Baruch beizustehen. Er findet dort den Tod, wie es einem Feinde gelingt, seinen diamantenen Helm mit Bocksblut zu begießen, das die Eigenschaft hat, auch das härteste Gestein zu erweichen. So ist sein Haupt schutzlos feindlichen Schlägen preisgegeben.

F. OHLY hat eine ausführliche, vielleicht erschöpfende Monographie über ‚Diamant und Bocksblut‘ geschrieben (Wolfram Studien III, S. 72—188) und damit, unausgesprochen, gewarnt, das Motiv nur den Curiosa und Mirabilia des ‚Parzival‘ zuzuordnen. Über Gahmurets Tod s. S. 116 ff.

Die Todesnachricht ist für Herzeloyde die zweite dichterische Geburt. Sie hört auf, Landesherrin und selbstbewußte Minnedame zu sein, sie ist nun trauernde Witwe und leidgeprüfte Mutter Parzivals. Die Nachricht von Gahmurets Tod fällt zusammen mit dem schreckhaften Traum von der Geburt des Drachen im kosmischen Gewitter (103, 25 ff.), des Drachen, den Trevrizent mit Parzival identifiziert (476, 27 f., s. o. S. 82). Dieser wird in großen Schmerzen geboren, gewährt aber reinstes Mutterglück.

4. Wenige Male, aber an bedeutender Stelle wird Gahmurets *art* in seinem Sohne nachgerühmt. Es ist des Vaters *art*, der den Knaben veranlaßt, mit Pfeil und Bogen nach Vögeln zu schießen, deren Gesang seine kindliche Brust anschwellen läßt: *des twang in art und sîn gelust* (118, 28; vgl. dazu 9, 23 ff.). An Gahmurets *art* erinnert der Erzähler bei Parzivals ersten ritterlichen Übungen bei Gurnemanz (174, 23 ff.) und wie er nicht loskommt von seinen Gedanken an Liaze (179, 23 ff.). Auch Parzivals ungewöhnliche Schönheit wird mit Gahmuret in Zusammenhang gebracht (400, 13 ff., vgl. auch 796, 7 ff.). Nur die Abstammung als solche ist mit *art* 325, 18 gemeint. — Bezeichnet Gahmurets *art* die auf den Sohn vererbten ritterlichen Idealtugenden, so wird man feststellen dürfen, daß sie Parzival nach Pelrapeire und zur Artuswürdigkeit führt, während sein Kompaß zum Gral *kiusch unt erbarmunge* sind: *sît Herzeloyd diu junge / in* (Parzival) *het ûf gerbet triuwe* (451, 5 ff.).

Auffallend ist, daß Parzival nie wie Gahmuret *Anschevîn* genannt wird, sein Herkunftsname ist *Parzivâl der Wâleis* (281, 11; *der Wâleis(e)* 202, 19; 251, 25; 293, 29; 294, 9 u. ö.), der auf den mütterlichen Stamm hinweist. Diese Beobachtung wird freilich durch die Tatsache entwertet, daß *Wâleis* der Herkunftsname der literarischen Tradition ist — *Percevaus li Galois* in Chrétiens ‚Erec' (1525), *Perchefax li Galois,* ‚Conte du Graal' 3575, 4562, 4604 — und *Anschevîn* der regelmäßige Beiname des Feirefiz.

5. Feirefiz ist der Sohn der Belakane und Gahmurets und als Mischling gekennzeichnet: er ist zweifarbig, elsternfarbig, schwarz und weiß. Das ist indes kein Makel, sondern Auszeichnung eines Einzigartigen: auf die Frauen hat sein ungewöhnliches Aussehen eine besondere Anziehungskraft (774, 5 ff.).

Mit *Anschevîn,* dem regelmäßigen Beinamen (57, 22; 317, 4; 328, 29; 745, 28; 760, 9; 764, 16; 765, 28; 777, 7; 793, 3; 794, 6; 808, 9; 812, 2; 814, 23; 815, 26; 820, 9), und der Bezeichnung *Gahmuretes kint / sun* (761, 17; 785, 27; 811, 15; 814, 3) ist Feirefiz als Abbild des Vaters charakterisiert. Mit Gahmuret *sîn gir stuont nâch minne / unt nâch prîss gewinne* (736, 1 f.; s. auch 56, 2 ff.; 746, 16 f.). Er ist der Frauenritter par excellence (736, 21; 24) und bekennt sich gerne dazu. Die Königinnen Olimpia und Clauditte schenkten ihm ihre Minne, zur Zeit seiner Westreise ist er Minneritter der Heidenkönigin Secundille. Sie hat ihn mit sprichwörtlich orientalischem Reichtum überschüttet; nur schon die Edelsteine, die in seinen Waffenrock eingenäht sind, übertreffen an Wert alles, was König Artus in der Bretagne und in England sein eigen nennt (735, 15 ff.). Er ist so auch der *rîche* (als Attribut 763, 12; 774, 25; 782, 3; 821, 23), ein weiteres Merkmal, das ihn mit seinem Vater verbindet, und er weiß diese *rîchheit* unvergleichlich darzustellen. Artus, Parzival, Gawan sind da nur arme Verwandte. Feirefiz ist indes nicht nur ein gesteigerter Gahmuret, er ist Heide, bekennt sich zu Juno und Jupiter und überträgt ungeniert Gottes Schöpferkraft auf diesen, wenn er zu Parzival sagt: *Jupiter hât sînen vlîz, / werder helt, geleit an dich* (749, 16 ff.). Das und weitere Zitationen heidnischer Götter befremden niemanden. Der Orientale ist nicht nur durch Tapferkeit und *höveschelt* fähig, sich in die abendländische Ritterschaft einzugliedern — Feirefiz tritt der Tafelrunde bei —, sondern auch als Heide. Freilich ist nicht zu übersehen, daß der Heidenglaube für Wolfram in diesem Zusammenhang sozusagen nur folkloristische Bedeutung hat. Zum Problem wird er erst im ‚Willehalm'.

Wolfram hat den Anschouwe-Zyklus in der Person Feirefiz' genau so in die Haupthandlung integriert wie die Gawan-Geste: durch eine Anagnorisisbegegnung der beiden Halbbrüder. Dies geschieht im XV. Buch.

Es hat einen besonderen Prolog, worin *daz slôz dirre âventiure* (734, 7) mit der Gesundung Anfortas' und der *sælde* der Königin von Pelrapeire durch Parzival angekündigt wird. Zuerst indes stünden Parzival schwere Kampfesnöte bevor, gegenüber denen alles Bisherige ein Kinderspiel gewesen sei.

Parzival, der *freudenflühtec man* (733, 25), hat das festliche Artushoflager auf der Ebene von Joflanze unbemerkt verlassen. Da stößt er auf einen andern bewaffneten Ritter, der ungemein prächtig ausgestattet ist. Nach bekanntem Kampfritus laufen sie einander mit eingelegten Lanzen an, ohne ein Wort zu verlieren. Schon vor und dann während des Kampfes bringt der Erzähler so viele Informationen über den unbekannten *rîchen* Ritter ein, daß der Hörer vor Parzival weiß, daß dieser sich mit seinem Halbbruder Feirefiz mißt. Für beide ist es der Kampf ihres Lebens; härter und mit größerem Einsatz ist nie gestritten worden. Der Minneritter Secundilles spornt sich an mit dem Kampfruf „Thabronit" (739, 25), der Hauptstadt der Geliebten im Kaukasus; ihm folgt Parzival mit „Pelrapeire" (744, 3). Damit gewinnt die Auseinandersetzung den Aspekt eines Minnekampfes, die Damen kämpfen gleichsam mit. Aber entscheidend bleibt der Bruderkampf. Zu Beginn seiner ritterlichen Laufbahn hatte Parzival ebenso unwissend wie unbeherrscht den nahen Verwandten Ither erschlagen (was Trevrizent als „große Sünde" bewertete, 499, 20 f.), dasselbe droht ihm jetzt abermals. Da zerbricht ihm das Ither-Schwert, mit dem er gekämpft hat — doch wohl ein gnadenhaftes Eingreifen Gottes, obschon es Wolfram nicht sagt. Parzival ist jetzt wehrlos seinem Gegner ausgeliefert, aber Feirefiz will keinen Sieg über einen Waffenlosen. Er bietet den Frieden an. Noch ein letzter Hauch von Verkennung weht Parzival an, wie er der Selbstnennung Feirefiz' als *Anschevîn* mit Mißtrauen begegnet. Ist er nicht selbst der *Anschevîn*? Wie der heidnische Bruder indes den Helm abzieht und *agelstern mâl* (748, 7) zu erkennen gibt, ist alles klar.

Das Gespräch der Brüder nach dem Erkennen, das durch sie selbst erfolgte, nicht wie noch beim Gawan-Kampf durch einen Dritten, gehört zu den Kostbarkeiten von Wolframs Kunst des Charakterisierens. Die gegenseitige Bewunderung kann Feirefiz besser ins Wort bringen als der etwas schwerzüngige Parzival. Auch der Antrag des brüderlichen Du kommt von Feirefiz, Parzival glaubt es als der jüngere nicht annehmen zu dürfen, spricht von seiner *jugent* und *armuot* (749, 27). Feirefiz ist unwiderstehlich in seiner unkomplizierten und unbekümmerten Art — wie einstmals die USA-Boys, als sie noch keine Komplexe hatten. Er will nun Brüderchen zu seinen Schiffen führen, die in einer nahen Bucht vor Anker liegen, eine gewaltige Flotte mit 25 Heerscharen, von denen keine der andern Sprache versteht (736, 25 ff.); gegen sie hätten die Heere in und vor Troja nichts zu bestellen gehabt, wie Feirefiz gegenüber Artus versichern wird (768, 1 ff.). Parzival seinerseits hat im nahen Lager schöne Frauen aufzuweisen, und da ist Feirefiz schnell dabei. Man besucht Gawans Lager, und nun erneuert und steigert sich die Freude der soeben zu Ende gegangenen Festakte. Gawan spielt seine letzte Rolle: als liebenswürdiger Gastgeber. Da die beiden Kämpfer sicher noch nichts gegessen haben, wird das Nachtessen früher als üblich eingenommen. Ausführlich wird die Tischordnung beschrieben. Auch nachher fügt sich alles im Menschlichen. Artus mit seinem Gefolge kommt zur Begrüßung und Konversation in Gawans Zelt. Er tauscht Höflichkeiten mit Feirefiz aus, der sich gerne zum Minnerittertum bekennt, aber auch ohne falsche Bescheidenheit die dreißig Herrscher aufzählt, die er besiegt hat und die nun seinen Truppen vorstehen (770, 1—30). Das regt sogar Parzival an, die Liste der von ihm besiegten Gegner zu eröffnen (772, 1—23). Es sind 23, wozu noch eine Dunkelzahl von Besiegten kommt, deren Namen er nicht kennt. Es herrscht eine Stimmung ohnegleichen. Mit dem Nachttrunk endet der Tag.

Offiziell wird die Freude am nächsten Tag (774, 28 ff.). Artus organisiert wie damals am Plimizoel (VI. Buch) eine riesige Tafelrunde im Freien. Die Kosten sind groß, aber Gawan und Gramoflanz übernehmen sie zur Hauptsache, so daß niemand um das ökonomische Wohl des großen Artus besorgt sein muß. Man erfährt jetzt, daß nur diejenigen Damen zur Tafelrunde Zutritt haben, die Ritterdienste angenommen und Liebeslohn versprochen haben (776, 17 ff.): eine artige Erfindung Wolframs, die er Kyot zuschreibt (776, 8 ff.). Die Mahlzeit beginnt. Der Hörer, der an die Situation am Plimizoel zurückdenkt, weiß nun, was geschieht. In der Tat: angeritten kommt in kostbarer Ausstattung die häßlich-weise Botin des Grals, Cundrie *la surziere*. Heil Artus und der Königin! Heil vor allem aber Parzival, den die Schrift am Gral zum Gralsherrn ernannt hat und mit ihm als Mitglieder der Gralgemeinschaft Condwiramurs und seinen Sohn — Parzival hört von seinem Nachwuchs zum ersten Mal — Loherangrin, während der zweite der Zwillingssöhne, Kardeiz, am väterlichen und mütterlichen Erbe genug haben dürfte. Über diese Information hinaus holt Cundrie zu erhabener Rede aus (782, 1 ff.). Die sieben Planeten, die sie arabisch benennt — Feirefiz, den sie besonders begrüßt hatte, versteht sie —, erweisen *sælekeit* an Parzival, d. h. sie stehen alle in ihren Häusern, den Orten ihrer stärksten Einwirkung. Diese unvergleichliche Konstellation indiziert ein „Großes Jahr“ oder „Planetenjahr“, das Jahr, das eine Weltzeit von 500 Jahren, ein Phönixzeitalter, abschließt und eine neue eröffnet (DEINERT). Eine unvergleichliche Stunde also ist angebrochen.

Parzival darf einen Begleiter mit nach Munsalvaesche nehmen, seine Wahl fällt auf Feirefiz. Trotzdem es eilt, Anfortas aus seiner Qual zu erlösen, macht Cundrie noch einen Höflichkeitsbesuch bei Arnive, was Feirefiz die Gelegenheit gibt, Gastgeschenke für alle zu organisieren, wie sie die westliche Welt noch nie gesehen und erhalten hat. Dann aber brechen sie auf: *Cundrî, die zwên, hin riten sie* (786, 30).

Feirefiz begleitet Parzival zum Gral: diese Tatsache zeigt an, daß die Begegnung der Brüder nicht nur die letzte große Prüfung war, der Parzival unterstand — die Erfahrung gnadenhafter Behütung durch eine höhere Macht und der Schonung durch den Gegner —, sondern daß sich ein Zusammenspiel westlicher und östlicher Kräfte abzeichnet, wovon noch die Rede sein wird. Ein weiterer Hinweis auf eine Sonderrolle Feirefiz' ist der Planet, dem er, wie er sagt, auf seiner Reise gefolgt ist (748, 23 ff.). Unter Sternen stehen sonst einzig die Angehörigen des Gralgeschlechtes. Mit seinem Planet ordnet Feirefiz sich diesem zu.

7. Weltweites Gralkönigtum
(Buch XVI)

1. Das letzte Buch hebt an mit dem äußersten Elend des Anfortas, der sterben will und leben muß. Immer wieder bittet er umsonst um die Gnade des Todes durch Entzug des Grals auf die Dauer einer Woche. Während Parzival und Feirefiz unter der Führung Cundries Munsalvaesche entgegenreiten und von den das Land bewachenden Templeisen ehrfürchtig-freudig begrüßt werden, wächst die Qual des Gralkönigs bei unglücklicher Sternenkonstellation (789, 4 ff.) ins Unerträgliche. Seine Schreie hallen durch die Burg. Aber nun *næhet freude grôz* (793, 2). Anfortas bittet Parzival, ihm die Gnade des Gralsentzugs und damit den Tod zu gewähren. Parzival, erschüttert (*alweinde*), verlangt den Gral, und vor ihm bittet er *Trinitât* um Hilfe für *des trûrgen mannes herzesêr* (795, 27). Dann richtet er sich an Anfortas: *‚œheim, waz wirret dier?‘* (795, 28). Allsogleich erblüht der Leidende zu vollkommener Gesundung und Jugendschönheit. Wolfram erzählt das Wunder sehr knapp und zurückhaltend. Kein offizieller Jubel, kein Freudenfest, aber auch keine Dankgebete der Gralgemeinde. Einzig die nun freilich signifikante Bemerkung: *got noch künste kan genuoc* (796, 16).

Parzival kommt als Wissender zur Gralburg, und als Wissender stellt er die Frage. Er ist dazu durch Berufung legitimiert, und das heißt auch, daß er nicht mehr fehlen kann. Die Magie der Frage aber ist völlig der Fürbitte gewichen: diese ist es, die das Wunder bewirkt. Die anschließende Frage *‚œheim, waz wirret dier?‘* ist die schlichte Formulierung der Teilnahme (*alweinde*) und zugleich Erfüllung der Form: es ist die erwartete Frage.

Wonach Parzival fragen sollte, blieb während dessen Besuch auf der Gralburg im V. Buch noch recht unbestimmt: nach dem *wunder grôz* des Grals (239, 6 ff.), nach den Bewandtnissen der Gralritterschaft (239, 17), nach der Krankheit des Königs im Zusammenhang mit dem Gastgeschenk des Gralschwertes (239, 25 ff.). Aber schon Sigune und Cundrie konzentrierten ihre Aussage auf die versäumte Mitleidsfrage: genannt werden die Silbermesser und der blutige Speer als die Gegenstände, die das Leiden des Anfortas anzeigen (255, 11; 316, 27), woraus sich der Tadel ergab: *iuch solt iur wirt erbarmet hân* (255, 17; 316, 3). Auch Trevrizent weiß nur von der Frage nach dem *kumber* des Wirts (473, 15 f.; 484, 25 ff.), sie wird sogar formuliert: *‚hêrre, wie stêt iwer nôt?‘* (484, 27). Im Blick auf diese Äußerungen des Textes wird die Auffassung schwer verständlich, die Erlösungsfrage sei keine Mitleidfrage — und trotzdem ist sie keineswegs absurd. Man muß unterscheiden: Die vom Erlöser erwartete Frage ist eine Mitleidfrage, aber nicht sie bewirkt das Wunder der Heilung, sondern die Fürbitte. Das magische Verständnis der Erlösung seitens der Gralgemeinschaft weicht dem christlichen Wunder.

Unterwegs nach Munsalvaesche ist auch Condwiramurs mit ihren Knaben und großem Geleit, an der Spitze ihr Oheim Herzog Kyot von Katelangen, der Vater der Sigune. Parzival reitet ihr entgegen, unterwegs kehrt er bei Trevrizent ein. Dieser nennt es ein großes Wunder, daß Parzival seinen Willen Gott abtrotzen konnte (*ab erzürnen* 798, 3), noch nie hätte jemand den Gral erstritten (798, 24 ff.) — Worte, die sich, wie schon immer beobachtet wurde, mit dem erzählten Weg Parzivals nicht gänzlich zur Deckung bringen lassen. Genauer: diese Haltung entspricht der Einstellung Parzivals vor seiner Einkehr bei Trevrizent. Wenn dieser ihm erklärt, den Gral könne niemand *bejagn*, sondern man werde zu ihm berufen (468, 12 ff.), so wird man nicht behaupten dürfen, Parzival hätte sich entgegen dieser Aussage weiterhin auf das *bejagn* verlassen. Er erfährt vielmehr die Grenzen seiner ritterlichen Leistung in der Begegnung mit Feirefiz und nimmt sie als Bewahrung vor neuer Schuld an. Man erinnert sich, daß es fehlende Bewahrung vor der Schuld war, die Parzival in den Gotteshaß getrieben hat (332, 1 ff.)! Die Berufung selbst ist Gnade wie eben diese Bewahrung. Auch hier wie bei der Sündentheologie verläßt man sich besser auf die Geschichte als auf deren theologische Kommentierung durch Trevrizent. Es macht den Eindruck, Wolfram sei mit Theologen ins Gespräch gekommen und ihnen weiter gefolgt, als seine Erzählung abzudecken vermochte. In der Auffassung vom Schicksal der neutralen Engel, wozu Trevrizent gleichfalls sich selbst korrigierend das Wort ergreift (798, 11 ff.), spiegelt sich sogar der Theologen Widerstreit.

Man darf diese Details umso eher in ihrer zweifelhaften Integration belassen, als Wolfram den Weg Parzivals zum Gral als Ganzes durchaus überzeugend, d. h. einer untrüglichen Wahrheit verpflichtet, auch ‚theologisch' bruchlos darzustellen wußte. Da ist ein Mensch, der sich nicht damit abfinden kann, daß er gefehlt und versagt hat, d. h. die volle Verantwortung für diesen Fehl zu übernehmen nicht willens ist. Mit ihm hat seiner Meinung nach auch Gott versagt, und eben deshalb will er das verfehlte Ziel ohne Gott erneut suchen. Aus dieser superbia-Haltung wird er durch Umkehr, Sündenbekenntnis und Buße herausgerissen. Was weiter geschieht, ist Gnade. Auch der schwierige, von der Geschichte erforderte Umschlag von der spontan unbewußten magischen Frage zur im Wissen verantworteten christlichen Bitte um ein Wunder ist Wolfram geglückt. Das *unwizzende*, war es nicht auch Märchendumpfheit? und mußte nicht die Gralgemeinschaft selbst in eine freiere und christlichere Ordnung übergeführt werden? Um des kranken Anfortas Lager ist ein magischer Kreis von Spezereien, Gewürzen, Würzkräutern, Riechhölzern gezogen; von Edelsteinen, mit denen das Spannbett geschmückt ist — 58 an Zahl, mit Namen aufgeführt, 791, 1-30 —, erwartet man, sie seien *ze sælde unt ze erzenîe guot* (792, 2). Dies alles ist offenkundig unwirksamer Zauber und steht im auffallenden Kontrast zur Schlichtheit des Gebets und der Handlung, die das Wunder der Heilung bewirken. Ja, war nicht die Erwartung des magischen Erlösers Aberglaube, und mußte da der unberatene Parzival nicht nur mit subjektiver Notwendigkeit, sondern im Interesse der Gralgemeinschaft scheitern? Selbstverständlich sind dies Fragen, die über den Text hinausgehen, ihn sozusagen weiterspinnen. Und doch auch literargeschichtlich keine müßigen Fragen! Die Geschichte vom Gral hat sich nämlich in dieser Richtung entwickelt. Im Prosalancelot-Roman und namentlich in der ‚Queste' ist die Gralburg ein Ort der Verwunschenheit, mit Vorzeitschrecknissen und magischem Spuk. Das Erlösungswerk betrifft da nicht nur einen unheilbar kranken, dazu schuldigen Mann, sondern ein ganzes in die Verkehrung geratenes Reich, das einmal Gottes sein sollte. Es bedarf dann auch eines ritterlichen Messias, um diese unselige Welt, die sich nur noch im Grauen zu manifestieren vermochte, zu erlösen.

2. Parzival trifft Condwiramurs und die Ihren, eine ganz Zeltstadt, in der Morgenfrühe, der Verabredung gemäß, am Plimizoel, dem Ort der drei Blutstropfen. Condwiramurs schläft noch, neben ihr die beiden Zwillingsknaben; Wolfram schildert das Wiedersehen der beiden Gatten mit seinem ihm allein eigenen innigen Realismus, ohne Sentimentalität und ohne Klischee. Man krönt nach der Wiederherstellung der ehelichen Gemeinschaft den kleinen Kardeiz zum König der Erblande, entläßt ihn mit reichem Gefolge, während Condwiramurs und Loherangrin an Parzivals Seite der Gralburg entgegenreiten. Dabei macht man einen Abstecher zur Klause der Sigune, findet sie, *rehter güete ein arke* (804, 16), tot in der Haltung der Betenden und bringt sie an der Seite des geliebten Schionatulander zur ewigen Ruhe.

Auf der Gralburg ist das Leben nun gelöster, menschlicher. Der Knabe Loherangrin will den schwarz-weißen Onkel Feirefiz nicht küssen, worüber dieser aber nur lacht. Die Abendmahlzeit mit dem Gral wird vom Erzähler locker inszeniert. Gewiß herrscht da die alte Pracht und das alte Zeremoniell, aber das wird nur angedeutet. Es erweist sich nun, daß der Heide Feirefiz den Gral nicht sehen kann. Schon das wäre ein Grund zur Taufe, entscheidender ist indes die ungestüme Minne, die Feirefiz zu Repanse de Schoye, der schönen Gralsträgerin, ergreift. Anfortas, der jetzt die Rolle eines charmanten jüngeren Mannes spielen darf, wird zum Vertrauensmann, und Parzival hat auch nichts gegen eine solche Verbindung einzuwenden. Feirefiz ist alles recht, was zum Besitz der Repanse führt — *,ist mir der touf ze minnen frum?'* (814, 2) fragt er in entwaffnender und schon etwas saloppen Naivität. Man kann sich indes jetzt selbst auf der Gralburg nicht mehr daneben benehmen. Schon am andern Morgen findet die Taufe statt, wobei der Gral temperiertes Wasser spendet: *ze warm noch ze kalt* (817, 7). Wolfram erzählt jetzt so schnell, daß er vergißt, das Einverständnis der Repanse zur Vermählung mit dem schwarzweißen Naturkind einzuholen. Es heißt nur: *man gab im* (Feirefiz) *Frimutelles kint* (818, 19). Zwölf Tage später bricht der Neophyt aus Liebe nach dem Osten auf, er möchte gerne Anfortas oder wenigstens Loherangrin als eine Art Souvenir an Munsalvaesche mitnehmen, was indes festgelegten Bestimmungen widerspricht. Man gibt dem Scheidenden das Geleit bis Joflanze, wo es nach dem Abzug von Artus' Heer stiller geworden ist. Hier erfährt man noch Secundilles Tod: es darf jetzt keine Probleme mehr geben, und Repanse wird auch *alrêst . . . vrô* (822, 21 f.). Wolfram fügt noch knapp hinzu, daß sie später einen Sohn, den Priester Johannes, geboren habe, und bei diesem Königsnamen sei es geblieben. Als letztes erzählt er die bekannte Geschichte vom Schwanenritter Loherangrin und der Fürstin von Brabant (824, 1—826, 30).

3. Die Knappheit dieser Ausblicke auf die nächste Generation entspricht nicht ihrer Bedeutung. Man muß sie sehr hoch einschätzen, auch wenn man die Verbindlichkeit, die Wolfram seiner Schlußvision zubilligt, einzuschränken gewillt ist. Um einen letzten Einfall, nur noch halbwegs ins Wort gebracht, kann es sich allerdings nicht handeln. Die Loherangringeschichte ist bereits im IX. Buch mit dem eigenartigen Gralstatut angelegt, daß Gralritter nach herrenlosen Ländern berufen werden können, und zwar *verholne,* d. h. ohne ihre Herkunft zu verraten (494, 7 ff.): das ist genau der Fall Loherangrins. Vollends ist von der Rolle Feirefiz' zu sagen, daß sie planmäßig aufgebaut wurde und frühzeitig eine Integration der östlichen Welt mit der westlichen erkennen läßt. So sehr Feirefiz als zukünftiger Vater des Priesters Johannes als humorvoller Einfall wirken mag, mit einem bloßen Ehren- und Höflichkeitsbesuch auf Munsalvaesche konnten die Lesererwartungen, die Wolfram bezüglich Feirefiz geweckt hatte, auch nicht mehr erfüllt werden.

Die Implikationen der Loherangrin-Erzählung sind dem Hörer und Leser überlassen. Der Gutinformierte mochte wissen — auf Grund der ,Geschichte des 1. Kreuzzugs' des französischen Chronisten Wilhelm von Tyrus —, daß Loherangrin als Vater des Gottfried von Bouillon, Führers des 1.

Kreuzzugs (1096—99) und Herrschers von Jerusalem als *advocatus Sancti Sepulchri,* galt. Damit war eine Beziehung zwischen der mythischen Gralherrschaft und der geschichtlichen Herrschaft des Königreichs Jerusalem hergestellt, und sie war es zweifellos, die Wolfram ansprechen wollte.

Der Gral als *wunsch von pardîs, / bêde wurzeln unde rîs* (235, 21 f.) „das Vollkommenste aus dem Paradies, sowohl Wurzel und Sproß", darf doch wohl als Formel der Vorstellung gelten, daß er ein Paradies in nuce ist, der noch paradiesische Teil der Schöpfung (*des geslähte ist vil reine,* 469, 4). Da er zudem einmalig ist, mit nichts anderem zu vergleichen (*ûf erde niht sô rîches was,* 519, 11), ist er auch Nabel, Mitte der Welt.

So interpretierten den Gral L.-I. RINGBOM, Graltempel und Paradies. Beziehungen zwischen Iran und Europa im Mittelalter, Stockholm 1951, S. 466—513 und, an ihn anknüpfend, W. WOLF (1950), S. 73—95. Sie glaubten damit den Ursprung der Gralsage zu finden, der im Weltkern des persischen Nationalheiligtums von Shiz zu sehen sei. Es genügt indes, unbelastet von Herkunftstheorien, von der Vorstellungswelt Wolframs auszugehen, um den Gral als das schlechthin Vollkommene, als Mitte zu verstehen.

Mitte des christlichen Weltbilds des Mittelalters ist Jerusalem. Nun ist klar, daß Wolfram seine Gralburg und seinen Gral nicht nach Jerusalem und dem Heiligen Lande verlegen konnte. Eingespannt in den Rahmen des Artusromans, gehört die Parzivaldichtung zur Matière de Bretagne und bleibt so auch vorstellungsmäßig an deren nordwestlichen Raum gebunden. Es gibt indes Hinweise auf den Gral als geistiges Jerusalem. Es wachsen Zedern in der Nähe der Gralburg (444, 30). Ob man Munsalvaesche als *mons salvationis* (Berg des Heils) oder (mit KOLB) als *mons salvaticus* (Berg der Errettung) versteht: der Berg weist auf das hochgelegene Jerusalem. Die Tempelherren, an die Wolfram seine *templeisen* anknüpft, haben ihren Sitz im angeblichen *templum Salomonis* in Jerusalem. Vergegenwärtigt man diese Hinweise, so kann der am Schluß angedeutete genealogische Bezug zwischen Gralherrschaft und Königtum von Jerusalem nicht mehr überraschen.

In diese Öffnung der Gralideologie zur zeitnahen Geschichte fügt sich aber auch die Anknüpfung an das nestorianische Christentum des Priesters Johannes: die westliche Ritterschaft erwartete von diesem geheimnisvollen Priesterkönig Armeniens und Indiens bekanntlich entscheidende Hilfe für den dauernden Besitz Jerusalems.

Otto von Freising hatte in seiner ‚Chronica sive Historia de Duabus Civitatibus' (1157) zum ersten Mal auf den östlichen Priesterkönig hingewiesen (VII, 33); vom Jahre 1165 oder 1176/77 datiert sodann der an Papst Alexander III., Friedrich

Barbarossa und den byzantinischen Kaiser Emanuel Komnenos gerichtete (fingierte) Brief des Priesters Johannes, der die Großen der abendländischen Welt zur Einigkeit aufforderte. Das ist ein Wissensstand, der Wolfram durchaus zugänglich war.

Es war vor allem KOLB (Munsalvaesche, 2. Kap., S. 51—78), der die abschließende Westostutopie einer weltweiten theokratischen Gralherrschaft erkannt hat, wobei es seiner Darstellung keinen Abbruch tut, daß er sie mit dem Kyotproblem verband, außerdem mit einer figuralen Typologie belastete, die nicht so richtig greift und völlig entbehrlich ist. Auch hier wie immer war für Wolfram das entscheidende Instrument der Verknüpfung die Genealogie — Gottfried von Bouillon ist Enkel, der Priester Johannes Neffe Parzivals —, auf typologische Entsprechungen legte er keinen Wert, er dürfte nicht einmal die Methode als solche gekannt haben.

Interessant ist, worauf gleichfalls KOLB hingewiesen hat, daß die französische Graltradition, nämlich die schon öfter genannte ‚Queste', ein jerusalemitisches Königtum als Fortsetzung des Gralkönigtums erzählerisch ausgeformt hat. Sarraz im Heiligen Land ist nach der Vorstellung des Autors ein ‚geistiges Jerusalem', dorthin kehrt der Gral zurück (er kam von dort nach dem Abendland), und dort wird Galaad, der Erlöser und letzte ‚Verwalter' des Grals, König. Zu dieser Vorstellung führte eine heilsgeschichtliche Konzeption, wie leicht nachzuweisen ist (s. RUH, Der Gralsheld in der ‚Queste del Saint Graal', Wolfram-Studien [I], S. 240—263).

Man wird Wolfram nicht ohne weiteres einen heilsgeschichtlichen Entwurf zuschreiben wollen, auch wenn er mit Sicherheit wie jeder gebildete Christ seiner Zeit auch in heilsgeschichtlichen Kategorien gedacht hat. Im Unterschied zur französischen Graltradition von Robert de Boron bis zur ‚Queste' ist Wolfram indes keiner heilsgeschichtlichen Zeitenlehre, etwa der trinitarischen des Joachim von Floris, durch welche Vermittlungen auch immer, verpflichtet. Und trotzdem gibt es eine erstaunliche Parallele — erstaunlich, weil direkte Berührungen als ausgeschlossen gelten dürfen. Nach Roberts de Boron ‚Roman de l'estoire dou Graal' beginnt mit dem *tierz hom* (d. i. Perceval) das dritte (joachimitische) Zeitalter des Heiligen Geistes, in der ‚Queste' mit dem Erscheinen Galaads (der hier Perceval ablöst) am Artushof, wo sich zugleich der Gral manifestiert. Ein neues Zeitalter beginnt aber auch mit dem Gralkönigtum Parzivals. Wolfram zeigt es mit astronomischen Konstellationen an: Was Cundrie in ihrer Botschaft in Joflanze (781, 12 ff.) vom Stand der Planeten sagt, daß sie an Parzival *sælekeit* erweisen, d. h. (mit DEINERT) sich alle in ihren Häusern, dem Ort der stärksten Wirkung, befinden, zeigt ein ‚Großes Jahr' an, das eine neue, 500jährige Weltzeit eröffnet. Was Cundrie anschließend formuliert (782, 18 ff.): „Alles was der Planeten Bahn umschließt und ihr Schein erreicht, wirst du erringen und gewinnen", bestätigt die Vorstellung vom Beginn einer Weltherrschaft. Bereits die wissende Sigune hatte die Gralherrschaft universal-kosmologisch formuliert:

‚wan swaz die lüfte hânt beslagen, / dar ob muostu hœhe tragen: / dir dienet zam unde wilt, / ze rîcheit ist dir wunsch gezilt‘ (252, 5 ff.). Ähnlich wurde später, im Vorwort zu Friedrichs II. Gesetzen, der Kosmokrator Adam als urbildlicher Herrscher gepriesen. Nimmt man den wiederholten Bezug auf Parzivals adamische Schönheit (die ich nicht nur topisch verstehen möchte) hinzu, so zeichnet sich ein neues Herrschertum von der Art Adams ab.

Das alles ist weniger festgeschrieben als die geschichtsmythischen Konzeptionen Roberts von Boron und der ‚Queste‘. Wolfram mochte nicht postulieren, er deutete und glich an, ließ den Hörer und Leser zu Ende denken. So viel verrät er jedenfalls von seiner *endehaften* Konzeption, daß die Übereinstimmung mit dem nachchrétienschen Gralroman in Frankreich in die Augen springt. Sie zeigt an, wie ein (ungemein fruchtbarer) Geschichtskern auch unter verschiedenen Händen und unter anderen Voraussetzungen sich zum selben Telos hin entwickelt.

Im Hinblick auf das soeben Ausgeführte ist es nicht uninteressant zu erfahren, daß Parzival an Pfingsten zum zweiten Mal zur Gralburg gekommen ist, an Pfingsten, die ein weltweites Christentum und das Zeitalter des Heiligen Geistes eröffnen. Wolfram läßt seinen Leser diesen Tag des Heils e r r e c h n e n: er ergibt sich auf Grund von Wolframs Zeitangaben 460, 22 und 646, 14 (s. S. 91 und 115) und der Möglichkeit, die letzten Tage nach der Angabe 646, 14 genau zu zählen. WEIGAND errechnete als Pfingsttag die Parzival-Gawan-Begegnung, ein sicher weniger signifikantes Ereignis als die Ankunft auf der Gralburg. Aber WEIGAND rechnete richtig! Ich meine indes, daß Wolfram sich mit den „drei Tagen“, die offensichtlich die Differenz zwischen Karfreitag und Ostern und derjenigen von einem Tag, nämlich dem unterschiedlichen Bezugspunkt der beiden Zeitangaben (Parzival nach dem Sieg über Orilus in Trevrizents Klause bzw. die Versammlung am Plimizoel) berücksichtigen sollen, verrechnet hat: sie wären ab-, nicht hinzuzuzählen.

4. Weiterführung und Abschluß von Chrétiens Torso sind eine Leistung Wolframs, die nicht hoch genug eingeschätzt werden kann. Die französischen Fortsetzer des ‚Conte du Graal‘ konnten nur thematische Fäden weiterspinnen und neue Stoffelemente aufnehmen, ohne einen organischen, geschweige denn einen schnellen Schluß zu finden. Wolfram findet einen Abschluß im Sinne Chrétiens: die Zusammenführung von Perceval und Gauvain am Artushof darf man aus Gründen struktureller Dispositionen mit großer Sicherheit dem ‚Conte du Graal‘-Dichter unterstellen, ebenso daß die letzte Wegstrecke Percevals zur Gralburg zurück — und zum Gralkönigtum führt. Was uns indes a posteriori so einfach und selbstverständlich erscheint, war es sicher nicht für den Autor, der sich einem Torso gegenüber sah. ‚Kyot‘ bot meines Erachtens (s. o. S. 97) keine Schlußlösung an.

Wolfram durchschaute die Werkstruktur seiner Vorlage, und mit ihrer Hilfe fand er den sicheren Weg zum Abschluß. Als Modell hat er für die neu zu erzählenden Partien den ‚Iwein' eingesetzt. Er muß beobachtet haben, daß im ‚Conte du Graal' die wichtigsten Laudine-Stationen mit Gralpositionen belegt sind: Terminversäumnis — Frageversäumnis als Ausgangspunkt des Verlassens des Artushofes, Zwischeneinkehr bei Laudine — Einkehr bei Trevrizent. Entsprechend mußte der Schlußeinkehr bei Laudine die Rückkehr Parzivals zum Gral korrespondieren. Auch für die Zusammenführung von Parzival und Gawan bot der ‚Iwein' die Vorlage: der Titelheld kämpft ohne gegenseitiges Erkennen mit Gawan; das Erkennen erfolgt vor dem Kampfentscheid. Der Kampf (annähernd) gleichstarker Gegner, die sich nahestehen, aber erst im Nachherein erkennen, wiederholt sich in der Begegnung von Parzival und Feirefiz — der zusätzliche Handlungskreis wird in genauer Parallelität zum Gawanzyklus in die Parzivalhandlung eingeflochten! — und, als Zwischenspiel, um auch die Gawan-Handlung zu einem guten Abschluß zu bringen, in der Auseinandersetzung von Parzival (in der Rolle Gawans) und Gramoflanz. Dies alles im weiten Rahmen des Artushofes, der auf dem Feld von Joflanze aufgezogen ist. Cundrie, die die Berufung Parzivals zum Gral anzukünden hat, tut dies in einer Regie, die genau das Gegenbild zur Szene am Plimizoel ist. Sie übernimmt aber auch die Rolle der Lunete, die Iwein zu Laudine zurückbringt. Vorher, am Schluß des XV. Buches, schlich sich Parzival, vom Gedenken an Condwiramurs überwältigt, heimlich weg von den Fröhlichen: so stahl sich Iwein vom Artushof, um, koste es was es wolle, Laudine wieder zu erringen (7781 ff.).

Wolfram bleibt in seinem ‚Parzival', wie das Strukturschema zeigt (s. die Skizze des 2. Teils umstehend), im Rahmen des Artusromans. Er hat nicht nur mit Chrétien eine neue und differenzierte Handlung, die Gawan-Geste, integriert, sondern gleich noch eine dritte, den Anschouwe-Zyklus, und dies, ohne die Form zu überfordern. Sie trägt immer noch die Aussage der Handlung. Nur hat Wolfram zusätzliche Verstrebungen eingebaut. Es sind die allseitigen Verflechtungen des Personals im Sippenverband, die Querverweise, die Vorausschau und die Erinnerung, die Zeitangaben und die Örtlichkeiten.

Bertau (Deutsche Lit. S 778 ff.) nannte dies „Konkretmachen", „chronologisch Exponieren" und „Weltgewebe". Das ist hilfreiche Terminologie, um die Verstrebungstechnik Wolframs zu beschreiben. Ich glaube nur nicht, daß es nötig ist, diese Technik der „änigmatischen Struktur" des ‚Conte du Graal' (die wenigstens teilweise durch den fragmentarischen Charakter der Dichtung bedingt ist) entgegenzusetzen. Von einem andern Ansatz her kommt Haug zu einem ähnlichen Resultat wie Bertau: „An die Stelle der Sinngebung durch die Symbolstruktur" bei Chrétien

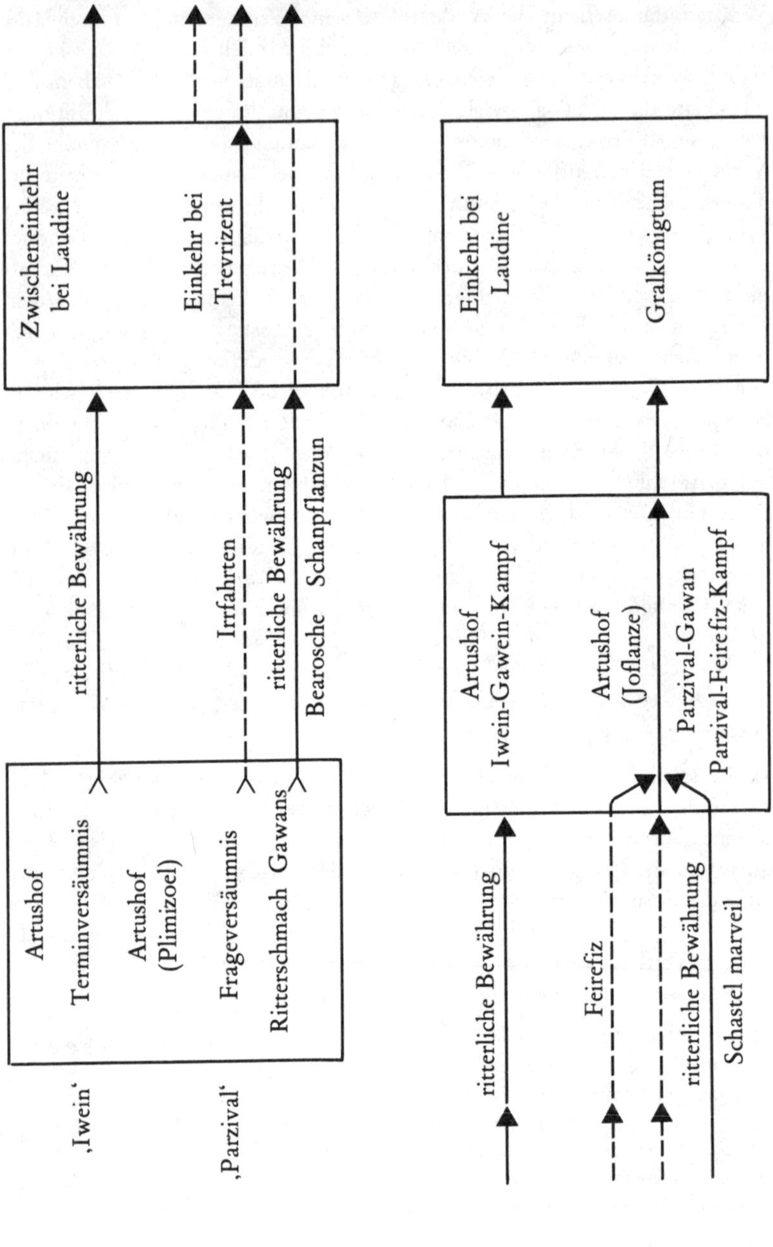
‚Iwein‘
‚Parzival‘
Artushof
Terminversäumnis
Artushof
(Plimizoel)
Frageversäumnis
Ritterschmach Gawans
ritterliche Bewährung
Irrfahrten
ritterliche Bewährung
Bearosche Schanpflanzun
Zwischeneinkehr
bei Laudine
Einkehr bei
Trevrizent
ritterliche Bewährung
Feirefiz
ritterliche Bewährung
Schastel marveil
Artushof
Iwein-Gawein-Kampf
Artushof
(Joflanze)
Parzival-Gawan
Parzival-Feirefiz-Kampf
Einkehr bei
Laudine
Gralkönigtum

trete „die Sinngebung aufgrund konkreter thematischer Verknüpfung“ (S. 695). Es fällt schwer, diesen Beobachtungen und Überlegungen nicht zu folgen. Ich kann dabei nur nicht einsehen, daß Wolfram mit seiner Verflechtungstechnik die vorgegebene Symbolstruktur „aufgelöst“ haben soll. Hat er nicht, wie soeben aufgezeigt wurde, das sinnstiftende Schema mit perfekter Präzision auf den fehlenden Schlußteil übertragen? Geht nicht Bedeutung und Wirkung der zweiten Botschaft Cundries vom Stellenwert im Schema aus, durch den Kontrast in der sichtbar gemachten Parallele? Zugegeben sei, daß es eindrucksvoller ist von einem neuen ästhetischen Prinzip Wolframs zu reden als von einem, das ein vorgegebenes nur überlagert und ergänzt. Doch würde ich mich mit letzterem begnügen.

Eine Schlußbemerkung

Die lineare Darstellung, zu der ich mich entschlossen habe, drängte das ‚Grundsätzliche‘, thematische und noch mehr konzeptionale Einheiten, etwa die ‚Theologie‘ der Dichtung, die Kosmologie, die Minne, notwendigerweise zurück. Das Generelle, wie immer man es verstehen will, bleibt einzelhaft beim Text. Das geschah im Vertrauen, daß dies, zumal als ‚Einführung‘ und in didaktischer Absicht, sein Gutes haben müßte. Eine Ergänzung durch systematische ‚Schichten‘kapitel, auch in knapper Form, käme dem Einverständnis gleich, die lineare Darstellungform vermöge den Reichtum und die Problematik der Parzivaldichtung nicht zu tragen.

C. ‚Titurel'

Ausgaben: s. o. S. 55; A. LEITZMANN, W.v.E. V (ATB 16), Tübingen ^{4}1956, S. 161—184; J. HEINZLE, W.v.E. ‚Titurel'. Abbildungen sämtlicher Handschriften (Litterae 26), Göppingen 1973. — Kritischer Bericht über die ‚T.'-Ausgaben bei BUMKE, ZfdA 102 (1973), S. 149—166.

Übersetzungen: W.v.E. Titurel. Lieder. Mhd. Text und Übersetzung. Nach der Übersetzung von Karl Simrock bearbeitet von W. MOHR (GAG 250), Göppingen 1978.

Literatur: A. LEITZMANN, Untersuchungen über Wolframs ‚T.', PBB 26 (1901), S. 93—156; M.F. RICHEY, Schionatulander and Sigune, London 1927, ^{2}1960; L. WOLFF, Wolframs ‚Schionatulander und Sigune', in: Festschr. Friedrich Panzer, Heidelberg 1950, S. 116—130 (= WdF 57, S. 549—569); B. RAHN, Wolframs Sigunendichtung. Eine Interpretation der ‚T.'-Fragmente (Geist und Werk der Zeiten 4), Zürich 1958; W. SIMON, Zu Wolframs ‚T.', in: Festschr. Ulrich Pretzel, Berlin 1963, S. 185—190; O. SPRINGER, Playing on Words: A Stylistic Note on Wolfram's ‚T.', Research Studies 32 (1964), S. 106—124; F. OHLY, Die Suche in Dichtungen des Mittelalters, ZfdA 94 (1965), S. 171—184, bes. S. 178 ff.; J. BUMKE, Zur Überlieferung von Wolframs ‚T.'. Wolframs Dichtung und der ‚Jüngere T.', ZfdA 100 (1971), S. 390—431; J. HEINZLE, Stellenkommentar zu Wolframs ‚T.' (Hermeae N.F. 30), Tübingen 1972; J. BUMKE, T.überlieferung und T.forschung, ZfdA 102 (1973), S. 147—188; M. WEHRLI, Wolframs ‚T.', in: Rheinisch-Westfälische Akad. d. Wiss. Geisteswissenschaften. Vorträge. G 194, Opladen 1974 [mit ‚Diskussion']; U. WYSS, Selbstkritik des Erzählers. Ein Versuch über Wolframs T.fragment, ZfdA 103 (1974), S. 249—289; W. MOHR, Zur Textgeschichte von Wolframs ‚T.' (Wolfram-Studien IV), Berlin 1977, S. 123—151; ders. s. Übersetzung, 1978: Zu Wolframs ‚T.', S. 101—161.

1. Wolframs ‚Titurel' ist eine Liebesgeschichte, deren trauriges Ende wir aus dem ‚Parzival' kennen: diejenige von Sigune und Schionatulander. Sie, zugleich die Lebensgeschichte zweier Menschen, besteht aus einem Fragment mit 131 und einem zweiten mit 39 Strophen (nach LACHMANNS Text). Es bestehen keine Zweifel darüber, daß Wolfram, abgesehen von einigen umstrittenen Zusatzstrophen aus sekundärer Überlieferung, nicht mehr verfaßt hat. Fragment I bietet den Anfang der Geschichte, den Beginn zugleich der schicksalhaften Liebe der beiden Halbwaisenkinder, Fragment II den Ausgangspunkt für *künftec trûren* (135, 3): die Geschichte vom Brackenseil. Dazwischen ist eine Erzähllücke. Füllt man sie aus, wie es Albrecht, der Dichter des ‚Jüngeren Titurel' getan hat, so beträgt die ausgesparte Erzählzeit ungefähr eineinhalb Jahre (‚J.T.' Strr. 816—1172). Unter der Annahme, daß Wolfram nicht beabsichtigte, Trauer und Treue der Sigune abermals zu

thematisieren, würde die Erzählung mit der Erschlagung Schionatulanders durch Orilus enden. Das geschieht unmittelbar bevor der junge Parzival der trauernden Sigune begegnet (Pz. 138, 9 ff.; 141, 2 ff.; dazu 135, 20 ff.). Vom Gewinn und sofortigen Verlust des Brackenseils bis zum Handlungsabschluß vergehen so 14/15 Jahre, d. h. ungefähr so viele Lebensjahre, als man dem von Soltane ausreitenden Parzival zubilligen will. (Zu dieser Annahme siehe die Aufstellungen W. Mohrs, 1978, S. 145.) Das ist eine extrem lange Erzählzeit. Albrecht beansprucht dafür ca. 4400 Strophen. Man wird sie freilich in ihrer inhaltlichen Ausformung keineswegs Wolframs Plänen gleichsetzen wollen, aber viel Erzählstoff ist auch bei großzügigen Erzählsprüngen für ihn anzusetzen. Es zeichnen sich die Umrisse einer großen Dichtung, keines novellenartigen oder balladesken Gebildes ab, zumal wenn man auch noch berücksichtigt, daß das Brackenseilmotiv eine zweite Liebesgeschichte, die von Ehkunat und Clauditte, mit umschließt und, nach der Eröffnung (Strr. 1—12), das Schicksal der Sigune als wesentlicher Teil der Geschichte des Gralgeschlechts verstanden werden soll. Andererseits reizt die Vorstellung, daß Wolfram sich nicht anders als fragmentarisch zu äußern beabsichtigte; nur fände sie weder in der Literaturtheorie noch der Literaturpraxis des Mittelalters einen Anhalt.

Die handschriftliche Überlieferung, von A. Leitzmann als „geradezu verzweifelt" beurteilt (Ausgabe, S. IV), ist jetzt von J. Bumke mustergültig kritisch aufgearbeitet worden. Ihr „verzweifelter" Zustand — für den Textkritiker — wird bestätigt: „Mit den herkömmlichen Mitteln der Textkritik ist kein Rezept für die Herstellung eines kritischen ‚Titurel'-Textes zu gewinnen" (ZfdA 102, S. 183). Auf der anderen Seite ist die ‚Titurel'-Tradierung überlieferungs*geschichtlich* hochinteressant, weil sie verrät, wie sich die Sachverwalter Wolframs, offensichtlich dem Meister verpflichtet — also autorgebunden, nicht in vielgescholtener Schreiberwillkür —, bemühten, die auch im Wortlaut unfertigen, wohl mit Autorvarianten versehenen Fragmente in ihrem Rahmen abzurunden. Den Weg zu dieser Betrachtungsweise hat W. Mohr eröffnet, der Wolframs ‚Titurel' als eine Dichtung in statu nascendi betrachtet (Wolfram-Studien IV).

Ist schon die „produktive" Bewahrung von Entwürfen in mittelalterlicher Dichtung, so viel ich sehe, singulär, so noch mehr die Tatsache, daß diese zu einem Riesenwerk von über 6300 Strophen ergänzt wurden: eine Aufgabe von grundsätzlich anderem Charakter als der Abschluß eines Torsos, wie er für Gottfrieds ‚Tristan' und Wolframs ‚Willehalm' versucht wurde. Gemeint ist der ‚Jüngere Titurel' Albrechts (von Scharfenberg?), entstanden zwischen 1260 und 1272/73, und zwar bis gegen dessen Abschluß unter der Fiktion, es sei Wolfram, der da zu Zeiten und im Auftrag des Landgrafen Hermann von Thüringen (gest. 1217) dichtete. Am Hofe Heinrichs des Erlauchten von Meißen und seiner Söhne Albrecht und Dietrich, wo der ‚Jüngere Titurel' zur Hauptsache entstanden sein muß, war die Wolfram-Maske ein artiges Gesellschaftsspiel. Trotzdem der Dichter gegen das Ende hin seine wahre Identität lüftet — ***Die aventiure habende bin ich Albreht vil gantze,*** „Ich, Albrecht, bin der Autor der ganzen Erzählung" (Str. 5883) —, hielt man den ‚Jüngeren Titurel' — als ‚Titurel' — im ganzen Spätmittelalter, ja bis ins frühe 19. Jahrhundert für ein Werk Wolframs. Es wurde zum erfolgreichsten ‚nachklassischen' Erzählwerk.

Zur Orientierung siehe D. HUSCHENBETT, ²Verfasserlexikon I (1977), Sp. 158—173; K. RUH, Epische Literatur des Deutschen Spätmittelalters, in: Neues Handbuch der Literaturwissenschaft, Bd. 8, Europäisches Spätmittelalter, hrsg. von W. ERZGRÄBER, Wiesbaden 1978, S. 124—127.

Der Titel ‚Titurel', sicher inhaltlich unzutreffend, da die Hauptpersonen Sigune und Schionatulander sind, darf insofern als authentisch gelten, als der ‚Jüngere Titurel' von Anfang an und stets ‚Titurel' benannt wurde und er diese Bezeichnung nur von Wolframs fragmentarischer Dichtung übernommen haben kann. Das heißt, daß man diese, einer verbreiteten Übung folgend, nach dem ersten im Werk genannten Namen betitelte.

Überwiegend hält man den ‚Titurel' für ein Alterswerk des Dichters: mit guten Gründen, ohne daß hier darüber diskutiert werden soll, ob es nach dem ‚Willehalm' (LEITZMANN) oder zwischen dessen Buch VIII und IX (WOLFF nach K. HELM, ZfdA 35 [1903], S. 196—203) anzusetzen ist. Es spricht aber auch nichts Entscheidendes gegen eine Entstehung kurz nach dem ‚Parzival' (M.F. RICHEY), es sei denn, man halte (mit HEINZLE, S. 132) die Hermann-von-Thüringen-Nachrufstrophe (App. zu Str. 82) für echt. In diesem Fall kann der ‚Titurel' nicht vor 1217 entstanden sein.

Eine noch frühere Datierung, nach den Büchern ‚Parzival' III—VI, I/II, wie sie FOURQUET (Wolfram-Studien III, S. 24 f.; dazu J. HEINZLE, ebd. S. 32 f., 38) vorschlägt, führt in die von ihm übersehene Schwierigkeit, daß man Übereinstimmungen mit ‚Titurel'-Strophen in späteren ‚Parzival'-Büchern als ‚Titurel'-Zitate auffassen muß: so 477, 2 ff. (Schoysiane stirbt an der Geburt der Sigune); 494, 15 ff. (unvollzogene Ehe der Herzeloyde mit König Castis); 585, 30 ff. (Ilynot-Florie-Minnetragödie, s. Tit. Str. 147). Zugleich aber setzt der ‚Titurel' die Sigune-Partien des IX. und XVI. Buches voraus.

2. Die wichtigsten Hinweise auf die Vorgeschichte von Schionatulanders Tod und Sigunes Trauer erfahren wir bei der ersten Sigune-Begegnung Parzivals im III. Buch. Schionatulander, den Orilus im Tjost erschlagen hat, gab ***ein bracken seil . . . den pîn. / in unser zweier dienste*** (außer im Dienste der Sigune im Dienste Parzivals, dessen Erblande er zu verteidigen suchte) ***den tôt / hât er bejagt, und jâmers nôt / mir nâch sîner minne. / ich hete kranke sinne,***

/ daz ich im niht minne gap (141, 16 ff.). Das ist eine nach Thema und Problem derart genau umrissene Geschichte, daß einem die Vorstellung schwer fällt, Wolfram hätte sie ad hoc erfunden, sie sieht vielmehr darnach aus, der Erzähler spiele auf ein bekanntes Motiv an. Was soll sonst die Angabe einer ganz individuellen Thematik: „ein Brackenseil führte ihn ins Verderben"? Damit ist die Frage der Vorlage gestellt.

Sie galt bis vor kürzester Zeit als Tabu. Niemand zweifelte daran, daß Wolfram die Geschichte von Sigune und Schionatulander frei erfunden, d. h. aus wenigen Angaben Chrétiens heraus (3430 ff.) entwickelt hat. Gerade der Umstand, „daß die Handlung dieses Werkes ohne Vorlage nur aus der schöpferischen Phantasie des Dichters erwachsen ist" (WOLFF, WdF 57, S. 549), machte die literaturgeschichtliche Sonderstellung des ,Titurel' aus! Aber dann konzedierte WEHRLI einigermaßen überraschend „die Möglichkeit eines präexistierenden Schionatulanderromans" (S. 11), und MOHR erhob diese Möglichkeit zur eigentliche These (1978, S. 122—124). Außer dem provozierend wirkenden ,Brackenseil', das kaum eine Geschichte bezeichnen kann, die es erst in der Phantasie Wolframs gab, argumentiert MOHR mit Wolframs Schionatulander-Genealogie. Er ist ein Enkel Gurnemanz' väterlicherseits, ein Vetter Parzivals als Sohn einer Schwester Gahmurets, und er wird auch, zuerst 92, 2, *der junge talfîn ûz Grâswaldân,* d. i. der junge Dauphin aus (der Grafschaft) *Graisivaudan* (die Dauphiné mit der Hauptstadt Grenoble) genannt. Schionatulander wird also geschichtlich eingebunden, und auf eine Art, die nicht nach Erfindung aussieht. MOHR denkt an eine „exemplarische Liebesnovelle" im Anschluß an eine historische Persönlichkeit wie der ,Moriz von Craûn'. Man kann sich derartigen Überlegungen (die deswegen noch nicht müßig sind, weil eine solche Geschichte in der Überlieferung nicht aufzuweisen ist) nicht verschließen, auch wenn, wie WEHRLI mit liebenswürdiger Ironie meint (S. 8), es „methodisch ... wohl richtig und überhaupt geziemend [ist], der Genialität Wolframs keine Grenzen zu setzen".

3. Im ,Titurel' wird eine Geschichte erzählt, deren Ende, aber auch deren Thematik (*ein bracken seil gap im den pîn*) von vornherein bekannt ist. Wolfram setzt denn auch den ,Parzival'-Leser voraus, erzählt nicht unbefangen eine neue Geschichte. Vielmehr: „So war es, was Ihr wißt". Kein lineares, offenes Erzählen, mehr ein Meditieren und Kommentieren einer Geschichte. Der Erzähler, der eine Geschichte steuert, disponiert, strafft, weitet, ist entlassen, der Autor folgt vielmehr seiner Geschichte gleichsam hintennach, sucht sie zu fassen, zu verstehen. Das sei einer Inhaltsangabe vorangeschickt, die sich logischer und geordneter geben muß, als der Text vorgeht.

Fragment I. Titurel, alt und schwach geworden, überträgt die Herrschaft über das Gralkönigtum, das er mit dem Gral und einer ,Verfassung' (*orden*) von einem Engel empfangen hatte (Str. 6), seinem einzig verbliebenen Sohne Frimutel (7), Vater von fünf bereits erwachsenen Kindern: Anfortas, Trevrizent, Schoysiane, Herzeloyde und Repanse de Schoye (9/10). Die Translation von Gral und Herrschaft wird begleitet von verhaltener und stolzer Klage, daß er, dem das Attribut *der starke* (1, 1) zukommt, *schaft muoz lâzen* und von ihm zersplitterte Speere nicht mehr die Sonne verdunkeln (1/2). Vor allem aber preist er erinnernd die erfahrene Minne, nunmehr ihm fremd (3). Was ihm damit zuteil wurde, *sælde, kiusche, mit sinnen stæte,* dazu seine Kampftüchtigkeit, sollen seinem Geschlechte nie verloren gehen (4/5). Eine Altenrede von gesammelter Kraft und Würde, so daß der Leserzweifel nicht unbegründet ist, ob solche Herrscher- und Lebensqualität dem Geschlechte unveräußerlich ist. Sichtbar geworden ist jedenfalls gerade an diesem Unvergleichlichen das Gesetz der Vergänglichkeit: *Sus was der starke Titurel worden der swache* (12, 1).

Die nächste Strophenfolge (13—24), wie die erste eine Zwölfergruppe, führt schon die ‚Heldin', Sigune, ein. Schoysiane wird mit Kyot von Katelangen vermählt. Die Liebesehe (17) nimmt ein Ende mit der Geburt einer Tochter, die die Mutter in den Tod reißt. *sus nimet diu werlt ein ende: unser aller süeze am orte ie muoz sûren* (17, 4). Es ist nun der Erzähler, der klagt und dem Hörer eindrucksvolle Metaphern vom Ende irdischer Freude einprägt. In Kyot ist die Lebensfreude erloschen, er verzichtet auf jegliche Ritterschaft, gibt sein Lehen dem königlichen Bruder Tampunteire zugunsten seiner Tochter Sigune zurück (22). Mit Kyot legt auch dessen Bruder Herzog Manfilot das Schwert nieder (23). Eine bestürzende Resignation junger Menschen, die fast noch ihr ganzes Leben vor sich haben, Unheilszeichen der folgenden Zeit.

Unglück trifft auch andere Frimutel-Kinder. Der Gemahl der Herzeloyde, Kastis, stirbt noch vor dem Beilager. So wird Herzeloyde zur ‚jungfräulichen Witwe' (26/27; 35, 1). Zu ihr kommt Sigune, nachdem sie zuerst fünf Jahre lang von Tampunteire, dem Vater der Condwiramurs, auferzogen wurde. Sigune und Condwiramurs sind ungefähr gleichaltrig und Gespielinnen (25). Condwiramurs weint, wie es nach dem Tode Tampunteires zur Trennung kommt, Sigune denkt vor allem an den Transport ihrer Puppen, aber auch schon voraus: *ez lebet manec rîter, der sich in mînen dienst noch verphlihtet* (30, 4).

Der Leser kennt das Motiv aus dem VII. Buche ‚Parzival'. Das Mädchen Obilot spielt noch mit Puppen und weiß sich trotzdem einen Ritter zu verpflichten. Im ‚Titurel' hat der Hinweis auf Rittertaten im Frauendienst Vorausdeutungscharakter. Nicht das Mädchen Sigune weiß allzu früh davon, es ist der Dichter, der dieses Wissen vermittelt.

Sigune wächst also, was schon im ‚Parzival‘ zu lesen ist (141, 13), bei Herzeloyde heran. Der Abschnitt (25—36, abermals zwölf Strophen) schließt mit dem Hochpreis von Sigune und Herzeloyde.

Nach einer Übergangsstrophe (37), die Erzählstoff aus dem ‚Parzival‘ — wie Gahmuret Herzeloyde erwirbt — ausklammert, wendet sich die Erzählung ihrem männlichen Helden zu. Schionatulander, aus Gurnemanz' Geschlecht, verlor seinen Vater in frühen Jahren (41) und wurde von der französischen Königin Anphlise auferzogen (38). Diese, die erste Minnedame Gahmurets, wie wir aus dem ‚Parzival‘ wissen, überläßt diesem den Jüngling (*im lêch diz kint*) (39), der ihn auch in den Orient begleitet (40). Anschließend (43—45) gibt Wolfram eine Erklärung ab, warum er Sigune vor Schionatulander eingeführt habe: wegen ihrer *hôchgeburt,* denn *Al des grâles diet daz sint die erwelten, / immer sælec hie unt dort* (43, 4 ff.). Mit der Ehe Gahmurets mit Herzeloyde begegnen sich Schionatulander und Sigune, leben an einem Hof.

Die Kinderliebe — *minne huop sich fruo dâ an zwein kinden* (46, 3) — wird mit vier elegisch-hymnischen Strophen (48—51) eingeleitet. Der Erzähler blickt zuerst mit banger Ahnung auf die Jugend der Liebenden — *Owê des, si sint noch ze tump ze solher angest* (48, 1); *Owê, minne, waz touc dîn kraft under kinder?* (49, 1) —, dann holt er zu einem eindrucksvollen Preis der Allmacht der Liebe aus. Sie zwingt den Ritter *under helm,* sie fordert den ganzen Menschen (*minne ist vil enge an ir rûme*) (50), sie umfaßt alles, hat auf Erden ihre Wohnung und führt in den Himmel, sie ist überall, nur nicht in der Hölle (51). Wolfram ist die Ambivalenz der Minne unbekannt, die der Zeit, vor allem den Minnesängern zu schaffen machte, die Minne vor den Menschen und vor Gott, die irdisch-sinnliche Liebe und die Gottesliebe, *amor* und *caritas.* An ihr, auch in ihrer irdischen Erscheinungsform, ist nichts Böses („Minne ist nicht in der Hölle“). Das ist weder eine forcierte Aussage noch eine solche Haltung. Wo immer Wolfram Liebesverhältnisse darstellt, bleiben sie, sofern die Partner von *triuwe* bestimmt sind, ohne negative Wertung. Mögen die Menschen den Forderungen der Liebe nicht gewachsen sein, ja sie verkehren, Liebe selbst ist ein höchstes Gut, durch das der Mensch erst ganz zum Menschen wird.

kintlîche minne (52, 4), das ist kein neues Thema in der mittelalterlichen Literatur, vielmehr ein häufig aufgegriffenes — erinnert sei nur an ‚Floris und Blanscheflur‘ —, aber Wolfram gestaltet es ebenso originell wie anspruchsvoll, und dies entspricht seiner Absicht, diese Geschichte nur denjenigen zu erzählen, die *durch herzeliebe ie senede nôt erfünden* (56, 4): eine verblüffende Parallele zu Gottfrieds *edelen herzen!* Wolfram erzählt nicht, wie Liebe entstand, er bringt ihr Erwachen durch die Liebenden selber ins Wort. Ebenso verzichtet er auf den Lehrdialog der Minne, den Veldeke in die deutsche Literatur eingeführt hatte und dem die Funktion zukam, die noch unerfahrene Liebespartnerin (wie den Hörer!) darüber aufzuklären, was Minne sei; aus dem Lehrgespräch wird vielmehr ein Bekenntnisdialog.

J. Schwietering hat als erster dem Verhältnis des Schionatulander-Sigune- zum Mutter-Lavinia-Dialog besondere Aufmerksamkeit zugewandt (Typologisches in mittelalterlicher Dichtung, Festschr. G. Ehrismann, Berlin-Leipzig 1925, S. 42—49 = J. Sch., Philologische Schriften, München 1969, S. 270—276). Seine Beobachtungen bleiben wertvoll, auch wenn man die Beziehung nicht mit dem Verfasser als eine typologische zu verstehen bereit ist. Ergänzend und weiterführend: M. Curschmann, Der Münchener Oswald und die deutsche spielmännische Epik (MTU 6), München 1964, S. 157 ff.

Schionatulander fehlt es nicht ganz an ‚Theorie'. Er spielte als Knappe den postillon d'amour zwischen Anphlise und Gahmuret (54), und an diesem beobachtete er, wie er sich durch verständiges Sprechen von *kumber* zu lösen wußte. Dessen eingedenk faßt er sich ein Herz mit dem Stichwort ‚Hilfe'. *Sigûne helferîche, / nu hilf mir, süeziu maget, ûz den sorgen: sô tuostu helflîche* (57, 3 f.). Ein verlegenes Gestammel, verziert mit steifen Formeln aus dem Umkreis des französischen Minnehofes der Anphlise. Mit einer solchen schließt er: *‚dîner sælden an mir schône'* (58, 4), „Bewähre an mir Deine Glückseligkeit". Die zuletzt mit dem Staatsnamen *Ducisse ûz Katelangen* Angesprochene wählt die gesellschaftliche Anrede: „*Bêâs âmîs*. Sage (deutlicher), was du willst!" Wenn sein Ansinnen *mit zühten* im Bereich dessen liegt, was Erhörung finden kann, will sie zuhören. Sollte er sich aber darüber nicht im Klaren sein, so möge er nicht übereilt sprechen (59). Sie antwortet also keineswegs naiv, sondern legt in der ihr zukommenden Rolle, als Minneherrin, die Bedingungen fest, auch diejenige seines jetzigen Sprechens. Das könnte einem Partner das Wort verschlagen, aber Schionatulander versteht sich auf seinen Text: Wo Huld ist, da soll man sie suchen, und er begehrt Huld von ihr, die solche gewähren möge. Jungen Leuten, also ihnen beiden, stehe gute Freundschaft wohl an (60). Sigune hat diese Worte richtig als Werbung verstanden und verweist nun pflichtgemäß auf ihren Status als Waisenkind, ihrer *mâge, lands und liute ellende.* Wie sollte sie ihm helfen können? (61). Erstens, so Schionatulander, sei sie eine große Herrscherin über Land und Leute, und zweitens begehre er nichts anderes, als daß sie ihn mit den Augen ihres Herzens ansehe, um so seinen Kummer zu erkennen. Aber sie müsse ihm schon schleunigst helfen, anders zerstöre die Liebe zu ihr Herz und Lebensfreude.

Kann man eine solch gefährliche Liebe eines lieben Menschen noch Liebe nennen? muß sich nun Sigune fragen. Das Gespräch ist damit zur Frage gelangt, was Minne sei. Veldeke wird zitiert: Ist Liebe ein Er oder eine Sie? — ein französisches Wortspiel —, *muoz ich sie behalten bî den tocken?* Verträgt sie sich mit meinen Puppen? (64, 3). Schionatulander ist nun in voller Fahrt. Auch er kennt seinen Veldeke. Liebe vermag Alten und Jungen und allen Lebewesen ganz schön zuzusetzen, und zwar an *gedanken.* Das weiß er aus Geschichten, jetzt aber hat er es auch erfahren (65/66). Sigune bestätigt dies: auch sie *twingent gedanke,* wenn sie ihn nicht sehen kann, und ihre Freude schwindet dahin (67). Sie weiß also, was Minne ist, stellt Schionatulander fest, diese müsse nunmehr zu ihrem Rechte kommen. Eine weitere gegenseitige Reflexion gilt der Schnelligkeit und der Gewalt der Liebe. Doch dieses Bewußtsein des Ausgeliefertseins hindert die kindliche Dame nicht festzustellen, daß die große Jugend des Werbenden erst einmal ritterliche Leistung erfordere: *du muost mich under schiltlîchem dache ê dienen: des wis vor gewarnet* (71, 4).

Damit hat eine Geschichte mit dem nicht unpreziösen Thema Minnelohn für ritterlichen Minnedienst ihren Anfang genommen. *Diz was der anevanc ir gesellescheſte / mit worten* (73, 1 f.). Doch schon steht das Leid der Minnetrennung unmittelbar bevor. Schionatulander begleitet Gahmuret in den Orient, aus dem dieser nicht mehr zurückkehren soll. *sus jaget diu minne in an den rê* (74, 4): eine der vielen (20) Vorausdeutungen, und, wörtlich genommen, nicht auf Gahmuret bezogen, denn diesen *jaget* keineswegs *diu minne,* wohl aber, später auf der Suche nach dem Brackenseil, Schionatulander. Diesem ist *leide zer verte* (75, 1), und die *lieplîchiu siecheit,* die Liebe in ihm, Ursache *vil manger pîne* (84). Sie macht ihn auch für kriegerische Aktivitäten untauglich: der Anlaß Gahmurets, den jungen Mann zum Gespräch unter vier Augen beiseite zu ziehen und dessen Vertrauen in Anspruch zu nehmen, denn um Liebe würde es sich bei dieser *helbæren swære* (92, 1) doch wohl handeln. Schionatulander spricht sich aus und bekennt auch — gegen höfische Gepflogenheiten —, wen er liebt (98). Zu solcher Wahl kann ihn der erfahrene Gahmuret nur beglückwünschen, und Schionatulander ist glücklich, daß er mit dem Einverständnis seines väterlichen Lehrmeisters lieben darf (107).

Aber auch Sigune bedarf der teilnehmenden Vertrauten, die sie in ihrer Muhme Herzeloyde findet. Von dieser nach ihrem sichtbarlichen Kummer gefragt, versucht Sigune ihre Unruhe und Sehnsucht ins Wort zu bringen. Sie steht abends unter dem Fenster und sieht *über heide, ûf strâze unde gein den liechten ouwen* (117, 1 f.), von der Zinne, wo es sie hintreibt, schaut sie aus nach Osten und Westen (118, 1 f.), sie fährt aufs Meer hinaus und blickt in die weite Ferne (119, 1 f.). Hier entfaltet sich eine lyrische Stimmungslage, die an den alten, donauländischen Minnesang erinnert, diesen freilich im Fernweh der letzten Strophe überschreitet. Am Schluß steht auch hier der Name dessen, dem diese Sehnsucht gilt: *sus erglüet mich Schîonatulander* (121, 3). Herzeloyde wittert zunächst die Art der Anphlise, die sich auf solche Worte verstehe: *al dîniu wîslîchen wort sint ûz ir munde gesprochen* (122, 4). Sollte diese nicht ihren ehemaligen Knappen Schionatulander gegen sie eingesetzt haben? Aber diese Anwandlung verjährter Rivalität (s. Parz. Buch II) geht vorüber. Sie preist den jungen Dauphin, der *an prîse ûf muoz stîgen* (128, 1), und *sîn blic sol dîniu ougen gesüezen* (130, 4).

So ist auch auf der Frauenebene *minne erloubet . . . vor al der werlde* (131, 1/4). Vollzieht sich eine gesellschaftliche Musterminne? Sind die jungen Leute nicht mehr *ze tump ze solher angest* (48, 1)? Gereicht die Einbindung ihrer Liebe in Familie und Stand zu ihrem Schutz und Heil? Das vermag selbst der Leser, der den ‚Parzival' außer acht läßt (*ein bracken seil gap im den pîn,* 141, 16), nicht zu glauben. Unvergessen ist die Erfahrung, die der Kinderliebe vorangeht: auch die *hôchgeburt* der *grâles diet* (43, 4 f.) bewahrt nicht vor Lebens- und Sterbensangst.

Daß die ‚Titurel'-Dichtung nicht nur als Ganzes Fragment geblieben ist, sondern auch in ihrer Existenzform fragmentarischen Charakter trägt, verrät Fragment I in seiner Anlage. Es gibt da offensichtlich „unfertige Zwischenzonen" (MOHR): das Gliederungsprinzip, Gruppen von 12 Strophen, ist zwar erkennbar, aber es bleibt unvollkommen (s. den Überblick bei MOHR, S. 140—143). So wiederholt sich das Grundmaß der 12 Strophen der Titurel-Rede in den beiden folgenden Erzähleinheiten (Kyot und Schoysiane — Sigune), doch die nächsten Abschnitte (Schionatulander — Kinderminne) umfassen nur je 10 Strophen. Von den Schwerpunkten des 1. Fragments, den Minnedialogen, hat nur der letzte 2 × 12, der erste hingegen 16 und der zweite 20 Strophen. Das sieht wie eine Vorendphase aus, und den selben Eindruck erwecken einzelne Strophen und Verse. Gleichzeitig vermitteln sie aber auch die Kunst der Aussparung und Verknappung. Alles was nicht Liebesgeschichte Sigunes und Schionatulanders ist, bleibt angedeuteter Rahmen, was den Schluß nahelegt, daß Wolfram sich auch in den unausgeführten Teilen keine großen Digressionen über die *kintliche minne* hinaus erlaubt hätte. Damit soll nicht zurückgenommen werden, was oben über den Umfang des ‚Titurel' gesagt worden ist. Auch die Liebesgeschichte, die das Jagen nach dem Glückspfand und die Not der unerfüllten Liebe über ein halbes Menschenalter hin zu tragen hat, bedarf einer beträchtlichen epischen Ausformung.

4. Fragment II deutet mit dem ersten Halbvers, *Sus lâgen si unlange* (132, 1), eine Situation an, die sich erst im Nachherein zu einer Szenerie zusammenfügt (*walt* 133, 1; *dicke* [Dickicht] 137, 1; Sigune 139, 1; Schionatulander fischt Äschen und Forellen, 154, 1; Zelt mit Stange, Schnüren, Planen und Pflöcken, 155—158): die Liebenden sind in einer Wochenendsituation, mit dem Zelt an einem Bache in Waldeseinsamkeit. Es hätte nahe gelegen, diese Idylle zu schildern, nicht nur mit eingestreuten Stichwörtern anzudeuten. Aber Wolfram will kein höfischer Dichter mit Freude an selbstgenügender Detailbeschreibung mehr sein. Man darf wohl auch nicht annehmen, die szenische Schilderung sei geplant gewesen, nur vorerst ausgespart worden: Strophe 132 wirkt als gewollter und überlegter Einsatz.

Es geht um Anfang und Ursache dessen, was im ‚Parzival' änigmatisch vorformuliert ist: *ein bracken seil gap im den pîn* (141, 16): der Bracke mit Namen *Gardevîas ... Hüete der verte* (143, 4) ist seinem fürstlichen Herrn (136, 1), *Duc Ehkunahten* (151, 1), entsprungen und jagt *hôchlûtes* auf der blutig-schweißigen Spur eines Wildes durch den Wald (132). Wie die Verweise zeigen, wird nicht nur der Ort, sondern auch die Handlung, genauer deren nähere Umstände, im Nachherein bekannt gemacht. Das Ereignis des hell bellenden Hundes, der durch den Wald jagt und den Schionatulander einfangen wird (137), ist der erzählerische Nerv, — Nerv im wörtlichen Sinne, denn dieses Ereignis beklagt der Erzähler mit einer sich überstürzenden Flut von Vorausdeutungen von Strophe zu Strophe. Anders wäre auch die Episode selbst wie deren Szenarium eine höfische Idylle. Der eingefangene Bracke trägt ein erlesenes Halsband an einer zwölf Klafter langen Leine, reich geschmückt mit Edelsteinen und mit Bändern, die, wie auch das Halsband, eine Schrift aus Smaragden, kombiniert mit Rubinen, Diamanten, Chrysolithen und Granaten, enthalten: dem Brackenseil als corpus calamitatis darf die Descriptio nicht vorenthalten bleiben (137—142), seine aparte Kostbarkeit gehört zur Fatalität, die es zu tragen hat. Schionatulander hat den Bracken in den Arm der Sigune gelegt, sie beginnt die Schrift zu lesen, erfährt die Geschichte der Hundeleine, der früheren und der gegenwärtigen Besitzer des Bracken: immer ist es ein edles, junges Paar. Während Sigune liest, angelt Schionatulander. Jetzt kommt Sigune zur Stelle der Schrift, die der Knoten verbirgt, mit dem die Leine an der Zeltstange festgemacht ist. Sigune löst den Knoten, der Bracke entweicht, während die Edelsteine der Leine des Mädchens Hand aufschürfen, die umsonst versucht, den Flüchtigen zu halten. Schionatulander, der mit nackten, weißen Beinen *in lûtersnellem bache* steht, hört, *im ze ungemache* (159, 3 f.) in der Erzählerreflexion, des Hundes Gebell, eilt ihm nach, aber Brombeerranken und Baumstrünke, die seine nackten Füße verletzen, zwingen ihn zur Rückkehr. Wenn die jungen Leute jetzt gegenseitig ihre Wunden beklagen, könnte die Geschichte, wie schon vorher, humoristische Züge gewinnen, indes: *nu wil sich diz mære geunsüezen* (163, 2). Sigune bringt die Rede auf die Schrift der Leine, die Schionatulander ebenso unberaten wie ahnungsvoll von vornherein als unbedeutend qualifiziert — *lâ dir [sîn] die schrift an dem seile gar unmære* (164, 4) —, und sie muß sie zu Ende lesen, anders ist ihr *unmær* ihr ganzes Land Katelangen (165, 2). Schionatulander aber, der ja im Minnedienst um sie zu werben bereit sei, müsse ihr Hund und Leine wiederum beibringen. Das kann der bestürzte Jüngling nur akzeptieren. Aber seine Bitte um *genâde*, die man doch wohl auf das hic et nunc beziehen muß, wird an die Voraussetzung der erfüllten Bitte gebunden. Das ist *rîcher solt* (169, 2), den Schionatulander nie einholen wird.

Die Suche nach einem kostbaren, in der Regel wunderwirkenden Gegenstand als Bewährungsaufgabe ist verbreitet, und das Märchen hat sie dem heutigen Leserbewußtsein bewahrt. Die Gralgeschichte selbst, in deren Umkreis der ‚Titurel' angesiedelt ist, thematisiert die ersten und bedeutendsten Gegenstandsuchen: die Suche nach dem Gral und, im Ansatz, nach der blutenden Lanze. Diese Suchen tragen fraglos ihren Sinn in sich selbst, da es sich um den Gewinn von Heil handelt. Anders die besonders im nachklassischen Roman inszenierten Suchen nach begehrten, zumal höfischen Objekten: einem Gürtel, Ring, Schlüssel, dem Zaum eines Maultiers, einem Horn, einem Brettspiel. Sie bringen Gewinn und Glück ein, die Suche nach ihnen gewährt obendrein dem Erzähler reiche Sequenzen von Aventiuren, der Gegenstand selbst ist indes nicht Sinnträger. Die Suche nach dem Brackenseil gehört zunächst einmal zu diesem Typus. Als Auftrag einer Minnedame rückt sie außerdem in die Nähe zeitgenössischer Geschichten aus Frankreich, die extreme Minnefälle, außerordentlich als Aufgabe wie in der Leistung, erzählen: so der ritterliche Zweikampf im bloßen Hemd, den Wolfram im ‚Parzival' verwendet hat (Belakane und Isenhart). Die Suche nach einem Brackenseil, das sich die Minnedame wünscht, weil sie dessen Beschriftung zu Ende lesen will, hat vordergründig etwas preziös-Überspanntes, ja Unsinniges, aber auch verborgenen Sinn, da der Erzähler den Bracken offensichtlich zum Symbolträger gemacht hat. *Hüete der verte* ist sein Name, die Inschrift selbst verspricht dem Besitzer Glück und Heil (144/145).

In dieser Spannung zwischen dem kapriziösen Wunsch eines Edelfräuleins, das um die Möglichkeiten einer Minneherrin weiß, und der Überzeugung, es sei ein Weg des Heils, der hier aufgewiesen wird, ist die Schuldfrage angesiedelt. Man versteht die Hemmungen der Forschung, die Aussendung zur Brackenseilsuche der Problematik von Schillers ,Handschuh' gleichzusetzen oder doch anzunähern, aber ist wirklich „die ihn ausgesandt hat, frei . . . von der Schuld an Schionatulanders Tod" (OHLY)? Sigune selbst fühlt sich keineswegs frei von ihr: *ich hete kranke sinne, / daz ich im niht minne gap* (Pz. 141, 20 f.). Ist der Autor anderer Ansicht? Man könnte dieser Frage ausweichen mit dem Hinweis, daß Wolfram sie uns nicht beantwortet hat, doch darf die Ambivalenz der Schuldfrage kein Grund sein, sich ihr nicht zu stellen. Die Geschichte selbst in ihrer Einzigartigkeit und in ihrem Ernst verlangt sie dem Leser ab. Es scheint mir nicht erlaubt, sich nur der Poesie der Dichtung hinzugeben, die JACOB GRIMM veranlaßte, den ,Titurel' über den ,Parzival' und den ,Willehalm' zu stellen.

Der Schlüssel zum Verständnis scheint mir die Inschrift selbst zu sein. Sie enthält, so weit wir sie erfahren — und das ist der Teil, den Sigune liest —, außer der Auslegung des Brackennamens ,Achte auf den Weg', der edlen Menschen gilt, die in der Befolgung dieses Rates *varent hie in der werlde gunst, und wirt in dort sælde ze lône* (144) und deren *prîs* allezeit gefestigt ist (145), die Geschichte ihrer ersten Besitzer, und dies, ohne daß gesagt wird, sie sei im Nachherein auf die Leine geschrieben worden: vielmehr nährt der Erzähler die Vorstellung, sie hätte von Anbeginn, als eine Art prophetischer Text, da gestanden. Der Bracke mit seiner kostbaren Ausstattung wurde Ilinot und seiner Geliebten Florie zum Geschenk gemacht, die ihm in aufrichtiger Weise alles gab *wan bî ligende minne* (147, 3). Ilinot *holt auch nâch ir minne under helm sîn ende.* Die Hände seien verflucht, die ihn erschlagen haben. *Flôrî starp ouch der selben tjost, doch ir lîp nie speres orte genâhte* (148) (dazu s. Pz. 585, 30 ff.). Das ist deutlich eine Vorwegnahme des Schionatulander-Sigune-Schicksals. Bracke und Leine gingen an die Schwester Flories, Claudette, über, die sie ihrem Freunde Ehkunaht *von Bluome diu wilde* überbringen läßt, dem *wilden* einen *wiltlichen brief* (= Bracke) (152). Diesem Ehkunaht, das ergänzt der Erzähler, entsprang der Hund, so wie er Sigune entwischte (157, 1).

Nach den Gesetzes des menschlichen Herzens wie dichterischer Imagination wäre es abwegig zu erwarten, Sigune müßte die Geschichte von Ilinot und

Florie als Warnung verstehen, die sie indes in blinder Befangenheit überhörte. Vielmehr bedeutet sie Zwang, selbst diesen Weg zu beschreiten; die Geschichte des Bracken und des Brackenseils über die Gegenwart hinaus scheint festgeschrieben. Was aber hat Sigune noch nicht lesen können, was sie aber um alles in der Welt (*mir ist unmær mîn lant ze Katelangen!* 165, 2) lesen muß? Ihre eigene Geschichte und diejenige ihres Schionatulanders! So gesehen kann sie nicht anders als ihren Freund dem Bracken nachlaufen lassen, zumal dessen Besitz, wie sie selbst gelesen hat, Glück und Heil verspricht (144/145). Nichts also in Wahrheit von selbstsüchtiger Laune, aber Wolfram bewahrt den Gestus der herrscherlichen Dame, deren Wünsche unerfindlich sind. Er betont ihn in seiner ganzen Preziosität — um sich davon zu distanzieren. Weder glaubt der weise gewordene Dichter, daß man, wie es die Schrift des Halsbandes versichert, Glück und Heil nachjagen kann, noch daß es gut ist, Liebeslohn an ritterliche Leistung zu knüpfen, womit er freilich die Mitte höfischer Minneideologie in Frage stellt. Aber hat sie Wolfram nicht schon im ‚Parzival' mit heiterer Ironie dargestellt? *minne under helm,* ist das noch sinnvoll? Es kann nunmehr aber auch keine Frage mehr sein, daß der Autor die spätere Selbstbezichtigung der Sigune, *ich hete kranke sinne, / daz ich im niht minne gap* (Pz. 141, 20 f.), mitträgt. Wenn es einen irdischen Wert gibt, der die Welt erhält und das Leben lebenswert macht, so ist es Liebe. Wolfram stellt alles, nur nicht sie in Frage. Die ebenso spontane wie naive Bitte Schionatulanders um *genâde* vor der erbarmungslosen Fahrt nach dem Brackenseil ist im Sinne des Erzählers gerechtfertigt. Minne als Leistungsprämie könnte nur einen faden Beigeschmack haben.

Sigune kann nicht anders und hat doch darin gefehlt, daß sie *im niht minne gap.* In dieser Ambivalenz liegt die Schuld. „Die ihn ausgesandt hat" ist frei von Schuld, wie OHLY meinte, bleibt wörtlich wahr, nicht frei davon ist die ihm Liebe ohne vorgängige Leistung versagte. Liebe hat ihre großen, unvergleichlichen und unwiederbringlichen Augenblicke. Sie nicht wahrzunehmen ist immer wieder des Menschen Art, ist jenes ungewollte Versäumnis, das auch dem Guten bewußt macht, daß er einer gebrochenen Welt angehört.

5. Wolfram hat seinen ‚Titurel' in Strophen gedichtet, und ihn schon mit dieser Form abgehoben von seinen epischen Großwerken.

Was Genesis und Struktur dieser Strophe betrifft, so dürfen wir V. MERTENS (Zu Text und Melodie der Titurelstrophe: *Iamer ist mir entsprungen,* Wolfram-Studien I, S. 219—239, bes. 236 ff. folgen, der sie auf die Kudrun-Strophe zurückführt. Ihre Charakteristika sind der bis auf die erste Langzeile auf 6 Takte erweiterte Abvers und die dominierende, im Abvers ausschließliche klingende Kadenz. Daß sie gesungen worden ist, sollte keinem Zweifel mehr unterliegen.

Die Strophe vermag epische und lyrische Ausdrucksmöglichkeiten zu tragen; ihre Geschichte, die mannigfaltig beiden Gattungen verpflichtet ist, bestätigt dies. Wolfram dürfte beides intendiert haben: die lyrisch-weiche Bewegung, Form der Sehnsuchtsminne (s. Str. 117—121), wie die Nähe zur Heldenepik in der Unabwendbarkeit und Zwangsläufigkeit des Geschehens, dessen Ende feststeht und immer wieder, scheinbar vorausdeutend, in Wirklichkeit erinnernd, ins Wort gebracht wird. Diese Vorausdeutungen gehen aus von der Formel, gewinnen indes immer mehr differenzierende Gestalt, so daß sie als Element erzählerischer Reflexion gedeutet werden können. Diese ist allgegenwärtig. Von epischer Konsistenz kann nicht mehr die Rede sein, da nicht nur im Autor-, sondern nach des Autors Willen auch im Leserbewußtsein sich alles schon episch ereignet hat und die Erinnerung an dieses Geschehen nur noch Geschäft der klagenden Reflexion und deutender Metaphorik sein kann. Der Bezugspunkt ist *Sigûn zer linden* (78, 4). Von hier aus wäre eine spezielle Stilistik des ,Titurel' aufzubauen, die MOHR unter dem Stichwort „Manierismus als Altersstil" glücklich eröffnet hat (S. 155 ff.).

Der ,Titurel' ist eine Liebesdichtung, die aus dem Stoff von Vergänglichkeit, Trauer und Klage gewoben ist. *sus nimet diu werlt ein ende: unser aller süeze am orte ie muoz sûren* (17, 4).

D. ‚Willehalm'

Als Kaiser Otto IV. im Sommer 1212 die Burgen Hermanns von Thüringen stürmte, setzte er unseres Wissens zum erstenmal in Deutschland den *drîboc,* eine Steinschleudermaschine, ein. Wolfram erwähnt sie Wh. 111, 9 und 222, 17. Wenn dies, wie angenommen wird, aber keineswegs feststeht, aus aktuellem Anlaß geschehen ist, schrieb er bereits ca. 1212 an seinem Werk. Der ‚Parzival' liegt abgeschlossen vor, denn der Dichter äußert sich im Prolog über dessen Aufnahme beim Publikum (4, 19 ff.): auch dies verweist auf ca. 1212. Doch bleibt dies ein bloßer Terminus a quo, ein späterer Beginn (bis ca. 1216) ist keineswegs auszuschließen. Im letzten Buch, 417, 22, spricht Wolfram vom Landgrafen Hermann, der ihm laut Prolog (3, 8 ff.) die Quelle vermittelt hat, doch wohl als einem Toten; er konnte dies, zumal vor einem thüringischen Publikum, noch Jahre über das Sterbedatum des Landgrafen (25. 4. 1217) hinaus. Von da her gesehen war Bumke (‚Wh.', S. 181—198) durchaus berechtigt, den ‚Willehalm' noch in die Zeit des Landgrafen Ludwig und der hl. Elisabeth, also bis ins dritte Jahrzehnt des Jahrhunderts, hineinzunehmen. Kleinschmidt (DVjs 48, S. 591—604) schränkt indes mit Hilfe von Daten der literarischen Rezeption die Entstehungszeit auf ca. 1215 bis 1220 ein. Mir scheint nur festzustehen, daß diese nicht weit ins 3. Jahrzehnt hinein verlängert werden kann. Sehr unbestimmt wird man sagen müssen: von ca. 1212/1216 bis einige Jahre über 1217 hinaus.

Erst in jüngster Zeit hat die ‚Willehalm'-Forschung eine Intensität erreicht, die sich einigermaßen mit derjenigen vergleichen läßt, deren sich schon immer die ‚Parzival'-Forschung erfreute. Grundlegend wurden Bumkes ‚Willehalm'-Studien v. J. 1959, sodann die ‚Willehalm'-Forschungsstelle am Deutschen Seminar der Universität Marburg unter der Leitung von W. Schröder, die sich auf breiter Basis eine neue ‚Willehalm'-Ausgabe zum Ziele setzte (erschienen 1978). In diesem Zusammenhang haben Überlieferungsgeschichte, Textkritik und Textphilologie sowie die Rezeption des ‚Willehalm' einen ungewöhnlichen Aufschwung genommen. Da diese Fragen in einer Darstellung nur am Rande angesprochen werden können, muß hier auf eine bibliographische Dokumentation dieses wissenschaftlichen Schrifttums verzichtet werden. Das meiste davon findet sich in der Liste der „Kurztitel" der Neuausgabe (S. XIII—XIX).

Ausgaben: K. Lachmann s. o. S. 55; A. Leitzmann, W.v.E. IV/V (ATB 15/16), Tübingen [5]1963; W. Schröder, Berlin-New York 1978 (mit Fremd- und Lehnwörter- sowie Namen-Register) (zit., indes mit Längezeichen).

‚La Bataille d'Aliscans': krit. Text von E. Wienbeck/W. Hartnacke/P. Rasch, Aliscans, Halle 1903.

Übertragungen: D. KARTSCHOKE, Mhd. Text und Übersetzung, Berlin 1968; O. UNGER, mit einer Einführung von CH. GERHARDT (GAG 100), Göppingen 1973 (mit einer schönen Würdigung von W. MOHR, Wolframs ,Wh.' in nhd. Versen, Wolfram-Studien IV, S. 123—151).

Literatur: S. SINGER, Wolframs ,Wh.', Bern 1918; L. WOLFF, Der ,Wh.' W.s v. E., DVjs 12 (1934), S. 504—539 (= L.W., Kleinere Schriften, Berlin 1967, S. 217—245; WdF 57, S. 388—426); B. MERGELL, W.v.E. und seine französischen Quellen, Bd. I: Wolframs ,Wh.', Münster i. W. 1936; R. KIENAST, Zur Tektonik von Wolframs ,Wh.', in: Festschr. Friedrich Panzer, Heidelberg 1950, S. 96—115 (= WdF 57, S. 427—454); J. BUMKE, Wolframs ,Wh.'. Studien zur Epenstruktur und zum Heiligkeitsbegriff der ausgehenden Blütezeit, Heidelberg 1959; W. SCHRÖDER, *Süeziu Gyburc*, Euph. 54 (1960), S. 39—69; F. OHLY, Wolframs Gebet an den Heiligen Geist im Eingang des ,Wh.', ZfdA 91 (1961/62), S. 1—37 (= WdF 57, 455—518); W. SCHRÖDER, Zur Entwicklung des Helden in Wolframs ,Wh.', in: Festschr. Ludwig Wolff, Neumünster 1962, S. 265—276 (= WdF 57, S. 519—532); G. MEISSBURGER, Gyburg. ZfdPh 83 (1964), S. 64—99; G. WEBER, Die Grundidee in Wolframs ,Wh.', Literaturwiss. Jb. d. Görres-Ges. N.F. 6 (1965), S. 1—21; H. SCHANZE, Die Überlieferung von Wolframs ,Wh.' (Medium Aevum. Philol.Stud. 7), München 1966; E. HAPP, Kommentar zum zweiten Buch von Wolframs ,Wh.', Diss. München 1966; D. KARTSCHOKE, Signum Tau (Zu Wolframs ,Wh.' 406, 17 ff.), Euph. 61 (1967), S. 245—266; I. OCHS, Wolframs ,Wh.'-Eingang im Lichte der frühmhd. geistlichen Dichtung (Medium Aevum. Philol. Stud. 14), München 1968; dazu E. NELLMANN, ZfdPh 88 (1969), S. 401—409; W. SCHRÖDER, Der Markgraf und die gefallenen Heidenkönige in Wolframs ,Wh.', in: Festschr. Konstantin Reichardt, München-Bern 1969, S. 135—167; F.P. KNAPP, Rennewart. Studien zu Gehalt und Gestalt des ,Wh.' W.s v. E., Wien 1970; C. LOFMARK, Rennewart in Wolfram's ,Wh.' (Anglica Germanica, Series 2), Cambridge 1972; R.B. SCHÄFER-MAULBETSCH, Studien zur Entwicklung des mhd. Epos (GAG 22/23), Göppingen 1972, S. 111—252; 576—722; E. KLEINSCHMIDT, Die lateinische Fassung von Wolframs ,Wh.'-Prolog und ihr Überlieferungswert, ZfdA 103 (1974), S. 95—114; ders., Literarische Rezeption und Geschichte. Zur Wirkungsgeschichte von Wolframs ,Wh.' im Spätmittelalter, DVjs 48 (1974), S. 585—649; K. RUH, Drei Voten zu Wolframs ,Wh.', in: Festschr. Werner Schröder, Berlin 1974, S. 283—297;W. HAUG, Wolframs ,Wh.'-Prolog im Lichte seiner Bearbeitung durch Rudolf von Ems, ebda. S. 298—327; M. CURSCHMANN, The French, the Audience, and the Narrator in Wolfram's ,Wh.', Neophil. 59 (1975), S. 548—562; W. HAUG, Parzivals *zwîvel* und Willehalms *zorn.* Zu Wolframs Wende vom höfischen Roman zur Chanson de geste, Wolfram-Studien III, S. 217—231; J. REICHEL, Wh. und die höfische Welt, Euph. 69 (1975), S. 388—409; A. WOLF, Kampfschilderungen in Wolframs ,Wh.', Wolfram-Studien III, S. 232—262; M.E. GIBBS, Narrative Art in Wolfram's ,Wh.' (GAG 159), Göppingen 1976; W. SCHRÖDER, Wolfram-Rezeption und Wolfram-Verständnis im 14. Jahrhundert. Zur Faksimile-Ausgabe der älteren Wiener ,Wh.'-Hs. (Cod. Vindob. 2670), Euph. 70 (1976), S. 258—286; F. WIESMANN-WIEDEMANN, Le Roman du ,Wh.' de W.d'E. et l'Epopé d',Aliscans'. Etude de la transformation de l'epopé en roman (GAG 190), Göppingen 1976; I. KASTEN, Rennewarts Stange, ZfdPh 96 (1977), S. 394—410; E. SCHMID, Enterbung, Ritterethos, Unrecht: Zu Wolframs ,Wh.', ZfdA 107 (1978), S. 259—275; W. SCHRÖDER, Der tragische Roman von Willehalm und Gyburg. Zur Gattungsbestimmung des Spätwerks W.s v.E. (Akad. d. Wiss. u. Lit. Mainz, Abhandlungen der geistes- u. sozialwissenschaftlichen Klasse 1979/5), Wiesbaden 1979.

Zu ,Aliscans' u. Wilhelmzyklus:

J. BÉDIER, Les légendes épiques, I: Le cycle de Guillaume d'Orange, Paris ³1926; PH.A. BECKER, Das Werden der Wilhelms- und Aimerigeste. Versuch einer Lösung, Abh. Sächs. Akad. d. Wissensch., Phil. hist. Kl. 44/1, Leipzig 1939; J. FRAPPIER, Les chansons de geste du cycle de Guillaume d'Orange, I: ,La Chanson de Guillaume', ,Aliscans', ,La Chevalerie Vivien', Paris 1955; M. WALTZ, Rolandslied. Wilhelmslied. Alexiuslied (Studia Romanica 9), Heidelberg 1965; K.-H. BENDER, König und Vasall. Untersuchungen zur Chanson de geste des XII. Jahrhunderts (Studia Romanica 13), Heidelberg 1967; K. BERTAU, Deutsche Lit., S. 415—426; A. ADLER, Epische Spekulanten. Versuch einer synchronen Geschichte des altfranzösischen Epos (Theorie u. Gesch. d. Lit. u. d. Schönen Künste 33), München 1975, bes. S. 27—71.

1. Der Prolog

Der Stellenwert des Prologs im Rahmen der Dichtung ist ungewöhnlich groß. Noch größer ist er innerhalb der Forschung: er wurde zum Ausgangspunkt fast aller entscheidenden ,Willehalm'-Probleme.

Die thematische Gliederung ist folgende: I. 1,1—2,27 Schöpfer und Schöpfung (in Gebetsform). 1. 1,1—5 Anruf Gottes. 2. 1,6—1,28 Schöpfer und Geschöpf (Gotteskindschaft). 3. 1,29—2,15 Schöpfungslob. 4. 2,16—2,27 Gott in seiner Wortoffenbarung. Bitte um göttlichen Beistand. — II. 2,28—4,18 Heldenlaudatio. 1. 2,28—3,11 Willehalm als ein von Gott Auserwählter. 2. 3,12—4,2 Willehalm als ritterlicher Heiliger. 3. 4,3—4,18 Bitte um Fürsprache des Heiligen. III. 4,19—5,14. Der Autor und sein Werk. 1. 4,19—24 zur ,Parzival'-Kritik. 2. 4,25—5,14 Empfehlung der ,Willehalm'-Dichtung.

Diese Aufteilung unterscheidet sich von zahlreichen andern (s. OCHS, S. 106 ff., BUMKE, S. 326 ff.) vor allem durch den Verzicht auf die seit G. EHRISMANN (Studien über Rudolf von Ems, Heidelberger SB, phil.-hist. Kl. 1919/8, S. 48 u. Anm. 1) herrschende Auffassung, der Anruf der Trinität in 1,2 *du drî unt doch einer* werde im Folgenden thematisch ausgefaltet, was heißt, daß in *kraft* (1, 4), *wîsheit* (1, 27), *güete* (2, 23) die göttlichen Appropriationen, die den Personen zugeordneten Wesenseigenschaften Gottes, angesprochen würden. Die Unhaltbarkeit dieser These habe ich in ‚Drei Voten' (S. 283 ff.) dargetan. Da dem, so viel ich sehe, nicht widersprochen wurde, braucht die Diskussion nicht wieder aufgenommen zu werden.

Es empfiehlt sich, den Schluß voranzustellen. Wolfram präsentiert das neue Werk mit ungewöhnlichem Nachdruck. Die vorzüglichsten französischen Literaturexperten bezeugen, daß *süezer rede,* eine einnehmendere, erbaulichere Geschichte, nie geschrieben worden ist, sie ist zudem werthaft (vermittelt Lebenswerte) und wahr (5, 8—11). Was dort, in Frankreich, vorgetragen wird, soll jetzt auch *hie*, in Deutschland, gehört werden (5, 14).

Es scheint die Andersartigkeit gewesen zu sein, die Wolfram so sehr am Wilhelm- und Alischanzstoff gefesselt hat. In Deutschland waren die Matière de Bretagne und antike Geschichten zur aktuellen Erzählliteratur schlechthin geworden. Rolands- und Nibelungenlied, die Wolfram bekannt waren (in welchem Umfang sei dahingestellt), blieben nach Form und Stil altertümlich. Der heilige Ritter Willehalm mit seiner Gemahlin aus heidnischer Sippe, mit Vivianz und mit Rennewart aber war eine Geschichte mit andern Konstellationen und Gesetzmäßigkeiten, zugleich neu und aktuell. Wolfram mochte vor allem den höheren Wirklichkeitscharakter, den vorhandenen oder herzustellenden Gegenwartsbezug in dieser Geschichte von *kuns Gwillams de Orangis* (3, 11) bemerkt haben. Sie war auch als Geschichte des *herre sanct Willehalm* (4, 13), dessen Fürbitte erfleht wird, unzweifelhaft ‚wahr' (5, 11), gehörte nicht zu den Lügengeschichten, die jetzt kirchlich-rigoristische Kreise zu bekämpfen begannen, den ‚Parzival' so gut wie den ‚Tristan'. Sie bot Gelegenheit zu neuen Darstellungsformen und zum Ausdruck neuer Wahrheiten.

Wolfram war sich auch bewußt, daß die ‚Aliscans'-Erzählung zu den ‚Chansons de geste' gehörte, also jener Gattung, von der sich der neue höfische Roman, dem er im ‚Parzival' verpflichtet war, mit Entschiedenheit abgrenzte, etwa im Sinne des Thebenromans, dessen Autor sich ein Publikum, das sich nicht als *clerc* oder *chevalier* zu qualifizieren vermag, schlichtweg verbietet. Wenn er einer solchen *aventiure* Gastrecht am heimischen Feuer (5, 5 f.) gewähren will, so wird dies doch wohl heißen, daß er sie in die deutsche Erzähltradition einbinden will, die für ihn die höfisch-ritterliche ist. Dies zur vorläufigen Begründung, daß hier der ‚Willehalm' der höfischen Epik zugeordnet wird. Die Gattungsfrage wird freilich zu diskutieren sein.

Ob Wolframs Hauptquelle eine ‚Aliscans'-Chanson gewesen ist, die den zwei bekannten Redaktionen entspricht oder nicht, bleibt ungewiß, hingegen dürfte feststehen, daß der Dichter eine darüber hinausgehende Kenntnis des Wilhelmzyklus hatte, zumal von den Branchen, die die beiden Aliscans-Schlachten umrahmen, der ‚Chevalerie Vivien' und der ‚Bataille Loqifer'. Daß der deutsche Erzähler nicht wie der ‚Aliscans'-Autor mit einer allgemeinen Kenntnis des Wilhelmzyklus bei seinem Publikum rechnen konnte, stellte ihn vor besondere Kompositionsprobleme. Was im Rahmen des Wilhelmzyklus Episode ist, mußte sich außerhalb der zyklischen Totalität als in sich geschlossene Einheit darstellen.

In sehr knapper, aber präziser Weise orientiert KIENAST über die historischen und epengeschichtlichen Grundlagen der ‚Bataille d'Aliscans' (WdF 57, S. 428 ff.). Ausführliche Darstellung bei FRAPPIER, S. 9—43, 63—87.

Während der Ansatz zum III. Prologteil, der dem Autor das Wort zu seinem Werkbezug erteilt, mit Bemerkungen zur Aufnahme des ‚Parzival', der Lob und Tadel einbrachte, und der Selbstnennung *ich Wolfram von Eschenbach* (4, 19) eindeutig markiert ist, bleibt der Übergang vom I. zum II. Teil fließend. Die Gebetsform reicht bis 3, 3, aber die Heldenlaudatio setzt 2, 28 ein, und auch dieser Einsatz ist wenig eindeutig, da bereits der 2, 23 beginnende Satz den Helden einführt: ... *der in dînem namen geprîse / einen riter der dîn nie vergaz* (2, 26 f.). Man wird sich mit dieser Ausgrenzung einer Übergangszone zufrieden geben müssen.

Diese Unbestimmtheit der Gliederung ist zahlenästhetischen Versuchen nicht günstig. Es gibt sie natürlich in verschiedenen Angeboten, aber sie sind, mit Verlaub gesagt, ebenso unverbindlich wie unerheblich. Am ehesten befriedigt BUMKES Vorschlag einer spiegelbildlichen Anlage (‚Wh.', S. 90 ff.), weil er von der Gesamtkomposition her eine Stütze erhält.

In der Heldenlaudatio stellt Wolfram Willehalm als Menschen hin, dem Gottes *erbarme* und *helfe* zuteil geworden ist (2, 28 ff.), sodann als Krieger, *der erkennet riter kumber gar* (3, 17), unvergleichliches Vorbild für den Kriegerstand (3, 12 ff.). Wolfram zielt hier auf eine speziell wehrständische Hörerschaft ab. Das bedeutet zumindest eine Akzentverschiebung gegenüber dem ‚Parzival', für den er sich vor allem *guotiu wîp* (827, 25) als verständige Hörer dachte. Die abschließende Bitte um Fürsprache des Heiligen (4, 3 ff.), konstitutives Element der Heiligenvita, verbindet Publikum, Autor und Held vor Gott.

Die Forschungsprobleme liegen im I., zugleich umfangreichsten Prologteil. Seine theologischen Aussagen sind bemerkenswert, aber nicht durch dogmatische Spezifica wie die Appropriationenlehre, sondern durch die Wolframsche Formgebung.

Der theologische Wissensstand des Dichters geht nicht über das hinaus, was die volkssprachliche Predigt vermitteln konnte. Das ist nicht ganz wenig — man studiere die um 1200 entstandene Predigtsammlung des Priesters Konrad —, sicher mehr als der heutige Gymnasiast an christlicher Information mitbekommt, und so verwundert es auch nicht, daß der Leser von heute den Wolframschen Horizont vielfach nicht erreicht.

Wolfram ruft Gott in den ersten fünf Versen mit seinen ,Namen' an: als wahr und vollkommen (*Âne valsch du reiner*), als trinitatischen Gott, als Schöpfer, als unendlich (*âne urhap — ân ende*). Preisende Attribuierungen also; wenn anschließend eine davon thematisch wird, so nicht *du drîer unt doch einer,* sondern der *schepfære über alle geschaft,* was im Bezug auf den Menschen die Gotteskindschaft einschließt. Der Gedankengang: Gott erweist sich als Vater, indem er meine sündigen Gedanken vertreibt (1, 6—9), Erbarmen mit mir hat (1, 10—12), mir Heil widerfahren läßt (1, 13—18); als Vater erweist sich Gott sodann durch seinen Sohn, verleiht mir doch die Menschwerdung Christi Bruderschaft, was der ,Pater noster' bezeugt, und die Taufe bestätigt die Gotteskindschaft (1, 19—28). Es ist dieser zwingende Zusammenhang, der bei der Anwendung des Appropriationsschemas jämmerlich durchschnitten wird. Außerdem spricht für ihn, daß mit dem ersten Thema, dem der Gotteskindschaft, das Zentralproblem der ,Willehalm'-Dichtung, Christen und Heiden vor Gott, angesprochen ist.

Die anschließenden Verse (1, 29—2, 15) enthalten ein Schöpferlob, das 216, 4 ff. und 309, 14 ff. durch Gyburg wieder aufgegriffen wird. Der Herr umschließt alle Dimensionen und alle Ordnungen, in seiner Hand liegen Planeten und Fixsternhimmel, die Elemente unterstehen seiner Macht und das Getier seinem Gebot, der lichte Tag und die dunkle Nacht sind von ihm festgesetzt.

Auf die Offenbarung Gottes in der Natur, Gegenstand des Preises, folgt die Offenbarung im Wort. Diese Textfolge, 2, 16—27, hat OHLY am förderlichsten erklärt. „Der wahren Schrift (der Hl. Schrift) Wortlaut und Wortsinn hat Dein Geist mit Kraft erfüllt (*gesterket*). Mein Geist nimmt sein Wirken kraftvoll wahr." Es folgen die vielzitierten Verse angeblich über Wolframs Bildungsstand: „Was in (gelehrten) Büchern geschrieben steht, darauf verstehe ich mich nicht. Nur insoweit bin ich kundig (*gelêret*): sollte ich über Kunstsinn (*kunst*) verfügen, so gibt ihn mir Dein Geist (*sin*)." Im Kontext von Gottes Schriftoffenbarung können *diu buoch* (2, 19) nur der *rehten schrift* (2, 16) entgegengesetzt sein, meinen also profane, im besonderen gelehrte Literatur. Nicht ihnen (wie viele Dichter, z. B. der Zeitgenosse

Gottfried von Straßburg) will sich unser Dichter anvertrauen, sondern dem göttlichen *sin* (2, 22). So fügt sich hier organisch die traditionelle Bitte um göttlichen Beistand an (2, 23 ff.).

Ergänzend zu OHLY weist C.ST. JAEGER die Schöpferinvokation des Dichters, verbunden mit Schöpferlob, in der volkssprachlichen Tradition nach (Der Schöpfer der Welt und das Schöpfungswerk als Prologmotiv in der mhd. Dichtung, ZfdA 107 [1978], S. 1—18).
Wichtig zur Beurteilung der schwierigen und interpretatorisch schwer belasteten Stelle ist der Hinweis BERTAUs, Deutsche Lit., S. 1135, daß es zur Opposition *kunst* — *sin* keine von Wolfram unabhängigen Parallelen gibt.

Der ‚Willehalm'-Prolog erweist die Dichtung als geistlich orientiertes Werk. Ob sie damit auch schon mit OHLY als Legende zu bezeichnen ist, hängt von der Definition der Gattung ‚Legende' ab, vor allem aber vom Verständnis der Titelgestalt. Dieses wiederum ist erschwert durch den fehlenden Abschluß des Werks: ein Moniage-Schluß, entscheidend für die Gattung Legende, ist aus dem Text heraus weder auszuschließen noch zu beweisen.
Die Wirkung des ‚Willehalm'-Prologs ist beträchtlich. „Alle Gebetsprologe in der mittelhochdeutschen Epik des 13. Jahrhunderts setzen den ‚Willehalm'-Eingang voraus" (KLEINSCHMIDT, DVjs 48, S. 628).

2. Die erste Alischanz-Schlacht
(Buch I, II)

LACHMANN hatte, geleitet durch Großinitialen der Führungshandschriften, den ‚Willehalm' in neun Bücher eingeteilt, und die späteren Editoren wie die Forschung insgemein sind ihm in dieser Aufgliederung gefolgt, auch wenn sie wie die Bucheinteilung des ‚Parzival' keine absolute Geltung in Anspruch nehmen darf und will.

Der Bogen der Erzählung spannt sich von der ersten Alischanz-Schlacht, in der fast das ganze christliche Heer erschlagen wird (Buch I, II), zur zweiten, die mit der Niederlage und dem Abzug der heidnischen Invasoren endet (Buch VII—IX). Die Doppelschlacht nimmt ziemlich genau die Hälfte des Geschehens in Anspruch. Dazwischen das Ringen Willehalms um die Hilfe seiner Sippe und der französischen Krone sowie die erfolgreiche Verteidigung von Oransche durch Gyburg (Buch III—V). Die wohl abgestimmte Balance von Schlacht zu Schlacht schränkt die Glaubwürdigkeit jener Thesen stark ein, die sich den offensichtlich fehlenden Schluß der Dichtung über den Rahmen der zweiten Schlacht hinaus denken.

1. In sehr knappen Strichen, drei Dreißiger umfassend, entwirft Wolfram die Vorgeschichte und Voraussetzungen der Alischanz-Schlachten (5, 15—8, 14). Es beginnt wie im Märchen. Graf Heimrich von Narbonne schickte seine sieben Söhne, Willehalm, Bertram, Buove, Heimrich, Arnalt, Bernart, Gybert, in die Welt, ohne ihnen ein Erbteil zu überlassen (das gesamte Erbe erhielt vielmehr ein vaterloses Patenkind). Sie sollten aus eigener Kraft zu Ansehen und Reichtum kommen: durch Erwerb von *werdiu wîp,* die *hôhen lôn* zu geben vermögen, durch Lehen und andere Besitztümer, durch Dienst bei Kaiser Karl (6, 1 ff.). Solche Möglichkeiten wußten die tüchtigen Söhne zu nutzen, ohne daß ihnen die Erfolge in den Schoß flogen: *selten senftekeit, grôz ungemach / wart den helden sît bekant* (7, 8 f.). Was den ältesten der Brüder, Willehalm, betrifft, *den diu aventiure wil meinen* (7, 14), so tut der Erzähler so, als sei seine Karriere den Hörern bekannt und brauche nur eben rekapituliert zu werden (7, 23 ff.). Unter ständigen klagenden Vorausdeutungen (7, 26; 7, 28; 8, 1; 8, 10 ff.) wie im 2. Titurel-Bruchstück wird erzählt, daß Willehalm die Heidin Arabel erwarb, die sich als Gyburg taufen ließ. Sie wurde dem Heidenkönig Tybalt entrissen, der den Verlust von Weib und Ehre, aber auch von Burgen und Ländern zu beklagen hatte. Was *enzwischen sît geschah,* will der Erzähler verschweigen (8, 26 f.) und gleich mit der Überfahrt König Terramers, Gyburgs Vater, also mit der eigentlichen Geschichte beginnen.

Zusätzliche Informationen zur Vorgeschichte erfährt der Leser später und fast immer en passant. Willehalm geriet in sarazenische Gefangenschaft (192, 6 f.) (deshalb kann er mit Rennewart in dessen Sprache sprechen), und zwar durch König Synagun, nachdem er sich im Kampfe hervorragend geschlagen hatte. Er verliebte sich in die Königin Arabel, und diese befreite ihn und floh mit ihm *in toufbæriu lant* (220, 11 ff.). Dieser Bericht der Gyburg wird 293, 28 ff. von ihr, 298, 12 ff. von Willehalm ergänzt. Er erinnert daran, wie er mit List die Stadt Nîmes erobert hat (das Ereignis der Chanson de geste ‚Le charroi de Nîmes'). *dar nâch* hätte er als Gefangener die Liebe von Tybalts Frau gewonnen. Das *dar nâch* bleibt unbestimmt: ein Zusammenhang zwischen der Eroberung von Nîmes und Willehalms Gefangenschaft wird nicht ersichtlich. Überraschend ist die viel frühere Information (153, 18 ff.), daß Tybalt König Loys (Ludwigs) Gattin, die Schwester Willehalms, geliebt und *dicke* Gegenliebe gefunden hätte (was mehr geschah, um ihren Mann zu kränken als ihretwegen), noch mehr die Rechtfertigung, die Willehalm aus diesem ehebrecherischen Verhältnis für sich selbst in Anspruch nimmt: er hätte Gyburg dem Tybalt nie entführt, wenn er sich nicht hätte rächen wollen für die Schmach, die dem König angetan worden ist.

Das ist ein Aspekt, der nur hier, in einer Zornrede Willehalms, aufblitzt. Wolfram scheint ihn nicht ernst zu nehmen — Gyburg selbst bezeichnet ihren ersten Gatten als tadelsfrei (310, 15 f.) —, er bleibt indes interessant als einziger Hinweis, daß das Verhältnis Willehalms zu Gyburg ehebrecherisch genannt werden kann, nämlich durch die ausgesprochene Analogie zum angeblichen Verhältnis Tybalts zur französischen Königin (*swaz Tybalt hie geborget hât, / Gyburc daz minnen gelt mir lât,* 153, 29 f.). Sonst bleibt der Frauenraub Willehalms außerhalb moralischer Wertung. Wolfram mag sich — mit nicht ganz gutem Gewissen, wie vielleicht gerade die zitierte Stelle erweist — mit der formalen kanonistischen Bestimmung zufrieden gegeben haben, daß eine Heidenehe eben keine Ehe sei.

Man kann indes wahrlich nicht behaupten, daß es sich Wolfram mit moralischen Begründungen leicht gemacht hat. Das wird noch zu zeigen sein. Unsere Frage nach dem moralischen Faktum Ehebruch vermag aber gerade deutlich zu machen, wie sehr der übernommene Stoff einen Autor belasten konnte. Gyburg war nach der literarischen Tradition die Gemahlin Tybalts und hatte von ihm einen Sohn, Ehmereiz (der bei Wolfram eine besondere Rolle erhält): Wolfram dachte offensichtlich nicht daran, diesen Befund zu ändern, etwa aus der Gyburg eine unverheiratete Prinzessin zu machen, aber alle moralischen Implikationen aufzunehmen und auf den Begriff zu bringen, war ein Ding der Unmöglichkeit. Die Problematisierung des Frauenraubs als Ehebruch hätte die ‚Willehalm'-Dichtung, wie sie vorliegt, schlechterdings verunmöglicht. ‚Minne' und Taufe allein mußten und konnten die Rechtfertigung tragen (s. 9, 17 ff.). Daß Wolfram auch das Problem ‚Ehebruch' gesehen hat, beweist gerade die befremdliche Stelle 153, 26 ff.: er deutet es beiläufig in einer Affektrede Willehalms an, um sich davon zu entlasten.

Noch einen andern Punkt hat Wolfram halbwegs im Ungewissen gelassen: den mit Gyburg verbundenen Landgewinn. Tybalt beklagt außer *êre unde wîp bürge unde lant* (8, 6 f.; s. auch 11, 7 ff.), und Bernart bestätigt dies: *Tybaldes lant und des wîp / du hâst* (457, 17 f.). Anderseits betrachtet Willehalm seine Mark als königliches Lehen (178, 8 f.), auf das Tybalt (ohne Rechtsgrund) Anspruch erhebe (298, 2 f.). Ich sehe keine Möglichkeit, diesen Widerspruch aufzulösen, möchte aber meinen, daß auch die Landfrage zu den Problemen gehört, die in ‚Aliscans' keine waren oder sein konnten, wohl aber im Bewußtseinshorizont Wolframs, ohne daß sich dieser in der Lage sah, sie in den epischen Prozeß hereinzunehmen.

Die territoriale Frage ist ausführlich erörtert von E. SCHMIDT, 1978, bes. S. 264 ff.

2. Die sarazenische Invasion der Provence ist erklärtermaßen ein Rachefeldzug von Gyburgs Sippe mit König Terramer und Tybalt an der Spitze. Ihnen folgt ein gewaltiges Heer mit hervorragenden Heerführern wie Terramers Bruder Arofel und sein Neffe Halzebier, der über die Stärke von sechs Männern verfügt (46, 4). Vor Alischanz (südl. von Arles) bedecken die Heiden *berge und tal* (10, 12). Ihnen kann Willehalm nur eine verhältnismäßig kleine Schar von zwanzigtausend Mann entgegenstellen. Er ermahnt sein Heer im Sinne eines Kreuzfahrerführers (17, 3—22), aber zur Gottesliebe tritt als Kampfmotivation auch Frauenminne: *Ûf erde hie durh wîbe lôn* (17, 1). Halzebier mit dreißigtausend Kriegern eröffnet den Kampf, den der Dichter schon vorgängig *mort* nennt (10,20; s. auch 162, 14; 401, 30). Ihr Kampfschrei ist *Tervigant* (18, 28); *Monschoy* (19, 1) tönt es ihnen seitens der Christen entgegen. Zu den ersten Toten gehört der *clare süeze* Myle, Willehalms Schwesterkind. Der heidnische König Noupatris, der *ranc nach wîbe lône* (22, 25), stößt auf den blutjungen Vivianz, den zweiten Schwestersohn des Markgrafen, Liebling der Gyburg und von ihr erzogen, und wird von diesem erschlagen. Vivianz selbst erhält tödliche Wunden, kämpft aber weiter. Die Übermacht der Heiden ist erdrückend, sie werfen immer wieder neue, ausgeruhte Truppen, nunmehr unter Terramers Führung, in die Schlacht, sie überfluten die Christen von allen Seiten wie Meereswogen (32, 2 f.) und mit unendlichem Getöse der Pauken, Trommeln, Posaunen und Pfeifen (34, 6 ff.). Es beginnt der Leidens- und Todesweg der christlichen Streiter *von überlast der heiden* (39, 3). *Monschoy* verstummt (39, 10 f.). Exemplarisch wird die Todesstraße Vivianz' dargestellt (40, 20—49, 30). Der Schwerverwundete vollbringt noch Wunder an Tapferkeit, erschlägt sieben Könige, empfängt dann durch Halzebier den Todesstreich, reitet aber, nachdem die Schlacht über ihn hinweggegangen ist, noch todwund auf einem wunden Pferd zum Flusse Larkant, findet, vom Engel Cherubin geführt, im Schatten einer Linde und an einer Quelle den letzten Ruheort, wartet dort auf Willehalm, den er nach des Engels Verheißung noch vor dem Tode sehen wird.

Willehalm, um den sich noch vierzehn Krieger scharen, bleibt nur noch die Klage über unendlichen Verlust. In einem letzten Gefecht, in dem er den prächtigen heidnischen Minneritter König Poufameiz erschlägt, fallen alle seine Begleiter. Dann schlägt er sich durch die ihn bedrängenden Feinde und entflieht in die nahen Berge (Ende des I. Buches).

Die epische Aufgabe, eine Massen- und Völkerschlacht darzustellen, war nicht neu, auch nicht in deutschsprachiger Epik. Es gab Muster im Rolandslied, im Alexanderlied, in Herborts von Fritzlar ‚Liet von Troye', es gab somit Darstellungsschemata und -formeln. Von diesem literarischen Bestand hebt sich Wolfram in seinen Schlachtschilderungen unvergleichlich ab; seine Darstellungskunst, kompositorisch und sprachlich, wurde im ganzen Mittelalter nie mehr erreicht. Die erste Alischanz-Schlacht diene als Beispiel, wie Wolfram das Kriegsgeschehen inszeniert und vergegenwärtigt.

Als Aufgabe zeichnet sich ab, 1) eine Massenschlacht dazustellen, 2) innerhalb dieser hervorragende und schlachtentscheidende Einzelkämpfe zu schildern, 3) Anlaß und Sinn dieses Völkermords zu verdeutlichen.

Das war nur möglich im Rahmen eines übersichtlichen Vollzugs. Fünf Phasen sind zu unterscheiden:

I. Die Exposition (8, 29—17, 22) mit Terramers Aufmarsch (8, 29—13, 4), dem Aufmarsch der Christen (13, 5—16, 24), der Ansprache Willehalms (16, 25—17, 22).

II. Der Kampf mit den Scharen Halzebiers (17, 23—27, 29) mit 1) Aufmarsch (17, 23—18, 14), 2) Massenkampf (18, 15—20, 30), 3) Einzelkämpfen in der Massenschlacht (21, 1—26, 8): Willehalm erschlägt Pynel (21, 1—10), Terramer Myle (21, 16—30), Vivianz bei schwerster eigener Verwundung Noupatris (22, 14—26, 8), 4) weitere Vorführung des heidnischen *minnen hers* (26, 9—27, 17), 5) Halzebier droht eine Niederlage (27, 18—29).

III. Die Hauptschlacht (27, 30—40, 19): 1) Terramer wird über Halzebiers *strîtes nôt* und den Tod Noupatris' informiert (27, 30—28, 22), 2) Aufmarsch: Tybalt, Ehmereiz, Arofel, Terramers Söhne, Josweiz, Margot von Pozzidant, Tesereiz, Terramer selbst mit Poydjus von Griffane (28, 23—36, 30) mit 3) Erzählerreflexionen über Gyburgs Schuld (30, 21—31, 20), 4) Schlacht; die Niederlage der Christen zeichnet sich ab (36, 31—40, 19).

IV. Der Vernichtungskampf am Larkant-Fluß (40, 20—47, 22): Einzelne Christen kämpfen gegen heidnische Heerscharen. 1) Vivianz gegen die Scharen Margots (40, 20—41, 19), 2) Waffenhilfe durch den Pfalzgrafen Bertram und sieben weitere Fürsten (41, 20—42, 30), 3) Reizreden Rubuals und Terramers (43, 1—44, 30), 4) endgültige Niederlage der Christen durch Halzebier, der Vivianz die Todeswunde schlägt (45, 1—47, 22).

V. Epilog: Vivianz' Todesweg und Willehalms Klage und Flucht (47, 23—57, 28).

Der hier erreichte Fortschritt in der Entfaltung eines bewegten und schwer überschaubaren Schlachtgeschehens läßt sich unschwer im Vergleich zur Runzevalschlacht des Rolandsliedes des Pfaffen Konrad ablesen. Dieser fehlt die von Wolfram erreichte Dynamik des Verlaufs durchaus. Das Gleichzeitige wird in ein Nacheinander zerlegt, aber auch sich folgende Phasen gelangen nicht in eine echte Sukzession. Es fehlen dazu offensichtlich die technischen Mittel. So baut sich ein blockhaft-statisches Geschehen auf. Erst in der Schlußphase wird es überwunden, wo die letzten übrig gebliebenen Paladine, Turpin, Olivier, Roland, ihren persönlichen Tod suchen und finden.

Den Ablauf der Schlacht in einem abgegrenzten zeitlichen und örtlichen Rahmen verfolgt der Erzähler mit ständiger Präsenz (auktoriale Erzählsituation), aber wechselnder Perspektive. Bald schildert er Ausrüstung und Antritt eines heidnischen Königs, bald die Schwertschläge der Christen, bald ist er nah und hält das Detail fest, bald fern, um Vieles zusammenzusehen — ganz wie heute ein versierter Kameramann.

Im Einzelnen (18, 15—20, 30): Aufprall der Truppen mit Schlachtruf *Tervigant* auf heidnischer, *Monschoy* auf christlicher Seite. Ein Stück Kampfgeschehen (19,3—17): Stiche und Schläge. Der eine sitzt noch im Sattel, der andere liegt auf der Erde. Beide Heere sind „ineinander verflochten". Hunderte von Heiden fallen. Nothafter Durchbruch der Christen, Gegenstoß der Heiden.

Jetzt fällt der Blick auf die Ausrüstung der Heiden (19, 18 ff.). Sie ist *von rîcher kost* (19, 19), und dies *von wîben durh minne* (19, 23): das eigentliche Stimulans der Heiden. Demgegenüber streben die Getauften *nach dem êweklîchen prîse* (19, 28 f.).

Nach dieser Reflexion gewinnt der Erzähler eine Gesamtperspektive (20, 4—9): das Schlachtfeld in seinen Farben sieht sich an wie ein blühendes Feld im Maienglanz. Dann wiederum Nahbild (20, 13—30): Der Glanz der Rüstungen wird verdunkelt, gefällte Krieger werden zu Teppichen der Pferde, Schwerter der Christen sausen auf hochragende weiße Turbane, heidnische Keulen schlagen Beulen in christliche Helme.

Akustisches, Bildhaftes, Metapher und Vergleich, Bericht und persönliche Stellungnahme wechseln ab und verflechten sich zu einem eindrucksvollen Gesamtbild, weil eine ungewöhnliche Einbildungskraft das Disparate zusammenhält. Einheit stiftet auch der Berichterstatter: er kämpft mit und drängt sich im Gewühl, kann aber ständig seine Position wechseln.

Im Gewoge der Massenschlacht kämpfen die einzelnen Helden. Es versteht sich von selbst, daß das hellste Licht auf sie fällt, ihre Kühnheit, ihren Mut zum Tode. Insoweit verhält sich die ‚Willehalm'-Dichtung nicht anders als das Rolandslied. Neu ist indes die Einbettung des Einzelkampfes in die gesamte Schlacht und der dynamische Wechsel von einem zum andern.

Der eigentliche Held, aber auch der Repräsentant der ersten Alischanz-Schlacht ist Vivianz. In seiner Person, seinem verzweifelt-vergeblichen Kampf und seiner Not, im Ausgeliefertsein, aber auch in der Hoffnung spiegelt sich der Weg der Christen in die Niederlage und in den Tod. Sein Kampf mit Noupatris wird ausführlicher als jeder andere geschildert. Noupatris ist s e i n Gegner als Ebenbild und Gegenbild. Beide sind sehr jung und schön, strahlend und glänzend gerüstet. Beide kämpfen im Dienste der Liebe, aber gerade hierin unterscheiden sie sich. Noupatris hat um Frauenminne sein reiches Königreich verlassen. Amor mit dem Pfeil prangt auf seinem Banner. Noupatris steht für viele, ja die meisten Heiden: *daz was almeistic der minnen her* (26, 9): als solche haben sie die unverhohlene Sympathie des Dichters. Es ist, als ob der Minneauftrag schöner, ferner und liebender Frauen einen zusätzlichen Adel verleihen würde, den der Erzähler wie der Hörer zu respektieren haben. Auch Vivianz ist *gezimieret* wie ein Minneritter, aber nicht von einer geliebten Dame, sondern von Gyburg, die ihn wie einen Sohn hält, *durh sippe minne* (24, 13), und *durh got . . . ze himel durh der engel dôn* (16, 28/17, 2). Diese zwei Jünglinge stoßen aufeinander, und einer durchsticht den andern mit der Lanze, den einen tödlich, den andern auf den Tod hin.

Bei der Vernichtung von Leben so hoher Art und Qualität stellt sich die Sinnfrage. Sie ist schwierig. Wolfram weicht ihr nicht aus, bringt sie aber auch nicht ein für allemal auf den exakten Begriff, womit sie dingfest würde. Sie ist vielmehr immer gegenwärtig, immer brennend und ihre Beantwortung immer nur vorläufig. Der Leser weiß von allem Anfang an, daß der Anlaß der Heideninvasion Gyburgs Entführung und Christenehe ist. Fällt da nicht die Schuld der furchtbaren und sinnlosen Verluste, eines Noupatris, eines Vivianz in ihrer Jugendblüte und mit ihrem Recht auf Liebe, Glück und Leben, auf Gyburg? Wolfram stellt diese Frage ausdrücklich mitten in den nicht endenwollenden Aufmarsch von unabsehbaren Heidenscharen (30, 21 ff.), weist sie indes entschieden zurück: *unschuldic was diu künegin* (31, 4), unschuldig auf Grund ihrer Taufe *durh den der von dem worte wart* (31, 7). Es ist dies die theoretisch-dogmatische Rechtfertigung, wonach der Bruch einer Heidenehe keine Sünde ist, schon weil eine Heidenehe im rechtlichen Sinne gar keine Ehe ist. Aber bei dieser fast flehentlich vorgebrachten Begründung seitens des Dichters bleibt es keineswegs. Willehalm angesichts des Verlustes ohnegleichen ruft aus: *ei Gyburc, süeze âmie, / wie tiuwer ich dich vergolten hân!* (39, 12 f.; ähnlich 51, 20 ff.). Wenn nicht Schuld, so lastet das Leid auf den Beteiligten, Leid das kaum zu tragen ist. Wenn es eine Lösung gibt, so wird sie in der Bewältigung von Leid liegen.

Die Rechtfertigung Gyburgs durch die Taufe eröffnet auch den Aspekt des Glaubenskrieges. Die Christen werden von Willehalm wie Kreuzfahrer in Pflicht genommen (17, 3 ff.), sie tragen das Kreuzeszeichen, sind *gotes soldiere* (19, 17) und streben nach *êweclîchem prîse* (19, 28). Aber Märtyrer des Glaubens, die im Glauben und um den Glauben kämpfen und sich in unerschütterlicher Zuversicht das Reich Gottes verdienen wie die Christenhelden des Rolandsliedes, sind die christlichen Streiter der Alischanz-Schlacht nicht. Das Sterben für den Glauben ist unendlich viel schwerer geworden, ist jedem einzelnen als besondere Aufgabe auferlegt, bedarf der gnadenhaften Erwählung, ist keine glaubhafte kollektive Verheißung. Wolfram sagt das so nicht, aber man glaubt überall zu spüren, daß er so denkt. Die Kreuzzugsideologie ist ihm fragwürdig. Wenn er sich versuchsweise ihrer bedient, etwa in der humorvoll gemeinten Bemerkung, daß die Hölle sich freute über die vielen Tausende von Heiden, die erschlagen am Boden lagen (38, 29 f.), so klingt dies gezwungen oder gar daneben. Wolfram freut sich keineswegs über die gefallenen Heiden. Sie sind vielmehr wie die erschlagenen Christen Gegenstand seiner Klage. Es ist aber die Klage, die den Grundton des Geschehens bestimmt. Nicht erst nach verlorener Schlacht aus dem Munde Willehalms, Klage um Vivianz, um Mile, die Blüte der Jugend, um *flust âne mâze* (94, 4). Die Klage beginnt schon vor der Schlacht, die grausam, verlustreich und verloren ist, bevor sie nur begonnen hat. Auch ohne die Vorausdeutungen kann am Ausgang nie ein Zweifel sein — so wenig wie am Ausgang der Schlacht von Salisbury, die Artus auferlegt ist, um sich und die ganze Blüte der britannischen Ritterschaft dem Untergang zu überantworten (‚Mort li roi Artus'). Es ist gerade die Klage, die Christen und Heiden verbindet. Wolfram gedenkt der klagenden Frauen und Geliebten, der klagenden Sippen im heidnischen Osten und Süden wie in der Christenheit, Klage somit auf dem ganzen Erdkreis. Am erschütterndsten ist sie, wie sie über dem leer und still gewordenen Schlachtfeld liegt. Man fragt sich, ob da die Sonne wieder aufgehen kann.

Wolfram hat in der Schlachtschilderung — Ähnliches, aber auch viel Abweichendes wäre bei der zweiten Alischanz-Schlacht nachzuweisen — die verschiedenartigsten Darstellungsmittel eingesetzt: Schemata und Formeln der literarischen Tradition für Aufmarsch und Kampf, z. B. instrumentaler Lärm und Kampfruf, Kampfhyperbolik, Heerführerreden, dies erweitert und bereichert durch die eigene Imagination, durch originelle Metaphern und Vergleiche, Nahsicht und Fernsicht, durchtränkt von Reflexionen über Sinn und Schuld, Tod und Leben, begleitet von Ausrufen und Interjektionen, Totenlob und Wehklage — nie hat ein Erzähler ein Geschehen seinen Hörern mit größerer Anteilnahme und Betroffenheit vorgetragen.

Zur Kampfdarstellung, unter Einschluß der 2. Alischanz-Schlacht s. vor allem WOLF, Kampfschilderungen, 1975, mit weiten Perspektiven und Ausblicken. Mit Recht betont WOLF den Wirklichkeitsaspekt (*mort!*) gegenüber heldenepischen Erwartungen. Nur würde ich das *sicherheit*-Nehmen, auch nicht in einer Anmerkung (45), als „Kavaliersattitüde" disqualifizieren. Man müßte so auch Willehalm, der am Schlusse dem Heidenkönig Matribleiz *sicherheit* zuerkennt, unter dieses Verdikt stellen, und im Zusammenhang mit Arofels Bitte um *sicherheit* (s. u.) wird ein solches Urteil sogar zur Parteinahme der Unmenschlichkeit, in welchem Namen sie immer geschieht. Auch der Blick auf die *temptatio* der Legende, die OHLY einmal flüchtig aussprach (WOLF, Anm. 52), scheint mir hier nicht erlaubt zu sein, selbst wenn sie zur Glaubenskampfideologie gehören sollte. Ich glaube indes Wolfram nicht mißverstanden zu haben, wenn ich ihm gerade die Überwindung so grausam-logischer Positionen zuschreibe. — Mit diesen kritischen Bemerkungen wollte ich nur andeuten, wie schwer die Urteilsbildung im Rahmen des ‚Willehalm' fällt.

3. Auf seiner Flucht reitet der Markgraf von den Anhöhen zum Unterholz des Flußbettes des Larkant hinunter und findet dort Vivianz. Der harte Krieger zerbricht fast über dem zerschundenen Körper des geliebten Jünglings, grenzenlos ist die Klage (60, 21—64, 30). Vivianz erwacht noch einmal aus der todähnlichen Ohnmacht, findet rührende Worte der Dankbarkeit und Zuneigung — aber hat er wirklich sein Versprechen erfüllt, nie vor einem Sarazenen zu fliehen? Willehalm nimmt ihm diese Zweifel als Beichte ab, reicht ihm die geweihte Hostie, die er bei sich trägt, als Sterbesakrament. Vivianz Tod erfüllt die ganze Gegend mit Wohlgeruch (69, 10 ff.). Zeichen eines geheiligten Todes? Aber dasselbe wird wenig später vom heidnischen *minnære* Tesereiz gesagt (88, 1 ff.).

Auf dem Fluchtweg nach seiner Stadt und Burg Oransche erschlägt Willehalm sieben Könige, die andern acht fliehen. Ehmereiz, Gyburgs Sohn, schont er um seines Weibes willen. Nicht aber Arofel, der sich ihm später, zusammen mit einem andern Heidenfürsten, in den Weg stellt, obschon der zum Krüppel Geschlagene *sicherheit* und alle Reichtümer seines Königreiches anbietet. Der Gedanke an Vivianz und der Rachegeist verhärten Willehalm zu unrühmlicher Tat: er erschlägt den, der um sein *halbez leben* (79, 23) fleht, kleidet sich außerdem mit des Erschlagenen Rüstung und besteigt dessen Pferd Volatin; sein eigenes, Puzzat, folgt ihm. Daran erkennen ihn die Heiden, die ihn, schon angesichts Oransches, zu jagen beginnen. Tesereiz, *der minnen kranz* (86, 3), von der Liebenswürdigkeit des Noupatris, der nach Oransche geeilt ist, *ze schirm Gyburge lîbe* (83, 4), das Leben der Gyburg zu schützen, das ihr Poydjus auf Befehl Terramers nehmen soll, voll Bewunderung über die Macht der Minne, die sich an Gyburg und Willehalm erwiesen hat, stellt sich dem Markgrafen entgegen, will aber, wie er ihn erkennt, um seiner *werdekeit* willen nicht mit ihm kämpfen; dies würde *der minne leit* sein (86, 27). Eine von dritter Hand geschleuderte Lanze löst indes den Kampf aus, Tesereiz, *der minne ein blüender stam* (88, 12), fällt unter Klagen des Erzählers (88, 1 ff.).

Die Erschlagung des bereits invaliden, wehrlosen Arofel ist ein schwer verständlicher und beunruhigender Vorgang im Leben Willehalms, dessen *heilikeit* der *sündehafte munt* des Dichters anruft (4, 14 f.); man konsultiere vor allem den Beitrag W. SCHRÖDERs mit dem bezeichnenden Titel ‚Die Hinrichtung Arofels', Wolfram-Studien II, S. 219—240. Willehalm selbst äußert sich 203, 19—204, 30 so umständlich und nicht ohne Wiederholungen über diesen Sieg, daß man meinen möchte, er liege ihm auf der Seele. Er sagt aber nur, daß sein Tod ihn *baz luste* als alle Reichtümer Arofels, denn er hätte an diesem Morgen den toten Vivianz geküßt (203, 27 ff.), und mit Arofels Erschlagung hätte er Terramer aufs schwerste getroffen (204, 15 ff.). Ferner ist sich Willehalm bewußt, daß er durch die Tötung dieses Minneritters die Gunst der Minne verscherzt habe (204, 25 ff.). Aber die besonderen Umstände der Erschlagung, die ‚Hinrichtung', auf der gerade und allein die moralischen Implikationen beruhen, bleiben unreflektiert. Es wird deutlich, daß Wolfram, der zweifelsohne diese Tötung moralisch zu beurteilen wußte, seinen Helden damit nicht belasten wollte.

Vor dem Stadttor von Oransche muß sich Willehalm auf fremdem Pferd und in fremder Rüstung zuerst, selbst Gyburg gegenüber, mit Tat (Befreiung christlicher Gefangener) und Erkennungsmal (die genarbte Nase, *Willelm ehkurneys,* Kurznase, 92, 17) legitimieren, bevor er eingelassen wird. Auf die erstaunte Frage, warum er allein zurückgekehrt sei, muß er bekennen: *Vivianz ist tôt* und *mîn vlust ist âne mâze* (93, 28/94, 4). Gyburg entwaffnet ihn mit eigener Hand, pflegt seine Wunden und schenkt ihm ihre tröstende Liebe. Während er an ihrem Herzen eingeschlafen ist, wendet sie sich im Gebete an *Altissimus.* Dem erwachten und gestärkten Markgrafen gibt sie den Rat, persönlich die Hilfe seines königlichen Schwagers Loys und seiner Sippe zu erlangen, während sie bis dahin die Belagerung, die sich inzwischen in einem dichten Ring vollzogen hat, *als ob ein wochen langer regen / niht wan riter güzze nider* (99, 2 f.), zu überdauern versuche. Willehalm verspricht bis zu seiner Rückkehr nur Wasser und Brot zu sich zu nehmen und verläßt Burg und Stadt, ohne von den Belagerern aufgehalten zu werden: Arofels Pferd und Wappenzeichen erweisen sich als wirksamer Schutz.

Die eheliche Liebesszene, ohne Vorlage in der Quelle, die im VI. Buch (279, 6 ff.) ihre Entsprechung hat, ist unter allen vergleichbaren Intimdarstellungen die freieste und zugleich die zarteste. Wolfram ist zutiefst überzeugt vom uneingeschränkten *bonum* der Geschlechterliebe; Gottes eigene Hand hat bewirkt, *daz der vriunt vriundinne vant / an dem arme sîn durh minne* (456, 9 ff.). Willehalm nennt seine Liebe zu Gyburg aber auch *hôhe minne* (95, 13), nicht aus Galanterie, sondern um damit ihren unvergleichlichen Wert zu bezeichnen: bemerkenswerte Umformung eines doch sehr festen Terminus. Geschichtlich kann Wolframs Auffassung der Eheminne in eine Linie Abaelard — Hugo von Sankt Victor — Albertus Magnus eingeordnet werden (Bumke, ‚Wh.', S. 176 ff.), aber man steht unter dem starken Eindruck, daß Wolfram sie unabhängig von theologischen Rechtfertigungen aus eigener Erfahrung und Sicht gewonnen hat.

3. Willehalm gewinnt die Reichshilfe
(Buch III, IV)

Zu Beginn des III. Buches teilt sich das Geschehen in zwei Stränge: Es vollzieht sich die Belagerung von Oransche, und Willehalm reitet *nach helfe* (103, 12).

Klage herrscht auch bei den Heiden. Terramer ist fassungslos, daß es einer *hant vol rîter* (107, 21) gelungen ist, sein Heer beinahe zu vernichten. Der Christengott, obschon kläglich und unglaubwürdig als Gekreuzigter und Dreieiniger, muß tüchtige Krieger haben. Drei grausame Todesarten werden Gyburg zugedacht, eine davon darf sie wählen. Sie weist das schändliche Angebot mit Würde und Hohn zurück. Erst im Nachherein erfährt der Hörer, daß das Gespräch zwischen Vater und Tochter *bî einer naht* stattgefunden hat, offensichtlich über die Mauern hinweg. Die Belagerung wird mit großem Einsatz, auch von Maschinen, darunter dem neuartigen *drîboc* (111, 9) geführt. Gyburg täuscht zahlreiche Verteidiger vor, indem sie die Gefallenen mit Helmen und Schilden auf den Wehrgängen aufstellen läßt.

Auf dem Wege nach Munleun (Laôn), wo der König in Kürze Hoftag halten wird, gelangt Willehalm nach Orlens, wo er dem städtischen Zolleinnehmer, der den Fremden für einen Kaufmann hält und in ungewöhnlicher Weise Zoll fordert, den Kopf abschlägt. Das veranlaßt den Stadtvogt, den Grafen Arnalt, einen Bruder Willehalms, dessen Verfolgung aufzunehmen. Nachdem Arnalt aus dem Sattel geworfen wird, erkennen sich die Brüder.

Der Rechtsfall ist erledigt, und Arnalt verspricht seine uneingeschränkte Hilfe gegen die Heiden vor Oransche.

Die nächste Nacht verbringt Willehalm, ohne sich zu erkennen zu geben, in einem Kloster. Andern Tags gelangt er nach Munleun. Seine kriegerische Ausrüstung erregt Erstaunen, niemand spricht ihn an. Das königliche Paar erkennt ihn, wie es aus einem Fenster Ausschau hält, die Königin fürchtet: *nu wil er aber ein niuwez her* (129, 25), läßt wie die bösen King-Lear-Töchter das Tor verriegeln (129, 29 ff.).

Ein edler Kaufmann, Wimar, bietet Willehalm sein Haus als Herberge an. Doch weist dieser, seinem Gelübde treu, die köstliche Mahlzeit, die ihm aufgetragen wird, zurück, ißt Brot und trinkt Wasser (hier die Walther-Polemik ohne Namensnennung, 136, 7 ff.). Vor *zorn* kann er nicht schlafen, und im Zorn begibt er sich am nächsten Morgen, bewaffnet, zum Hoftag in die Burg. Niemand empfängt und begrüßt ihn, er setzt sich, legt provozierend sein Schwert über die Knie — vielleicht ein Nibelungen-Zitat, Str. 1783 —, stößt wilde Verwünschungen in sich hinein. Dann sieht er, wie seine Eltern, Heimrich und Irmschart, hierauf seine Brüder geziemend begrüßt werden. Das veranlaßt ihn zu jäher Erhebung von seinem Sitz, er macht sich Bahn zum König, schleudert diesem, der ihm die römische Krone verdanke — eine zutreffende Erinnerung —, erregte Schmähworte ins Gesicht. Die Brüder springen auf ihn zu, begrüßen ihn lebhaft mit Umarmung, bitten ihn, sich zu mäßigen. Der König bittet gleichfalls, Willehalm möge von seinem *zorn* Abstand nehmen. Alles, worüber er verfüge, stehe zu seiner Verfügung. Dem widerspricht die Königin-Schwester mit harten Worten. Willehalm reißt ihr die Krone vom Kopf, zerbricht diese am Boden, ergreift sie bei den Zöpfen. Er hätte ihr den Kopf abgeschlagen, wenn Irmschart sich nicht dazwischen geworfen hätte. Die Königin entflieht in ihre Gemächer. Jetzt erst kann es zur Begrüßung der Eltern kommen und zum kurzen Bericht über die Katastrophe von Alischanz. Sie versprechen ihm ihre Hilfe. Aber noch immer ist Willehalm in großem *zorn*. Er schilt seine Schwester eine Hure, zeiht sie ehebrecherischer Beziehungen zu König Tybalt. Die Wendung kommt mit dem Erscheinen der Königstochter Alyze. Wolfram schildert sie als unbeschreiblich schön und anmutig (154, 9 ff.). Sie geht vor Willehalm auf die Knie, eine unvergleichliche Geste, Willehalm ist betroffen und überwältigt, sein *zorn* schwindet in der erklärenden Rede, die er dem Mädchen hält. Aber Wolfram selbst fühlt sich verpflichtet, Willehalms *zorn* zu Beginn des IV. Buches zu begründen (162, 1—163, 10). Zusammenfassend meint er: *des twanc in minne und ander nôt / und mâge und lieber manne tôt* (163, 9 f.).

Solcher Begründung bedurfte die Aliscans-Chanson nicht. Das ungestüme Auftreten Willehalms am Hof, seine unflätigen Reden gegen die Königin, die der deutsche Dichter bei weitem nicht erreicht, entsprachen durchaus dem Geschmack des als ‚Volk' gedachten Chanson-Publikums, waren zudem motiviert durch die kläglich-erbärmliche Rolle, die hier dem Hofe und der königlichen Familie zugedacht ist. Wolfram hat indes die Figur des Königs aufgewertet, er benimmt sich nicht unwürdig und unnobel, und schon deshalb wird Willehalms *zorn* problematisch. Die böse Schwester allein vermag ihn nicht zu rechtfertigen. Unabhängig indes von aller Motivierung muß ihn Wolframs höfisches Publikum als Schock empfunden haben.

Die Hofszene des III. Buches hat durch HAUG (Willehalms *zorn*, 1975) eine vorzügliche, vor allem auf die Gattungsfrage ausgerichtete Analyse gefunden. Daß hier die Inversion eines höfischen Schemas vorliegt, indem die Krisensymptome, wie sie z. B. Erecs erste Ausfahrt kennzeichnen, an den Hof verlegt werden, der im Artusroman die Höhe und den Ruhepunkt bedeutet, ist gewiß (auch für HAUG) keine bewußte Kontrafaktur, aber trotzdem oder gerade deshalb sehr erhellend für den Gattungsunterschied. Wolfram in seinem Problembewußtsein konnte es nicht beim *zorn* bewenden lassen, er mußte ihn begründen und als Haltung überwinden. Die Szene spiegelt, worum es im ganzen Rezeptionsprozeß der ‚Bataille d'Aliscans' durch Wolfram geht.

Es fügt sich nun für Willehalm alles zum Besten. Mit der Versöhnung der königlichen Schwester, die nunmehr gute Worte der Klage und der Sippenverpflichtung findet (*gedenket daz wir sîn ein lîp,* 168, 13), ist die Solidarisierung der Sippe perfekt, und auch der König ist, freilich nicht ohne Widerstreben, da er die Beleidigung der Königin als Schmach des Königtums empfinden mußte (181, 8 ff.), durch die nachdrückliche Beschwörung der Karlstradition durch Heimrich bereit, dem Markgrafen ein Reichsheer zur Verfügung zu stellen: *der von Karel was erborn, / der begienc dâ Karles tücke* (Handlungsweise) (184, 28 f.). Vorher wurden von der Heimrich-Sippe viele schöne und tapfere Reden gehalten, Willehalm von der Königin höfisch eingekleidet, hierauf Mahlzeit gehalten, zu der auf Willehalms Bitte auch sein kaufmännischer Gastwirt geladen wird (*dô mohte Wîmâr gerne leben, / wan er ans rîches tische saz,* 175, 30 f.), während der Markgraf selbst bei Wasser und Brot bleibt.

Die nächsten Tage dienen dem Aufgebot und der Ausrüstung der Truppen. An diesem Ruhepunkt der Handlung betritt Rennewart die Szene. Ein Junge von gewaltiger Stärke und *edelkeit* (188, 25), aber *verdact* durch *küchenvar-*

we, denn er versieht Küchendienste. Er trägt einen gewaltigen Wassereimer vom Brunnen über den Hof. Übermütige Jungritter, die buhurdieren, stoßen ihm den Eimer um, worauf er ihn geduldig ein zweites Mal mit Wasser füllt. Aber nur einmal ist er bereit, den Spott der jungen Herren zu ertragen. Wie ihm der Eimer abermals umgestoßen wird, ergreift er einen Knappen und schleudert ihn an eine Steinsäule, daß er dort auseinanderbricht wie eine faule Frucht. Willehalm hat dies alles vom Fenster aus beobachtet, fragt den König nach dem starken Jüngling und erfährt, daß es sich um einen vornehmen Heiden handle, den Kaufleute geraubt und verkauft haben. Er wurde seiner adeligen Abstammung wegen zusammen mit Alyze erzogen, da er sich indes nicht taufen lassen wollte, in die Küche verwiesen. Wie aus seinem ersten Gespräch mit Willehalm hervorgeht, empfindet er dies als tiefe Schmach (193, 20 ff.), aber auch den Umstand, daß ihn seine mächtige Sippe nicht gesucht und aus der Knechtschaft losgekauft hat (285, 1 ff.). Willehalm erbittet sich den jungen Heiden und nimmt ihn in Pflicht.

Es befremdet den heutigen Leser (s. u. a. KNAPP, S. 86; die meisten Forscher klammern das Problem, aus Verlegenheit, aus; s. indes BERTAU, Deutsche Lit. S. 1162 f.), daß der brutale Totschlag, der durch Rennewart hier und später in entsprechend affektiver Handlung an einem Küchenmeister und einem Koch begangen wird, nicht die geringste moralische Bewertung erfährt. Die Zuschauer, darunter Willehalm, alle Beteiligten, der König, nun doch verantwortlich für die Taten seines Küchensklaven wie für das Wohl der Knappen, die an seinem Hofe den Kriegssport üben, gehen über die todbringende Affekthandlung Rennewarts hinweg, als sei überhaupt nichts geschehen, was auch nur der Gedanken und der Worte bedarf. Die Beurteilung fällt in der Tat schwer.

Sicher ist, daß Wolfram durch die unbedingte Neutralisierung der Affekttaten Rennewarts anzeigen will, daß damit keine Verschuldung des jungen Helden thematisiert werden soll. Sicher ist aber auch, daß diese Eskalationen nicht als Ausbruch urtümlicher Kraft und Herzensvitalität verstanden werden sollen (so in der Aliscans-Chanson), sondern als Ausdruck der *schame* (193, 24) über seine Knechtsgestalt, die aufs stärkste provoziert worden ist. Das wird Rennewarts Reaktion auf die Mißhandlung durch den Koch zweifelsfrei bestätigen (287, 1 ff.).

Es wird so deutlich, daß die *tumpheit* Rennewarts, die Wolfram selbst mit derjenigen Parzivals zusammensieht (271, 24), von dieser auszugrenzen ist. Sie ist nicht durch ihre Formen der *ignorantia* und *simplicitas* ambivalent, sie ist nur die *simplicitas* dessen, der nicht *nâch arde erzogen* und in seiner *edelkeit* betrogen worden ist (271, 25 f.), darin Manifestation einer (reichen) Natur, die nicht gelenkt worden ist.

Rennewart rüstet sich selber aus. Als Waffe wählt er eine mit Eisen beschlagene Stange, die mit Not von sieben Männern getragen werden kann: man wird sie ihm nicht so leicht entwenden können. In der Küche wird ihm, wohl aus Ungeschick, Haar und Gewand angesengt, worauf er alles kurz und klein schlägt. Das *zorn*-Motiv liegt nun in neuer Gestalt bei Rennewart. Willehalm nimmt's gelassen und weiß ihn zu beruhigen. Anderntags, wie die Truppen von Munleun nach Orlens aufbrechen, vergißt er seine Stange. Willehalm will auf ihn warten, bis er sie geholt hat. Wie er sie nicht in der Küche findet, wo er sie gelassen hat, tritt er alle Türen ein und erschlägt den Küchenmeister. Jetzt hat er die Stange wieder, eilt dem Heere nach, trifft Willehalm, der in der Tat auf ihn gewartet hat.

Das Kloster, in dem Willehalm übernachtet hat, findet er abgebrannt, mit ihm den kostbaren Schild Arofels, den er hier gelassen hat. Das gibt Anlaß zur Selbstrechtfertigung (203, 19—207, 30) (s. o. S. 169).

In Orlens sammelt sich alles. Der König, mit der Königin und Alyze, hat seine Truppen bis hierher begleitet, hält eine flotte Ansprache an die Anführer und übergibt den Oberbefehl Willehalm, indem er ihm die Reichsfahne anvertraut und an den berühmten Karlschen Schlachtruf *Monschoy* erinnert. Man trennt sich nun. Auch Rennewart, sehr gesittet, nimmt Abschied. Alyze zeichnet ihn mit einem Kuß aus, worauf er die unvergleichlichen Worte findet: *der hœhste got behüete / iuwer werdeclîchen güete* (213, 27 f.).

Mit den Geschehnissen am königlichen Hof haben sich die Rechtsgrundlagen für Willehalms Heidenkrieg entscheidend geändert. Die erste Alischanz-Schlacht hatte schon vom Anlaß her den Charakter einer Privatfehde, war ein Minnekrieg, auch wenn Kreuzfahrermotivation bereits in Anspruch genommen wurde. Wenn jetzt König Loys, nicht nach Macht und Ansehen, aber nach Recht und Anspruch Karlsnachfolger, *rœmscher künec*, dem die Schutzherrschaft über die Christenheit auferlegt ist — Wolfram überträgt kaiserliche Kompetenz und Stellung, die zu seinen Zeiten dem deutschen König zukam, aber auch dessen Abhängigkeit von den Kronvasallen auf Loys —, Willehalm das Kommando über die Reichstruppen mit der Reichsfahne anvertraut, so fällt auch die Verantwortung für *rîche* und *touf* auf diesen. Er steht de jure und de facto in der Karlsnachfolge.

Damit ist das Geschehen aus dem Vasallenschema der Chansons de geste herausgenommen. Diese, auf die Verherrlichung des mächtigen und selbständig agierenden Kronvasallen hin angelegt — was übrigens der politischen

Konstellation in der 2. Hälfte des 12. Jahrhunderts entsprach —, ließ zwar Idealität, Recht und Heiligkeit des Königtums unberührt, wertete aber den Träger der königlichen Macht zum Schwächling und Würdelosen ab. Wolfram konnte und wollte den Königstypus seiner Vorlage nicht umfunktionieren, war aber bestrebt, den durch die politische Konstellation schwachen König nicht zusätzlich mit persönlich bedingten Minderwertigkeitssymptomen zu belasten. Wenn Willehalm seine Rolle als Königsmacher ausspielt (145, 15 ff.; 159, 6 f.), so ist dies ein politisches Argument, soweit er aber mit dem Schwert auf den Knien, den Tätlichkeiten gegenüber der Königin und den verbalen Ausfällen seine reverentia-Verpflichtung gegenüber der Krone gröblich verletzt, so glaubt Wolfram diese typischen Züge des Empörervasallen entschuldigen zu müssen (162, 1 ff.), nimmt sie also zurück, wie er auch die Haudegenqualifikation Willehalms, über die in der französischen Willehalmsepik kein Zweifel sein kann, nur als Unterstellung kampfunwilliger Soldaten einbringt (327, 2 ff.).

Solche ‚Korrekturen' gegenüber der Vorlage und Chansons-de-geste-Konstituenten waren nötig, um die Rechtsvorgänge, an denen Wolfram sehr gelegen war, nicht durch persönlich-derbe Querelen zwischen Vasall und König zu entwerten. Wolfram betont vom III. Buche an die Rechtsstellung Loys' als *rœmschen künec* und *rœmschen vogt*, was zugleich das Vasallenrecht unterstreicht, das Willehalm gegenüber der Krone in Anspruch nimmt: deren Hilfe (177, 25 ff., *ir sît selbe überriten*). Die Reichshilfe wird zwar wenig förmlich zugesichert — das verbot die Situation —, aber in aller Form geschieht die Übergabe der Reichstruppen an Willehalm (211, 1 ff.), womit der Markgraf in die Karlsnachfolge einrückt.

Dieser Gedanke, der in ‚Aliscans' völlig fehlt, gewann für Wolfram zentrale Bedeutung. Die Alischanz-Schlachten werden im Zusammenhang mit Karls Baligan-Schlacht gesehen: zuerst seitens Terramers (108, 11 ff.; 221, 16 ff.; 338, 22 ff.; 340, 15 ff.); Willehalm macht ihn zuerst gegenüber Loys geltend, wie er von diesem die Reichshilfe erbittet (178, 22 ff.), nachdem er schon in seiner Klage um die verlorene Schlacht an Karls Verlust bei *Runzeval* gedacht hatte (51, 11 ff.). Die Herstellung dieses historischen Bezugs gibt der 2. Alischanz-Schlacht ihren bedeutenden Stellenwert in der Reichs- und Heilsgeschichte, mithin auch ihren „Sinn", nach dem der Erzähler während der ersten Schlacht noch unablässig fragen mußte. Willehalm braucht als Arm des Reiches nicht nur „um Gyburgs willen" zu kämpfen. Trotzdem verwendet Wolfram das Motiv der Karlsnachfolge nicht zur endgültigen Lösung der Sinnfrage. Sie bleibt vorläufig wie schon das *unschuldic was diu künegin* (31, 4) aus Anlaß der ersten Schlacht. Willehalm selbst, das sei vorweggenommen, wird nach dem Sieg, den er als Niederlage empfindet, das Karlserbe als fragwürdig hinstellen:

> ist mich von Kareln ûf erborn
> daz ich sus vil hân verlorn?
> der was mîn hêrre und niht mîn mâc,
> dehein sîn sippe an mir lac.
> von wem ist mich ûf geerbet
> daz ich sus bin verderbet? (455, 11 ff.)

Man wird diese Aussage nicht bloß als Klageformel Willehalms und damit als nur von subjektiver Bedeutung hinstellen dürfen. Mit Willehalm scheint mir hier der Dichter zu sprechen, für den die Welt mit einem spektakulären Sieg über die Feinde der Christenheit keineswegs wieder in Ordnung gebracht ist.

4. Gyburg
(Buch V, VI)

Das V. Buch führt nach Oransche zurück. Gyburg verteidigt mit ihrer kleinen Schar Stadt und Burg *manlîch* (226, 30); sie scheut sich nicht, selbst den Harnisch anzuziehen.

Wichtiger ist indes die geistig-religiöse Auseinandersetzung mit Terramer über die nächtliche Mauer hinweg. Es begann im III. Buch mit Reaktionen des durch seine Verluste tiefbetroffenen Heidenkönigs, der sich grausam an der Christin gewordenen Gyburg rächen will, im V. Buch spricht vor allem der Vater (*ei süeziu Gyburc,* 217, 15, *liebiu tohter mîn* 219, 22), überwiegt das *vlêhen* vor der *drô* (222, 1). Von einer „Entwicklung“ Terramers sollte man nicht sprechen. Der grausame, unerbittliche Heide und der liebende Vater sind nur zwei Seiten dieser Persönlichkeit, die ihre Kraft und Größe gerade aus der Unveränderlichkeit gewinnt.

Das Religionsgespräch gehörte zu Wolframs Zeiten bereits zur volkssprachlichen Tradition. Den breit ausgefalteten Glaubensdisput der Silvester-Legende in der ‚Kaiserchronik‘ (8574—10268) dürfte Wolfram gekannt und benützt haben. Im Unterschied zu diesem Muster begnügt er sich nicht mit der Fixierung und Begründung dogmatischer Positionen, diese sind vielmehr in Gyburgs Rede, hier wie in der Ansprache des VI. Buches, aufs engste verflochten mit persönlichen Glaubensentscheidungen. Willehalm, der sie erstritten hat, seine *heldes tât* (215, 23), sein Minnedienst (215, 25), sein *ungemach* (220, 8), seine *arbeit* (220, 26), ist lebendiger Garant der Wahrheit christlichen Glaubens. Das Miteinander von *Christ* und *marcrâve* (215, 16 f.) ist weder eine weiblich-dilettantische noch dogmatisch fragwürdige Vermischung der religiösen und der Liebessphäre, sondern eine menschliche Erfahrung — jedenfalls für Gyburg. Am auffallendsten erweist sich dies im Bekenntnis zur *armuot*, das sich wie ein Leitmotiv durch Gyburgs Äußerungen zieht. *arm* ist Gyburg verglichen mit der unvergleichlichen *rîcheit* der heidnischen Königin als Gemahlin eines Markgrafen (215, 27; 216, 28), ein Gesichtspunkt, der Terramer ebenso beeindruckt wie er ihm unverständlich ist (354, 21 f.), in der *armuot* vollzieht sich aber auch das Glaubensleben. *ich wil armuot pflegen* (216, 2), *mit armuot leben* (221, 26) ist die Haltung des Christen in der Nachfolge des „armen" gekreuzigten Christus, der den Heiden schon immer eine Torheit war (1. Cor. 1, 23) wie dem *Admirat* (219, 2 ff.). ‚Arm' darüber hinaus ist der Mensch schlechthin gegenüber dem *rîchen got*. Schon der Prolog hat dies formuliert: *ich arm und du vil rîche* (1, 18).

Man kann mit Bumke (‚Wh.' S. 157 ff.) die religiöse Grundhaltung der Armut mit der franziskanischen Bewegung in Zusammenhang bringen, was einen Verständnishorizont von hohem Wert für den heutigen Leser bedeutet, frömmigkeitsgeschichtlich verbindlich ist diese Beziehung nicht, und das ist auch Bumke bewußt trotz seines Versuchs, den ‚Wh.' in die Zeit Ludwigs und der hl. Elisabeth hereinzunehmen. Was Gyburg vertritt, ist christlich schlechthin und hat sich dem Gläubigen immer wieder im ganzen christlichen Zeitalter als eigentliche Grundwahrheit des Christenlebens manifestiert, spezifisch franziskanisch-apostolische Züge sind in Gyburgs Reden nicht zu erkennen.

Die dogmatischen Positionen — man sollte nicht mit Bumke (‚Wh.' S. 162 ff.) von theologischer ‚Spekulation' sprechen — sind bestimmt durch den engen Zusammenhang von Schöpfer- und Erlösergott, wie schon der Prolog zu erkennen gibt: es dürfte dies für Wolfram die eigentliche christliche Wahrheit gewesen sein.

Die Sicherheit des Glaubens und dessen Verwurzelung im Lebensgrund, der Liebe zu Willehalm, besagen nicht, daß es Gyburg leicht gefallen ist, dem *vlêhen* des Vaters zu widerstehen, vielmehr machten sie diese Festigkeit erst möglich. Zusätzlich, was der Leser erst später erfährt (256, 18 ff.), ist Gyburg dem Angebot und der Großzügigkeit ihres Sohnes Ehmereiz ausgesetzt, der seine Mutter aus Noblesse — wie die Truppen des erschlagenen Minneritters Noupatris und Thesereiz (266, 2 ff.) — nicht bekämpft und ihr nicht nur Frieden sondern vielfältigen Schadenersatz für die Christen anbietet, wenn sie zu den Ihren zurückkehrt. Was da der Gyburg abverlangt wird, setzt ein Maß an Glaubensstärke und Unverzagtheit voraus, die das spätere *heilic vrouwe* (403, 1) gerechtfertigt erscheinen lassen.

Den Heiden mißlingt die Belagerung wie die Umkehr der Gyburg. Zur Erholung und Neuverproviantierung zieht sich das Heer zu den Schiffen zurück, aber nicht ohne vorher einen Nachtangriff zu unternehmen, bei dem die Vorstädte von Oransche in Flammen aufgehen. Willehalm fürchtet angesichts des Feuerbrands das Schlimmste, stürmt, nur von Rennewart begleitet, dem Heer voran nach seiner Stadt. Er trifft auch diesmal Gyburg bewaffnet, aber sein Einlaß gestaltet sich weniger schwierig als nach der Alischanz-Schlacht.

Was folgt sind breite Schilderungen, ein Ruhepunkt mitten im Werk. Es kommen die Truppen in Oransche an und schlagen ihre Zeltlager auf, zuerst das Reichsheer, sodann die Einheiten Heimrichs und der Brüder, die auf verschiedenen Straßen, aber doch in Tuchfühlung, die Stadt erreicht haben, zuletzt, unerwartet, der jüngste der Markgrafenbrüder, Heimrich der Schetis (*caitis*, ‚schmächtig', ‚arm'); er kommt aus venezianischen Diensten herbeigeeilt. Die Nobilitäten werden nun auf die Burg zum Empfang und Festmahl geladen — dank der Fürsorge der Gyburg gibt es noch genügend Speise und Trank —, Heimrich, das Familienoberhaupt, hält eine schöne Rede, aber auch die andern ergreifen gern und gewandt das Wort. Gyburg muß ihre Verteidigung schildern, Gelegenheit zu einer bewegten Klage über die Toten, auch ihrer heidnischen Verwandten (254, 16 ff.). Vater Heimrich übernimmt den Tischvorsitz, weist die Plätze an, als Tischnachbar der Gyburg entwickelt er hinreißenden Charme. Vergessen wird auch nicht, daß Willehalm nunmehr *mêr denne brôt* zu sich nimmt (269, 15).

Zu Beginn des VI. Buches dauert das Mahl noch an. Aber nun erscheint Rennewart mit der Stange, zieht die Aufmerksamkeit aller auf sich. So gewährt ihm der Erzähler eine zweite laudatio; in diesem Zusammenhang steht der bekannte Vergleich mit Parzival:

sîn blic durh rost gap sölhiu mâl
als dô den jungen Parzivâl
vant mit sîner varwe glanz
der grâve Karnahkarnanz
an venje in dem walde.
jeht Rennewart al balde
als guoter schœne, als guoter kraft,
und der tumpheit gelleschaft.
ir neweder was nâch arde erzogen:
des was ir edelkeit betrogen. (271, 17—26)

Daß diese Stelle für den ‚Willehalm'-Interpreten keinen methodischen Freibrief bedeutet, die offenen Rennewart-Probleme mit Hilfe der Parzival-Analogie zu lösen, habe ich in ‚Drei Voten' (1974), S. 288 ff. ausgeführt.

Rennewart darf sich neben Gyburg auf einen Teppich setzen. Es fällt die Ähnlichkeit beider auf: *als ob si bêde wæren / ûf ein insigel gedrucket* (274, 20 f.). Natürlich wird der junge Heide aufs beste verpflegt (*Rennewarte was zer spîse gâch*, 276, 3), die starken Weine behagen ihm gleichfalls; leicht berauscht darf er nochmals, gleichsam offiziell, Turbulenz entfachen, indes mit harmloserem Ausgang als seine früheren Affektvorstellungen.

Mit der Mahlzeit ist auch der Tag zu Ende gegangen. Die Gäste begeben sich ins Lager, nur Graf Heimrich wird in einer Kemenate zu Bett gebracht, wo ihm die Wirtin persönlich die Beine massiert, die die ganze vergangene Nacht in Waffenschienen lagen. Endlich findet auch Willehalm die ersehnte *gesellekeit* (279, 3) mit Gyburg. In ihren Armen wird ihm für alles entgolten, was er verloren hat. Wolfram schließt an diese zweite Liebesszene Reflexionen über das Menschenlos im Wechsel von Freude und Leid (280, 13—281, 16) an. Es ist interessant, diese schlicht vorgetragene Lebenserfahrung der emphatischen *liep-leit*-Dialektik Gottfrieds (Tr. 50 ff.) gegenüberzustellen.

Einzig Rennewart findet nicht so bald Nachtruhe. Knappen treiben Schabernack mit ihm, und gutmütig wetzt er ihnen nach. Endlich legt er sich aus alter Gewohnheit in der Küche zur Ruhe. An dieser Stelle berichtet der Erzähler Rennewarts Geschichte: Raub des Kindes durch Kaufleute um Gewinnes willen, Verkauf des Knaben, dem unter Todesdrohung verboten wurde, seine Herkunft zu verraten, an König Loys, an dessen Hof er zuerst zusammen mit Alyze erzogen, dann aber, wie er sich nicht taufen lassen wollte, in die Küche verwiesen wurde. Die Kinder lieben sich; eine Vorwegnahme projiziert diese Liebe in die Zukunft (285, 16 ff.).

Am frühen Morgen, wie der Küchenbetrieb in Gang gesetzt wird, versengt der Koch mit einem glühenden Scheit dem schlafenden Jungen Flaumbart und Lippe. Rennewart schnürt den Übeltäter zu einem Paket und wirft ihn in die Glut unter den Kesseln: *sus wart ers lebens dâ erlôst* (286, 16). Anschließend Wolframs scharfe Replik zum berüchtigten Spießbratenspruch Walthers (L. 17, 11): *hêr Vogelweid von brâten sanc* . . . (286, 19 ff.).

Rennewart klagt über die ihm angetane Schmach, die ihn auch erneut das unwürdige Leben am Königshof erinnern läßt. Geschmäht sind mit ihm auch *Terramers kint* (288, 4). Was uns der Erzähler in seinem Bericht nur angedeutet hatte, erfahren wir jetzt aus Rennewarts Mund: *ich bin doch Terramers barn* (288, 30). Gyburg selbst holt den klagenden Jüngling aus der

Küche, die sie sonst nie betritt, spricht mit ihm lange in einer Kemenate unter vier Augen. Zwar gesteht ihr Rennewart auf ihre Frage hin seine Herkunft nicht, aber ihr Herz ahnt die nahe Verwandtschaft. Er selbst fühlt sich durch Gyburg an seine herrliche Schwester erinnert, deren Schönheitsglanz die Sonne übertraf (292, 12 ff.). Er bestätigt seine Entschlossenheit, gegen die Heiden zu kämpfen, denn er haßt sein Geschlecht, das nichts getan habe, um ihn aus der Knechtschaft zu befreien (292, 21 ff.) — worin er sich irrt, wie der Erzähler versichert (285, 5 ff.) —; er will seine *schamlichiu leit* rächen (293, 18). Gyburg kleidet ihn prächtig ein und wappnet ihn. Doch will er nicht zugunsten des Schwertes, das er indes entgegennimmt, auf die Stange verzichten.

Indessen beginnt die Versammlung der Heerführer. Der Markgraf entwirft in längerer Rede (297, 6—299, 30) einen Situationsbericht, verbunden mit Kriegsbegründung und -rechtfertigung, abschließend mit Mahnung und Aufruf. Wie vor der 1. Alischanz-Schlacht (16, 30 ff.) weiß er von einem zweifachen Lohn: *der himmel und werder wîbe gruoz* (299, 27; s. auch 371, 21 ff.). Hierauf sprechen Graf Heimrich und anschließend Bernart im Namen der Brüder in je einem Dreißiger (300/301) tapfere und aufmunternde Worte, Bertram, ein weiterer Heimrich-Sohn, ergänzt sie, wiederum in einem wohlabgesteckten Dreißiger (303), im Sinne einer religiösen Mahnung. Dies wird dann das Stichwort zur Kreuznahme. Auch der 2. Alischanz-Kampf, ja er vor allem, will als Kreuzfahrerschlacht verstanden sein.

Abschließend ergreift Gyburg, die der Versammlung beigewohnt hat, das Wort (306, 12—310, 28). Es ist ihre große Stunde und ihre Rede zugleich die geistige Mitte des Werks.

Auffallen darf als erstes, wie nahe die Aufforderung zur Rache, *rechet den jungen Vivîanz / an mînen mâgen und an ir her* (306, 22 f.), und zum Erbarmen, *schônet der gotes hantgetât* (306, 28), beisammen liegen. Das heißt zunächst, daß auch Gyburg die kriegerische Auseinandersetzung mit den Heiden nicht nur für unvermeidlich, sondern für positiv gerechtfertigt hält. Rache für Vivianz und damit der *êre*-Begriff sind auch für sie ein Movens, sie fällt so keineswegs aus dem Denken und der Haltung ihrer Zeit heraus. Die Schonung wird eingeschränkt auf das Verhalten der Sieger nach gewonnener Schlacht: *und ob der heiden schumpfentiur ergê* (306, 25). Es sei daran erinnert, daß in der ersten Alischanz-Schlacht, von Wolfram *mort* genannt, *wênic sicherheit* gewährt wurde (10, 27), man schlug jeden gleich tot. Das soll nach der Bitte der Gyburg für die bevorstehende Schlacht nicht mehr gelten. Schonung des Gegners, der sich unterwirft, gehört zum Kanon ritterlichen Verhaltens (vgl. Pz. 171, 25 ff.). Gyburgs Aufforderung enthält somit de facto nichts, was über den rein ritterlichen Sittenkodex hinausgeht. Aber ist nicht merkwürdig, daß der ritterliche Aspekt mit keinem Wort angesprochen wird? Offensichtlich hat er keine Bedeutung in der offenen Feldschlacht. Das Neue wäre somit mit SCHRÖDER (WdF 57, S. 530) „eine Art Genfer Konvention". Schon das verdiente Beachtung, aber es geht doch um bedeutend mehr.

Zunächst zur Begründung, die viel klägliches Mißverstehen oder Verlegenheit ausgelöst hat. Die Heiden gehören zu Gottes *hantgetât*. Das ist theologisch unbestritten. Ebenso unbezweifelbar nach katholischer Lehre ist, daß die Heiden keineswegs *gotes kint* sind. Aber Gyburg argumentiert geschickt anders herum: der erste Mensch, Adam, war ein Heide, Elias und Enoch, Noah, Hiob, die hl. drei Könige, wir alle im Mutterleib waren doch Heiden. Gyburg faßt hier den Gotteskind-Begriff streng formal: *gotes kint* sind wir durch die Menschwerdung Christi und die Taufe, wie es schon der Prolog sehr lichtvoll formuliert (1, 19 ff.). D. h. nach dem Sündenfall bis zu Christi Erlösungstat gab es keine Gotteskindschaft mehr, waren alle ‚Heiden'. Waren nun, so fragt Gyburg wirkungsvoll, alles diese ‚Heiden' (= ‚Ungetaufte') *zer vlüste benant* (307, 11)? Keineswegs, wie wir alle wissen. Es gab vor Christi Tod und Auferstehung die Rechtfertigung sola fide, und was die ungetauften Kinder betrifft, so ist es mit Petrus Lombardus die christliche Mutter, die dem Kinde Gnade vermittelt. Auf Grund dieser offensichtlichen Sonderfälle kann Gyburg erklären: *die heiden hin zer vlust / sint alle niht benennet* (307, 14 f.).

Die saubere Trennung von *gotes hantgetât* und *gotes kint* macht Gyburgs Argumentation dogmatisch unanfechtbar. Fragwürdig ist nur *kint* in 307, 27: vielleicht Reimzwang; jedenfalls weiß bis zu dieser Stelle der aufmerksame Leser, was *gotes kint* von *gotes hantgetât* unterscheidet. Nicht erlaubt ist es, daraus die Gleichung *hantgetât* = *kint* abzuleiten, wie dauernd geschehen. Die Folge war dann freilich Verwirrung und Verlegenheit. Im übrigen fallen vor dem Sündenfall bezüglich des Menschen *hantgetât* und *kint* zusammen. So kann der *vater*, der an dieser Stelle Subjekt ist, durchaus von seinen ‚Kindern' = Geschöpfen sprechen.

Daß, wie Gyburg an Altvätern und Ungetauften aufgezeigt hat, nicht alle Heiden der Verdammnis überantwortet sind, darf für den Christen eine Hoffnung sein, ohne daß er zu sagen wüßte, wie sie sich ereignen soll. Aber: *er* (Gott) *mac sich erbarmen über sie, / der rehte erbarmekeit truoc ie* (307, 29 f.). Das sind Überlegungen ohne theologische Verbindlichkeit (wenigstens in mittelalterlicher Sicht — oder sehe ich falsch?), aber die gerade dem christlichen Laien wohl ziemen: wir waren alle einmal ‚Heiden', aber haben nunmehr Gottes Erbarmen gefunden; sollte es für Gott keine Möglichkeit geben, auch für diejenigen, die jetzt noch Heiden sind, Wege des Erbarmens zu finden? Hier liegt der eigentliche Nerv, das Erhebende und Aufregende der Aussage Gyburgs.

erbärmde forderte schon die Ritterlehre (Pz. 171, 25). Wenn sie jetzt von christlichen Gottesstreitern in der Heidenschlacht erwartet wird, so ist sie völlig neu begründet und verpflichtend: das von ihnen geforderte Erbarmen gründet im Erbarmen Gottes, bezeugt durch den Kreuzestod (309, 7 f.).

Wie ein Einschub wirken die Ausführungen über den 10. Engelchor (308, 1—30), für den die Menschen nach Gottes Heilsplan bestimmt sind. Das liegt zwar auf der Linie des Erbarmens Gottes über die menschliche Kreatur, kann aber unerforschliche Wege Gottes über die Erlösung der Heiden nicht unmittelbar berühren. — Wie sehr die Vorstellungen über den 10. Engelchor auch in der volkssprachlichen Literatur verbreitet sind, weist P. SALOMON nach (Der zehnte Engelchor in deutschen Dichtungen und Predigten des Mittelalters, Euph. 57 [1963], S. 321—330); s. auch W. BABILAS, Untersuchungen zu den ‚Sermones subalpine' mit einem Exkurs über die Zehn-Engelchor-Lehre (Münchener Romanist. Arbeiten 24), München 1968.

Wie schon im Glaubensdisput mit ihrem Vater wird Gyburg am Schluß ihrer Rede persönlich-bekenntnishaft. Nach einem Schöpferlob (309, 15—30) bekennt sie sich zum christlichen Gott, was ihr ihrer Sippe, aber auch der Christen *haz* eingetragen hat (310, 5 f.). Sie weist darauf hin, daß sie auch bei ihrer Sippe Liebe gefunden hatte, und nun wurde ihre Liebe zu Willehalm diesem zur Bitternis (*sûr* 310, 22), da er durch sie so viel tapfere Männer verloren hat. — Tränen unterbrechen und beschließen diese Worte.

Als Antwort auf Gyburgs Rede verzeichnet Wolfram nur eine stumme, aber sehr eindrucksvolle Geste. Ihr Schwager Gybert springt von seinem Sitz und drückt Gyburg an seine Brust.

5. Die zweite Alischanz-Schlacht

(Buch VII—IX)

Buch VII schildert Aufmarsch und Organisation des christlichen und heidnischen Heeres, Buch VIII den Verlauf der Schlacht bis zum Eingreifen Terramers, Buch IX ihren Höhepunkt und den Sieg der Christen.

1. Beim Aufbruch des Heers hat Rennewart, der überall herumspringt und die Augen überall hat, seine Stange vergessen. Willehalm läßt sie auf einem Karren nachführen. Aber nach der Nachtruhe im Feldlager läßt Rennewart

die Stange zum dritten Mal liegen. Diesmal, aus Scham über seine *tumpheit* (317, 3), eilt er selbst zurück. Er fragt sich aber nun auch, was diese unglaubliche Vergessenheit zu bedeuten habe. *waz ob mich versuochen wil / der aller wunder hât gewalt, / und ob mîn manheit sî balt* (317, 28 ff.). Das abermalige Vergessen der Stange sieht in der Tat wie Fügung aus: Auf dem Rückmarsch stößt Rennewart auf das französische Reichsheer, das sich angesichts der feindlichen Übermacht zur Rückkehr entschlossen hatte und sich nunmehr im Engpaß von Pitit punt befindet. Rennewart beginnt wortlos *mit zorne* auf die Flüchtigen einzuschlagen, im Nu liegen 45 Tote auf der Erde. Ein ganz Listiger versucht Rennewart mit großen Versprechungen zum Anschluß an sie zu bewegen. Es kommt aber auch die Einsicht bei den Fahnenflüchtigen auf, *si slüege aldâ diu gotes hant* (325, 3). Rennewart läßt sie schwören, wiederum gegen die Heiden anzutreten, und so kehrt er nicht nur mit seiner Stange sondern an der Spitze des abtrünnigen Reichsheeres zur Truppe zurück. Willehalm, der ahnt, daß Rennewart in der Schlacht eine bedeutende Rolle zukommt, setzt ihn an die Spitze des Reichsheeres. Es ist das sechste Treffen des Christenheeres. Die übrigen fünf befehligen Graf Heimrich und, z. T. zu zweit, Willehalms Brüder.

Der größere Teil des VII. Buches (334—361) gehört dem Heidenheer. Ein Kundschafter meldet Terramer den Aufmarsch der Christen in einem ausführlichen Bericht. Im Kriegsrat, der nun stattfindet, teilt Terramer sein Heer in zehn Scharen auf und ordnet ihnen die Heerführer zu, wobei er für alle in wortreichen Ansprachen rühmende und anspornende Worte findet. Zur Schlachtorganisation gehört auch der Aufmarsch der Götter auf einem Fahnenwagen, von Stieren gezogen. Während Terramer bewaffnet wird, meditiert er über seine Lage und wie alles gekommen ist. Schmerzlich bewegt denkt er daran, wie auch David mit seinem Kinde kämpfen mußte. Jetzt droht ihm dieselbe Not (354/355). Kein Zweifel, daß Wolfram auch den großen und großartig gezeichneten Gegenspieler den Betroffenen und Klagenden (*al klagende*, 356, 2) zuordnen will. Die Leidenssolidarität umschließt Freund und Feind.

Das Heer steht nun bereit. Terramer gibt letzte Anweisungen, wobei nicht vergessen wird, tausend Trommeln und 800 Trompeten als Lärmkulisse einzusetzen.

Terramer ist mit seinem riesigen Völkerheer nach der Provence gefahren, um sich für die Schmach der geraubten und zur Christin gewordenen Tochter zu rächen. Es ist, woran OHLY einmal beiläufig erinnert hat (Synagoge und Ecclesia, in: Miscellanea mediaevalia 4, Berlin 1966, S. 366), das Motiv des trojanischen Krieges: es geht um den Besitz einer Frau und die damit verbundene *êre*. Zusätzlich erhebt Tybalt Anspruch auf provenzalisches Land (221, 16 ff.). Im VII. Buch erfahren wir nun von sehr viel weitergehenden Ansprüchen Terramers: *mîn houbt solde ræmisch krône tragen . . . / ûf ræmisch krône sprich ich sus: / der edele Pompejus, / von des gesleht ich bin erborn / (ich enhan die vorderunge niht verlorn), / der wart von ræmischer krône vertriben. / zunreht ist manec künic beliben / dâ sît ûf mînem erbe: / ich wæn ez noch manegen sterbe* (338, 22 ff.; dazu 340, 4 ff.).

Terramer aus dem Geschlechte des Pompejus: diese offensichtliche Erfindung Wolframs wird von diesem dem Heidenkönig als Argument zugeschoben, das es ihm erlaubt, rechtens (was immer man in der Weltgeschichte darunter verstanden hat) Ansprüche auf das Imperium zu erheben. Der Sieg Caesars über Pompejus war für die christliche Reichs- und Heilsgeschichte eine Begründung von Legitimität und Recht — mußte dies die Nachkommenschaft des Pompejus akzeptieren? Man hat jedenfalls Grund, über den Laien Wolfram zu staunen, der Terramer genau an der Stelle sein Recht auf Herrschaft nehmen läßt, wo es die Christenwelt schon immer hergenommen hat. Die 2. Alischanz-Schlacht erhält so zusätzlich eine imperiale Dimension. Man darf sie meiner Ansicht nach freilich nicht überschätzen. Der imperiale Anspruch Terramers sieht mehr nach einem momentanen Einfall des Heidenfürsten (und Wolframs) aus als nach einer tragenden Motivation. Unmittelbar zuvor (338, 15) hatte der Heidenkönig den Sinn des Kampfes bestimmt als *durh die gote und durh die minne* (338, 15) — analog der Begründung auf christlicher Seite. Es ist auch daran zu denken, daß Wolfram mit der pompejischen Genealogie Terramers und dem daraus sich ergebenden Rechtsanspruch eine gezielte Aufwertung der ihn zunehmend faszinierenden Persönlichkeit vorgenommen hat, wie das im selben Buch mit dem *al klagenden* Heerführer geschehen ist.

Terramers Berufung auf Pompejus erörtern F.P. Knapp, Die große Schlacht zwischen Orient und Okzident in der abendländischen Epik: Ein antikes Thema in mittelalterlichem Gewand, GRM 55 (1974), S. 149 ff.; E. Schmid, Enterbung, Ritterlos, Unrecht: Zu Wolframs ‚Willehalm', ZfdA 107 (1978), S. 271 ff.

2. Das VIII. Buch ist nach dem Eingreifen der zehn Scharen des Heidenheeres disponiert. Halzebier auf heidnischer und Heimrich der Schetis auf christlicher Seite eröffnen die Schlacht. Tybalt und Ehmereiz mit dem zweiten heidnischen Treffen wenden sich gegen Willehalm. Auch Rennewart und die Reichstruppen sind von allem Anfang an im Kampf. Der junge Held wütet mit seiner Stange erbarmungslos unter Pferden und Menschen, Synagun mit der dritten Schar wendet sich gleichfalls gegen Willehalm und

Arnalt, die gemeinsam das erste christliche Treffen anführen. Es folgen Terramers Söhne an der Spitze der vierten und Poydjus von Griffane mit der fünften Schar *mit hers flüete* (375, 15). Er und seine Truppen tragen die unermeßlichen Reichtümer der Kaukasusländer. Bertram und Gybert, die gemeinsam das vierte christliche Treffen führen, stellen sich ihm entgegen. Aropatin mit der sechsten Schar trifft auf Graf Heimrich, der besonders heldenhaft und erfolgreich kämpft. Joweiz mit der siebten Schar, zweifarbig, einen weißen Schwan im Wappen, kommt Tybalt und Ehmereiz zu Hilfe, die durch Rennewart und das Reichsheer in arge Bedrängnis geraten sind. Von besonderer Wucht ist das Eingreifen des Poydwiz von Raabs, der die achte Schar befehligt. Die Heere keilen sich förmlich ineinander, Christen und Heiden bilden eine einzige Masse, als wären sie in eine Presse geraten (391, 7 ff.). Die Situation für die Christen wird kritisch. Jetzt kommt Marlanz, der Anführer der 9. Schar, dem auch der furchtbare Margot mit seiner gehörnten, Eisenkeulen schwingenden Schar angehört. Den Christen gelingt es, sich wieder zusammenzuschließen. Aber nun besteigt Terramer sein berühmtes Schlachtroß Brahane, seine unübersehbaren Truppen folgen ihm unter dem Schall von tausend Trommeln und achthundert Trompeten. Das Heer überschreitet den Fluß Larkant. Diesen furchtbaren Aufmarsch begleitet ein dreifaches *Ôwê* des Erzählers (399, 7; 400, 1; 401, 30). Er hält inne.

Das ganze VIII. Buch steht unter der Perspektive der in die Schlacht eingreifenden heidnischen Heeresteile. Die christlichen Truppen können fast nur reagieren, nur von Rennewart und Graf Heimrich werden besondere Erfolge berichtet. Der Erzähler gibt sich überhaupt distanzierter als bei der ersten Schlacht. So hat er auch Zeit, über seine Aufgabe zu reflektieren. 379, 22 f. meint er selbstbewußt, er traue sich schon zu, die Schlacht so gut zu schildern, wie die Ritter zu kämpfen wüßten, und das heißt hervorragend gut; 384, 20 ff. setzt er sich von heldenepischer Erzählpraxis ab, nach der z. B. Witege an einem Tag achtzehntausend Feinden den Schädel gespalten haben soll. Demgegenüber beruft sich Wolfram auf objektive Berichterstattung. *Man sol dem strîte tuon sîn reht* (385, 1). — Auffallend ist, daß keine Einzelkämpfe dargestellt werden.

3. Der Einschnitt vor dem IX. Buch ist spürbar. Dem Erzähler ist fast der Atem ausgegangen, es wäre ihm nur recht, wenn ein anderer die Geschichte weiter erzählen würde. So 402, 17—30. Dann wendet er sich mit einem neuen Einsatz (403, 1 = IX. Buch) an Gyburg, *heilic vrouwe*, erfleht deren Beistand.

Terramers Sturmangriff hat die Christen wiederum auseinandergesprengt. Wie eine riesige Flutwelle (404, 22 ff.) *kom diu ellenthaftiu macht* (404, 8). Man glaubt die Christen verloren. Aber deren Kräfte scheinen sich zu steigern. Graf Heimrich erringt einen bedeutenden Sieg über Cernubile — es ist der erste geschilderte Einzelkampf —, hierauf Bernart über Clyboris von Dänemark und Heimrich der Schetis über Poydwiz, Heerführer der achten heidnischen Heereseinheit. Hierauf erschlägt Rennewart, über den Tod des tapferen Grafen Milon von Nivers ergrimmt, sechs heidnische Könige und stößt den weichenden mitgenommenen Truppen Halzebiers nach, die den Schiffen zustreben. Dort befreit er die in der ersten Schlacht in Gefangenschaft geratenen christlichen Anführer, den Pfalzgrafen Bertram und dessen sieben Begleiter. Die Befreiten, denen Rennewart Rüstungen, Waffen und Pferde von erschlagenen Heiden verschafft, töten Halzebier, dem Wolfram ein Sonderlob spendet. Jetzt rückt Willehalm ins Zentrum. Er erschlägt Oukin, den Vater des Poydwiz. Rennewart stellt sich Purrel entgegen, der viele Christen erschlagen hat und durch die Hornhaut von zwei Untieren, die hart wie Diamant ist, als kaum verwundbar gilt. An ihm, der dann bewußtlos zu den Schiffen getragen wird, zerbricht Rennewarts Stange. Er kämpft mit den Fäusten weiter, bis er darauf aufmerksam gemacht wird, daß er doch ein Schwert trägt: er findet es *lîht und doch strîtpære* (431, 2).

Namentlich der Tod von Poydwiz und Halzebier lähmt den Kampfgeist der Heiden. Tybalt weicht zurück, seine Fahne liegt am Boden. Die Heiden beginnen in Scharen zu fliehen. Der Erzähler zeigt einen überwältigenden Sieg an (435, 8 f.), aber noch gibt es harte und verlustreiche Nachhutsgefechte. Wie sich Terramer, auf der Flucht zu den Schiffen, noch einmal zum Kampfe stellt, rennt Willehalm gegen ihn an und verwundet ihn schwer. Canliun, sein ältester Sohn, eilt ihm zu Hilfe; ihn erschlägt, ohne daß er weiß, wen er vor sich hat, Rennewart und mit ihm vier weitere heidnische Würdenträger. Jetzt sind die Heiden in voller Flucht. Rennewart jagt Tedalun nach und erschlägt ihn, dem fliehenden Poydjus ruft er zu, sich ihm zu stellen, *des tet er* (Poydjus) *niht: daz lêrt in sin* („dazu war er zu klug") (444, 30). Es ist das letzte, was wir von Rennewart hören.

Die letzten Taten Rennewarts auf dem Schlachtfeld und sein Verschwinden gehören zu den großen und kaum lösbaren ‚Willehalm'-Problemen. Doch wird man sagen dürfen: Wolfram hat sie mit voller Absicht in der Schwebe gelassen. Er schafft, gegen die Quelle, und in nur skizzenförmiger Durchführung eine höchst dramatische Situation, die Willehalm und Terramer, Rennewart und Canliun zusammenbringt. Terramer ist verwundet, Canliun tot, die Flucht der Heiden allgemein, und jetzt die Frage des Erzählers: *wie daz kint von sîme vater schiet? / wie schiet der vater vonme kint?* (443, 4 f.). Antwort: *seht wie den stoup der starke wint / her und dar zetrîbe* (443, 6 f.). Das heißt doch wohl: sie werden im Gewühl getrennt. Der Erzähler bekennt aber zugleich, daß er die Übersicht verloren hat (443, 8 ff.).

Auszuschließen ist, wie erwogen wurde (HARMS), daß Terramer Rennewart erschlagen hat, was der Erzähler aus Diskretion verschwiegen, nur mit zwei Fragesätzen angedeutet hätte. Der Tod durch die Hand des Vaters wäre nur als Sühne zu verstehen, aber Sühne wofür? Für die unwissentliche Erschlagung des Halbbruders? Wolfram erzählt sie in drei Zeilen (442, 19—21), er kann sie nicht als zu büßende Schuld verstanden haben. Das ließe sich vor allem nicht vereinen mit der Rolle, die Rennewart in der 2. Alischanz-Schlacht zukommt: er ist es, der das Christenheer zum Siege führt (285, 13; 452, 24 f.; 454, 9), und dies nicht nur vordergründig dank seiner bärenhaften Kraft und seiner Stange, sondern sichtbarlich durch den, *der aller wunder hât gewalt* (317, 29). Nach dem dreimaligen Vergessen seiner Waffe hat Rennewart selbst die Inpflichtnahme durch den Höchsten verstanden, womit seine ursprüngliche Motivation, der — unbegründete — Haß gegenüber seiner Familie, aufgehoben wird. Wie anders könnte Rennewart zum Retter der Christenheit werden! Er kann es aber auch nur, wenn er nach dem Sieg von der Kriegsbühne abtritt. Dies läßt sich indes erst vom Schluß des Werkes aus erörtern.
Der große, kaum mehr zu erhoffende Sieg ist errungen. Aber es ist ein Sieg *mit grozem schaden* (445, 14 f.). Der Erzähler klagt, auch über die gefallenen Heiden, indem er das Thema Gyburgs wieder aufgreift: *die nie toufes künde / enfiengen, ist daz sünde, / daz man die sluoc alsam ein vihe? / grôzer sünde ich drumbe gihe: / ez ist gar gotes hantgetât, / zwuo und sibenzec sprâche, die er hât* (450, 15 ff.). Vor allem aber klagt Willehalm am Morgen nach der Schlacht, wie die gräßlichen Verluste angesichts des Leichenfeldes bewußt werden. Gott möge seinen Verlust als *hellebrennen* anerkennen. Hat ihm die Karlsnachfolge ‚im Amt' — *der* (Karl) *was mîn hêrre und niht mîn mâc* (455, 13) — nur Tod und Klage eingebracht? Eine Totenklage ohnegleichen gilt Rennewart (452, 19—456, 24), den man indes nicht unter den Erschlagenen gefunden hat. Willehalm weiß, daß er *von im des siges pflac, / und von der hœhsten hende* (452, 24 f.), preist seine *süeziu einvaltekeit* (453, 3). Bernart verweist dem Bruder in einer tapferen Trost- und Mahnrede die maßlose Klage, die bis an den Rand der Gotteslästerung reicht (456, 1 ff.), fordert ihn auf, Rennewart, der doch wohl in Gefangenschaft geraten sei, gegen ihre vornehmen Gefangenen auszutauschen. Willehalm glaubt nicht daran, für ihn ist „dieser Sieg eine Niederlage" (459, 26). Aber man bringt die gefan-

genen heidnischen Nobilitäten in Graf Heimrichs Zelt, und Willehalm verhandelt mit König Matribleiz, der ehrenwörtlich verpflichtet wird. Aber das Gespräch verläuft anders als erwartet. Willehalm ehrt Matribleiz als Verwandten der Gyburg, preist seine Tapferkeit, Treue und Festigkeit und fordert ihn auf, zusammen mit andern Gefangenen die toten heidnischen Könige auf dem Schlachtfeld zu sammeln und nach ihrem Brauche aufzubahren. Er verrät auch, was ihn zu dieser Tat der Noblesse ohnegleichen bewegt: Nach der Flucht der Heiden sei er, um Balsam für seine Wunden zu finden, in ein heidnisches Zelt eingetreten und hätte dort unter dem Schutz eines würdigen Priesters die 23 gefallenen Könige der ersten Schlacht aufgebahrt und prächtig geschmückt gefunden: so ehrte Terramer seine Toten. Willehalm ließ zu ihrem Schutze seine Fahne vor dem Zelt. Sein Angebot erweitert er nun dahin, daß Matribleiz die königlichen Toten dorthin bringe, wo man sie würdig *nach ir ê* bestatte (465, 19 f.). Alles dazu Nötige wolle er zur Verfügung stellen. Damit gedenke er das Geschlecht Terramers um Gyburgs willen zu ehren, Terramers, *des genâde und des hulde / ich gerne gediende* (466, 8 f.). So geschieht's. *sus rûmt er* (Matribleiz) *Provenzâlen lant* (Schlußvers 467, 8).

Schon der nur angefangene letzte Dreißiger verrät, daß der „Willehalm' nicht abgeschlossen wurde. Die Frage ist nur, ob Wolfram, wie sein Fortsetzer, Ulrich von Türheim, offensichtlich meint (21 711 ff.), über dem Werk gestorben ist oder ob er es bewußt als Torso und damit als unvollendbar niedergelegt hat. Letzteres ist die wahrscheinlichere Lösung.

Eine Weiterführung war mit der Totenklage und dem Totenpreis Rennewarts durch Willehalm, aber auch mit dessen Angebot an Matribleiz, das eine eventuelle Gefangenschaft Rennewarts ausschließt, nicht mehr möglich. So hat ja auch der Fortsetzer die letzten ca. 840 Verse Wolframs bis auf die Klage Willehalms auf den für tot erachteten Rennewart ignoriert und bei der Begegnung Rennewarts und Terramers neu eingesetzt (439, 10). Das zeugt von arger Verständnislosigkeit, zeigt aber auch an, daß die ‚Willehalm'-Interpretation irgendeinen gedachten Schluß Wolframs ausschließen muß. Das ist wichtig für die Beurteilung Rennewarts.

Wolfram läßt ihn zuletzt, nachdem er vom Vater und auch von Willehalm getrennt worden ist, die fliehenden Heiden verfolgen. Daraus ergibt sich keine Wahrscheinlichkeit weder für seinen Tod noch für seine Gefangenschaft. Sicher ist aber auch, daß Wolfram, der Quelle entsprechend, einmal daran dachte, Rennewart und Alyze zusammenzubringen, was auch die Taufe des heidnischen Königssohnes voraussetzt. Dieser Erzählstrang ist angelegt mit der Zuneigung der Kinder und dem Abschiedskuß der Alyze, der Rennewart unvergeßlich bleibt und seinen Kinnflaum wachsen läßt (287, 14 ff.). Der Lohn, den er noch verschweigen will (331, 17 f.), kann sich nur auf Alyze beziehen. Diesen traditionellen Handlungsfaden muß Wolfram aufgegeben haben. Zu dieser Annahme zwingt mit Stringenz die Rennewartklage und der Rennewartpreis aus Willehalms Munde. Ein so Gepriesener und Verherrlichter kann nicht, und sei es durch ein Wunder, wiederum erscheinen und eine Königstochter als Lohn erhalten; auch würde so die Klage des Markgrafen über grenzenlosen Verlust zur Rhetorik entwertet.

Einsichtig ist aber auch, daß die Rennewart-Alyze-Handlung begründetermaßen nur mit dem Tode Rennewarts abgebrochen werden kann, und eben diesen Tod auf dem Schlachtfeld stellt der Autor als äußerst unwahrscheinlich dar. Und weshalb, so fragt wenigstens der moderne Leser, sollte er verschwiegen werden? Das führt zu folgender Überlegung: Es muß in Wolframs letztwilliger Absicht gelegen haben, Rennewart aus der Handlung herauszunehmen, ohne ihn zugleich den Heldentod sterben zu lassen. Schon BUMKE meinte (,Wh.' S. 49), der Dichter hätte Rennewart, der seine Funktion erfüllt habe, zugunsten der Geschlossenheit seines Werks „geopfert". Ich möchte den Befund weniger formalistisch und positiv formulieren. Es war doch offensichtlich die Konzeption Wolframs, einen ***tumben***, der ***süeze*** und ungeschlacht zugleich ist, einen, der ritterliche Waffen verschmäht und wie eine Riesenfigur der Vorzeit mit einer Stange kämpft, ein Heide zudem, zum Arm Gottes zu machen und die Christen zum Siege zu führen, der nach menschlichem Ermessen nicht mehr möglich schien. Das ist ein Paradox und ein Wunder zugleich. Ein Paradox, daß ein Heide für die Christen siegt, ein Wunder, daß Gott es so will, die ursprüngliche Rachemotivation aufhebt und den Heiden zu seinem ,Heiligen' erwählt. Das liegt durchaus auf der Linie dessen, worüber Wolfram in der Rede Gyburgs meditiert. Das Wunder der Erwählung verlangt aber auch das Zusichnehmen. Der Dichter wählte, unausgesprochen, einen legendären Weg für Rennewart.

Es sei darauf hingewiesen, daß Rennewart in französischer und italienischer Tradition, die Wolfram vielleicht doch bekannt war, zu den Heiligen gehört. Nicht im Sinne der Kanonisten, aber des Volksglaubens, der Heiligkeit gerne dort erkennt, wo außerordentliche Heldenkraft im Dienste der christlichen Sache steht. Wenn I. SCHRÖBLER richtig gesehen hat (ZfdA 100 [1971], S. 261—266 u. Abbildung V), so ist es Rennewart, der im Hauptportal des Doms von Verona Roland gegenübersteht, und Dante hat ihn den Glaubenshelden des Marshimmels zugeordnet neben Josua und Judas Makkabäus, neben Karl, Roland, Willehalm und Gottfried von Bouillon (Par. XVIII, 46).

Verständlich ist, daß Wolfram seine Konzeption nicht deutlicher machte. Es ist genau derselbe Grund, der ihn veranlaßte, sein Werk als Torso abzubrechen: die Rücksicht auf die literarische Tradition. Nicht nur, daß er im Prolog versichert: *underswanc noch unterreit / valschete dise rede nie* (5, 12 f.), es gab auch da, wo er wie hier zu einer neuen und tieferen Wahrheit gelangte, keine Möglichkeit, diese rückhaltlos jener Tradition entgegenzustellen.

Der Moniage-Schluß, von vielen Forschern angenommen (SINGER, H. KUHN [Annalen, ²1962, S. 165], WEBER, OHLY, A. WOLF), ist auch vor dem Hintergrund des Verschwindens Rennewarts denkbar, aber er ist nicht aus dem Text, nur über den Gattungsentscheid ‚Legende' (s. u. S. 192 ff.) zu begründen. Die methodische Crux besteht dann darin, daß umgekehrt die ‚Legende' mit der Moniage wenigstens mitbegründet wird.

6. Die Gattungsfrage

Man kann im Hinblick auf die Gattung den ‚Willehalm' als Opus mixtum bezeichnen, schon weil sich das Werk bis jetzt genauerer Einordnung entzogen hat. Indes ist diese Verlegenheitsbestimmung nur auf Grund sorgfältiger Analysen der Gattungskonstituenten sinnvoll und erlaubt.

1. Die Diskussion wird ausgehen müssen von der Vorlagenbehandlung seitens des Autors. Was ist aus der *süezen rede* aus Frankreich geworden, die Wolfram an deutschen Herdfeuern heimisch machen will (5, 5 ff.)?

Wolfram mußte davon ausgehen, daß der Chanson-de-geste-Zyklus von Wilhelm von Orange seinem Publikum nicht bekannt war. Wenn er die zentrale Chanson, die ‚Bataille d'Aliscans', aus der Reihe herausnahm, so mußte er sie in der Motivierung und in der Komposition zur geschlossenen Einheit runden.

In der Frage der Motivierung ergaben sich, wie die vorgängige Analyse gezeigt hat, mancherlei Schwierigkeiten. Sie resultieren aus der Tatsache, daß der Bewußtseins- und Problemstand Wolframs und seiner Hörerschaft ein anderer war als derjenige des Chanson-de-geste-Autors. Der Stoff implizierte moralische Fragen wie Frauenraub und Ehebruch, die in ‚Aliscans' als bloße Gegebenheiten stehen bleiben konnten, aber nach dem Bewußtsein Wolframs eine Antwort erforderten (s. S. 162). Man hat indes zu respektieren, daß der Dichter, der, dem Rezeptionsverständnis seiner Zeit entsprechend, keine konstitutiven Elemente der Handlung verändern mochte, sich in der Problematisierung und damit auch der Motivierung von Handlungsvorgängen Schranken auferlegen mußte.

Was die Komposition betrifft, so ist von BUMKE auszugehen, der die

„Lösung aus dem Zyklus“ umsichtig behandelt hat (1. Kap.) und von da her auch eine überzeugende ‚Handlungsstruktur‘ (2. Kap. IV.) anbieten konnte.

Die Verselbständigung der Aliscans-Branche betrifft vor allem Anfang und Ende und mit ihnen die Helden der 1. und 2. Schlacht, Vivianz und Rennewart. Wolfram hat beide Gestalten episch reduziert, aber auf der Bedeutungsebene aufgewertet. Er streicht die Vorgeschichte Vivianz': sein Gelübde, niemals vor Heiden zu fliehen, seinen Übermut, Desramé (Terramer) ein Schiff mit 700 verstümmelten Heiden nach Cordes zu senden, was des Heidenfürsten Rachefeldzug auslöste, seine Verwegenheit, sich diesem zunächst allein mit wenigen Leuten zu stellen. Wolfram läßt Vivianz einzig den Todesweg durch die erste Alischanz-Schlacht, aber es ist ein exemplarischer Todesweg im verzweifelten Kampf gegen die Niederlage, im Martyrium des Leidens und in der Hoffnung auf die Gnade des Himmels. Entsprechend wird der epische Anteil Rennewarts am Geschehen eingeschränkt: in der Reduktion seiner burlesken Auftritte, aber auch seiner Szenen mit der todbringenden Stange in der Schlacht. Dafür wird die Bedeutung Rennewarts für den Verlauf der Völkerschlacht einzigartig gesteigert: er, der ungeschlachte Tölpel, wird zum Werkzeug Gottes, garantiert den Sieg, als die Niederlage schon unvermeidbar scheint. Die Einschränkung des epischen Anteils der beiden Nebenhelden war notwendig, um die Einheit der Handlung zu gewinnen, deren neue und erhöhte Funktion aber, die dem Sinnganzen diente, konnte Rolle und Stellung Willehalms nicht beeinträchtigen.

Die neue Einheit einer Willehalm-*geste* spiegelt sich in der geschlossenen Komposition. Die Dreiteilung der Vorlage — 1. Schlacht, Munleun, 2. Schlacht — wird durch spiegelbildliche Anlage in eine Zweiteilung übergeführt, die die stoffliche Triade (die keineswegs überspielt wird) kunstvoll variiert. Wolfram hat den mittleren Teil deutlich in einen Stationenweg gegliedert (Oransche — Orlens — Kloster — Munleun — Kloster — Orlens — Oransche), der auf exakte Entsprechungen angelegt ist, und zusätzlich dieses Prinzip im Bereich der Stoffteile I und III, die als solche korrespondieren, verdeutlicht: er setzt der intimen Eheszene nach der 1. Schlacht eine weitere vor der 2. Schlacht gegenüber, der Vivianzklage eine Rennewartklage aus Willehalms Mund, die Peripetie der Schlachten wird, bei umgekehrten Vorzeichen, in Einklang gebracht.

Das alles bedeutet, daß Wolfram die ‚Aliscans‘-Chanson als Branche eines Zyklus zu einem Werke gerundet hat, das den Anforderungen der Einheit und Geschlossenheit der höfischen Epik entspricht. Die Unsicherheit, die vom abgerissenen Schluß ausgeht, kann dieses Ergebnis nicht in Frage stellen.

Der höfischen Epik, und im besondern in der Form, wie sie Hartmann und Wolfram entwickelt haben, entspricht aber auch eine Deutungs- neben der Handlungsebene in Erzählerreflexionen und problemorientierten Partien (Glaubensgespräch zwischen Terramer und Gyburg, Schonungsrede Gyburgs, Teile von Willehalms Klagen).

Nicht bedeutungslos ist ferner die Wahl der Versform, des vierhebigen Reimpaarverses, auch wenn man daran erinnert, daß schon der Pfaffe Konrad die zwölfsilbigen Assonanzenblöcke der ‚Chanson de Roland' in diese Form übergeführt hat. Ihm stand indes keine andere Form zur Verfügung, was man im Blick auf Wolfram und dessen ‚Titurel' nicht geltend machen kann. Sein Verzicht auf die ihm wohl zu Gebote stehende gesungene Strophik zeigt jedenfalls an, daß er jeglichen Gedanken auch nur einer Annäherung seines ‚Willehalm' an die deutsche Heldenepik fernhalten wollte.

Das bestätigen die Kampfschilderungen, wie sie kürzlich A. WOLF (Wolfram-Studien III, 1975, S. 232-262) untersucht hat. Abgesehen von der bekannten direkten Stellungnahme Wolframs gegen die Hyperbolik der deutschen Heldenepik (384, 18 ff.), tut der Erzähler, besonders bei der Schilderung der zweiten Schlacht, alles, um keine ‚heldenepischen Erwartungen' aufkommen zu lassen. Vielmehr: *Man sol dem strîte tuon sîn reht* (385, 1), man soll das Kampfgeschehen so darstellen, wie es in Wirklichkeit ist. Das könnte auch Distanzierung von höfischer Epik bedeuten, doch fehlt die direkte Beziehung: Massenschlachten kommen ihr nicht zu, und auch der Einzelkampf im Rahmen einer Schlacht hat eine andere Funktion als der Aventiure-Zweikampf, sie bleibt also unvergleichbar.

Erinnert sei in diesem Zusammenhang auch an Willehalms heldenepischen *zorn*, für den sich der Erzähler entschuldigt (s. o. S. 171).

Als gesichertes Resultat darf festgehalten werden, daß Wolfram seine Chanson-Vorlage dem technischen Standard und dem Problembewußtsein der höfischen Epik seiner Zeit angepaßt und sich zugleich von Stil und Haltung deutscher Heldenepik distanziert hat.

2. In der christlichen Tradition ist Wilhelm von Orange ein Heiliger. Sein Kult war vor allem in dem von ihm gestifteten Kloster Gellone in Südfrankreich (heute Saint-Guilelme-du-Desert) lebendig. Autoren und Publikum der Wilhelm-Chansons wußten von der Heiligkeit ihres Helden.

Trotz dieses Wissens und gelegentlicher Berufung auf *saint Guillaume* (offensichtlich um das Prestige von Wilhelms Heldentum zu steigern) grenzen die Wilhelm-Chansons ihren Helden deutlich von der ‚Vita sancti Wilhelmi' ab, die umgekehrt nur Wilhelms Moniage, nicht aber dessen vorgängiges Weltleben als hagiographischen Zwecken dienlich betrachteten.

Es ist nicht zu übersehen, daß Wolfram im ‚Willehalm'-Prolog ausgerechnet diese Abgrenzung aufhebt. Der *unverzagete werde bote* vor Gott, Umschreibung für den Heiligen, *erkennet riter kumber gar,* denn er selber steckte häufig genug im Harnisch (3, 16 ff.), wie schon *diu werc* seiner *manheit* und die *nôt*, aus der ihn Gottes Hilfe vielfach befreite (3, 1 ff.), sich nur auf sein Weltleben beziehen können. Willehalm ist durch sein vorbildliches Ritterleben der Ritterheilige, den die Ritter anflehen sollen und dessen *heilikeit* (4, 15) mit der Anrede *hêrre sanct Willehalm* (4, 15) der Dichter auch anruft. Von da her scheint die These gerechtfertigt, Willehalms Heiligkeit erweise sich für Wolfram in seinem Weltleben, genauer in seinem Heidenkampf (SCHWIETERING, Deutsche Dicht. S. 174, BUMKE, ‚Wh.' S. 99 ff., OHLY, Wolframs Gebet).

Der Nachweis in der ‚Willehalm'-Handlung fällt nicht leicht; der unbefangene Leser (dessen Kompetenz ich hoch veranschlage, dem ich hier indes nicht das letzte Wort zuerkennen möchte) dürfte weder Willehalms Verhalten im Kampf, selbst wenn man den Arofel-Totschlag als Ausnahmefall unberücksichtigt läßt, noch sein Benehmen am Hofe, auch außerhalb seines *zorns*, der einem Zolleinnehmer das Leben kostet und die königliche Schwester öffentlich als Hurenluder denunziert, auch nur als Vorformen eines heiligen Lebens verstehen. Seine Ehe ist vorbildlich (aber auch schon nicht mehr die Voraussetzung dazu, der Frauenraub), doch schließt sie keine Heiligkeit in sich.

Etwas faßbarer als Weg zur Heiligung ist Willehalms Askese in der Zeit seiner Abwesenheit von Oransche — man darf sie dann freilich nicht mit seinem gleichzeitigen *zorn*, der die in der Askese mitgedachte Selbsterniedrigung mehr als neutralisiert, zusammensehen.

Aber da sind die großen Klagen über unermeßlichen Verlust (51, 2—30; 452, 19—456, 24). Sie eröffnen eine Dimension des Leidens und der Leidensfähigkeit, die über das hinausgeht, was Menschen ertragen können, und die Heiligung zu bewirken vermag. Die Not der Glaubenskriege, die Willehalm auferlegt ist, ergibt sich aus der Karlsnachfolge (s. o. S. 174 ff.). Ist Karl durch den Kampf für den Glauben und das Leid der Heidenkämpfe als *confessor* und *martyr* geheiligt, so darf diese Auszeichnung auch für Willehalm in Anspruch genommen werden. Solche Vorstellungen mögen Wolfram bewegt haben, als er die Karlsnachfolge seines Helden konzipierte, man muß aber auch zugeben, daß sie auf einer Reflexionsebene liegen, die die Handlung kaum mehr aufnimmt. Und stellt nicht am Schluß Willehalm selbst die Karlsnachfolge als fragwürdige Erbschaft hin (455, 11 ff.)? Sind aber Glaubenskriege problematisch geworden, so ist es auch die Heiligung im Fegefeuer der Heidenschlacht. Sollte Wolfram in dieser Richtung gedacht haben? Sah er selbst keinen Weg mehr vom Glaubenskämpfer Willehalm zum mönchischen Heiligen, wie ihn die ‚Vita sancti Wilhelmi' pries? Es fällt jedenfalls auf, daß nichts in Wolframs Werk auf die Moniage hinweist, mit der nach der Meinung vieler Forscher der ‚Willehalm' enden sollte.

Verständlicher als die Heiligkeit Willehalms ist diejenige des Heldenjünglings Vivianz. Die Marterstraße durch die Schlacht, das inbrünstige Sterben einer fast noch kindlich-reinen Seele ist mit einem so vollkommenen Sinn für das Wesen der Heiligkeit dargestellt, daß es der äußeren Zeichen der Erwählung, der Erscheinung und Verheißung des Erzengels und des Wohlgeruchs des Sanctus, gar nicht mehr bedürfte. Auch die Erwählung Rennewarts bei Pitit punt teilt sich dem Leser eindrucksvoll mit, während die Entrückung, weil sie mit dem offenen Abschluß zusammenhängt, ein legendäres Element ex silentio bleiben muß. Kaum mehr nachvollziehbar aber ist für uns der in den Chansons de geste öfter verwirklichte volkstümliche Heiligkeitsbegriff, der in außerordentlicher Körperkraft und geheimnisvoller Herkunft Zeichen göttlicher Erwählung sieht (s. o. S. 189).

Kein Zweifel, daß Wolframs ‚Willehalm' nicht nur mit Schöpferanruf und Schöpferpreis des Prologs ein frommes Werk ankündet, sondern vielfach mit legendären Elementen durchflochten ist. Das genügt indes nicht, es auch im gattungsgeschichtlichen Sinne ‚Legende' zu nennen, selbst wenn man der Aufforderung OHLYS folgt, den Begriff ‚Legende' weiter zu fassen als nach neuzeitlichen Vorstellungen, so daß christliche Heldenepik darunter subsumiert werden könnte. Weit zu fassen ist aber nur der Begriff der ‚Heiligkeit' im Mittelalter, nicht die Gattung ‚Legende'. Es gibt meines Wissens keine lateinische Heiligenvita, die wir nun doch als Modell ansetzen müssen, auch nicht die Viten der clunyazensischen Ritterheiligen, etwa eines Gerald von Aurillac, die sich irgendwie mit dem ‚Willehalm' vergleichen lassen. Einen eigenständigen Typus volkssprachlicher Heiligenviten in gebundener Form aber gab es trotz Veldekes ‚Sente Servas' in Wolframs Zeiten (und, genau besehen, auch später) nicht. Die deutsche Heiligenvita borgte sich ihre Darstellungsmittel von der höfischen Epik, sie erhält erst gattungsmäßige Konstituenten, wie sie die Prosa in der ihr gemäßen Form des stilus humilis zu formen beginnt.

Offen und bewegend bleibt für den ‚Willehalm' der Heiligkeitsbegriff und seine Verwirklichung. Der Gattungsbegriff ‚Legende' sollte nicht weiter bemüht werden. Man kann ja auch feststellen, daß man vielfach dort, wo von ‚Legende' gesprochen wird, den Heiligkeitsbegriff als solchen meint.

Wolfram selbst nennt sein Werk an drei Stellen *aventiure*: 7, 14; 302, 1; 402, 29. Das spricht gegen ein Gattungsverständnis ,Legende' seitens des Autors.

Das Legendäre, d. h. Formen der Heiligkeit, des frommen Wunders, des Wirkens Gottes in der Welt durch auserwählte Menschen, wirkt überall in der volkssprachlichen Erzählliteratur des 12. und 13. Jahrhunderts. In den Chansons de geste liegt das Legendäre bereits an der Wurzel, wenn wir uns der These des Musikwissenschaftlers CHAILLEY, die F. OHLY vermittelt, anvertrauen dürfen. Aber auch in höfischer Epik liegt der vielfältige Einschlag des Heiligen auf der Hand (WEHRLI). Einzig die deutsche Heldendichtung hatte es schwer, primär von der stofflichen Basis aus, das Legendäre zu adaptieren. Aber es fehlt auch hier nicht ganz, wenn wir etwa an die Jugendgeschichte Wolfdietrichs (Fassung A) denken, in der das Archaische durch legendäre Motive restituiert wird.

Siehe M. WEHRLI, Roman und Legende im deutschen Hochmittelalter (1961), in: M.W., Formen mittelalterlicher Erzählung, Zürich 1969, S. 155—176; F. OHLY, Zum Dichtungsschluß ,Tu autem, Domine, miserere nobis', DVjs 47 (1973), S. 26—68, hier S. 34 ff.; U. WYSS, Theorie der mhd. Legendenepik (Erlanger Studien 1), Erlangen 1973, S. 16—23; K. RUH, Epische Literatur des deutschen Spätmittelalters, in: Neues Handbuch der Literaturwissenschaft, Bd. 8, Europäisches Spätmittelalter, hrsg. von W. ERZGRÄBER, Wiesbaden 1978, S. 162; SCHRÖDER, Zur Gattungsbestimmung, 1979.

E. Zu Wolframs Sprachstil

Weitausgreifende geistesgeschichtliche Entwürfe der Formbestimmung, wie sie G. WEBER vor einem halben Jahrhundert versuchte und die im „Formphänomen" Wolfram „die entspannende Synthese zwischen christlichem und germanischem Wesen" (= Hochgotik) sehen (Wolfram von Eschenbach. Seine dichterische und geistesgeschichtliche Bedeutung. I. Stoff und Form, Frankfurt/Main 1928), sind heute nicht mehr möglich. Sprachwissenschaftliche Ansätze sind erst zögernd erfolgt, so zu einer inhaltbezogenen Syntax der Dichtersprache mit Wolframs ‚Parzival' als wichtigstem Corpus von B. HORACEK (1964), doch sind hier nur wenige auserlesene syntaktische Erscheinungen behandelt. Erforderlich wäre eine exakte und nicht nur deskriptive Stiluntersuchung, wie sie kürzlich im Anschluß an das Modell, das M. RIFFATERRE entwickelt hat (Strukturale Stilistik, München 1973), von G.v.SIEGROTH für den Sprachstil Meister Eckharts, Taulers und Seuses versucht wurde (München 1979). Indessen kann hier von mir ein besonderer methodischer Ansatz nicht geleistet werden. Möglich sind nur Hinweise und Anregungen. Wortschatz- und Namenuntersuchungen bleiben unberücksichtigt.
Für die folgende Skizze wurden herangezogen:

M. WEHRLI, Wolframs Humor, Festschr. Theodor Spoerri, Zürich 1950, S. 9—31; ders., W.v.E. Erzählstil (1954); B. HORACEK, Die Kunst des Enjambements bei W.v.E., ZfdA 85 (1954/55), S. 210—229; H. FROMM, Komik und Humor in der Dichtung des deutschen Mittelalters, DVjs 36 (1962), S. 321—339; B. HORACEK, Kunstprinzipien der Satzgestaltung. Studien zu einer inhaltbezogenen Syntax der deutschen Dichtersprache (WSB 243/5), Wien 1964; H. BRINKMANN, Geschehen, Person und Gesellschaft in der Sprache des deutschen Rittertums (1954), in: H.B., Studien zur Geschichte der deutschen Sprache und Literatur, Bd. I, Düsseldorf 1965, S. 343—356; K. GÄRTNER, Die construction Apo koinou bei W.v.E., PBB 91 (Tüb. 1969), S. 121—259; BUMKE, Forschungsbericht (1970), S. 90—117; M. CURSCHMANN, Das Abenteuer des Erzählens. Über den Erzähler in Wolframs ‚Parzival', DVjs 45 (1971), S. 627—667; H. LOMNITZER, Beobachtungen zu Wolframs Epenvers, in: Probleme mhd. Erzählformen. Marburger Colloquium 1969, Berlin 1972, S. 107—132; J.F. POAG, Wortstrukturen in Wolframs ‚Willehalm', DVjs 46 (1972), S. 82—112; H. KOLB, Chanson-de-geste-Stil im ‚Parzival', Wolfram-Studien III, Berlin 1975, S. 189—216; M.E. GIBBS, Narrative Art in Wolframs ‚Willehalm' (GAG 159), Göppingen 1976; K. BERTAU, Versuch über tote Witze bei Wolfram, Acta Germanica 10 (1977), S. 87—137.

1. Wolfram selbst nannte seine Schreibweise *krump* (*mîn tiutsche ist etswâ doch sô krump*, Wh. 237, 11). Er dürfte damit Gottfrieds von Straßburg Tadel (*des hasen geselle*, 4638, seine *rede* sei nicht *ebene unde sleht*, 4661) aufgegriffen haben, um eine positive Wertung *krumber* Stilmanier anzubahnen. Er würde sich so definitorisch von denjenigen abgrenzen, die *baz ir rede wæhten* (Wh. 4, 24).

Mit denen, die ihre Worte zierlicher (als er) zu setzen verstehen, wird Wolfram schon zentral und hauptsächlich Gottfried von Straßburg gemeint haben. Die Skepsis von P. GANZ (PBB 91 [Tüb. 1969], S. 416) vermag ich nicht zu teilen; man darf ja auch fragen: Welcher Epiker sonst unter den Zeitgenossen verstand sich auf „geschmückte" *rede*? Außer Gottfried wäre allenfalls an den *verwære* Bligger von Steinach (wie ihn Gottfried preist, ‚Tristan' 4691—4711) zu denken. Den hier verbalisierten Gegensatz bestätigt wenig später (nach 1230) Rudolf von Ems im Literaturexkurs zu Beginn des 2. Buches des ‚Alexander': Das *rîs* Wolfram ist *starc, in mange wîs gebogn* (3130) — = *krump* —, dasjenige Gottfrieds *ebensleht* (3144, 3156).

Das *krump*-Merkmal kann auf den Erzählfortgang wie auf die Erzählweise bezogen werden.

Ersteres spricht Wolfram im bekannten Bogengleichnis (Pz. 241, 1—30) an, wobei freilich gerade das funktional erhellende *bîspel* der interpretatorischen Erhellung bedarf. So viel ist indes klar, daß der dem Verfasser unterstellte *krumbe* Weg zum Erzählziel in Wirklichkeit der geradeste und schnellste ist. Dazu paßt auch Wolframs Versicherung Pz. 805, 14 f.: *ez ist niht krump alsô der boge, / diz mære ist wâr unde sleht.*

Zur Erklärung des Bogengleichnisses s. BUMKE, S. 294—297 (J.K. BOSTOCK, K.K. KLEIN, W.J. SCHRÖDER, H.B. WILLSON), CURSCHMANN, S. 638—641.

Als *krump* ist aber doch wohl vor allem Wolframs Erzählweise, seine spezifische oder doch intendierte ‚Manier', anzusprechen. WEHRLI spricht im Anschluß an Gottfrieds Kritik (4638) vom „Stil des schelligen Hasen" und meint damit „ein Gegeneinanderarbeiten von normaler Satz- und Vorstellungsfolge und Vers, ein abenteuerliches Hin und Her zwischen verschiedenen Abläufen" (S. 199).

Was Wolframs Epenvers betrifft, so unterliegt er der generellen Unsicherheit, der sich die neuere Metrikforschung ausgesetzt sieht. Am ehesten erlaubt die Verwendung des Enjambements, wie sie B. HORACEK (1954/55) untersucht hat, spezifische Aussagen über den Rhythmiker Wolfram: er unterbricht damit das harmonische Gehörerlebnis, das im paarreimenden Kurzvers angelegt ist und das Gottfried bis zu äußerster Wirkung gesteigert hat (s. u. S. 260). Schon allgemeiner ist die Feststellung „überladene Auftakte, lange Verse, schwere, oftmals vielsilbige Taktfüllungen" (LOMNITZER, S. 111), aber sie weist in dieselbe Richtung.

Hinter dem „Stil des schelligen Hasen" steht, wie ebenfalls WEHRLI herausgestellt hat, eine neue Subjektivität des Erzählers, der nicht nur eine epische Welt verdichtet, sondern sie immer wieder auflöst im Einschub von Erzählerfloskeln und -späßen, Gegenwartsbezügen, bald ironisch, bald affektivisch. Es stellt sich so der Erzähler dem Geschehen gegenüber und eignet sich dieses schrittweise an, mit wechselndem Temperament und wechselnden Perspektiven, aber immer mit gespannter Energie. Es dürfte diese Subjektivität des Erzählers sein, die jene Stileinheit stiftet, die jeder großen Kunst eignet. Geht man nämlich von stilistischen Mitteln aus, so ergibt sich ein disparates Vieler- und Allerlei, dessen Summe keine Aussagekraft hat; Atem und Imaginationen des erzählenden Subjekts binden das Viele zum Einen.

Im Sinne des Autors und seiner Kritiker heißt *krump* sicher auch „nicht den Regeln entsprechend": *disiu âventiure / vert âne der buoche stiure* (Pz. 115, 29 f.). Als Beispiele können die Beschreibungen dienen, die, anders als im Werke Veldekes, Hartmanns und Gottfrieds, aber auch bei poetae minores, nie zum Muster gedeihen, wie sie keinen Mustern folgen. Wolfram weiß dies, wenn er sich, mit gleichsam hilfloser Geste, auf Veldeke, *den wîsen man*, beruft, der sich darauf besser verstünde (Pz. 404, 28 ff., Wh. 76, 22 ff.).

Nur selten wird Deskription dort eingesetzt, wo sie vor allem erwartet wird: bei der Vergegenwärtigung von Frauenschönheit. Schönheit teilt sich bei Wolfram mit, und zwar bei Menschen beiderlei Geschlechts, als Licht, *varwe, glast, schîn* und im wertenden Vergleich. Als Beispiel diene das ‚Bild' der Condwiramurs:

Condwîr âmûrs ir schîn
doch schiet von disen strîten:
Jeschûten, Enîten,
und Cunnewâren de Lâlant,
und swâ man lobs die besten vant,
dâ man frouwen schœne gewuoc,
ir glastes schîn vast under sluoc,
und bêder Isalden.
jâ muose prîses walden
Condwîr âmûrs:
diu truoc den rehten bêâ curs. (Pz. 187, 12—22)

In der Regel genügen Wolfram rasche, z. T. groteske Vergleiche, um Schönheit, fast immer verbunden mit erotischen Qualitäten, ins Wort zu bringen. Gyburg fühlt sich *senfte* an, *reht als ein jungez genselîn* (Wh. 100, 11 f.); Antikonie, sinnlich und streitbar zugleich, wird bezüglich ihrer bemerkenswerten Taille mit einem Hasen am Spieß und feingliedrigen Ameisen verglichen (Pz. 409, 26 ff.). Bei der Vorstellung der Orgeluse wird neben dem Schönheitszeichen *varwe* — *aller wîbes varwe ein bêâ flûrs* (Pz. 508, 21) — auf die Wirkung abgehoben: *si wære ein reizel minnen gir, / ougen süeze ân smerzen, / unt ein spansenwe des herzen* (508, 28 ff.). Repanse, die Gralsträgerin, wird einzig durch ihren *schîn* vorgestellt: *ir antlütze gap den schîn, / si wânden alle ez wolde tagen* (Pz. 235, 16 f.).

Der Beschreibung angenähert ist die Vorstellung der schlafenden Jeschute im Zelt: Pz. 130, 3—25. Die descriptio konzentriert sich auf Mund (*durchliuhtic rôt,* leicht geöffnet, schneeweiße, zierliche Zähne) und *süezen lîp* (*hüffelîn*, Arme, weiße Hand) und ist völlig durchwirkt mit Formeln der Bewunderung und der Wirkung (Jeschute trägt *der minnen wâfen, gerndes ritters herzen nôt, der minne hitze fiur,* sie ist *des wunsches âventiur, got selbe worht ir süezen lîp*). Selbst die Anbiederung des Erzählers fehlt nicht (ein Kuß von solch vollkommenem Munde ist ihm nie zuteil geworden).

Am ‚korrektesten', zugleich am umfangreichsten ist die Beschreibung der Königstochter Alyze: Wh. 154, 9—155, 17. Sie versucht der Gesamterscheinung gerecht zu werden (lockiges Haar in Flechten ums Haupt gebunden, ein kostbarer Gürtel mit Schnalle umschlingt die Taille; wohlgeformte Brust; *glast*), aber Wolfram vertraut auch hier nicht der Wirkung der Schönheit an sich, sondern er verkündet affektivisch deren Preis (Alyze ist so *sældebære*, daß man deren *kiusche* auf eine Wunde hätte binden können; ihr Anblick könnte einen Unglücklichen zu neuem *hôhen muot* entfachen, sie ist das Wunschbild des Verliebten, das Entzücken des Liebenden).

Ganz im Element ist der beschreibende Wolfram aber erst in der Vorstellung der Häßlichkeit. Die Deskription der Gralsbotin Cundrie (Pz. 313, 1—314, 10) breitet Details in einer Fülle aus, wie sie sämtliche Schönheitsbilder Wolframs zusammen nicht aufzuweisen vermögen. Hier folgt er einem Muster (Veldeke, s. o. S. 86) und prägt ein Muster. Der Einschub von Autoräußerungen, in verneintem Preis, fehlt aber auch hier nicht (*niht nâch friundes minne ger; nâch ir minn was selten tjost getân;* dazu ironisch: *diz gæbe trût*).

2. Ein zweites Stichwort für Wolframs Erzählweise ist der d u n k l e Stil, und auch diese Charakterisierung geht auf Gottfrieds bösartige Kritik zurück: Wolfram als *wildenære* (4666, 4683), den man nicht verstehen kann, der der *glose* bedarf (4689); auch Rudolf von Ems bezeichnet Wolframs Stil als *wilde*, dazu *spæhe*, mit *vremden sprüchen wæhe* (Alexander 3131 f.), nur ist das nicht mehr negativ gemeint.

Die dunkle Stilmanier hat ihre literarische Tradition, im hellenistischen sog. Asianismus wie im provenzalischen *trobar clus.* Man kann Wolfram in diese Tradition eines spätantiken und mittelalterlichen Barockstils stellen, dürfte jedoch nicht an irgendeine literarische Dependenz denken. (Natürlich wurde auch in dieser Hinsicht Kyot bemüht: so SINGER.) Schwerer, künstlicher, änigmatischer Stil hat sich immer wieder ohne direkte Vorbilder ausgebildet. Ich meine schon, daß die dunkle Stilart zu Wolframs ganz persönlicher Formgebung gehört. Im übrigen ist es auch nicht so, daß seine Diktion grundlegend und durchgehend ‚dunkel' ist. Die Dunkelheit ist nur ein Einschlag, Tendenz.

Man wird das *wilde* Ferment von Wolframs Stil am sichersten in der Syntax nachweisen. Spätestens seit GÄRTNERS großer Abhandlung ist Wolframs Neigung zur Konstruktion ἀπο κοινοῦ gesichert. Sie entspringt nicht —

und deswegen gehört diese Konstruktion in vorliegenden Zusammenhang — legerer mündlicher Rede, sondern ist poetisches Stilmittel, das vor allem bei bewegter Handlung und emotionaler Rede, aber auch zur Hervorhebung eingesetzt wird. Wolfram steht mit ihm in deutlichem Gegensatz zur höfischen Epik seiner Zeit.

Dunkelheit entsteht aber auch aus Knappheit. Verglichen mit Hartmann, Gottfried und gar den späteren Erzählern, Rudolf von Ems und Konrad von Würzburg, ist Wolfram ein Muster gedrängter *rede*. Er überläßt sich nie dem rhythmischen Fluß, der so leicht von Reim zu Reim eilt; er preßt die Aussage durch sparsame Konstruktion. *Er brach durch blates stimme ein zwîc* (Pz. 120, 12); „er brach einen Zweig, um mit einem Blatt Stimmen zu erzeugen". Zumal wenn es um die Sprachwerdung geschauter Wirklichkeit geht — der Knabe greift, während er auf seinem Pferdchen reitet, nach einem Baumzweig über oder neben sich, nimmt ein Blatt vor die Lippen und pfeift —, drängt Wolfram den Ausdruck in knappste Form. In Pz. 141, 16, *ein bracken seil gap im den pîn*, bannt er eine ganze Geschichte in einen einzigen Vers. Hier ist freilich nicht die Aussage als solche, sondern ihr Kontext von änigmatischem Dunkel.

Wolfram verfügt nicht in selbstverständlicher Souveränität über die Sprache und ihre Möglichkeiten. Er hat Sprache vielmehr ständig auf dem Prüfstand. Was vermag sie, konfrontiert mit dem *mære*, mittels Wolframs Vorstellungskraft? Was leistet sie, gebannt in den knappen Vers? Eine solchermaßen geprüfte und geforderte Sprache gibt dann freilich viel her.

Vor allem wird das Bild gefordert, und zwar in allen Bereichen der Darstellung, in diskursiver Auseinandersetzung, in der Schilderung, in erzählerischer Sukzession. Es hat, wenn ich recht sehe, kaum je erhellende Funktion, steht nicht an Stelle abstrakter oder doch unanschaulicher Aussage, sondern die Sache selbst drängt primär ins Bild. So muß der Leser vielfach vom Bild, sei es Vergleich oder Metapher, zur Sache zurückfinden.

Im ‚Parzival'-Prolog drängen sich solche Bilder. Der *schellec hase*, Bild für das *vliegende bîspel* (Elsterngleichnis des Vorspruchs), also Bild über Bild, wurde, wie wir sahen, zum Stichwort von Wolframs *krumber* ‚Manier'. Gleich anschließend: *zin anderhalp ame glase / gelîchet, und des blinden troum, / die gebent antlützes roum* (1, 20 ff.). „Zinn auf der Rückseite des Glases aufgetragen und der Traum des Blinden vermitteln (nur) den trüben Abglanz eines Antlitzes." *zin anderhalp ame glase* steht für ‚Spiegel'. Wie aber sind die Träume eines Blinden? Undeutlich, verschwommen, weil von keiner Wirklichkeitssicht gesteuert? Wenig später: *der hât vil nâhe griffe erkant* (1, 28),

;„der praktiziert nahe Griffe", nämlich derjenige, der mich dort raufen will, wo kein Haar wächst, an der inneren Handfläche. Der Leser muß dies auflösen: offensichtlich ist von unfairen Attacken die Rede.

Die Verse 2, 17 ff. lauten:

falsch gesellecliicher muot
ist zem hellefiure guot,
und ist hôher werdekeit ein hagel.
sîn triwe hât sô kurzen zagel,
daz si den dritten biz niht galt,
fuor si mit bremen in den walt.

„Falscher Gemeinschaftsinn ist gerade recht fürs Höllenfeuer und vernichtet hohe Manneswürde. Dessen Treue hat einen so kurzen Schwanz, daß sie (schon) den dritten Stich nicht mehr abwehrte, wenn sie mit Bremsen in den Wald geriet." Spontan verständlich ist der *hagel hôher werdekeit*. Was aber soll der kurze Schwanz der Treue, der nicht in der Lage ist, *biz* zu entgelten, wenn im Walde Bremsen stechen? Das skurrile Bild findet seine Auflösung durch den Inhalt einer Fabel. „Hier frieren zwei Kühe im Winter mit den Schwänzen ein: die eine, Brunetta, wartet ab bis es taut, die andere, Bicornis, reißt sich mit Verlust des Schwanzes los und kann nun im Sommer die Fliegen nicht abwehren" (MARTIN, Kommentar z. St., S. 10). Gepriesen sei der Kommentar! Man fragt sich indes, ob Wolframs Hörer in der Lage waren, den dunklen Text mit ihrem Wissen um die Kuh Bicornis zu erhellen. Ist hier die Verdunkelung (die ein höheres Wissen verraten soll) Absicht?

Eine besondere Untersuchung verdiente die Metapher bei Wolfram. Sie kann eine Leerstelle im Sprachgebrauch des Autors besetzen, was bedeutet, daß sich die Metapher einstellt, wo das präzise Wort für einen Befund, seltener für eine Sache fehlt (*hôher werdekeit ein hagel*), aber auch einen hintergründigen Denkvorgang oder Vorstellungskomplex ins Bild bringen (*kurzer zagel* der *triuwe*). Der für die Künstlerindividualität interessantere Fall ist der letztere, der erstere kann einem rhetorischen System verpflichtet sein, muß es freilich nicht. Eine metaphorische Wendung wie *der site fuor angestlîche vart* (117, 29), „Dieses Verhalten ging den Weg der Angst", scheint wolframisch zu sein. Er überträgt hier die gefährliche Fahrt des Reiters (s. ‚Erec' 8889; Pz. 492, 1) auf ein Abstractum. Noch spezifischer für die metaphorische Idiomatik Wolframs sind Wendungen wie „die Luft zu *êren* durch das Krachen von Speeren" (*des solt der luft sîn gêret von spers krache ûz mîner hende*, Tit. 2, 2) oder *dô brast ir freuden klinge / mitten ime hefte enzwei* (Pz. 103, 17).

Hier klingt das an, was sich später, etwa bei Albrecht, dem Dichter des ‚Jüngeren Titurel', als geblümte Manier üppig entfaltet hat. Auch die Verwendung von Qualitäten an Stelle der Person, der BRINKMANN seine Aufmerksamkeit geschenkt hat, gehört dazu: *sîn snelheit verre spranc* (120, 1); *ir scham begunde switzen* (132, 8); *ein tumpheit dâ geschach* (139, 14) und ähnliche Fälle. Es handelt sich, wenn ich recht sehe, um sprachliche Reflexe des mittelalterlichen Realismus, der den Qualitäten Seinscharakter zuspricht. So verstanden bleibt auch fragwürdig, ob man diese Stilformen mit BRINKMANN als „Sprache des Rittertums", bestimmen darf. Daß sie bei Wolfram einen besonderen Stellenwert haben, sei dabei unbestritten.

3. Sucht man nach einem gemeinsamen Index, der die Elemente des „krummen" und „dunklen" Stils, die stilistische Haltung Wolframs überhaupt bezeichnet, so wird man ihn am ehesten in der künstlerischen Subjektivität finden. Als Grundausdruck dieser Subjektivität, die eine bis dahin unbekannte Offenheit und Freiheit des Ausdrucks bedeutet, ist immer wieder (WEHRLI, FROMM, MOHR) der Humor genannt worden, der sowohl den viel betonten Sinn Wolframs für Komik, Scherze, Späße und — vor allem erotische — Witze als auch die lächelnde Weisheit des Autors zu umschließen vermag. Verständlich, daß man Wolframs Humor, wenn auch nur in hermeneutischer Vorläufigkeit, an Jean Pauls „humoristische Totalität" angeknüpft hat, da er nicht nur im deutschen Mittelalter als singulär erscheint, sondern auch die mittelalterliche Literaturtheorie dafür keine hilfreichen Begriffe an die Hand gibt. Erforderlich ist indes eine Bestimmung und Beschreibung von Humor gerade nach spezifisch mittelalterlichen Konstituenten. Er wäre freilich, was vorweggenommen werden kann, insofern keineswegs „total", als ihn der christliche Glaube wie die Gesellschaft, denen sich der Künstler verpflichtet weiß, begrenzen.

Humor als stilistische Grundhaltung dürfte auch einzig für den ‚Parzival' in Anspruch genommen werden. Zwar bestimmt die Subjektivität des Erzählers auch den ‚Titurel' wie den ‚Willehalm', aber sie wird nicht frei, sondern formt sich zu elegischer Klage, einer Stimmungslage in Moll. Diese vermag im ‚Willehalm' die kompakten und vorgegebenen Erzählblöcke, die die Handlung bestimmen, nicht zu sprengen und ins Lyrische zu brechen, wohl aber droht sie im ‚Titurel', einem Werk von geringer epischer Konsistenz, das Geschehen in ‚Aussagesplitter' aufzulösen, die wie Herbstblätter auf den Leser niederfallen: in diesem Vorgang liegen wohl die ungewöhnlichen ästhetischen Wirkungen dieses Textes.

Diese Andeutungen sollen auch den ungewöhnlichen Reichtum des Erzählers Wolfram bewußt machen. Gottfried beherrscht eine Klaviatur virtuos, aber auch Hartmann spielt trotz verschiedener Erzählungen und Erzähltypen dieselbe Tastatur, die der *cristallînen wortelîn*, wenn auch immer voller und reicher. Wolfram allein vermag, und dies bei gleichbleibender ‚Manier', die Register zu wechseln: die Stoffe und Themen, die er in drei Werken gestaltet, müssen ihn je anders „berührt" haben. Die Unvergleichlichkeit Wolframs, die sich dem Leser immer wieder aufdrängt, dürfte nicht zuletzt auf diesen verschiedenen Möglichkeiten einer Erzählerhaltung und Erzähldiktion beruhen.

IV. Der ‚Tristan' Gottfrieds von Straßburg

Heute wagt niemand mehr, mit K. LACHMANN Gottfrieds ‚Tristan' „nicht einmal unter die eigentlichen testi di lingua" zu rechnen (an G.F. BENECKE, 1820), auch der Vorwurf der Unsittlichkeit, den die Literaturwissenschaft seit LACHMANN über EICHENDORFF (Geschichte der poetischen Literatur Deutschlands, 1857), GERVINUS, GOEDEKE, differenzierter von HEINZEL und SCHERER, bis hin zu G. WEBER immer wieder erneut erhoben hat, ist im Zeitalter sexueller Freizügigkeit verstummt, nicht aber die massive Kritik an den bedenklichen Charaktereigenschaften Tristans und Isolds und an des Dichters Verhältnis zu Gott und Welt. Die Verbindung von „ästhetischer Vollkommenheit und moralischer Korruption" im Tristanroman Gottfrieds (GANZ, Ausg. S. IX) ist somit Forschungsaspekt und -problem geblieben, es sei denn diese Spannung werde mit der Ansicht aufgehoben, daß die „moralische Korruption" auch die „ästhetische Vollkommenheit" zutiefst fragwürdig mache. Auffallend ist jedenfalls dies: Über kein anderes Werk und keinen andern Dichter des deutschen Mittelalters ist so viel moralisch geurteilt worden wie über Gottfrieds ‚Tristan', und dies keineswegs aus der Perspektive der sittlichen Vorstellungen und Praxis jener Zeit, sondern gemäß der Moral des Literaturgeschichtlers. Es scheint, Gottfried hätte den strophischen Prologteil umsonst geschrieben, in dem er seine Leser bittet, das was in guter Absicht geschieht und gesagt wird, auch im Guten zu vernehmen, nicht *daz guote zübele* zu wägen (30): *die pflegent niht, si widerpflegent* (32). Sofern der Literaturwissenschaftler *pfleger* sein will, und er sollte es, ist diese Bitte Gottfrieds für mich verbindlich.

Zur Forschungsgeschichte am ausführlichsten: WEBER I., S. 9—31, II., S. 7—46; G.WEBER-W.HOFFMANN, Gottfried von Straßburg (Sammlung Metzler 15), Stuttgart 1962, [3]1968, S. 44—76; dazu die in STEINHOFFS Bibliographie aufgeführten Forschungsberichte Nr. 8—23, bes. H. FROMM, Zum gegenwärtigen Stand der Gottfried-Forschung, DVjs 28 (1954), S. 115—138.

Ausgaben. R. BECHSTEIN, 2 Bde. (Deutsche Classiker des Mittelalters 7/8), Leipzig 1869/70, [4]1930; neu hrsg. von P. GANZ (Deutsche Klassiker des Mittelalters, N. F. 4, 2 Teile), Wiesbaden 1978; K. MAROLD (Teutonia 6), Leipzig 1906, [2]1912, 3. Abdruck, mit einem durch F. RANKES Kollationen erweiterten und verbesserten Apparat besorgt und mit einem Nachwort versehen v. W. SCHRÖDER, Berlin 1969; F. RANKE, Text, Berlin 1930, [5]1959; Lesartenband in Vorbereitung. — Weitere Ausgaben STEINHOFF, Nr. 37—47.

Ich zitiere nach der Ausgabe von RANKE, füge indes mit Rücksicht auf Studierende Längenzeichen hinzu.

Forschungsliteratur. (Ich kürze in allen Titeln Gottfried/Gotfrid mit G., von Straßburg mit v.St.)

H.-H. STEINHOFF, Bibliographie zu G. v.St. (Bibliographien zur deutschen Literatur des Mittelalters 5), Berlin 1971.

Allgemeine Studien und Darstellungen. FR. RANKE, Die Allegorie der Minnegrotte in G.s Tristan (Schriften der Königsberger Gesellschaft 2), Berlin 1925 (= WdF 320, S. 1—24); ders. Tristan und Isold (Bücher des Mittelalters 3), München 1925; H. DE BOOR, Die Grundauffassung von G.s Tristan, DVjs 18 (1940), S. 262—306 (= Kleine Schriften I, Berlin 1964, S. 136—172, WdF 320, S. 25—73); J. SCHWIETERING, Der Tristan G.s v.St. und die Bernhardische Mystik (Abh.d.Preuß.Akad.d.Wiss.1943, 5) (= J. SCH., Mystik und höfische Dichtung im Hochmittelalter, Darmstadt 1962, S. 1—35; Philologische Schriften, München 1969, S. 338—361); M. WEHRLI, Der Tristan G.s v.St., Trivium 4 (1946), S. 81—177 (= WdF 320, S. 97—134); B. MERGELL, Tristan und Isolde. Ursprung und Entwicklung der Tristansage im Mittelalter, Mainz 1949; G. WEBER, G.s v.St. Tristan und die Krise des hochmittelalterlichen Weltbildes um 1200, 2 Bde., Stuttgart 1953; dazu die Vorstudien unter (fast) gleichem Titel, in:ZfdA 82 (1948/50), S. 335—388; D. DE ROUGEMONT, L'amour et l'occident. Edition remaniée et augmentée, Paris (1956); W. MOHR, ,Tristan und Isold' als Künstlerroman, Euph. 53 (1959), S. 153—174 (= WdF 320, S. 248—279); P.W. TAX, Wort, Sinnbild, Zahl im Tristanroman. Studien zum Denken und Werten G.s v.St. (Philol.Stud.u.Quellen 8), Berlin 1961, [2]1971; M. WEHRLI, Das Abenteuer von G.s Tristan, in: M. W., Formen mittelalterlicher Erzählung. Aufsätze, Zürich 1969, S. 243—270; W.T.H. JACKSON, The Anatomy of Love. The ,Tristan' of G. v.St., New York-London 1971; H. KUHN, Tristan, Nibelungenlied, Artusstruktur (Sitzungsberichte d.Bayer.Akad.d.Wiss., philos.-hist.Kl. 1973/5), München 1973; D. MIETH, Dichtung, Glaube und Moral. Studien zur Begründung einer narrativen Ethik mit einer Interpretation zum Tristanroman G.s v.St. (Tübinger Theologische Studien 7), Mainz 1976; dazu K. RUH, AfdA 89 (1978), S. 117—129.

Spezielle Abhandlungen. C. VON KRAUS, Das Akrostichon in G.s Tristan, ZfdA 50 (1908), S. 220—222; AfdA 32 (1908), S. 330; ST. SAWICKI, G. v. St. und die Poetik des Mittelalters (Germ.Stud. 124), Berlin 1932; H. SCHARSCHUCH, G.v.St. Stilmittel-Stilästhetik (Germanische Studien 197), Berlin 1938; J.H. SCHOLTE, G.s v.St. Initialenspiel, PBB 65 (1942), S. 280—302 (= WdF 320, S. 74—96, F. RANKE, Zum Vortrag der Tristanverse, in: Festschr. Paul Kluckhohn und Hermann Schneider, Tübingen 1948, S. 528—539; G. MEISSBURGER, Tristan und Isold mit den weißen Händen. Die Auffassung der Minne, der Liebe und der Ehe bei G. v.St. und Ulrich von Türheim, Basel 1954; A. SCHÖNE, Zu G.s ,Tristan'-Prolog, DVjs 29 (1955), S. 447—474 (= WdF 320, S. 147—181); R. GRUENTER, *Der vremede hirz*, ZfdA 86 (1955/56), S. 231—237; A. WOLF, Zur Frage des antiken Geistesgutes im ,Tristan' G.s v.St. (Innsbrucker Beiträge zur Kulturwissenschaft 4), Innsbruck 1956; H. FURSTNER, Der Beginn der Liebe bei Tristan und Isolde in G.s Epos, Neophil. 41 (1957), S. 25—38; R. GRUENTER, Bauformen der Waldleben-Episode in G.s Tristan und Isold, in: Festschr. Günther Müller, Bonn 1957, S. 21—48; D. SAYCE, Der Begriff *edelez herze* im Tristan G.s v.St., DVjs 33 (1959), S. 389—413; R. GRUENTER, Das *wunnecliche tal*, Euph. 55 (1961), S. 341—404; W.T.H. JACKSON, Tristan the Artist in G.s Poem, PMLA 77 (1962), S. 364—372 (= in dt. Übersetzung WdF 320, S. 280—304); H. KOLB, *Der minnen hûs*. Zur Allegorie der Minnegrotte in G.s Tristan, Euph. 56 (1962), S. 221—247 (= WdF 320, S. 305—333); J. FOURQUET, Le cryptogramme du Tristan et la composition du poème, Etudes germ. 18 (1963), S. 271—276 (= in dt. Übersetzung WdF 320, S. 362—370); I. HAHN, Raum und Landschaft in G.s ,Tristan' (Medium Aevum 3), München 1963; dies., *Daz lebende paradîs* (Tristan 17 858—18 114), ZfdA 92 (1963), S. 184—195; W. SPIEWOK, Zum Begriff *edelez herze* bei G. v.St., Weimarer Beiträge 9 (1963), S. 27—41 (= WdF 320, S. 334—354); P.WAPNEWSKI, Herzeloydes Klage und das Leid der Blancheflur. Zur Frage der agonalen Beziehungen zwischen den Kunstauffassungen G.s v.St. und Wolframs von Eschenbach, in: Festschr. Ulrich Pretzel 1963, S. 173—184; R.N. COMBRIDGE, Das Recht im ,Tristan' G.s v.St. (Philol.Stud.u.Quellen 15), Berlin 1964; P. WAPNEWSKI, Tristans Abschied. Ein Vergleich der Dichtung G.s v.St. und ihrer Vorlage Thomas, in: Festschr. Jost Trier, Köln 1964, S. 335—363; K. SPECKENBACH, Studien zum Begriff *edelez herze* im Tristan G.s v.St. (Medium Aevum 6), München 1965; P. GANZ, Polemisiert G. gegen Wolfram? PBB 88 (Tüb. 1966), S. 68—85; J. RATHOFER, Der ,wunderbare Hirsch' der Minnegrotte, ZfdA 95 (1966), S. 27—42 (= WdF 320, S. 371—391); A. WOLF, Die Klagen der Blanscheflur. Zur Fehde zwischen Wolfram von Eschenbach und G. v.St., ZfdPh 85 (1966), S. 66—82; H. FROMM, Tristans Schwertleite, DVjs 41 (1967), S. 333—350; L. GNÄDINGER, Musik und Minne im ,Tristan' G.s v.St. (Beihefte zur Zeitschrift ,Wirkendes Wort' 19), Düsseldorf 1967; I. HAHN, Zu G.s v.St. Literaturschau, ZfdA 96 (1967), S. 218—236 (= WdF 320, S. 424—452); H. KOLB, *der ware Elicon*. Zu G.s ,Tristan' vv. 4862—4907, DVjs 41 (1967), S. 1—26; W.J. SCHRÖDER, Der Liebestrank in G.s Tristan und Isold, Euph. 61 (1967), S. 22—35; U. SCHULZE, Literarkritische Äußerungen im ,Tristan' G.s v.St., PBB 88 (Tüb. 1967), S. 285—310 (= WdF 320, S. 489—517); U. SCHWAB, Lex et gratia. Der literarische Exkurs G.s v.St. und Hartmanns Gregorius, Messina 1967; W. BETZ, G. v.St. als Kritiker höfischer Kultur und Advokat religiöser erotischer Emanzipation, in: Festschr. Konstantin Reichardt, Bern-München 1969, S. 168—173 (= WdF 320, S. 518—525); H. KUNISCH, *edelez herze — edeliu sêle*. Vom Verhältnis höfischer Dichtung zur Mystik, in: Festschr. Helmut de Boor, München 1971, S. 413—450; L. PEIFFER, Zur Funktion der Exkurse im ,Tristan' G.s v.St. (GAG 31), Göppingen 1971; W. HAUG, *âventiure* in G.s v.St. Tristan, in: Festschr. Hans Eggers, Tübingen 1972, S. 88—125; M. WÜNSCH, Allegorie und Sinnstruktur in ,Erec' und ,Tristan', DVjs 46 (1972), S. 513—538; H. FROMM, G. v.St. und Abaelard, in: Festschr. Ingeborg Schröbler, Tübingen 1973, S. 196—216; H. ROLF, Der Tod in mhd. Dichtungen. Untersuchungen zum St. Trudperter Hohenlied und zu G.s v.St. ,Tristan und Isolde' (Medium Aevum 26), München 1974; A. WOLF, *diu wâre wirtinne — der wâre Elicôn.* Zur Frage des typologischen Denkens in volkssprachlicher Dichtung des Hochmittelalters, Amsterdamer Beitr. z. Ält. Germ. 6 (1974), S. 93—131; W. SCHRÖDER, *Die von Tristande hant gelesen.* Quellenhinweise und Quellenkritik im ,Tristan' G.s v.St., ZfdA 104 (1975), S. 307—338; U. ERNST, G. v.St. in komparatistischer Sicht. Form und Funktion der Allegorese im Tristanepos, Euph. 70 (1976), S. 1—72; W. JUPÉ, Die ,List' im Tristanroman G.s v.St. Intellektualität und Liebe oder die Suche nach dem Wesen der individuellen Existenz, Heidelberg 1976; W. MOHR, Tristan und Isolde, GRM 55 (1976), S. 54—83); C.ST. JÄGER, Medieval Humanism in G.v.St.s Tristan und Isolde, Heidelberg 1977; H.KOLB, Der Hof und die Höfischen. Bemerkungen zu G.v.St., ZfdA 106 (1977), S. 236—252.

1. Der Dichter und sein Werk

Zu einer Biographie sind kaum Ansätze da. Keine Urkunde bezeugt den Dichter, er selbst nennt sich nicht, deutet seinen Namen nur an in einem (unvollendeten) Akrostichon (s. S. 224 f.). Dennoch steht Gottfried als Verfasser des ,Tristan' fest durch wiederholte Nennung von zeitnahen Autoren, zuerst durch den ersten ,Tristan'-Fortsetzer, Ulrich von Türheim. Auch Straßburg als Heimat Gottfrieds ist gut gesichert. Nie wird er *her* genannt, immer *meister*. Das führt zu seinem Stand. Es entspricht seiner Bildung, wenn wir in ihm einen Clerc, einen Akademiker mit klerikaler, vielleicht in Paris erworbener Ausbildung erblicken; Straßburg selbst bot gute Ausbildungsmöglichkeiten, u. a. das Thomasstift. Jedenfalls war ihm gelehrtes Schrifttum zugänglich; das Französische beherrschte er.

Den Auftraggeber und Förderer des ,Tristan' wird man im Akrostichon des Prologs, Str. 2—9, erblicken dürfen: DIETERICH. Er läßt sich nicht sicher identifizieren. Zu beachten ist ein Dietrich, der zunächst von 1196 an als Bruder des Straßburger Burggrafen urkundete, dann Ratsmitglied und 1216—1233 selbst Burggraf war. Ferner kommt ein Dietrich Stehelin, urkundlich zwischen 1201 und 1228 bezeugt, Ministeriale, Ritter und Ratsmitglied, dann Rector des Leonhárd-Hospitals als Gönner in Frage.

Das ist alles, was auch nur hypothetisch über Gottfried und seine Umwelt zu sagen ist. Auch die Zeitgenossen wissen dem Tristandichter keinen einzigen persönlichen Zug hinzuzufügen — das freilich ist die Regel. Ungewöhnlicher ist, daß er sich in seinem Werk, sehr im Gegensatz zu Wolfram, der gerne vertraulich-gesprächig Persönliches auskramt, über seine Lebensverhältnisse völlig ausschweigt. Es gibt nur zwei aufs engste zusammengehörige persönliche Stellen, die aber keine biographische Relevanz zu haben brauchen: er selbst hätte als Liebender keiner Speise bedurft (16 920 ff.), und die Minnegrotte sei ihm seit seinem 11. Lebensjahr bekannt und doch sei er noch nie in Cornwall gewesen (17 136 ff.), m.a.W., der Dichter habe die Minne seit seiner Kindheit erfahren.

Gottfrieds Existenz wie sein engerer Umkreis stehen so in seltsamem Dunkel, ja man darf die paradoxe Aussage wagen, daß dieses Dunkel das einzige Licht ist, das dieses Leben beleuchtet. Es hat nämlich den Anschein, daß es seine Gründe hat. Die auffallende Zurückhaltung des Dichters, die Diskretion seiner Umgebung sowie der Sachverwalter seines literarischen Werks deuten darauf hin, daß ein Interesse bestand, die Person Gottfrieds abzuschirmen. Wer den Dichter und seinen ‚Tristan' mit häretischen Bewegungen in Zusammenhang bringt, hat die Erklärung zur Hand: Das Schweigen war notwendig zum Schutz von Person und Werk. Aber Gottfried und die Häresie ist nur eine These. Es ist an späterer Stelle zu erörtern, wie es sich damit verhält.

Auf Grund gemeinsamer Technik der Ironie und katharischer Heilslehre hat kürzlich H. Bayer (Gunther von Pairis und Gottfried von Straßburg, Mlat. Jb. 13 (1978), S. 140—183) Gottfried mit Gunther von Pairis identifiziert. Diese Hypothese entspringt einem spekulativ-kombinatorischen Denken, dessen Argumentationsschritten ich nicht zu folgen vermag.

Die Bezugsdaten, Nennung von Dichtern, lebenden und verstorbenen, in der Dichterrevue (s. S. 256 ff.) und Anspielungen in Wolframs Werk, ergeben für den zeitlichen Ansatz des ‚Tristan' die Jahre 1205—1210. Es steht indes nichts im Wege, den Abschluß um einige Jahre, bis gegen 1215 hin, zu verschieben. Man ist dazu geneigt, wenn man die Gottesurteilszene (15 047—15 764) mit den Ketzergerichten in Zusammenhang bringen will, die Bischof Heinrich von Veringen i. J. 1211 durchgeführt hat. 86 Häretiker, Männer und Frauen, mußten sich da, wie Isold in Gottfrieds Werk, dem Gottesurteil vom glühenden Eisen unterziehen. Papst Innozenz III. mißbilligte in einem Brief vom 9. 1. 1212 an den Bischof dieses Ordal als Häresienachweis mit der Begründung, man dürfe Gott nicht versuchen.

Das Laterankonzil 1215 hat diese Stellungnahme bestätigt. Gottfrieds scharfe Verurteilung des Gottesurteils wird leichter verständlich, wenn wir für ihn die Kenntnis der päpstlichen Stellungnahme voraussetzen.

Die Überlieferung des ‚Tristan' reicht zwar in ihrer Breite bei weitem nicht an ‚Parzival' und ‚Willehalm' heran, die Dichtung gehört aber doch zu den bestüberlieferten Texten der Blütezeit. Es sind 11 Vollhandschriften und 15 Fragmente bekannt (neueste Zusammenstellung in der Ausgabe MAROLD-SCHRÖDER, S. 284—289, und STEINHOFF, Bibliographie, S. 16—20). Interessant ist der Umstand, daß im ganzen 13. Jahrhundert der ‚Tristan' ausschließlich in Straßburg tradiert wurde, vielleicht in der Schreibstube, der um 1230/40 Meister Hesse vorstand, nach dem Zeugnis Rudolfs von Ems eine Autorität in Fragen guten Geschmacks und literarischer Kritik.

Die Tatsache einer hundertjährigen Konzentration der ‚Tristan'-Überlieferung in Straßburg läßt eine einheitliche Textform vermuten. Das trifft in der Tat für die Sprachformen zu — RANKE getraute sich einen Text vorzulegen, der bis in die Orthographie hinein Authentizität verspricht —, nicht aber für den Wortlaut des Textes. Das erklärt sich leicht: Da man in der Straßburger Schreibstube bald über verschiedene ‚Tristan'-Handschriften verfügte, konnte man für eine Abschrift mehrere Vorlagen benutzen. Das führte zu den für eine textkritische Recensio so fatalen Mischhandschriften und mit ihnen zu äußerst verwickelten Filiationsverhältnissen.

Grundlegend zur Überlieferung: F. RANKE, Die Überlieferung von Gottfrieds ‚Tristan', ZfdA 55 (1917), S. 157—278, 381—438; ferner H.-H. STEINHOFF, Gottfried von Straßburg: ‚Tristan'. Ausgewählte Abbildungen zur Überlieferung (Litterae 19), Göppingen 1974.

2. Gottfried und Thomas

Gottfried folgt der modernsten, wohl auch jüngsten Fassung des Tristan-Stoffs, dem Werk des Anglonormannen Thomas (*Thomas von Britanje,* 150), entstanden zwischen 1180 und 1190 (oder zwischen 1160 und 1170) mit großer Wahrscheinlichkeit am englischen Königshof Heinrichs II. und der Eleonore. Deutlich hebt er es ab von bisher bekannten Tristan-Darstellungen — *Ich weiz wol, ir ist vil gewesen, / die von Tristande hânt gelesen; / und ist ir doch niht vil gewesen, / die von im rehte haben gelesen* (131 ff.) —, wobei er in erster Linie an Eilharts ‚Tristrant' denken mochte. Diese früheren Erzähler wolle er nicht schlecht machen, sie sprachen *der werlt ze guote,* zum Nutzen der Hörerschaft, und *in guot,* in bester Absicht (135 ff.), sie sprachen indes nicht *in der rihte,* in der richtigen Weise, nicht gemäß der

Konzeption, die *Thomas von Britanje* eignet (149 f.). Dieser Fassung will er sich allein anvertrauen. Größte Mühe hatte der Autor mit der Beschaffung eines Manuskripts. Lange Zeit habe er in französischen und lateinischen Handschriften gesucht, bis er fündig geworden sei.

Dieser Absatz, v.155—166, erfährt so seine schlichteste Interpretation. An MERGELLS Identifizierung des ‚Buchs', das Gottfried zu suchen unternahm, mit den ‚Cantica canticorum' des Alten Testaments, deren Liebesauffassung der Autor seinem Werk „eingeschmolzen" hätte (S. 123), haben auch diejenigen nicht glauben mögen, die der Hoheliedmystik weitreichende Bedeutung für des Dichters Minnekonzeption zumessen. Daß Gottfried nicht nur in französischen, sondern auch in lateinischen Büchern nach seinem Stoffe suchte, darf nicht überraschen, wenn man sich vergegenwärtigt, daß bedeutende epische Stoffe lateinisch tradiert waren, so Troja- und Alexanderroman, König Arthur in Geoffreys von Monmouth ‚Historia regum Britanniae' (s. Höf. Ep. I, S. 98 f.) oder dessen ‚Vita Merlini'.

In der Tat hebt sich der ‚Tristan' des Thomas in erster Linie konzeptionell von der ‚Estoire'-Tradition mit Béroul und Eilhart ab. Er erhebt den Stoff aus dem Spielmännischen, befreit ihn von archaisch-barbarischen Resten, die ihm von seinem Ursprung her anhafteten, bettet ihn ein in Kultur und Gesittung seiner Zeit, macht ihn mit andern Worten ‚höfisch'.

Gottfried verdankt Thomas drei neue Episoden: Harfe und Rotte (die Gandin-Episode) (G. 13 097—13 450), das Hündchen Petitcreiu (G. 15 765—16 402), die Entdeckungs- und Abschiedsszene im Baumgarten (G. 17 723—18 404). Alle bestimmen maßgeblich die *rihte*: in der Gandinszene erwirbt Tristan Isold zum zweiten Mal, jetzt durch seine überlegene Kunst, rechtfertigt aber auch den Ehebruch, da Marke sein Weib offensichtlich nicht vor Schande zu bewahren weiß; die Petitcreiu-Episode thematisiert seitens der Isold das *gemeine* (gemeinsame) *leit* (18 555) der Liebenden; die Abschiedsszene besiegelt die höchste Form der Tristanminne, *ein lîp, ein leben* (18 344) in der Entselbstung. Auf dieser Linie der Neukonzeption liegen auch die Bildersaalepisode und die Neufassung des Liebestodes, die Gottfried indes nicht mehr verwenden konnte.

Als Ganzes kennen wir Thomas' Werk nur aus Nachdichtungen, der nordischen Prosa des Mönchs Robert (um 1225, indes erst im 17. Jh. überliefert) und der mengl. Dichtung ‚Sir Tristrem' (um 1300). Das Original ist nur in 3144 Versen, die auf ein Sechstel des Ganzen geschätzt werden, überliefert. Dieser Bestand gehört fast ganz dem Schlußteil des Werks an: die wichtigsten Teilstücke, die Fragmente Douce und Sneyd (Namen der Entdecker), tradieren die letzten 1900 Verse des Romans zur Gänze. Dieser eigentümliche Überlieferungsbefund hat den Vorteil, daß das Werk Gottfrieds, der, aus welchem Grunde auch immer, den Schlußteil nicht mehr geschrieben hat, in seiner *rihte* mit Thomas zu Ende gelesen werden kann, den Nachteil, daß ein direkter Vergleich fast gänzlich entfällt. Nur zwei knappe Textstellen entsprechen sich: aus der Abschiedsszene (18 195—18 358 = Fragment von Cambridge 1—52 und aus dem Monolog Tristans in seiner Verstrickung durch Isold Weißhand (19 419—19 548 = Fragment Sneyd 1—182). Sie verraten, daß Gottfried Thomas zwar in der *rihte* folgt, aber bedeutsame Akzentverschiebungen vornimmt; so gibt er im Abschiedsdialog Isold die führende Stimme.

Stofflich ist Gottfried wenig über Thomas hinausgegangen, nirgends berühren seine Änderungen das strukturelle Gefüge des Romans. Der Vergleich läßt drei maßgebliche Aspekte der Bearbeitung erkennen: 1. Gottfried motiviert das Geschehen sorgfältiger im Sinne realistischer und psychologischer Wahrscheinlichkeit, als dies Thomas gewollt hat oder ihm möglich war. So fügt erst der deutsche Dichter Ruals List der Verheimlichung von Tristans Geburt ohne Brüche; er läßt den todkranken Helden seine Heilfahrt mit dem klaren Ziel Irland antreten, während Thomas an der Fahrt ins Blaue festhält, obschon der sterbende Morolt seinem Besieger verraten hat, wo allein Heilung von der Giftwunde zu finden ist: bei der Königin von Irland; er streicht in der Entdeckungsszene im Baumgarten die fatal verwirrende Rolle des Zwergen Melot. 2. Gottfried weiß künstlerisch wirkungsvoller zu inszenieren als sein Vorgänger. Thomas hatte an Stelle des e i n e n Hoftags am irischen Königshof der ‚Estoire'-Fassung deren zwei eingeführt, um die Aussöhnung Isolds mit Tristan, dem Mörder ihres Oheims, besser zu begründen, läßt indes den zweiten Hoftag mit dem Vorzeigen der Drachenzunge als Siegeszeichen erzählerisch zu kurz kommen. Gottfried konfrontiert beim ersten Hoftag die Königin mit dem Truchseß, nicht die junge Isold, nimmt Tristan ganz aus der Szene heraus und gewinnt so für den zweiten Hoftag den eigentlichen Spannungseffekt sowie einen magistralen Auftritt der beiden Protagonisten. 3. Gottfried transponiert die immer noch schlichte Psychologie des Thomas ins Sensible: er macht Marjodo, den späteren Hasser und Zuträger, nicht nur mit Thomas zum Freunde, sondern zum heimlichen Rivalen Tristans; aus der Totenklage der Blanscheflur um Riwalin wird ein stummer Schmerz, eine Versteinerung des Herzens (1730); ob Gottfried die Rolle Markes gegenüber Thomas differenziert hat, indem er zur Bindung an Isold eine nicht weniger starke Bindung an Tristan hinzufügt, wage ich nur auf Grund der Nacherzählung Roberts nicht zu entscheiden.

Es ist bei allen Vergleichen außerhalb des authentischen Thomas-Textes zu berücksichtigen, daß sie auf Treu und Glauben beruhen, die auf die Bearbeitungen gesetzt werden. Ich möchte so nicht ausschließen, daß Mängel und Unzulänglichkeiten, wie sie oben aufgedeckt wurden, solche des Nacherzählers sind.

Ausführlich behandelt die hier nur angedeuteten Bearbeitungstendenzen RANKE, Tristan und Isold, S. 178—203.

3. Die Handlung

Die Handlung ist geradlinig und von wenigen Personen getragen, strukturell weit weg von der Mehrsträngigkeit und Gestaltenfülle des ‚Parzival'.

I. Die Vorgeschichte (245—1790). Riwalin, Herr von Parmenie in der Bretagne, führt Krieg mit seinem Lehensherrn Morgan, Herzog der Bretagne. Wie ein Jahresfriede geschlossen wird, begibt er sich an den Hof Markes, der über Kurnewal (Cornwall) und England herrscht, weit berühmt durch höfische Sitte. Während eines herrlichen Maifestes lernt der von allen und besonders von den Frauen bewunderte Gast Markes schöne Schwester Blanscheflur kennen. Es entwickelt sich eine leidenschaftliche, indes geheim gehaltene Liebe. Im Krieg an Markes Seite wird Riwalin auf den Tod verwundet, Blanscheflur sucht ihn heimlich auf. Ihre Liebeskraft vermag zwar den Todkranken zu heilen, sie empfängt indes ein Kind und mit diesem, wie der Dichter vorausschauend kündet, den Tod (1340). Weiterhin bleibt die Liebe eine verborgene. Wie Riwalin durch erneute kriegerische Aktivität Morgans in sein Land zurückfahren muß, nimmt er die Geliebte heimlich auf sein Schiff. In Parmenie wird die Ehe vollzogen, unmittelbar darnach fällt Riwalin im Kampf mit Morgan. Die Todesnachricht stürzt Blanscheflur in wortlosen, steinernen Schmerz, sie gebiert Tristan und stirbt.

II. Die Erziehung Tristans (1791—2148) obliegt dem Marschall Rual und dessen Gemahlin Floraete, vorbildlichen Menschen in Treue und Gottesfurcht. Um den Knaben vor Morgans Zugriff zu bewahren, wird er als totgeboren, hierauf als Ruals und Floraetes Kind ausgegeben. Die Erziehung ist mustergültig, neben der Ausbildung in den Waffen erlernt der Knabe fremde Sprachen und alle damaligen Künste und Fertigkeiten in staunenswerter Vollkommenheit.

III. Tristan am Hofe Markes (2149—5068). Vierzehnjährig wird der Wunderknabe auf einem Schiff von norwegischen Kaufleuten entführt, die ihn aber wieder, um Gottes Zorn im Sturm zu entgehen, in Kurnewal aussetzen. Er stößt auf Markes Jäger, lehrt diese einen Hirsch nach den kunstvollen Regeln seines Landes entbasten (*enbesten* 2820 ist Erstbeleg) und triumphal nach Hause tragen. Tristan, der sich als Kaufmannssohn ausgibt, wird Markes Liebling, bezaubert ihn und alle am Hof durch seine Fertigkeiten, besonders aber durch seine musikalischen Gaben. — Im vierten Jahr einer aufopfernden Suche findet Rual seinen Pflegesohn an Markes Hof. Die Verhältnisse klären sich: Tristan erfährt seine wahre Abstammung, Marke umfängt Tristan als seinen Neffen und Erben. Die Schwertleite (4489—5068) beschließt Jugend und Entwicklung Tristans.

IV. Rache an Morgan (5069—5866). Tristan zieht mit Rual nach Parmenie, nimmt dort seinen Erbteil und die Huldigung der Landherren entgegen, rächt hierauf seinen Vater an Morgan, der in ihm nicht den echtbürtigen Sohn Riwalins erkennen will, nicht ohne Vorbedacht und Affekt, besiegt hernach in schweren Kämpfen Morgans Ritterschaft. Sodann übergibt er Rual das neu erworbene Land als Erblehen, belehnt auch Ruals Söhne und begibt sich in Begleitung seines Waffenmeisters Kurvenal wiederum an Markes Hof.

V. Morolt-Kampf (5867—7230). Morolt, der Schwager des Königs Gurmun von Irland, mit der Stärke von vier Männern, ist ins Land gekommen, um Tribut zu fordern, denn Gurmun hatte sich, als Marke noch ein Knabe war, Kurnewal und England zinsbar gemacht. Den Zins, dreißig Edelknaben von jedem der beiden Länder, will Morolt, wie er meint, risikofrei, erlassen, wenn jemand ihn im Einzelkampf zu besiegen vermöchte. Als dies niemand wagen kann und will, bietet sich Tristan, trotz des Widerstandes Markes, als Kämpfer an.

Der Kampf findet auf einer Insel statt, zu der die Kämpfer ohne Begleitung in verschiedenen Booten mit ihren Pferden hinüberrudern. Tristan stößt sein Schifflein ins Meer zurück: eines genüge zur Rückkehr des Siegers. Das Friedensangebot des Gegners, der für Tristan Sympathie empfindet, weist er zurück. Als Tristan im Verlauf des Kampfes eine Wunde am Schenkel erhält, gesteht Morolt, das Schwert sei vergiftet und nur seine königliche Schwester Isold vermöge die Wunde zu heilen. Er erneuert sein Friedensangebot, verspricht Heilung und Gesellenschaft — nur nicht die Erlassung des Zinses. Tristan führt den Kampf weiter und bleibt vielbejubelter Sieger. In Morolts Haupt ist ein Splitter von Tristans Schwert zurückgeblieben, den die trauernde Schwester und die Tochter Isold (hier zum ersten Mal genannt, 7168) wie eine kostbare Reliquie aufbewahren. Jedermann aus Kurnewal und England gilt als Landesfeind und verwirkt, festgenommen, sein Leben.

VI. Heilfahrt nach Irland (7230—8225). Tristan siecht an seiner Wunde dahin. Eingedenk des Wortes Morolts, daß ihn nur die Königin von Irland zu heilen vermag, begibt er sich nur in Begleitung Kurvenals und weniger Gefährten nach Irland. Vor der Küste bei Develin (Dublin) läßt er sich mit seiner Harfe in einem Boot aussetzen und treibt singend und spielend dahin, während die Begleiter zurück nach England fahren. Er wird eingefangen, gibt sich aus als von Seeräubern geschädigter und ausgesetzter Spielmann Tantris. Er erregt Mitleid, sein Spiel bezaubert. Auch der Lehrmeister der jungen Isold hört des Fremden Musik. Sein begeisterter Bericht vor der Königin veranlaßt diese, sich des Spielmanns anzunehmen. Sie heilt seine Wunde — Verdacht kann nicht aufkommen, da in Irland niemand von der Verwundung des Moroltbesiegers weiß: Tristan hatte die Wunde vorsorglich vor Morolts Mannen verborgen gehalten — und wünscht zum Entgelt die Unterweisung ihrer Tochter in Sprachen und Musik. So wird Tristan zum Lehrer der Isold, deren Sirenenschönheit gespriesen wird (8085—8131). Die Rückkehr nach Irland nach gemessener Frist gelingt Tristan mittels einer List.

VII. Werbefahrt nach Irland (8226—11 417). Die Barone, die das Glück und die Verwegenheit Tristans mit Neid und Sorge erfüllt, drängen Marke, sich zu vermählen, aber erst Tristan selbst gelingt es, Marke zu einem solchen Entschluß zu bewegen. Es wird die schöne Isold von Irland genannt, die Tristan begeistert und begeisternd gepriesen hat, dieser als Brautwerber vorgeschlagen. Tristan ist einverstanden, hat aber doch die Bosheit, in seine Begleitung zwanzig ihm feindselige Landbarone aufzunehmen. Vor Weisefort (Wexford) wird Anker geworfen. Tristan geht als einziger an Land und bewirkt vom herbeigeeilten Marschall auf Grund der Lügengeschichte von normannischen Kaufleuten und mittels reicher Zinsleistungen und Geschenke Gunst und Schutz.

Ein Drache versetzt Land und Leute in große Not. König Gurmun hat demjenigen, der ihn erschlägt, seine Tochter Isold zum Weibe versprochen. Tristan sieht hier eine Möglichkeit, seinen Auftrag zu erfüllen. Er findet und erschlägt den Drachen, fällt aber vor einem Weiher, wo er Kühlung suchte, betäubt von der Drachenzunge, die er als Siegeszeichen eingesteckt hat, besinnungslos zu Boden. Der Truchseß des Königs hat den Weg Tristans zum Drachenversteck beobachtet, findet den Drachen erschlagen, wähnt den Sieger tot und gibt sich mit dem Drachenhaupt als Sieger aus. Da der Truchseß als Feigling gilt, glauben die königlichen Frauen nicht an seinen Sieg. Sie begeben sich mit Isolds Niftel und Vertrauten Brangaene und dem Knappen

Paranis zur Kampfstätte und finden Tristan, dem der Königin Gegengift schnell zu neuem Leben verhilft. Tantris ist bald erkannt, aber wenig später, wie Isold die Scharte in Tristans Schwert erblickt und der aufbewahrte Splitter dazu paßt, auch der Moroltöter. Mit Mühe wird Isold von der Königin und Brangaene daran gehindert, Tristan, der sich gerade im Bade befindet, zu erschlagen. Nachdem die Königin am soeben stattgefundenen Hoftag den Truchseß als Drachensieger bezweifelt und den wahren Helden angekündigt hat, steht mehr als Privates auf dem Spiel: die Ermordung des Drachensiegers hätte den Triumph des Truchsessen bedeutet.

So versöhnen sich die Frauen mit Tristan. Jetzt wird auch der König ins Spiel gezogen, der die Werbebotschaft huldvoll entgegennimmt. Es soll in Zukunft Friede sein zwischen Irland und England.

Zum Hoftag erscheinen außer der irischen Ritterschaft auch die Mannen Tristans, die vom glücklichen Ausgang des Unternehmens unterrichtet worden sind. Gottfried eröffnet die große Szene mit einem wirkungsvollen Entrée der beiden Isolden (10 885—11 020). Wie der Truchseß sein Kampfrecht fordert, führt Brangaene Tristan in den Saal. Auch diesem Auftritt widmet der Dichter eine höchst wirkungsvolle Beschreibung (11 080—11 147). Wie Tristan nach einigen taktischen Manövern der Hauptakteure die Drachenzunge vorweist, verzichtet der Truchseß, von seinen Freunden beraten, auf seinen Rechtskampf. Er sieht sich der öffentlichen Schande ausgeliefert. Jetzt verkündet Gurmun öffentlich die beschlossene Vermählung der Isold mit König Marke und die Versöhnung beider Länder, was auch die Entlassung der gefangenen Engländer in sich schließt. Die irischen Landherren sind es zufrieden.

Es empfiehlt sich an dieser Stelle, Rückschau zu halten und einigen allgemeinen Bemerkungen über die Tristanfigur und Tristanrolle Raum zu gewähren.

Die annähernd zehntausend Verse, die der Jugend- und Heldengeschichte Tristans bis hin zum Minnetrank und damit zum Beginn der Liebesgeschichte gewidmet sind, schildern, nüchtern-banal gesagt, ein Erfolgsleben, romanhaft formuliert, die *fortune* eines Auserwählten. Was immer der junge Mann anpackt oder was ihm auferlegt ist, führt zum Gelingen. Der Hof preist seine Genialität und sein Glück, dieses führt aber auch schon, nach der ersten Irlandfahrt, zu Neid und der Verdächtigung, es könne dies nicht mit rechten Dingen zugehen (8316 ff.). Der Erzähler selbst betont zu Beginn von Tristans Heldenleben, der Racheaktion gegen Morgan, daß seinem Glück immer Grenzen durch das Leid gesetzt waren:

wan allez daz, des er began,
dâ lang im allerdickest an
und was ie leit der linge bî
swie ungelîch diz jenem sî. (5077 ff.)

Er tut dies indes weniger im Blick auf die ungewöhnlichen Leistungen und Erfolge seines Helden bis hin zum Drachenkampf, sondern auf das Gesamtleben, das vom Leid im Glück und im Erfolg geprägt ist und an dessen Ende ein jäher Tod steht. Es dient dem Verständnis, wenn der Leser die Schatten sieht, die vom späteren Leben Tristans in die Zeit des Beginnenden hereinragen. Er dürfte über den erfolgreichen jungen Ritter nicht die Genugtuung empfinden wie über Aufstieg und Gelingen eines Erec oder Iwein auf ihrer ersten Aventiurefahrt. Das ist nun freilich kaum eine Gefahr des Lesers von heute. Im Gegenteil: Tristan, der Künstler, der Intellektuelle, der perfekte Hofmann und der perfekte Ritter, Sieger in allen Waffengängen, Befreiungskämpfer und Drachentöter, der Hochempfindsame und der Klugberechnende, das Wunderkind und der Wundermann: das ist nicht unser Typ, und so hat denn auch Gottfrieds Held in der Forschung von Anbeginn bis zum heutigen Tage eine überwiegend negative, ja vernichtende Charakterisierung erfahren — selbst dort, wo man bereit war, den Treueverrat am Lehensherrn und Oheim als echte *nôt* anzuerkennen. Gottfried und die mittelalterlichen Hörer müssen anders gewertet haben: der charakterlich negative Held ist im Rahmen höfischer Epik undenkbar, und der Dichter selbst betont Tristans Vorbildlichkeit. Die Negativität resultiert denn auch nur aus einem (vielfach unbewußten) Psychologismus. Ohne Gottfried eine sublime Kenntnis des menschlichen Herzens abzustreiten, muß festgehalten werden, daß nicht die psychologisch motivierende, sondern die funktionale Handlungsführung maßgebend ist. Das heißt u. a., daß die Berechnung, die Finte, die Verstellung, die Lügenmärchen nicht der Charakteristik Tristans dienen, sondern der Durchführung von dessen Aufgaben, d. i. der Selbsterhaltung, dem Erfolg im Morolt-Befreiungskampf, dem Überleben der im Grunde chancenlosen Irlandfahrten. Bei der zweiten Irlandfahrt dürfte auch das Schema der gefährlichen Brautwerbung, das List und Verstellung des Protagonisten voraussetzt, mitspielen. Gleichermaßen ist dem modernen Leser die Perfektion Tristans in feudalen Spielen und Künsten, Schachspiel, Jagd, Musik suspekt. Dazu ist zu sagen, daß ungleich diesem Leser dem Dichter und seiner Zeit Bildung ohne jegliche Fragwürdigkeit, vielmehr ein Wert ohnegleichen war. Diese hohe Kunstfertigkeit ist zudem mit W. Mohr so etwas wie Selbstverwirklichung und ‚Lebensform', vor allem aber wiederum funktional zu verstehen, so als einzige ‚Waffe' auf der ersten Irlandfahrt (*mit spil genesen*, 7863), und dann, wenn ein technischer Terminus gestattet ist, als Kommunikationsbasis gegenüber der Partnerin. Denn, um das vorwegzunehmen, die Minnegemeinschaft Tristans und Isolds beruht nicht nur wie in der Eheminne Erecs und Enites, Parzivals und Condwiramurs' auf der geschlechtsbezogenen und damit polaren Vollkommenheit der beiden Liebenden, sondern auf einem spezifischen *commune*, der künstlerischen Sensibilität. Ihre Vollkommenheit darüber hinaus ist die Einzigartigkeit. Es ist dies auch nicht nur eine individuelle Auszeichnung, sondern ein für die Handlung konstitutives Element.

Einzigartigkeit ist nicht das Signum des arthurischen Helden. Zwar werden Erec und Iwein ‚vollkommen', aber nur auf der Ebene arthurischer Vortrefflichkeit, d. h. so vortrefflich wie Gawein. Sie haben denn auch keine ‚Biographie', nur eine Doppelphase der Selbstfindung. Einzigartig ist hingegen Parzival als der „ganz andere" von Anbeginn, deshalb hat er wie Tristan eine Eltern- und Jugendgeschichte und als Lebensmitte eine nur für ihn bestimmte Aufgabe außerhalb der Artuswelt; als Erfüller dieser Aufgabe ist er Heilbringer. Einzigartig ist auch Lancelot — und deshalb nicht mehr eigentlich in die Artusgemeinschaft integrierbar —, Heilbringer wie Parzival, schon in Chrétiens ‚Karrenritter', noch mehr im Prosaroman, und er hat nun auch wie Tristan die einzigartige Partnerin außerhalb der Ehe, die Königin Ginover. Auch hier ist die Einzigartigkeit konstitutiv.

Es sei noch ein Hinweis erlaubt, der näher verfolgt zu werden verdient: die vielfach illegitime oder doch fragwürdige Geburt des außerordentlichen Menschen. Wie Tristan wurde Artus vor der Ehe, mit Hilfe listiger Verkleidung, erzeugt. Galaad, der ritterliche Messias in der ‚Queste del St. Graal' ist der illegitime Sohn Lancelots und der Tochter des Gralkönigs, Gregorius, der begnadete Büßer und Papst, entstammt einer Geschwisterliebe, den im Mittelalter so bewunderten großen Alexander zeugte nach gerne aufgegriffener Überlieferung ein ägyptischer Zauberer und nicht Philipp von Mazedonien. Wenn ich richtig sehe, wurde solche Herkunft als Auszeichnung verstanden; bei Galaad steht dies fest.

Die hier angewandte Sicht verbietet es, kritische Charakteranalysen Tristans vorzunehmen. Sie führen entweder zum moralischen Verdikt des Helden, einschließlich seiner Partnerin, oder zur moralischen Rechtfertigung — beides dürfte außerhalb legitimer Interpretationsaufgaben der Tristandichtung liegen.

VIII. Der Liebestrank (11 418—12 526). Während Tristan alles Notwendige zur Heimfahrt rüstet, überreicht die Königin Brangaene, die als Freundin und Vertraute Isold nach Kurnewal begleitet, einen Liebestrank, den sie den Vermählten in der Hochzeitsnacht heimlich an Stelle von Wein einschenken soll. Daß niemand anders davon trinke, wird ihr besonders ans Herz gebunden. Der Abschied von Eltern und Land fällt Isold schwer, auch haßt sie Tristan immer noch. So weist sie auch während der Seefahrt dessen Trost und zärtliche Fürsorge zurück. Die nunmehr einbrechende Peripetie könnte nicht jäher sein. Um den Frauen, denen die Seefahrt nicht gut bekommt, Erleichterung zu schaffen, läßt Tristan einen Hafen anlaufen. Es geht alles an Land, nur Isold bleibt zurück. Tristan geht ***begrüezen unde beschouwen / die liehten sîne vrouwen*** (11 661 f.). Wie er um einen Trunk bittet, findet die einzig auf dem Schiff zurückgebliebene Jungfrau den Minnetrank, glaubt, es sein Wein. Beide trinken und trinken damit die ***wernde swære*** und ***endelôse herzenôt*** (11 674 f.) ihrer schicksalhaften Liebe. Zu spät tritt Brangaene hinzu, die das unglückselige Gefäß ins Wasser wirft und in laute Klage ausbricht, während die Minne sofort in Tristan und Isold Wurzeln faßt. Es folgt, auf der Weiterfahrt, das Geständnis. Sie vertrauen sich Brangaene an, die ihre Vereinigung ermöglicht, aber auch, unlösbar verstrickt mit dem Schicksal der Liebenden, zum notwendig gewordenen Opfer der unterschobenen Braut bereit ist.

Eine ausführliche Analyse der Minnetrankszene wird später geboten. Doch soll an dieser Stelle das bereits angesprochene Problem der Einzigartigkeit des Protagonisten und seiner Partnerin aus erweiterter Sicht noch einmal aufgegriffen werden. Einzigartig sind auch Siegfried und Brünhild im Nibelungenlied, und frappierend ist die gemeinsame Thematik. Tristan und Siegfried, beide in nicht ganz problemloser Stellung an einem fremden Hof, werben um eine einzigartige und schwer zu erringende Braut ***über mer***, aber nicht für sich, sondern für einen andern (Marke, Gunther). Der Werber hat alte Beziehungen zur Königsbraut (Lehrer-Schülerin-Verhältnis im ‚Tristan', im Nibelungenlied sind sie verdunkelt, werden aber vorausgesetzt); sie ist die zum Werber ‚passende', weil einzigartige Partnerin. Diese Konstellation führt zum Ehebetrug, im ‚Tristan' unter dem Zwang des Unvermeidlichen, wie ihn der Minnetrank figuriert, im Nibelungenlied in der beauftragten Bezähmung der Eheunwilligen durch den Werber. Beides endet, wenngleich in völlig verschiedener Handlungsführung, mit dem schicksalhaften Tod des Helden.

Diese erstaunliche Parallele hat H. KUHN (1973) zu einem kühn-imponierenden Strukturschema ausgebaut. „Tristan und die Nibelungen, zwei Stoffe ganz verschiedener Herkunft und Tradition, geraten spätestens im 12. Jahrhundert in den Sog einer Handlungsstruktur, die aus Heilbringermärchen und Brautwerbungsschema einen ganz spezifischen Konflikt im Dreieck von Brautwerber, Königsbraut und König aufbaut und durchführt bis zum tragischen Ende" (S. 17 f.). Im Lichte dieses Strukturschemas muß die Liebespartnerschaft Tristans und Isolds als die einzig legitime beurteilt werden, und die eigentliche Problematik liegt im Umstand, daß Tristan die Frau, die er erobert hat und die für ihn bestimmt ist, nicht, was eine offene Möglichkeit war, entführt, sondern ,verschenkt': im Namen von *êre* und *triuwe* (12 507 ff.), die dann freilich in anderer Weise verletzt werden. Erst mit diesem Entscheid, daß er *Marke sîn wîp bræhte* (12 518), ist die Fatalität freigesetzt.

IX. Brautunterschub und Mordanschlag auf Brangaene (12 527—13 096). Werber und Braut werden unter großem Aufgebot der Ritterschaft empfangen. 18 Tage später findet die Hochzeit statt. Der Betrug mit der unterschobenen jungfräulichen Brangaene gelingt. Marke *dûhte wîp alse wîp* (12 666). Isold aber plagt die Sorge, die Vertraute könnte das Geheimnis verraten und dingt zwei Knechte, sie im Walde zu ermorden. Brangaene fleht in rührender Weise um ihr Leben, ihre ganze Schuld bestünde darin, daß sie in der Brautnacht ihr reines Hemd an Stelle des befleckten der Braut geliehen habe. Die Gedungenen lassen das Mädchen am Leben, täuschen den vollzogenen Auftrag mit dem Wahrzeichen einer Hundezunge vor, vermitteln jedoch der Königin wahrheitsgemäß die ihnen nicht verständliche Rede von den zwei Hemden. Aus ihrem verhüllenden Bericht erkennt Isold die Treue Brangaenes, bereut bitter, schilt die gedungenen Männer unselige Mörder. Jetzt können diese bekennen, daß die Getreue von ihnen verschont worden ist. Fortan ist die Königin von der unerschütterlichen Loyalität ihrer Vertrauten überzeugt.

X. Gandin (13 097—13 450). Es erscheint am Königshof, wie Tristan auf der Jagd ist, der Edelmann Gandin aus Irland, der sich schon früher um Isolds Liebe bemüht hat und nun ihretwegen nach Kurnewal gekommen ist. Er ist Rottenspieler von Format, und darauf wie auf seinem spielmännischen Image beruht sein ebenso frecher wie naiver Plan. Er will, versteht sich, gegen guten Lohn, auch vor dem Königspaar aufspielen; Marke verspricht ihm für sein Spiel, was immer er begehre. Der Ire fordert, nachdem er gespielt hat, — die Königin. Marke wagt sein königliches Wort nicht zu brechen, und keiner seiner Mannen hat den Mut, Gandin seine listig erworbene Beute streitig zu machen. So kann dieser Isold zu seinem Schiff führen, das freilich, zur Ebbezeit, auf dem Trockenen sitzt. Tristan hat vom bösen Handel gehört, eilt, als Spielmann verkleidet, zum Strand, wo der Ire ein Zelt aufgeschlagen hat, und vertreibt dort dem Paar die Zeit mit seinem Harfenspiel, woran Isold den Geliebten sofort erkennt. Inzwischen ist die Flut gestiegen, das Schiff wiederum flott, aber man muß schon durchs Wasser reiten, um zu ihm zu gelangen. Tristan anerbietet sich, die Königin auf seinem Pferde an Bord zu bringen. Gandin, diesmal der Dupierte, willigt ein, Tristan hebt die Geliebte aufs Pferd und sprengt mit ihr mit dem Zuruf davon:

„Ihr habt Marke mit der Rotte betrogen, ich Euch mit der Harfe das Teuerste im Zelt abgejagt". Nach einer Liebesstunde *in den bluomen* bringt Tristan Isold mit der Bemerkung zu Marke zurück, dieser möge die Königin besser beschützen; sie für ein Rottenspiel herzugeben, müsse aller Welt zum Spotte gereichen.

Das Motiv vom leichtsinnig gegebenen und folgenschweren Königswort stammt aus der Artusepik. Zu Beginn von Chrétiens Lancelot-Roman, des ‚Chevalier de la Charrete', verliert Artus durch ein unbedachtes Versprechen seine Gemahlin Guenievre an den Herausforderer Meleagant; Lancelot, der Liebhaber, wird sie durch einen siegreichen Zweikampf wiederum zurückgewinnen. Die Befreiung der Geraubten durch den Liebhaber ist die hochhöfische Ausformung des alten Motivs (s. o. S. 43). Der ‚Tristan' steht hier neben dem ‚Karrenritter' (und dem Prosaroman): mit der für Gottfrieds Werk bezeichnenden Variante, daß List und Gegenlist durch den Einsatz von Musikinstrumenten erfolgt. Der Liebhaber triumphiert indes nicht nur über einen Konkurrenten, sondern über den Gatten. Dieser hat in den Augen einer fortschrittlichen Hörerschaft sein Recht auf Isold verwirkt. Es ist der Liebhaber, der die Königin und mit ihr das Land vor Schmach und Schande bewahrt, indem er sie ein zweitesmal gewinnt — und abermals verschenkt.

XI. Marjodo und Zwerg Melot (13 451—15 046). Die Aktualisierung des Minnekonflikts, der mit dem Minnetrank ausgelöst wurde, erfolgt mit Markes Argwohn. Dieser wird angestachelt durch unmißverständliche Anspielungen des Truchsessen Marjodo über geheime Beziehungen zwischen Königin und Neffen. Marjodo war Tristans Freund, Vertrauter und Schlafgenosse. Eines Nachts träumt er von einem Eber, der in des Königs Kammer einbricht und dessen Bett mit Geifer beschmutzt. Wie Marjodo erwacht, sieht er Tristans Bett leer, er folgt der Fußspur über den leicht verschneiten Hof; sie führt ihn zur Kemenate der Königin und zur Entdeckung ihrer *gelegenheit*. Leid und Haß ergreifen umso stärker von ihm Besitz, als er selbst eine geheime Liebe zur Königin hegt. Marke beginnt seine Frau zu prüfen. Isold gibt sich zunächst arglos, lernt aber schnell, durch Brangaene beraten, die Kunst der Irreführung: sie sei Tristan, dem Schmeichler, feindlich gesinnt, Marke solle sie bei seiner Abwesenheit Marjodo anvertrauen. Jetzt hält der König den Truchseß für einen Lügner. Dieser gewinnt den listenreichen Zwerg Melot als Aufpasser, so daß sich neues ‚Material' gegen die Liebenden ergibt. Während Marke auf der Jagd ist, von der sich Tristan, der Krankheit vorschützt, fernhält, hat Melot Spionagedienst. Er beobachtet eine Begegnung Tristans mit Isold, die er indes nicht sicher zu erkennen vermag, am Brunnen beim Ölbaum. Dies ist der heimliche Ort der Begegnung der Liebenden, und Späne mit T- und I-Initialen, dem Wasser anvertraut, das an Isolds Kemenate vorbeifließt, bestimmen den Zeitpunkt. Eine listige

Finte des Zwergs, die ihm verraten soll, daß jene Dame die Königin gewesen ist, durchschaut Tristan und macht sie zunichte. Trotzdem ist Melot überzeugt, daß sich Tristan mit Isold am Brunnen trifft und veranlaßt den König zu einer Lauschaktion auf dem Ölbaum. Aber Tristan erkennt im Mondlicht die Schatten der beiden Späher, bleibt, wie Isold herbeieilt, gegen seine Gewohnheit stehen, so daß die Königin gleichfalls Gelegenheit hat, die Schatten der Verborgenen wahrzunehmen. Es folgt ein fingiertes Gespräch, in dem sich die Liebenden darüber beklagen, wie sie zu Unrecht ins Gerede am Hof gekommen seien; Tristan bittet Isold, sie möge beim König bewirken, von seiner Ungnade wenigstens bis zu seiner vorgesehenen Fahrt nach Parmenie abzusehen, worauf Isold repliziert, daß sie das nicht wagen dürfe. Das Scheingespräch und der Umstand, daß Isold dem König tags darauf diesem Scheingespräch entsprechende Antworten zu geben vermag, überzeugen den König wiederum von der Unschuld der Königin. Sie wird wie vormals der besonderen Obhut Tristans anvertraut.

XII. Das Gottesurteil (15 047—15 764). Anlaß zu neuen Zweifeln Markes gibt die Szene vom Bettsprung Tristans. Das königliche Paar, Tristan und Brangaene ruhen nach dem Aderlaß in der Kemenate. Zur Mettezeit begibt sich der König in die Kirche. Melot, der ihn begleitet, hat heimlich Mehl auf den Fußboden gestreut, um Tristan zu überführen, wenn er sich, wie erwartet, zur Königin begeben sollte. Brangaene warnt Tristan, der indes mit einem gewaltigen Satz das Bett der Geliebten erreicht. Dabei springt ihm eine Ader auf. Marke findet zwar keine Fußtritte auf dem Mehl, aber Blutspuren in Isolds und Tristans Bett: Unschuld- neben Schuldbeweis. In seinem neuerwachten Zweifel raten ihm seine Fürsten, ein Konzil nach Lunders (London) zu berufen, um dort gegen die beargwöhnte, aber nicht überführte Königin Klage zu führen. So geschieht's. Der greise und weise Bischof von Thamise (Themse) rät zur Selbstverantwortung Isolds. Diese beteuert ihre Unschuld, ist indes bereit, sich einem Gericht zu unterziehen. Marke verlangt die Probe des glühenden Eisens. Das Gottesgericht wird auf sechs Wochen in Karliun festgesetzt. Isold vertraut auf Gottes *höfscheit* (15 552) und benachrichtigt den abwesenden Tristan brieflich, er möge sich zum Gerichtstag, als Pilger verkleidet, in Karliun einfinden. Wie bei der königlichen Ankunft zu Schiff Isold zum Strand getragen werden soll, will sie diesen Dienst durch keinen anwesenden Ritter, nur durch einen am Strande weilenden Pilger geschehen lassen. Der verkleidete Tristan wird so herbeigerufen, stellt sich ungeschickt und fällt so hin, daß er in die Arme der Königin zu liegen kommt. Nun kann Isold eidlich versichern, daß nie ein anderer Mann als Marke in ihren Armen gelegen sei, außer, wie alle hätten sehen können, dieser Pilger. Sie trägt darauf das glühende Eisen, ohne ihre Hand zu verbrennen. Gottfrieds Kommentar zu diesem Ordal (15 733 ff.) gehört zu den umstrittensten Stellen des Werkes (s. u. S. 250 ff.).

XIII. Das Hündchen Petitcreiu (15 765—16 402). Tristan, in der Fremde, als Gast des Herzogs Gilan in Swales (South Wales), erwirbt durch die Besiegung des Riesen Urgan, der Gilans Land tributpflichtig gemacht hat, von diesem das Feenhündchen Petitcreiu aus Avalun, dessen Halsschelle die Eigenschaft hat, jegliches Leid zu verscheuchen. Tristan läßt das Hündchen mit brieflicher Botschaft durch einen Spielmann der Königin überbringen. Isold kann dem Geliebten zurückmelden, daß Marke ihm wieder hold gesinnt sei und er zurückkehren könne, was geschieht. Isold erfreut sich nicht lange am Wohlklang des Hundeglöckchens. In Gedanken daran, daß Tristan um ihretwillen *beladen mit swære* (16 366) sei, reißt sie Petitcreiu die Schelle ab und zerstört so den Zauber. Die *getriuwe stæte senedærin* (16 400) will nicht froh sein, wo Tristan im Leide steht.

Die Episode ist, als einzige in Gottfrieds Werk, nicht gut in die Handlung gefügt und auch in sich selbst nicht ganz stimmig. Tristan ist in der Fremde, obschon mit dem Reinigungseid der Isold auch seine Unschuld bewiesen ist. Erst nachdem die Königin das Hündchen erhalten hat, meldet sie dem Geliebten, daß seiner Rückkehr nichts mehr im Wege steht. Weiterhin zerstört Isold das Wunderglöckchen zu unrechter Zeit, als nämlich Tristan wieder geachtet am Hofe lebt: ein Umstand, der dazu verleitet hat, sicher nicht im Sinne des Dichters, das Vorgehen Isolds als theatralische Geste abzuwerten. Man versteht die hier vorliegenden Motivationsschwächen aus der Notwendigkeit heraus, daß Tristan das Wunderhündchen nur in der Fremde erwerben konnte, seine Abwesenheit indessen zu diesem Zeitpunkt nicht zu motivieren war. Nach dem Erwerb von Petitcreiu muß dann aber der Erzähler in Beachtung der Handlungschronologie die Liebenden wiederum zusammenführen — womit indes Isold keinen Anlaß mehr hat, aus Solidarität im *gemeinen leide* das Glöckchen zu zerstören. Diese von Thomas übernommenen Unstimmigkeiten hätten sich vermeiden lassen, wenn der Dichter die Episode in die Zeit nach der Trennung im Baumgarten verlegt hätte. Offensichtlich konnte er sich indes nicht dazu entschließen, von der durch Thomas autorisierten Episodenreihung abzuweichen.

XIV. Verbannung und Aufenthalt in der Minnegrotte (16 403—17 722). Marke wird bald wieder vom alten Argwohn gegenüber Weib und Neffen erfaßt. Er glaubt durch Gebärden und Blicke der Isold zu wissen, daß diese Tristan mehr liebe als ihn. Im *blinden leide* (16 535) läßt er beide vor versammelter Hofgesellschaft zu sich kommen und erklärt ihnen, er sei von ihrer Liebe überzeugt, wolle *diz laster und diz leit* (16 577) nicht mehr länger dulden, sie aber auch nicht, wie rechtens wäre, bestrafen — dazu liebe er sie zu sehr —, und fordert sie auf, den Hof zu verlassen. Die Liebenden nehmen die Verbannung mit knapper Verbeugung und *mit küelem herzeleide* (16 625) entgegen, fassen sich an der Hand und verlassen die Versammlung. Sie nehmen nur Kurvenal als Begleiter mit, dazu den Hund Hiudan.

Der Weg in die Wildnis ist Tristan bekannt. Er führt nach zwei Tagesritten in eine paradiesische Gegend mit einer Minnegrotte, *la fossiure a la gent amant, . . . der minnenden hol* (16 700 f.), die in heidnischer Vorzeit von Riesen erbaut worden ist. Hier lassen sich die Liebenden nieder und leben ganz ihrer Liebe. Kurvenal wird an den Hof zurückgeschickt und soll dort melden, daß sie nach Irland verreist seien; alle zwanzig Tage erwarten sie Bericht von ihm. Zweifelnden Hörern versichert der Dichter, die Liebenden hätten nicht nur ohne Gesellschaft, sondern auch ohne Nahrung gelebt, die Liebe sei ihnen genug gewesen.

Wie Marke, um seinen Kummer um seines Weibes und seiner Ehre willen zu verscheuchen, auf der Jagd ist, verfolgen Hunde und Jäger einen weißen Hirsch von seltener Größe, er entkommt indes in Richtung der Minnegrotte. Am nächsten Tag nimmt der Jägermeister die verlorene Spur wieder auf, findet den Pfad zur Minnegrotte und sieht durch deren Oberfenster die beiden Liebenden auf ihrem Lager. Durch den Jagdlärm in der Nähe mißtrauisch geworden, schlafen sie voneinander abgewandt und durch Tristans blankes Schwert getrennt. Der Jäger holt Marke herbei, der beim Anblick des getrennt ruhenden Paares erneut an dessen Schuld zu zweifeln beginnt. Um Isold vor den Strahlen der Sonne zu schützen, verstopft Marke das Fenster mit Gras, Laub und Blumen. Traurig kehrt er zurück. Am verdunkelten Fenster und an Fußspuren erkennen die Liebenden, daß sie entdeckt worden sind, und sie ahnen, von wem.

Marke läßt sich durch Rat und Sippe bewegen, die Liebenden wieder in Ehren aufzunehmen. Kurvenal bringt die Botschaft. Trotz des wunschlosen Glücks, das ihnen im *wunneclîchen tal* zuteil geworden ist, werden Tristan und Isold der Botschaft *in ir herzen frô* (17 695). Sie finden indes nie mehr in ihrem Leben die Traulichkeit und Beglückung der Liebe in der Minnegrotte.

XV. Die Trennung (17 723—18 404). Marke erfreut sich an seinem Weibe ohne Gegenliebe, was der Dichter ein *êrlôsez leben* (17 754) nennt. Die geheime Bewachung der beiden Liebenden wird indes weiter geführt und verstärkt; diese leiden immer mehr unter der *huote* (*huote*-Exkurs 17 858—18 114).

An einem heißen Sommermittag läßt Isold im schattigen Baumgarten für sich und den Geliebten ein Lager aufschlagen. Sie läßt alle Türen schließen, aber Marke, der überraschenderweise kommt und nach der Königin fragt, findet den Weg zum Baumgarten und dort das engverschlungen schlafende Paar: *er wânde niht, er weste* (18 222), jetzt braucht er nicht mehr zu argwöhnen, er hat Gewißheit. Schweigend entfernt er sich, um Zeugen zu holen. Tristan, der erwacht, sieht Marke weggehen, er weiß, daß sie verraten sind und sich trennen müssen. In großem Schmerz und mit innigen Worten nehmen sie Abschied. Wie Marke mit seinen Zeugen herbeieilt, ist Tristan bereits fort, was die Begleiter des Königs veranlaßt, diesen ehrerbietig, aber entschieden zu bitten, in Zukunft von haltlosen Beschuldigungen gegenüber seinem Weibe abzusehen.

XVI. Isold Weißhand (18 405—19 548). Tristan, nachdem er aus Kurnewal geflohen ist, sucht sein Leid mit kriegerischen Taten zu vergessen. Er kämpft in Deutschland im Dienste des Römischen Reichs, vollbringt ruhmvolle ritterliche Taten, aber er bleibt der *trûraere* Tristan (18 645). Nach einem halben Jahr begibt er sich nach Parmenie, wo er die inzwischen verstorbenen getreuen Pflegeeltern Rual und Floraete zu beweinen hat. Sodann hört er von einem Krieg im Herzogtum Arundel und begibt sich dorthin, um Herzog Jovelin seine Dienste anzubieten. Er wird mit offenen Armen aufgenommen und gewinnt die Freundschaft von Jovelins tapferem Sohn Kaedin. An der Spitze ihrer Truppen vollbringen beide bedeutende Kriegserfolge. Nach dem Sieg bleibt Tristan in Arundel. Kaedins schöne Schwester, Isold *as blansche mains*, erregt seine Aufmerksamkeit nicht zuletzt durch ihren Namen, der zwar seinen Schmerz erneuert, aber auch dieser Schmerz ist beseligend. Isold Weißhand liebt Tristan und glaubt sich geliebt. Dieser schwankt hin und her, verwirrt sich völlig in seinen Empfindungen. Er singt zur Unterhaltung Lieder vor, eines mit dem Refrain ‚*Îsôt ma drûe, Îsôt m'amie, / en vûs ma mort, en vûs ma vie*‘ (19 213 f.), den das Mädchen glaubt auf sich beziehen zu dürfen. Immer tiefer verstrickt sich Tristan mit seinen Gefühlen und Gedanken. Er denkt sogar unwürdig von der fernen Geliebten, die habe, was ihm verwehrt sei, Sinnengenuß mit Marke. Er möchte nun auch einmal — was das *edele herze* verachten müßte — *vröude unde vrôlîches leben* (19 548). Hier bricht das Werk ab.

Die Frage zu erörtern (was wiederholt geschehen ist), ob der ‚Tristan‘ nicht doch, wenigstens intentional, eine vollendete Dichtung sei, halte ich für müßig. Nicht nur, daß die Zeitgenossen der Ansicht waren, Gottfried sei über seinem Werk gestorben — so der Fortsetzer Ulrich von Türheim um 1230/40 —, es spricht auch nichts Ernsthaftes für die Vorstellung, Gottfried hätte für den Schlußteil in Thomas' Werk keine seiner Konzeption entsprechende Darstellung vorgefunden. Ich kann im Schlußteil von Thomas' ‚Tristan', der ja zum größten Teil im Original überliefert ist, nichts entdecken, was Gottfrieds Minneauffassung zuwiderläuft, weder die (unvollzogene) Ehe mit Isold Weißhand, noch den Statuensaal, die Rückkehrfahrten, die Minneaffäre Kaedins, die Ausgangspunkt der tödlichen Wunde Tristans wird, und was ihn, dem Quellentreue viel galt, hätte veranlassen müssen, die weitere Bearbeitung seiner Vorlage aufzugeben. Auch der, dem die Feder wider Willen, wie wir meinen, aus der Hand genommen wurde, erreichte „Vollendung in der Nichtvollendung" (WAPNEWSKI, 1964, S. 336 f.) — dank der Qualitäten dieses gewaltigen Torsos.

Siehe F. NEUMANN, Warum brach Gottfried den Tristan ab? in: Festschr. Ulrich Pretzel, Berlin 1963, S. 205—215, mit Referaten der wichtigsten Antworten durch SCHWIETERING, Deutsche Dichtung, S. 186, M. HEIMERLE, Gottfried und Thomas, Frankfurt 1942, S. 150, 156—163, B. MERGELL, S. 119—195, bes. 187 ff.

Wie die älteren Fassungen Eilharts und Bérouls reihen Thomas und Gottfried Episode an Episode. Diese Szenenepik steht kompositionell weit ab von der Gerüstepik und Symbolstruktur des Artusromans (s. o. S. 87 ff., 136 ff.), steht vielmehr der Heldenepik nahe. Nach dem Einblick in die strukturelle Nähe des ‚Tristan' zum Nibelungenlied kann dies nicht mehr überraschen.

Bei Gottfried wird nun freilich die anspruchslose Episodenreihung mit einer Initialen-Mathematik überspannt, deren kryptische Struktur zu erkennen viel Gelehrtenfleiß erfordert hat (KRAUS 1908, SCHOLTE 1942, FOURQUET 1963, BERTAU, Deutsche Lit., 1973). Es werden die Initialen von TRIS[TAN], ISOL[T], GOTE[VRIT] in den über den ganzen Text verteilten Vierzeilerstrophen mit einem Reim kunstvoll ineinander gewoben, wobei sich TRIS[TAN] und ISOL[T] umschlingen wie schon in den Prologversen 129 f. auf syntaktischer Ebene: *ein man ein wîp, ein wîp ein man, / Tristan Îsolt, Îsolt Tristan*. Für die Namen des Liebespaars sieht dies so aus:

41	T	1791	R	5099	I	12431	S
45	I	1795	S	5103	O	12435	L
131	I	1865	S	5177	O	12503	L
135	T	1869	R	5181	I	12507	S

Dazu fügt sich der Dichtername, dessen erste vier Buchstaben in den Versen 1, 1751, 5059, 12 183 erscheinen. Als Gesamtschema ergibt sich:

G	T	I	O	R	S	T	I	O	E	S	L
G			O			T			E		
	T			R			I			S	
		I			S			O			L

Das System erlaubt die Rekonstruktion über den erhaltenen Torso hinaus, wenn auch ohne Sicherheit, da die Zahl der Buchstaben der drei Namen ungleich ist (8, 7, 5); auch die Hilfskonstruktion mit Dativen der Widmung, TRISTANE, ISOLDE (BERTAU), läßt die Rechnung nicht aufgehen.

Diese kryptogrammatische Struktur sollte nun nicht als Gliederungsprinzip mißverstanden werden, da sie keine Handlung zu strukturieren vermag. Sie gehört aber auch nicht zu einem Kommentarsystem (BERTAU). Vielmehr dient das änigmatische Zeichensystem dem Preise der großen Liebenden durch den Dichter, der sich ihnen verpflichtet weiß. Als eine Doxologie auf der Ebene abstrakter Zeichen bleibt es indes dem Hörer fast gänzlich, bis auf die Vierversstrophen, verborgen; nur dem dechiffrierenden Leser der mit Initialen geschmückten Manuskripte konnte sich die sublime, aber sehr mittelalterliche Intention des Dichters erschließen.

Anerkennt man diese Funktion der Initialenstruktur, besteht keine Notwendigkeit, sie bei der Analyse der Handlung zu berücksichtigen. Es bleibt vielmehr völlig legitim, die szenenepisch strukturierte Dichtung in Episoden zu gliedern. GANZ (wie schon BECHSTEIN) hat in seiner Ausgabe dreißig Einheiten unterschieden, wobei der Prolog mitgezählt wird; man kann sie aber auch ohne Zwang, wie hier, auf fast die Hälfte reduzieren. Als Großgliederung drängt sich auf: Jugend-, Helden-, Liebesleben mit Einschnitten nach der Schwertleite (5068) und vor dem Liebestrank (11 418).

4. Höfische Bildung

Die Frage, ob die Tristanminne als höfisch oder antihöfisch anzusprechen ist, wurde kontrovers beantwortet; nicht zu bestreiten ist, daß Tristan und Isold nach Bildung und Gesittung höfische Menschen sind und daß das Höfische als solches im Roman nicht nur bunte und zuweilen prächtige Folie ist, sondern als Lebensmacht erscheint.

1. Gottfried beschäftigt sich ausführlicher als irgendein Erzähler der Zeit mit Erziehung und Bildung seines Helden. Tristan wird nicht wie Parzival als *tabula rasa* erst von der Welt ‚beschrieben', sondern mustergültig in allen höfischen Fertigkeiten und Künsten erzogen, so daß er bei seinem Eintritt in die Welt diese zu bewältigen, ja bereits zu beherrschen versteht. Erstaunt fragen die Pilger, die den Jüngling nach Tintajol führen: *wer oder wannen ist diz kint, / des site sô rehte schœne sint?* (2753 f.). Sieben Jahre lang hatte die

Pflegemutter Floraete das Kind betreut, dann wurde er einem *wîsen man* anvertraut, der ihn in *der buoche lêre*, die sieben freien Künste, einführte. Besonders hervorgehoben wird die Ausbildung *an iegelîchem seitspil* (2096), in dem Tristan es bald zur Vollendung brachte. Dazu trat die Kenntnis der lebenden Sprachen: der Meister schickte ihn *durch vremede sprâche in vremediu lant* (2063), in fremde Länder, um fremde Sprachen zu erlernen. Das ist sehr modern gedacht und hat in hoch- und spätmittelalterlicher Dichtung keine Entsprechung; denn daß Cundrie, die Gralsbotin, *alle sprâche wol sprach, latîn, heidensch, franzoys* ist eine Kuriosität und betrifft ja auch kein Glied der höfischen Gesellschaft: *nach ir minne wart selten tjost getân.*

Das Eigentümlichste aber ist, daß trotz des außerordentlichen Wertes, der dieser Bildung zugesprochen wird, der Dichter betont, *der buoche lêre und ir getwanc* sei der Beginn von Tristans Sorgen gewesen (2068—2086). Sind dies persönliche Erfahrungen des Autors, der allzufrüh und allzusehr mit der Welt der Bücher vertraut gemacht wurde, oder ein früher Hinweis, daß Tristan für der *vröuden bluot* (2082) nicht bestimmt war? Ich denke, das letztere ist zutreffend. Die „schwere Melodie in Moll", von der man im Blick auf den ,Tristan' gesprochen hat, berührt auch die Bildungselemente des Helden, die sonst seinen Glanz ausmachen. Schon direkter wird der Dichter vor Tristans Heldentaten betonen, daß diesem bei allen glückhaften Unternehmungen das Leid anhaftete (5073 ff.).

Erst in letzter Linie erwähnt Gottfried die Ausbildung in ritterlichen Künsten, mit besonderer Betonung von *birsen unde jagen* (2118). Es ist denn auch die Weidmannskunst, mit der sich der nach Tintajol verschlagene Jüngling bei Markes Leuten einführt. Der Erzähler widmet ihr an die 300 Verse (2792—3080), ein Jagdtraktat, gesprächsweise entwickelt.

Jetzt darüber H. KOLB, Ars venandi im ,Tristan', in: Festschr. K. Ruh, Tübingen 1979, S. 175—197.

Die Beiläufigkeit der ritterlich-militärischen Ausbildung wurde schon immer betont und dem „bürgerlichen" Dichter zugeschrieben. Die „Verdrängung der militärischen Funktion" des mittelalterlichen Romans (E. KÖHLER, Der altfranz. höfische Roman, WdF 425, Darmstadt 1978, S. 13) hat indes einen literarischen Stellenwert: sie bezeichnet den Übergang vom höfischen Roman, der Waffenruhm mit Minne verband, zum der Göttin Minne allein verpflichteten Schicksalsroman. Zwar ist Tristan noch ein Held, aber seine kriegerischen Taten haben kaum mehr Eigenwert, sind vielmehr (Morolt- und Drachenkampf) Stationen zur einzigartigen Geliebten hin. In entsprechender Weise dienen die kriegerischen Aktivitäten des aus Cornwall verbannten Tristan nur dazu, den Liebesschmerz der Trennung vergessen zu machen.

Nicht die Rede ist von sittlich-religiöser Unterweisung. Weder fragt Tristan wie Parzival nach Gott, noch wird er von seinen Pflegeeltern, die Gottfried betont als gottesfürchtig schildert, auf Gott hingewiesen. Es geht ausschließlich um Wissen und Können, um Formwahrung und Formbeherrschung, um den virtuos ausgebildeten Menschen.

2. An Bildung steht Isold Tristan kaum nach, und selbst die wesentlichen Bildungsinhalte sind dieselben. Auch die irische Königstochter versteht ***diu buoch*** (7847), sie kann lesen und wohl auch schreiben, versteht sich auf die spezifisch höfischen Künste, nämlich die Fertigkeiten der Hände und des Mundes: Saitenspiel, Gesang, Sprachen; von diesen werden drei genannt: Irisch, Französisch, Latein (7981—7997).

Das Wichtigste aber ist dies: Tristan, als Spielmann Tantris, ist es, der Isold in diesen Künsten ausbildet. Die erste Beziehung der Liebenden erfolgt auf der Ebene der Bildung, im Verhältnis Lehrer-Schülerin. Gottfried hat diese Konstellation gegenüber Thomas neu eingeführt — und damit das bedeutende Motiv der Heilung durch die (zukünftige) Geliebte geopfert. Es mußte ihm bei solchem Verzicht sehr viel am Lehrer-Schülerin-Verhältnis gelegen sein. Dieses war aktuell, und es scheint — beweisbar ist es nicht —, daß Gottfried wegen dieses aktuellen Falls Tristan zum Lehrer der Isold gemacht hat. Ich meine die Geschichte von Abaelard und Héloïse, die ‚Historia calamitatum', Voraussetzung zum Briefwechsel, den der Gelehrte in 5 Büchern veröffentlichte.

Héloïse war die Nichte des Kanonikers Fulbert, der „ihr zuliebe alles tat, um an ihrer wissenschaftlichen Ausbildung nichts zu versäumen . . . Durch den Reichtum ihres Wissens war sie weitaus die erste." Außerdem war sie sehr schön. Um die Bildung des Mädchens weiter und schneller zu fördern, nahm Fulbert Abaelard als Lehrer der Héloïse in seine Hausgemeinschaft auf. Es kam, wie es kommen mußte — Abaelards Bericht liest sich trotz betonter Sachlichkeit wie ein moderner Roman —: aus dem Lehrer wurde ein Liebhaber, aus der Schülerin eine Geliebte, aus dem Lernprozeß eine Passion. Sie endete schlimm und grausam: die Leidenschaft wurde entdeckt, Abaelard von der erzürnten Sippe Fulberts entmannt, Héloïse im Kloster vergraben.

Die ‚Historia calamitatum' dürfte auch in Straßburg bekannt geworden sein, obschon sich dort keine Handschrift nachweisen läßt (es liegt indes die Buchgeschichte Straßburgs als solche im Argen). Wird nun durch Gottfried gegen die Überlieferung Tristan zum Lehrer der Isold, ist in diesem Zusammenhang zum ersten Mal von deren Sirenenschönheit die Rede (8085—8131), so war die zukünftige Liebespassion und -fatalität für alle Kundigen unüberhörbar angezeigt.

3. Allem, was Tantris-Tristan die irische Prinzessin lehrte, war die Lehre der *moraliteit* übergeordnet. Was versteht Gottfried unter diesem ihm eigenen Begriff? Die Formulierung (8005—8019) ist eher enttäuschend: *moraliteit* lehrt *schœne site*, deren sich die Frauen in ihrer Jugend befleißigen sollen, sie bedeutet *süezez lesen* (Studium), *deist sælic unde reine*, sie lehrt uns nach ihrer Satzung *got unde der werlde gevallen,* sie ist *edelen herzen* eine Amme, bei der diese Nahrung und Leben suchen sollen. Das geht nicht über das übliche höfische Weltverständnis hinaus, es sei denn in der Einschränkung auf die *edelen herzen*, und dies freilich eröffnet eine zusätzliche Dimension. JACKSON (WdF 320, S. 298 f.) hat in diesem Zusammenhang ein Boethius-Wort zitiert, das erhellend ist, ob es nun Gottfried gekannt hat oder nicht: *Musica vero non modo speculationi verum etiam moralitati coniuncta est.* Darnach ist Musik nicht nur eine *ars* (*speculatio*), sondern sie beeinflußt den Charakter (*moralitas*) des Menschen. Es ist so eine von der Tonwelt geformte *moraliteit*, welche die *edelen herzen* nährt.

4. Diese werden im Prolog als diejenigen angesprochen, für die Gottfried sein Buch geschrieben hat, denen er sich verpflichtet weiß (45 ff.). Er hebt sie ab von *ir aller werlde*, der höfischen Gesellschaft schlechthin, und versteht sie als Menschengruppe, *diu samet in eime herzen treit / ir süeze sûr, ir liebez leit* (59 f.). Sie sind mit dieser oxymoralen Leid-Freude-Disposition natürlich besonders empfänglich für die Liebe.

Edele herzen als Leserschaft des ‚Tristan' umschreibt eine Elite innerhalb der höfischen Gesellschaft. SCHWIETERING (1943) hat sie als die *perfecti* im Vollkommenheitsschema der *triplex via* angesprochen, als diejenigen, die die Stufen der *incipientes* und *proficientes* überschritten haben und der göttlichen *sapientia* teilhaft sind. Das ist insofern kein unverbindlicher Vergleich, als nach allgemeiner Auslegung die Salomonische Liebesdichtung, das Hohelied, sich an die *perfecti* allein wendet und wenden kann, während der ‚Liber Proverbiorum' und ‚Ecclesiastes' den Beginnenden und Fortschreitenden zugeordnet werden.

Dieses Modell gestattet auch, die höfische Gesellschaft schlechthin, *ir aller werlt,* und die *edelen herzen* nicht im Gegensatz, sondern in einem hierarchischen Verhältnis zu sehen. So wie die *perfecti* des mystischen Dreiwegeschemas die *incipientes* und *proficientes* voraussetzen, so die *edelen herzen* die höfische Gesellschaft. Von der Liebesauffassung her gesehen erscheint so zwar die höfische Gesellschaft abgewertet — das ‚Buch der Liebe' verstehen nur die *perfecti*, und nur die *edelen herzen* den ‚Tristan' —, aber keineswegs dem Verdikt preisgegeben. Der verbindende Begriff wäre *moraliteit*.

Es gibt 18 *edele herze*-Belege. Fast zwei Drittel davon, nämlich elf, entfallen bereits auf den Prolog und die Eltern-Geschichte. In der Tristan-Geschichte werden die Belege dürftig. Der wichtigste steht im eben angesprochenen Zusammenhang der Lehre von der *moraliteit*, der letzte 11 910 in der Minnetrankszene, und zwar vor dem Liebesgeständnis. Es setzt also der Begriff in dem Augenblick aus, wo die Liebespassion anhebt. Das ist ein eigentümlicher Befund, und man glaubt nicht gern an Zufall. Eine Erklärung könnte darin gesucht werden, daß der Begriff funktionslos geworden ist: Ist das *edele herze* die Disposition der wahren Liebenden, so hat sich diese Disposition mit dem Minnetrank aktualisiert, das *edele herze* ist nun in der *blinden süeze* der Minne aufgehoben.

Über die Vorgeschichte des Begriffs ist viel diskutiert worden (u. a. SCHWIETERING, 1943, SAYCE, SPECKENBACH, KUNISCH). Daß *edelez herze* zunächst einmal Lehnübersetzung zu prov. *gentil cor* (der zum Zentralbegriff des toskanischen Dolce stil novo wurde: *cuor gentil*), afrz. *gentil cuer* ist, kann nicht bestritten werden. Nur gibt dieser Troubadourbegriff für das Subjekt der Minne den Inhalt nicht her, den Gottfrieds Begriff umspannt. Dieser Inhalt steht näher bei der *anima nobilis* der lateinischen Mystik des 12. Jahrhunderts; besonders die zisterziensische Theologie, Bernhard von Clairvaux obenan, hat ihn entwickelt. Die *anima nobilis* ist die schöpfungsmäßige Disposition, die es Gott ermöglicht, in der Seele Wohnung zu nehmen. Als Disposition steht sie dem *edelen herze* näher als dem *gentil cuer,* das eine Qualität des Herzens bezeichnet. Zu Gottfrieds Zeit war *anima nobilis* bereits als *edeliu sêle* im ‚St. Trudperter Hohen Lied' (um 1170) eingedeutscht. Die Seele ist *edele,* weil sie Gottes *ingesigel* ist (8, 9 ff.). Man denkt daran, daß Isold *insigel der minne* (7812) genannt wird.

Daß Gottfried, gleichgültig, ob ihm das ‚St. Trudperter Hohe Lied' bekannt war oder nicht, auf diesen genauen Analogiebegriff *edeliu sêle* zugunsten von *edelez herze* verzichtete, versteht sich von selbst. Die weltliche Liebesdichtung sprach nie von der „Seele", immer nur vom „Herzen" als Sitz der Empfindungen und der Liebe. Im Kontext säkularer Minne hätte *edeliu sêle* höchst merkwürdig geklungen. Die Gegenprobe stimmt: Gottfried bezeichnet mit *sêle* immer den unsterblichen und damit auf Gott bezogenen Teil des Menschen (4304, 7466, 12 847, 14 904, 19 543).

5. Die Bildung beider Protagonisten erfüllt sich in der Musik, die, wie schon Gottfried wußte, „der Liebe Nahrung" ist. Bis zum Minnetrank wissen und erfahren wir nichts von Tristans Minnefähigkeit — der Topos 3332 f. zählt nicht —, aber wir spüren sie unmittelbar aus Tristans Hingegebenheit an die Musik. Gewiß gehört auch sie zu Tristans Virtuosität, sie ist indes zusätzlich Farbe des Herzens. Es sind *senelîche* Weisen, die schon der Jüngling spielt, in Moll getauchte Liebeslieder wie der Gralant-

(3584 ff.) und der Pyramus- und Tispe- (3614 ff.) Leich. Als todwunder Mann vor der irischen Küste harft und singt Tristan so süß und berückend, daß die Bewohner von Develin, die ihn hören, stehen bleiben (7515 ff.). Im ,Bilde' der Musik erscheint Isolds Sirenenschönheit (8106 ff.), mit der Harfe gewinnt Tristan Isold ein zweites Mal (Gandin-Szene), Musik ist der Zeitvertreib der Liebenden im Paradies der Minnegrotte, und es sind trotz des Glücks des Minnelebens dunkle Liebesweisen, die sie singen (17 182 ff.). Musik ist endlich Sehnsuchtslaut des Getrennten (19 196 ff.).

Wie sehr Musik Lebensform Tristans ist, ergibt sich aus der Tatsache, daß es der Spielmann ist, dessen sich der Fremdling im fremden Land als Maske bedient (am Hofe Markes, auf der 1. Irland-Fahrt). Trotzdem, und so sehr auch die Musik Handlung motiviert, sollte der ,Tristan' nicht (mit W. MOHR) als „Künstlerroman" angesprochen werden. Künstlerische Begabung, virtuoses Spiel, spielmännische Lebensform sind ja nicht um ihrer selbst willen da, sind nur Ausdrucksformen der Liebe.

Damit ist aber auch deutlich, daß es sich um die ***musica practica pura*** handelt, „dazu bestimmt, die Sinne anzusprechen und durch sie Wirkung zu erzielen" (JACKSON, WdF 320, S. 294). Sie ist jene ***süeze bewegede,*** von der schon das ,St. Trudperter Hohe Lied' weiß (18, 34), Gottfried nennt sie mit einer Neubildung ***muotgedœne*** (8124), herzbewegende, sinnumstrickende Töne.

Im Einklang von Musik und Liebe ist Richard Wagners Musikdrama Gottfrieds Dichtung kongenial. Es bleibt die großartigste Transformation eines mittelalterlichen Stoffes in die ,Sprache' der Neuzeit. Sehr gut bringt dies namentlich D. DE ROUGEMONTs Tristanbuch ,L'amour et l'occident' zum Ausdruck.

Das Thema Musik führt über den hier thematisierten Kreis der Bildung hinaus — zwangsläufig, wie ich meinen möchte, ist doch jedes Thema des Romans auf dessen Mitte, die Minne, hin ausgerichtet.

5. Der Liebesroman

Erst nach 3278 Versen Jugend- und 6350 Versen Heldengeschichte beginnt der Liebesroman — aber dies ist ein äußerlicher Befund. Wie sehr die Elemente der Bildung, die ihre Mitte in der Musik hat, Tristan und Isold als Liebende ,disponieren', ging aus dem letzten Kapitel hervor; andererseits motiviert das Heldenleben, der Sieg über Morolt und der Drachenkampf, genau die schicksalhaften Stationen, die die beiden Liebenden zusammenführen. Aber auch die vorausgehende Rache an Morgan gehört unter diesen

Aspekt: Tristan gewinnt mit Tod und Niederlage des Familienfeindes jene Unabhängigkeit von Land und Besitz, die Voraussetzung für seine Lebensform als ‚Künstler' und Liebender ist. Das ist freilich nicht nur Gewinn, sondern zugleich Verlust, nämlich Verlust der eigentlichen ritterlichen Existenzgrundlage von Landbesitz und Herrschaftsrechten. Tristan scheint zwar als Erbe Markes mehr zu gewinnen, als er Rual und dessen Söhnen überlassen hat, aber eben nur scheinbar: er gerät in die Favoriten-, ja in den Augen der Neider in so etwas wie eine Erbschleicherrolle, und er selbst enterbt sich wiederum, wie er für Marke eine Braut gewinnt. Tristan ist denn auch nach seiner Verbannung aus England ein Ritter, der andern seine Waffendienste anbietet, und dann lebt er wiederum, in Arundel, an einem fremden Hof. In solchen Positionen ist er den Anfällen des Außerordentlichen, zumal dem Abenteuer der Minne, mehr ausgesetzt als ein König oder Fürst mit Land und Herrschaft.

Kein Zweifel: die ganze Tristan-Dichtung ist ein Liebesroman (wie ihn auch Gottfried im Prolog als solchen ankündigt), es gibt nichts außerhalb der Minne, was seinen Grund in sich selbst hätte. So ist es berechtigt, das Liebesproblem zur Grundlage der Interpretation zu machen.

1. Es ist offensichtlich, daß Gottfried, vielleicht schon Thomas, Minne und Schicksal des Elternpaares bewußt auf Minne und Schicksal Tristans und Isolds ausgerichtet hat. Fast alle Ausformungen und Nuancierungen der Tristanminne sind in diesem ‚Vorspiel' leitmotivisch angeschlagen — Minne als *senelîchiu swære* (863), *senediu nôt* (956), *nâhe gêndiu leit* (991), als *herzesorge* (1019) und *herzesmerze* (1073), Minne als *gewaltærinne* (961), Gewalt übende Herrscherin, als *zouber* (1040) und *zouberlist* (1003), als *viure* (1117), endlich als *arzætinne* (1278) — und in ihrer Todesnähe eigentlich thematisiert.

Einmalig ist der Liebe Beginn — Tristan und Isold erleben sie jäh und fatal — während des Frühlingsfestes an Markes Hof in der Harmonie, in seliger Augenweide mit der *senften süezen sumerzît* (546): Feier der Natur (546—586) ist bereits Feier der Liebe.

Was als frühlingshaftes Erwachen nur Riwalin und Blanscheflur beschieden ist, wird Tristan und Isold im Mittag ihrer Liebe in der Ideallandschaft der Minnegrotte zuteil. Da herrscht dieselbe Naturseligkeit, blumenbunte Wiese, Sonne und Schatten, linde Winde, *vogelgedœne in widerstrît* (s. S. 238 f.).

Das zweite Motiv ist der Ausbruch der Minne. Riwalin und Blanscheflur erfahren der Minne *zouber,* suchen ihm zu entgehen und geraten immer sicherer in den Bann der *gewaltærinne* Minne. Es entspricht dieser Vorgang der

Minnetrankszene. Da ist hier und dort das Motiv der *gelîmeten minne* (841 ff.; 11 792 ff.) — die Minne hält ihr Opfer fest wie der Leim den Vogel, und je mehr sich der Betroffene sträubt, umso fester klebt er — und der Minnestrickerin, der Minne, die Stricke nach ihrer Beute wirft (838 ff.; 12 176). Da ist weiter gemeinsam die Minne, die sich in *under die ougen sehen* ankündigt und in *siufzen* verrät, da ist das Anwachsen des *herze smerzen*, der *nâhe gênden swære,* das Schwanken zwischen Gewißheit und Zweifel. Am entscheidendsten aber ist die Verwandlung. Blanscheflur fragt erstaunt: *owê got herre, wie leb ich! / wie unde waz ist mir geschehen* (982 f.), und von Riwalin heißt es:

ein niuwe leben wart ime gegeben:
er verwandelte dâ mite
al sîne sinne und sîne site
und wart mitalle ein ander man. (938 ff.)

Man denkt an Dantes *Incipit vita nova.* Entsprechend heißt es von Tristan, seine *sinne* seien von der Minne *gar verkêret unde benomen* (12 017 ff.).

Das dritte Motiv, das die Tristan-Minne bedeutsam ankündet, ist Riwalins Wunde und deren Heilung durch Minne, die schenkende Liebe der Geliebten. Tristans Schicksal hebt an mit einer Wunde, und sie führt ihn nach Irland, zur ersten Begegnung mit Isold. Eine Wunde ist es wiederum, die ihn aufs Sterbebett legt und nach Isold der Ärztin rufen läßt (was Gottfried freilich nicht mehr darzustellen vermochte). Ausdrücklich als *arzætinne* (1278) kommt Blanscheflur zum Krankenlager Riwalins, und es ist im allegorischen Bilde *Minne diu arzâtinne* (12 164), die *ir siechen Tristanden* der Isold zuführt. Wir sind hier, zumal bei Blanscheflur als Ärztin, in der Nähe sakramentaler Vorstellungen. Christus als Arzt, das Altarsakrament, in dem er sich selber hingibt, als heilende Speise sind Vorstellungen, die sich vor allem dem mittelalterlichen Leser aufgedrängt haben mögen. Gottfried hat sie wohl mitgedacht, aber nicht im leisesten explizit gemacht.

Endlich wird der Liebestod im *connubium* Riwalins und Blanscheflurs angezeigt. Es ist nicht zu übersehen, daß Gottfried hier Motive der Schlußszene des Thomas verwendet hat. Von Iseut heißt es: „Sie umarmt ihn (Tristan), streckt sich hin, küßt ihm Mund und Gesicht und umfaßt ihn, eng an ihn geschmiegt, Leib an Leib, Mund an Mund. Dann gibt sie ihren Geist auf und stirbt so an seiner Seite aus Schmerz um den Geliebten" (Fragm. Sneyd 809—815). Blanscheflur, wie sie den todsiechen Freund erblickt, tut ein Gleiches, *leite Riwalîne / ir wange an daz sîne* . . . (1293 ff.). Auch der wortlose, versteinerte Schmerz der Blanscheflur, wie sie die Nachricht vom Tode

Riwalins erreicht, scheint eine Anregung der Liebestoddarstellung des Thomas zu sein. „Wie Iseut das hört, kann sie vor Schmerz kein Wort hervorbringen" (Fragm. Douce 1799 f.).

Die Minne der Eltern ist zwar keine eigentliche Präfiguration der Tristan-Isold-Minne — es fehlt vor allem das Dreieckverhältnis —, aber aus ihrem Schicksal, das einen jähen Wechsel von *morgenlîcher sunne* zu *gæhem âbende* (313 ff.) darstellt, lassen sich in wirkungsvoller Verwobenheit Grundmotive der Liebesdarstellung des Protagonistenpaares herauslesen.

2. Es ist immer wieder vermerkt worden, daß ausgerechnet der Überlegene und Listige, Tristan, der alles zu bedenken und vorauszuplanen weiß, in die *blinde süeze* der Minne fällt. Diese Feststellung kann sich auf den Text stützen, ja sie drängt sich geradezu auf. Trotzdem glaube ich nicht, daß Gottfried daran gelegen war, diesen Kontrast herauszustellen. Tristan ist m. a. W. nicht als Wunderkind und Wundermann an Begabung, Wissen und Können gezeichnet, um zu demonstrieren, daß solche Gaben nicht davor bewahren, der Irrationalität der Liebe zu verfallen, Tristan ist vielmehr als Einzigartiger für eine einzigartige Frau und eine einzigartige Liebe bestimmt.

In sechs Abschnitten, durch gut überlieferte Initialen kenntlich gemacht, baut Gottfried die Minnetrankszene kunstvoll auf.

1. 11 645—11 706 (62 Verse)	Tristan und Isold trinken den Minnetrank
2. 11 707—11 874 (168 Verse)	die Wirkung des Trankes auf beide, sodann auf jeden der beiden, abschließend wiederum auf beide (aufgeteilt in 34, 48, 52, 34 Verse)
3. 11 875—12 028 (154 Verse)	das Geständnis der Minne
4. 12 029—12 182 (154 Verse)	die Erfüllung der Minne
5. 12 183—12 430 (248 Verse)	die sog. Bußpredigt der Minne. Liebe und Furcht der Liebenden (viermal so groß wie Abschnitt 1)
6. 12 431—12 506 (76 Verse)	Brangaenes Geständnis und Tristans Bejahung des Minnetrankes.

Eilhart hatte in seiner Darstellung des Minnetrankes und dessen Wirkung alles aufgeboten, was ihm und der Kunst seiner Zeit zur Verfügung stand. Diese Darstellung hat ihre Mitte in Isaldes Minnemonolog, dem nur eine knappe Schilderung des epischen Geschehens und der jähen Wirkung des Trankes auf beide vorangeht. Gottfried verzichtet auf die Paradeform des Monologs, der ihm zu plakativ erschienen sein dürfte, als daß er ihm die Feinheiten, die Glut, die *blinde süeze,* das Schmachten und die *senede* der Minne, wie er sie sah, hätte anvertrauen wollen. Auch weiß der Erzähler sehr viel mehr, als ins Bewußtsein der Liebenden treten kann. Nicht, daß die Reflexion als solche fehlt, die Gottfried und seiner Zeit durchaus gemäß, ja selbstverständlich war. Sie erscheint auch nicht nur im Exkurs der ‚Bußpredigt', sondern ist in Wirkung, Geständnis, Erfüllung der Minne allzeit gegenwärtig, freilich nicht als sic-et-non-Dialektik wie bei Eilhart. Es ist vielmehr Gottfrieds Reflexion in diesem Zusammenhang eigentümlich, daß sie keine widerstreitenden Gefühle mehr klärt, sondern sich, wie die Gefühle selbst, auf die dunkle und gefährliche Bahn der *gespenstegen* (verführerischen, verlockenden) *minne* (11 793) begibt, die es auszuloten gilt. Dazu wird eine Dialektik sich verschlingender Gegensätze aufgeboten, wie sie sich in der von Gottfried hochkultivierten Stilfigur des Oxymoron formalisiert: *diu zwei diu wâren verdâht, / bekumberet beide / mit dem lieben leide, / daz solhiu wunder stellet: / daz honegende gellet, / daz süezende siuret, / daz touwende viuret, / daz senftende smerzet, / daz elliu herze entherzet* (11 880 ff.; s. auch im Prolog 60 ff.).

Der erste und letzte Abschnitt als Klammer des Ganzen sind thematisch mit dem Todesmotiv zusammengehalten. 11 674 ff. sagt der Erzähler, daß die beiden *diu wernde swære, / diu endelôse herzenôt, / von der si beide lagen tôt,* getrunken hätten, und Brangaene bestätigt es: *ouwê Tristan unde Îsôt, / diz tranc ist iuwer beider tôt* (11 705 f.). Sie wiederholt diese Aussage im Schlußabschnitt (12 487 ff.).

‚nu waltes got!' sprach Tristan
‚ez wære tôt oder leben:
ez hât mir sanfte vergeben.
ine weiz, wie jener werden sol:
dirre tôt der tuot mir wol.
solte diu wunneclîche Îsôt
iemer alsûs sîn mîn tôt,
sô wolte ich gerne werben
umb ein êweclîchez sterben.' (12 494 ff.)

Es ist dies die Stelle, die immer wieder herangezogen wurde, wenn man Gottfrieds Frivolität und Paganismus nachzuweisen bemüht war, am eindrucksvollsten und mit starker Wirkung auf die Forschung G. Weber (I, S. 159 f.), der von der „Dämonie" einer „tastenden und wie blinden Gottabsage" und einer „Pervertierung der christlichen frühgotischen Liebesmystik" spricht. Ich meine, daß es nicht erlaubt ist, die hier verwendete paradox-oxymorale Aussageform, die eine Stilfigur des Autors ist, als weltanschauliches Bekenntnis auszuwerten. Was Tristan meint, ist dies: Ist dieser Trank, dessen Seligkeit ich nun erfahren habe — *dirre tôt der tuot mir wol*: im Gegensatz zum sprichwörtlich ‚bitteren' Tod —, wie Du, Brangaene, sagst, unser Tod, ist also auch *diu wunneclîche Îsôt* mein Tod, so will ich gern nach ewigem Sterben streben. In knappster Formel: Ist Liebe Tod, so will ich mich gerne zu ihm bekennen, denn er *tuot mir wol*. Der Sinn des Ganzen jedoch ist der, daß sich Tristan zum Geschehenen bekennt, den *zouber* des Trankes bejaht und damit die Minne in seinen eigenen freien Willen aufnimmt.

Könnte diese Freiheit noch als eine scheinbare, als erzwungener Zwang verstanden werden, so nicht die Freiheit der Wahl zwischen Minne und *êre*. Minne heißt hier Inanspruchnehmen des Rechtes auf Minne, auf gegenseitigen Besitz, zu erreichen durch Flucht, *êre* die intakte Stellung vor der Gesellschaft, was bedeutet, daß Tristan die irische Braut wie versprochen in die Arme Markes führt und die unausweichliche Liebe zu einer heimlichen wird. Das ist, motivisch ausgedrückt, die Wahl zwischen Brautraub und — Ehebruch. Die Liebenden entscheiden sich im Namen von *triuwe und êre* (12 519) für die zweite Alternative, ohne daß die erste Möglichkeit ins Bewußtsein tritt: diese war eben nicht die Geschichte von Tristan und Isold! Aber schwer sich vorzustellen, daß Gottfried sie nicht bedacht haben sollte, wo gerade sie nach dem Zwang der Minne die Freiheit der Wahl ihrer Verwirklichung signalisiert.

Schon diese Überlegungen machen deutlich, daß für Gottfried der Minnetrank, abgesehen vom darstellerischen Reiz, den der jähe Ausbruch, Bewußtwerden und Bekenntnis der Liebe boten, keineswegs „eigentlich überflüssig", nur noch ein allerdings unverzichtbares episches Element war. Der Dichter bedarf des Trankes, um die Dialektik von Zwang und Freiheit, damit aber auch das Problem von Ethik und Schuld aufzuweisen. Er schreibt in der Tat, wie es kürzlich formuliert worden ist (MIETH, S. 165), „eine Liebesgeschichte mit hoher moralischer Wirkung", die indes „in vieler Hinsicht amoralische Konsequenzen" hat. Die „hohe moralische Wirkung" bezeichnet das, was Gottfried unermüdlich, im Prolog, in zahlreichen Exkursen, in der Darstellung selbst, als beispielhafte Minne preist, nicht nur durch die Einzigartigkeit ihrer Träger, sondern „alleinzig" in der Liebesqualität: in der Partnerschaft, der Gemeinsamkeit im Leid, in der Zärtlichkeit und der gegenseitigen Hingabe — *si gâben unde nâmen / mit getriuwelîchem sinne / in selben unde der minne / willigen zins unde zol* (12 370 ff.) —, in einer Liebe, die *daz lebende paradîs* (18 066) im Herzen schafft. Die „amoralischen Konsequenzen" sind mit dem Entscheid für *triuwe und êre* (12 507 ff.), nämlich die für Marke geworbene und errungene Braut diesem zuzuführen, gestiftet, da es die von Brangaene angedeutete Möglichkeit, das *gemâzen und enthaben* (12 140 f.), für die Liebenden nicht geben kann. Gottfried entschuldigt die Liebenden nicht wie noch Eilhart mit dem *zouber* des Trankes, die moralische Verantwortung wird ihnen nicht abgenommen, vielmehr im Hinblick auf den geplanten Brautunterschub deutlich und hart angesprochen (12 447 ff.). Es gibt keinen Ansatz, Gottfried zum „Advokat erotischer Emanzipation" zu machen (BETZ), aber auch keinen, der es dem Leser erlaubte, die Liebenden moralisch zu verurteilen. Sie erfordern vielmehr des Lesers Teilnahme. Das Sittlichkeitsgebot gilt bestimmt für alle Menschen, aber nicht allen wird es in gleicher Weise schwer gemacht, und der ‚Gesellschaft', wie sie sich präsentiert, steht es schlecht an, es lieblos zu vertreten. So gibt Gottfried der schuldigen Isold im Gottesurteil gegenüber der Gesellschaft und Marke recht (s. u. S. 251), die bestimmt die Instanzen sein dürften, die die Minne, *aller herzen künigîn, / diu vrîe, diu eine* (12 300 f.), *mit valsche und mit âkust* (12 239) verraten haben. Darunter fällt sicher auch die Verbindung von Marke und Isold.

Der Dichter, noch einmal, bedarf des Minnetrankes. Es ist damit auch das vieldiskutierte Problem des Beginns der Liebe angesprochen. Mit viel Aufwand wurde der Beweis angetreten, daß von einer Liebe, auch einer unbewußten, zwischen Tristan und Isold vor dem Trank nicht die Rede sein könne (FURSTNER, W. J. SCHRÖDER u. a.). Das ist richtig, beweist aber zunächst nur, was keines Beweises bedarf, daß Gottfried nämlich das vorgegebene Minnetrankmotiv nicht leichtfertig verschenkt hat. Umgekehrt müssen diejenigen, die von einer „unbewußt aufkeimenden" Minne sprechen (WEBER I, S. 161; RANKE, MERGELL u. a.) zwischen den Zeilen lesen und einen psychologischen Ansatz des Dichters voraussetzen. Ich halte einen solchen für verfehlt. Sicher kommt dem Leser, auch demjenigen ohne Kenntnis des Stoffes und des Prologs, der Minnetrank nicht wie ein jäher Blitz aus heiterem Himmel. Aber das liegt nicht an der Raffinesse des Psychologen, sondern an der konsequenten Ausrichtung von Person und Handlung auf dieses eine Ereignis. Die Merkmale der Einzigartigkeit, die Geneigtheit zum *muotgedœne* der Musik, die Handlung, die vom Ende her determiniert erscheint, erzeugen die Gewißheit, daß Tristan und Isold füreinander bestimmt sind, ihre Liebe unausweichlich ist.

Der Trank ist so in seinem Symbolgehalt Zeichen einer jäh aktualisierten Liebespotenz, die die Liebenden kaum noch als *zouber* empfinden, vielmehr als Ziel eines Weges, auf dem sie schon immer waren. Isold spricht es aus, unmittelbar bevor es zum Bekenntnis kommt (11 940 ff.); es ist gerade dieses „Weißt du noch?", die jetzt wundersam durchsichtige Vergangenheit, die die Zunge zum Geständnis freimacht.

3. In keiner Episode ist der Abstand Gottfrieds zu Eilhart und Béroul größer als in der Minnegrottedarstellung, der das Waldleben im alten Tristanroman entspricht. Das liegt nicht zuletzt in der Tatsache begründet, daß sich hier die Minneauffassung der ‚Estoire'-Fassung am deutlichsten artikuliert. Schon die Voraussetzungen des einsamen Lebens sind verschieden: Die Liebenden bei Eilhart und Béroul sind Verurteilte und Gefangene, Tristan befreit sich und die Königin, sie werden verfolgt und fliehen in die Wälder. In Gottfrieds Darstellung werden die Liebenden ohne Prozeß und Urteil (s. 16 587 ff.) vom Hofe verwiesen. Es steht so dem Fluchtleben mit wechselndem Aufenthalt ein Exil an einem Orte, in der Minnegrotte, gegenüber. Das heißt zugleich, daß die Liebenden bei Eilhart und Béroul einem beschwerlichen Waldleben unterworfen sind, das die Liebe allenfalls erträglich macht, während sie bei Gottfried ein *wunschleben* führen (16 846, 16 872). Entscheidend ist jedoch, daß den Liebenden der alten Fassung in ihrer Zweisamkeit der Verlust der Gesellschaft schmerzlich bewußt wird (s. Höf. Epik I, S. 50 f.) — das ‚bedeutet' das Erlöschen der Wirkung des Trankes! —, während für Gottfrieds Liebende die belebte und befiederte Natur die herrlichste Gesellschaft, *Artûses tavelrunden* (16 900), zu ersetzen vermag. Möglich, daß Gottfried in diesem fast provozierend wirkenden ‚Gesellschaftswunder' wie im parallelen ‚Speisewunder' gegen die ältere Darstellung polemisiert, und zwar besonders hintergründig, da er hier das ‚Wunder' gegen Realismus setzt, nachdem er früher über Eilharts ‚Wunder' des Schwalbenhaares, das die zu suchende Märchenbraut anzeigt, gespottet hat (8601 ff.): *weiz got, hie spellet sich der leich, / hie lispet daz mære* (8614 f.).

Die über tausend Verse umspannende Grottenszene ist ähnlich sorgfältig und kunstvoll aufgebaut wie die Minnetrankszene. Zwei epische Einheiten, Auszug der Liebenden und *wunschleben* (16 679—17 274) und Entdeckung und Rückkehr (17 275—17 722) heben sich nur mit leiser Zäsur voneinander ab: *Under diu dô diz geschach* (17 275), sind jedoch durch die Descriptio des Lustortes eng miteinander verklammert. Nicht weniger als viermal schildert Gottfried das *wunneclîche tal,* dreimal im ersten, einmal im 2. Teil. Die erste Beschreibung (16 733—766) ist topographisch orientiert, schildert die Umgebung der *fossiure a la gent amant* (16 700), des vorzeitlichen Liebesnestes, *bemeinet* (geweiht) *der gottinne Minne* (16 722 f.); die zweite (16 881—901) steht im Gesellschaftsdienst der Liebenden, die dritte

(17 139—181) stellt es vor als Naturparadies der *senedære*, die Liebesgeschichten der alten Welt intonieren (17 182 ff.), die vierte (17 347—393), unmittelbar vor der Entdeckung, ist eine Huldigung der Natur an die großen Liebenden (fünfmal *gruezen, gruoze*). Es gibt andere Doppelungen mit Klammercharakter: der Minnegrottenschilderung zu Beginn (16 689—16 730) folgt deren allegorische Auslegung (16 923—17 099). Diese wiederum ist umklammert von zwei autobiographischen Exkursen (16 909—922; 17 100—138).

Minnegrotten-Beschreibung
Lustort
Bedürfnislosigkeit der Liebenden
mit Gesellschafts- und Speisewunder
Lustort
autobiographischer Exkurs
Allegorische Auslegung der Minnegrotte
autobiographischer Exkurs
Lustort
Markes Hirschjagd
Lustort
Entdeckung und Rückkehr

In der Schilderung des *wunneclîchen tals* (17 353) entfaltet und variiert Gottfried alles, was ihm und seiner Zeit an Naturmotiven zur Verfügung stand. Es ist ein irdisches Paradies, in dem die Liebenden leben.

Das Tal ist eine quellenreiche *pleine*, umkränzt von Wald (16 733 ff.) und geschützt durch ein Felsgebirge (16 761 ff.). Die Grotte ist beschattet von drei Linden, die zugleich eine Quelle (*fonteine, brunne*) vor Regen und Sonne abschirmen (16 741 ff.); später ist es eine einzige Linde — eine der wenigen Unaufmerksamkeiten in Gottfrieds Werk —, die den Liebenden die Luft *süezet* und Schatten zufächelt (17 174 ff.). Die Quelle ist *vrisch, küel, durchlûter als diu sunne* (16 739 f.), ihr Rauschen (*clanc* 17 159, 17 376; *duz* 17 163; *rûnen* 17 377 ff.) ist Ergötzen und Huldigung. Die *pleine, ouwe* (17 352), *diu liehte prærie* (17 386), kühl im Morgentau (17 149 ff.), ist ein Blumenteppich: *bluomen, gras, loup unde bluot* (16 885), die *liehten bluomen* im *grüenen grase* wetteifern in ihrem Schein (16 745 ff.), *der boume florie, / diu liehte prærie, / die bluomen, daz ingrüene gras / und allez daz da blüende was* lachen den Liebenden entgegen (17 385 ff.). Über allem *schate unde sunne* (16 758, 16 883) und Winde, *senfte unde linde* (16 760), *süeze, linde, küele* (17 177). Endlich *vogelgedœne* (16 751), *süezer vogelsanc* (17 156), *vogele schal* als *dienest* (16 887) in vielstimmigem Vogelkonzert (16 888 ff.) mit der *cleinen reinen nahtegal, troschel, merlin, zîse* und *galander*. Ein zweites Vogelkonzert (17 354 ff.) ist ein Aufspielen zum *willekomen in ir latîne, den gelieben zwein ze gruoze,* ein vielstimmiges *organieren* mit Modulation (*anderunge*) von Grund- und Oberstimme (*schantoit und discantoit*). Nur angedeutet ist der Wechsel der Tageszeit: der Tau des Morgens (17 147), der die Füße kühlt (17 392), die steigende Sonne, deren Hitze die Liebenden veranlaßt, die schattigen Linden mit ihren *linden winden* aufzusuchen (17 166 ff.).

In diesem Naturparadies ist die geheimnisvolle Grotte. Gottfried hat sie zu einem Liebesheiligtum paganen Ursprungs gemacht. Riesen erbauten sie als Versteck *sô sir heinlîche wolten hân / und mit minnen umbe gân* (16 695), deshalb *la fossiure a la gent amant, der minnenden hol* (16 700 f.) genannt. Die *fossiure* ist, worauf schon der Name (‚Gruft, Höhle') hinweist, ein Haus mit Oberlicht durch drei zierliche Fenster; nicht deutlich wird, wo die eherne Tür (16 729) zu denken ist. Das Innere entspricht einem Rundbau mit Gewölbe und Schlußstein (16 704 ff.). Mitten auf dem glatten grünen Fußboden aus Marmor steht ein Bett, aus Kristall gebaut und mit einer eingravierten Inschrift versehen, die es der Göttin Minne weiht (16 713 ff.). Erst ca. 200 Verse später (16 923 ff.) folgt das *entsliezen* (16 924), die Aufschlüsselung, wobei Zug um Zug der früheren Beschreibung nach dem Sensus allegoricus entziffert wird. Kreisrund (*sinewel*) ist der Bau, was „Einfalt" der Minne bedeutet: sie ist *âne winkel*, d. i. ohne *âkust* und *list* (16 931 ff.). Die Weite ist die Kraft der Minne, die Höhe ihr *hôher muot,* der sich zu den Wolken aufschwingt. Die weiße und glatte Wand zeigt die Vollkommenheit der Minne an, die keine andere Farbe und Unebenheiten (*arcwân*) duldet. Der Fußboden in Grün gleicht der *stæte*. Mit Recht trägt das Bett aus Kristall den Namen der Minne, denn die Minne soll auch *cristallîn, durchsihtic* und *durchlûter* sein. Es folgt (16 985 ff.) die Bedeutung von Tür und Riegel und ihres Materials, sodann der zinnernen Spindel, die zur goldenen Falle führt: man kann diese Stelle erotisch verstehen (BETZ), indes ohne Stringenz. Endlich symbolisieren die drei Fenster Güte, Demut und Zucht (17 058 ff.). Die Allegorie greift sodann über auf die Grottenumwelt (17 071 ff.). Daß die *fossiure* so einsam in wegloser Wildnis liegt, bedeutet *daz minne und ir gelegenheit / niht ûf die strâze sint geleit / noch an dekein gevilde;* sie findet sich *in der wilde,* die Pfade zu ihr sind *arbeitsam unde herte,* Berge als Hindernisse umgeben sie, die Steige sind *uns marteræren allen* mit Felsen versperrt. Wer aber so selig ist, die Wildnis zu überschreiten, *der vindet dâ des herzen spil: / swaz sô daz ôre hœren wil / und swaz dem ougen lieben sol, / des alles ist diu wilde vol.*

Kein Zweifel, daß dem heutigen Leser diese Auslegung weder geschmackvoll noch erhellend erscheinen will; Gottfrieds Publikum, daraufhin besonders angesprochen (16 923), mag sie als Leistung besonderer Art bewundert haben. Die allegorische Methode freilich war alles andere als originell, vielmehr der Weg des Mittelalters schlechthin, zum geistigen Sinn zu gelangen, im 12. Jahrhundert besonders gepflegt und geschätzt — man denke an die zahlreichen Hoheliedauslegungen dieses Jahrhunderts. Indes dürfte neu und überraschend gewesen sein, wie Gottfried die spirituelle Exegese der Theologie auf einen profanen Gegenstand überträgt. Die pagane *minnenden hol* erhält eine geistliche Perspektive.

Als unmittelbares Vorbild bot sich dem Dichter die allegorische Deutung des Gotteshauses an, die so alt ist wie dieses selbst: *ecclesia materialis significat ecclesiam spiritualem*, sei dieses nun die Kirche Christi mit ihren geistlichen Fundamenten, Gütern und Ämtern, sei es das himmlische Jerusalem. Thematisiert wurde die *ecclesia spiritualis* grundsätzlich in jeder Kirchweihpredigt, mußte also allgemein bekannt sein.

Das gilt auch für ein Laienpublikum. Deutschsprachige Kirchweihpredigten sind vielfach überliefert, auch schon im 12. Jahrhundert, so aus Mund und Feder des Priesters Konrad (hg. von A. SCHÖNBACH, Altdeutsche Predigten III, Graz 1891, S. 97 f.). Nach allgemeiner kirchlicher Auslegung bedeutet hier das Fundament der Kirche den Glauben, das Dach die Liebe, das Tor den Gehorsam, der Fußboden die Demut, die vier Wände die vier Kardinaltugenden u. s. w. Das heißt zugleich, Modelle waren dem Dichter leicht bei der Hand; er war nicht einmal als Gelehrter gefordert. Insofern ist RANKE, der keine volkssprachlichen Formen der Gotteshausallegorese im Blick hatte, zu ergänzen. Es gab aber auch noch andere Gebäude-Allegorien, gleichfalls aus der Zeit Gottfrieds und in volkssprachlichen Fassungen, am verbreitetsten das ‚Claustrum animae', ‚Das geistliche Kloster', in dem das Kloster und dessen Bewohner auf die menschliche Seele hin ausgelegt werden (s. [2]Verf. Lex. III s. v. ‚Herzkloster').

Endlich ist als mögliches Modell die altfranzösische ‚Maison d'amour' zu fassen, die in Gottfrieds *der Minnen hûs* (einmal, 17 029, neben *fossiure*) als Übersetzungswort aufscheint: eine These, die KOLB durchgespielt hat. Es gibt da allegorische Deutungen, die der Grottenauslegung sehr viel näher stehen als die Gotteshausgleichungen, ja mit ihr identisch sind: man bedarf eines tagelangen Rittes, um zur *maison d'amor* zu gelangen, sie steht nicht jedermann offen, im Palastinnern befindet sich das Bett der Liebesgöttin. Sollte Gottfried solche Darstellungen, die die frühe altfranzösische Minneallegorie repräsentieren, gekannt haben, so wäre er der erste, der sie in deutscher Dichtung fruchtbar machte. Die Auslegung der Minnegrotte *more spirituali* hätte dann freilich jede noch für RANKE so aufregende Nähe zur Theologie verloren. Aber selbst wenn Gottfried ohne französisches *maison d'amour*-Modell die spirituelle Deutung des Gotteshauses auf seine *fossiure* übertragen hätte, könnte von einer fragwürdigen Analogie, die einer „Blasphemie" (RANKE) gleichkommt, in einer Zeit nicht die Rede sein, in der die Allegorie zu einer Deutungsform überhaupt geworden ist.

Es sei darauf hingewiesen, daß die kirchliche Theologie selbst dazu übergegangen ist, Irdisches mittels der Interpretatio allegorica zu spiritualisieren: die schon erwähnte Hohelied-Deutung ist das eindrucksvollste Beispiel, im 13. Jahrhundert bietet sich der ‚Ovide moralisé' als Muster an. Wenn weltliche Kunst und Gelehrsamkeit ihre Themen zu höherer Bedeutung führen wollten, blieb ihnen kaum eine andere Wahl als der Gebrauch der spirituellen Schriftauslegung. Darin ist einzig und allein die Anwendung einer Methode zu erblicken, die als solche keine Kritik erlaubt und keiner Rechtfertigung bedarf. Schon Bernhard von Utrecht, am Ende des 11. Jahrhunderts, kommentiert die ‚Ecloga' des Theodul nach Methoden der Bibelexegese und begründet in der Einleitung dieses Verfahren mit dem so zu erreichenden Erkenntnisgewinn.

Dem paradiesischen Ort, der keiner Jahreszeit unterworfen scheint, dem Wunderbau der Grotte aus mythischer Vorzeit entspricht das sich selbst genügende Liebesleben Tristans und Isolds. Gottfried, der gegen die märchenhaften Züge des alten Tristanromans (Fahrt ins Blaue des verwundeten Tristan, das Schwalbenhaar) polemisiert hatte, versichert seinen Lesern, die Liebenden hätten keiner Speise bedurft — *si sâhen beide ein ander an, / dâ generten sie sich van* 16 815 f. — und ebenso keiner Gesellschaft (16 847 ff.); das eigentliche Wunder, das Speisewunder, deckt er sogar mit persönlicher Erfahrung ab (16 920 ff.). Der Dichter begibt sich damit freilich nur scheinbar auf die Ebene des Märchens, in Wahrheit, wie SCHWIETERING, Bernh. Mystik, dargetan hat, auf die Ebene der theologischen Interpretation. Die Einigung der Liebenden erscheint hier als *ir zweier lîpnar* (16 818), als *pasci et pascere*, Thema der 71. Ansprache Bernhards von Clairvaux über das Hohelied: „Wundert euch nicht darüber", heißt es hier, „er (der himmlische Bräutigam) genießt uns und wird von uns genossen, damit wir um so inniger mit ihm verbunden würden. In der Tat wäre die Vereinigung (*unio*) nicht vollkommen, wenn eines fehlte. Denn wenn ich genieße und nicht genossen werde, ist wohl er in mir, aber ich noch nicht in ihm. Wenn ich aber zwar genossen werde, aber nicht genieße, scheint er mich wohl in sich zu haben, aber nicht auch in mir zu sein. Ist nur eines der Fall, so kommt keine völlige Vereinigung (*connexio*) zustande. So möge der Bräutigam mich denn genießen, um mich in sich zu haben! Und er möge sich hinwiederum von mir genießen lassen, um in mir zu sein!" Ob sich Gottfried an diese oder an andere Stellen der lateinischen Mystik des 12. Jahrhunderts angelehnt hat, sei dahingestellt, fest steht, daß er geistliche Vorstellungen der *unio mystica* auf die Liebeseinheit überträgt — nicht im Sinne einer *analogia antithetica* (WEBER I), sondern um mit einer Sprache zu verdeutlichen, die einem gebildeten Publikum verständlich sein mußte.

Mutmaßlich hat Gottfried seinen Lesern, ungleich den heutigen, mit dem Gesellschaftswunder nicht weniger zugemutet als mit dem Speisewunder. Eilhart und Béroul konnten sich, woran bereits erinnert wurde, eine Gemeinschaft zu zweit nicht vorstellen: die Flüchtlinge in der Waldeswildnis sehnen sich nach der Hofgemeinschaft zurück; ebenso war den Autoren des Artusromans, Chrétien und Hartmann, eine Liebe außerhalb der Gesellschaft undenkbar: im ‚Erec' ist die Integration der Minne in die Gemeinschaft geradezu thematisiert, wobei die Schlußepisode *Joie de la curt,* auch ein Liebesparadies, als Gegenmodell zur Minnegrotte verstanden werden kann (s. Höf. Ep. I, S. 136 ff.). Genau genommen hat Gottfried freilich die gesellschaftliche Komponente der Minne nicht in Frage gestellt, sondern in die Minne selbst und ihre besondere Lebensform im *wunneclîchen tal* hereingenommen, wohl aber hat er die Antinomie von Minne und Gesellschaft aufgehoben.

Der Dichter ist sich bewußt, daß dies wie die Harmonie und *lebesite* (16 921) der Liebenden utopischen Charakter hat: das Leben in der Grotte wird *wunschleben* genannt (16 846, 16 872). Das „Fluchtleben" des alten Tristanromans ist so geblieben, nämlich als Flucht in die Utopie, die sich da einstellt, wo das Ideal sich nicht mehr ‚real' darstellen läßt, aber diese Realität als Erfahrung vorausgesetzt wird. In der Wirklichkeit von Markes Hof, der höfischen Gesellschaft, ist Minne als beseligende Unio nicht möglich, nur in der Entrücktheit eines paradiesischen *locus amœnus,* wo die Natur der Vergänglichkeit entrückt ist, und in einem Liebestempel, den kein Baumeister dieser Zeit geschaffen hat. Das sieht nach der Struktur des Märchens aus, aber dieses mit seiner unmittelbaren Weltdeutung, in dem die Gestalt zugleich den Sinn mit ausspricht — so in der soeben erwähnten *Joie de la curt*-Darstellung des ‚Erec' oder im Motiv der Feenliebe der Lais der Marie de France —, ist in Gottfrieds ‚Tristan', wo gesellschaftliche und psychische Realität als Wirklichkeit gesetzt ist, nicht mehr möglich. Gerade deshalb muß der Dichter fast provozierend die Frage nach der irdischen Nahrung stellen, die sich für die Liebenden in *Joie de la curt* erübrigt.

Solche Wirklichkeitskonfrontation erfolgte auf didaktischer Ebene bereits in der Bußpredigt der Minne (12 183—12 430) und in den autobiographischen Exkursen der Grottenszene selbst: Konfrontation zwischen dem Wir bzw. dem Ich (Gottfried) und der wahren Minne, die Tristan und Isold lebten. Wirklichkeitskonfrontation ist aber auch, auf formaler Ebene, jene hier in höfischer Epik erstmals im Großen angewandte Allegorie, die ‚bezeichnet', aber keine Wirklichkeit mehr zu stiften vermag, und den Sinn nennt, aber das Sein nicht mehr trifft.

Man darf die Utopie als geistes- und formgeschichtliches Signum der Minnegrotteszene ansprechen. In ihr kündet sich aber auch das Spätmittelalter mit seinen allegorischen Entwürfen und Verkleidungen an. Minne, höfisch-galante, wahre, vorbildliche Minne, flüchtet sich in den Traum, in dem die psychischen Vorgänge des Minneerlebnisses als allegorisches Kräftespiel Gestalt gewinnen. So exemplarisch im Rosenroman des Guillaume de Lorris (um 1230), dem ein einzigartiger Publikumserfolg beschieden war. Die ‚Wahrheit' ist hier gänzlich von der epischen Handlung in die allegorische Aussageform verlagert. Dazu und zur späteren deutschen Minneallegorie in ihren Groß- und Kleinformen ist Gottfrieds Minnegrottenszene ein Vorentwurf.

Die ‚hohe Zeit' der Minne findet ihr Ende mit der Entdeckung der Liebenden durch Marke. Aber der König muß vom Jägermeister zur Grotte geführt werden, er selbst findet nicht dahin. Die Spur weist *der vremede hirsch,* groß, weiß, mit einer Mähne wie ein Pferd (17 291 ff.). Er war den Jägern des Abends entkommen, aber der Jägermeister findet am anderen Morgen vor Tagesanbruch dessen Spur, die zur Grotte führt. Offensichtlich lag Gottfried daran, Marke abermals in die Rolle des Passiven und Erfolglosen zu verweisen. Er ist zwar für das Auffinden der geliebten Frau motiviert, indem er *trûrete starke / umbe sîn êre und umb sîn wîp* (17 278 f.) und *durch sîne triure* (17 285) jagen geht, sieht indes im *vremeden hirsch,* der aus dem Bereich der Minnegrotte kommt und wiederum dahin entweicht, keinen geheimnisvollen Boten. Mit dem Jäger versagt der Liebende (GRUENTER).

Die Liebenden werden durch die Botschaft der Wiederaufnahme in die Huld und Liebe (17 688) des Königs *in ir herzen vrô,* und zwar vor allem „um Gottes und ihrer Ehre willen" (17 695 ff). Mag man „Gott" in diesem Zusammenhang als formelhaft empfinden, die „Ehre" ist es kaum, heißt es doch schon bei der Schilderung ihres *wunschlebens,* sie hätten es um nichts aufgegeben *wan eine umbe ir êre* (16 877). Es war dieses eine, Ehre im Sinne gesellschaftlichen Ansehens, was ihnen in der Minnegrotte fehlte. Aus diesem Grunde entschieden sie sich ja auch nach dem Minnetrank für die „Ehre", nämlich die Übergabe der Braut an König Marke. Gottfried hat es sich mit dem *êre*-Begriff nicht leicht gemacht, durfte es auch nicht im Hinblick auf einen zentralen und nicht nur höfischen Wertbegriff. Von der Minnekonzeption her konnte dem Dichter *êre* nichts mehr bedeuten, und nicht zu übersehen ist die Tendenz, sie in der Minne aufzuheben; so ist sie in der Grottenallegorie *diu sælige gleste,* die Sonne, die durch die Fenster Güte, Demut und Zucht scheint (17 063 ff.). Eindeutig scheint mir auch zu sein, daß *êre* nicht korrelativ der *minne*, und zwar der Tristan-Minne, zugeordnet ist. Der Entscheid für eine intakte *êre* vor der Gesellschaft nach dem Minnetrank und in der Beendigung des *wunschlebens* ist ja kein Entscheid gegen die Minne, nur gegen eine bestimmte Form der Minne, die *êre*-lose zugunsten der heimlichen — die zugleich Ehebruch ist. Es steckt hier eine Problematik, mit der Gottfried, wie ich meine, nicht fertig geworden ist.

4. Den sog. *huote*-Exkurs (17 858—18 114) — eine viel zu enge Bezeichnung, da die *huote* nur der Ausgangspunkt einer umfassenden Erörterung über die Frau ist — hat Gottfried enger als irgendeinen andern Exkurs mit dem epischen Geschehen, der Entdeckungs- und Abschiedsszene, verbunden. Man muß von ihm ausgehen, um diese im Sinne Gottfrieds zu verstehen.

In der Verurteilung der *huote* und der Begründung, gute Frauen hätten keine *huote* nötig, die üblen könne man ohnehin nicht mit Erfolg bewachen, ist Gottfried nicht originell (vgl. bes. ‚Iwein' 2890 ff.). Es liegt indes der Hauptakzent auf der Feststellung, daß das Unrecht, das man der Frau mit der *huote* antut, sie in Ehre und Gesinnung schädigt (17 862 ff.). Neu ist auch nicht die Feststellung, daß das Verbotene reizt und zumal die Frauen reizt (17 928 ff.); der erste Trovador, Wilhelm von Aquitanien, hat dies in fast ungehörig zu nennender Form ausgesprochen (Chans. Nr. II). Gottfried macht das Übertreten des Gebots nun aber gerade zur *art* der Frauen: *die sint ir muoter Êven kint, / diu brach daz erste verbôt* (17 934 f.), und nie hätte sie es getan, *enwære ez ir verboten nie* (17 948 f.). Das ist nun eine Akzentuierung des Sündenfalls, der Kirchenväter und Kirchenlehrer mit Entschiedenheit entgegengetreten sind. Indes ist der Gegensatz zur christlichen Lehrmeinung über den Zusammenhang von Verbot und Sündenfall eher beiläufig, entscheidend ist die Betonung der Eva-Natur des Weibes. Daß das Greifen nach dem *obez* das sinnliche Liebesverlangen meint, verdeutlicht der Dichter mit der Meinung einer Minderzahl von Theologen (darunter Abaelard!), die „Frucht" des Baumes der Erkenntnis sei die Feige gewesen (17 943 f.), deren obszöne Bedeutung vielfach belegt ist.

Will nun Gottfried, das mag nun doch eine bestürzte Frage des Lesers sein, nachdem er in vielen Tausend Versen die Minne Tristans und Isolds gefeiert und mit Hilfe sublimer Spiritualität gesteigert hat, am Ende die Schuld der Minneverstrickung der sinnlichen Eva-Natur der Isold anlasten? Keineswegs. Minne ist zwar wie alles auf dieser Welt dem Sündenfall verhaftet, gründet in ihm, aber sie ist es auch, die aus dieser Verstrickung hinausführt. Das wird im Folgenden (17 967 ff.) ausgeführt.

Nach der Erwähnung von zwei Möglichkeiten, die Gottfried nicht als überzeugende Lösungen betrachten kann, die Keuschheit, das *enthaben* (17 969), mithin auch den klösterlichen Stand — das Weib, das *tugendet wider ir art,* sei *niwan mit namen ein wîp / und ist ein man mit muote* (17 971 ff.) —, und das Verhalten entsprechend der Minnesangideologie — *daz si wider ir lîbe / mit ir êren vehte* (17 988 f.); *ein wîp, diu wider ir lîbe tuot* (18 025) —, preist er (18 051 ff.) die Frau, *diu ir wîpheit / wider ir selber liebe treit* (die ihre weibliche Natur der eigenen Freude entgegenträgt, d. h. bejaht, und zwar *der werlde zuo gevalle.* Damit ist, wie das Folgende zumal erhellt, eine Liebe angesprochen, die nicht sich selbst, sondern den Partner sucht, die Tristanliebe, wie sie sich gerade in der Abschiedsszene manifestiert. Wer mit einer solchen Liebe beschenkt wird, *der hât daz lebende paradîs / in sînem herzen begraben* (18 066 f.), das innere Paradies, dessen höchster Wert die *wîplîche güete* (18 084) und mit ihr alle Tugenden sind.

Die Vorstellung vom Paradies des Herzens entnimmt Gottfried wiederum der geistlichen Literatur. Sie geht auf die theologische Allegorese der Paradies-Schilderung zurück und ist dem Zeitalter Gottfrieds wie dem Spätmittelalter sehr geläufig. Eine erbauliche Schrift, die man Albertus Magnus (zu Unrecht) zugeschrieben hat, heißt ‚Paradisus animae', ein bekanntes mystisches Predigtbuch in der Volkssprache ‚Paradisus animae intelligentis'. Siehe F.W. WODTKE, Die Allegorie des ‚Inneren Paradieses' bei Bernhard von Clairvaux, Honorius Augustodunensis, Gottfried von Straßburg und in der deutschen Mystik, in: Festschr. Josef Quint, Bonn 1964, S. 277—290.

In dieser Diskussion über die Frau, ihre *art* und ihre Bestimmung ist das Schema der Heilsgeschichte, von I. HAHN zum ersten Mal betont, nicht zu übersehen. Am Anfang steht der Sündenfall, am Ende die Erlösung im inneren Paradies, *dan ist niht obezes inne / wan triuwe unde minne* (18 085 f.). Die Frau ist Eva durch ihre sinnliche Natur, zugleich aber auch *rôsîne suone* (18 076), Entsühnerin. Das ist die heilsgeschichtliche Funktion der Maria. Gottfried hat die Analogie zur Gottesmutter nicht ausgesprochen, sie ergibt sich indes mit Notwendigkeit aus dem Zusammenhang. Zudem ist das, was vollkommene Frauenliebe beschert, *daz lebende paradîs,* ein Beiname der Maria (St. Georgener Prediger, ed. K. RIEDER, S. 160, 6) wie die *rôse* ohne *hagen* und *dorn* (18 072 f.) an das Mariengleichnis *rosa sine spina* erinnert.

Die heilsgeschichtliche Analogie, die für die Tristan-Isold-Minne in Anspruch genommen wird, ist das kühnste, aber auch großartigste Theologumenon der Gottfriedschen Dichtung. Minne, gewiß, das ist die Lebenserfahrung, verführt, die sinnliche Eva-Natur der Isold führt in Schuld und Verstrickung, aber in ihrer Maria-Natur, als *rôsîne suone,* als *lebendez paradîs* vermag sie auch zu entsühnen.

Die Eva-Maria-Spannung hat Gottfried in die unmittelbar folgende Entdekkungs- und Abschiedsszene hereingenommen. Es heißt von Tristan, der Isold in den Baumgarten, wo sie ein Bett zubereiten ließ, folgt: *nu tet er rehte als Âdam tete: / daz obez, daz ime sîn Êve bôt, / daz namer und az mit ir den tôt* (18 162 ff.). Wird hier wie in der Sündenfallgeschichte die primäre Verantwortung für den bevorstehenden ,Fall' Isold angelastet, so ist sie es, ausgleichend und gemäß dem angesprochenen heilsgeschichtlichen Schema, die im Abschied ihrer gemeinsamen Liebe nunmehr getrennter Leiber neuen Sinn und Dauer zu geben vermag. *Lât mich ûz iuwerm herzen niht,* wie Ihr immer in meinem seid (18 275 ff.), bittet Tristan die Geliebte, womit er die Höhe höfischer Minne erreicht, nicht mehr. Isold nimmt den Austausch der Herzen auf, erweitert ihn indes zu einem mystischen Tausch von *lîp und leben: ir sît mir verre oder bî, / son sol doch in dem herzen mîn, / niht lebenes noch niht lebendes sîn / wan Tristan, mîn lîp und mîn leben* (18 294 ff.). Und deshalb will sie sich, ihrem *lîp*, der Tristans *leben* ist, *vlîz und schœne huote geben,* nicht um ihret-, sondern um seinetwillen, und so möge auch Tristan mit seinem *lîp,* ihrem *leben,* verfahren. *ein lîp, ein leben daz sîn wir* (18 344) ist die neue *unio*-Formel, ein Kuß besiegelt ihn — *dirre kus sol ein insigel sîn* (18 355) —, für uns eine verbrauchte Metapher, für Gottfried und seine Zeit ein bedeutungsvoller Vollzug, ein *contagium mysticum.* Wie nirgend anderswo ist hier wie im anschließenden Selbstgespräch der trauernden Isold (18 491 ff.) die Sprache Gottfrieds religiös-mystisch eingefärbt — wir zweifeln nicht daran, daß dies nicht *anders wan in guot* (7) geschehen ist.

5. Wenn nicht alles täuscht, stammt das Motiv der zweiten Frau, die den Namen der Geliebten trägt und durch diese Identität den Helden zu verwirren vermag, das Isold-Weißhand-Motiv, aus der arabischen Literatur: es ist die Geschichte des Dichters Kais Ibn Doreidsch und seiner Lobna. Einzelmotive des zweiten Teils des Tristanromans (der ,Estoire-Fortsetzung' RANKEs, der ,Estoire II' in meiner Terminologie, s. Höf. Ep., S. 53 ff.) sind antiker Herkunft — Oinone-Motiv, weißes und schwarzes Segel der Perseus-Sage im Rahmen des Liebestodes —, andere gehören der internationalen Schwankliteratur an. Fest steht, daß all diese Elemente nur einem franzö-

sischen Autor zur Verfügung stehen konnten, und er hat sie aufgegriffen, um im Anschluß an die alte, keltische Tristan-Erzählung die ihm und seiner Zeit geläufige, moderne Liebesauffassung darzustellen. Darnach ist Liebe eine Tugend, die allein der Verantwortung der Liebenden unterstellt ist und allen anderen Tugenden vorgeht. Als solche ist sie in der Ehe nicht zu verwirklichen, wie es dann auch Andreas Capellanus formulieren wird (*non posse inter coniugatos amorem suas extendere vires*) (De amore l.II, c.XVII). Wenn nun Tristan Isold Weißhand mit der blonden Isold identifiziert, so muß er die auf Drängen seines neuen Freundes Kaherdin (Kædin bei Gottfried) geschlossene Ehe verhindern, und er verhindert sie, indem er sie nicht vollzieht. Thomas hat dies wirkungsvoll damit begründet, daß Tristans Blick in der Hochzeitsnacht auf den Ring fällt, den ihm Isold beim Abschied gegeben hat. Es wird ihm der Abfall von der wahren, alleinzigen Minne bewußt: seine Gattin bleibt Jungfrau (Fragm. Sneyd, 385 ff.). Thomas läßt also seinen Tristan untreu werden, indem er ihn durch die Namensgleichheit des Mädchens Isold von Arundel verwirren läßt, um ihn hierauf wiederum zu seiner einzigen Minne zurückzuführen.

Dem Wiederaufstieg dient eine Szene, die Thomas zusätzlich geschaffen hat, der Skulpturensaal. Tristan läßt sich von einem Riesen eine Felsenhöhle am Meer zur Grotte ausbauen und mit den Standbildern der Königin Isold und ihrer Umgebung schmücken. Hier hält Tristan, wenn ihn die Sehnsucht ergreift, geheime Zwiesprache mit der Geliebten, er umarmt und küßt sie, flüstert ihr zärtliche Worte zu. Der Sinn der Szene, die modernem Geschmack schwer zugänglich ist, ist der: Tristan schafft sich ein Abbild seiner Sehnsucht in Kunstwerken, die das gelebte Leben überdauern und objektivieren, und erweist darin seine Treue. Es ist nicht daran zu zweifeln, daß Gottfried sich dieser *rihte* anvertraut hätte, wenn es ihm vergönnt gewesen wäre, das Werk zu vollenden. Jedenfalls folgt er Thomas bis zum Punkt des Abbruchs.

Die Begegnung mit Isold Weißhand hatte Eilhart auf die prägnante Formel gebracht: *ich habe Isaldin vlorn, / Isaldin habe ich wedir funden* (5688 f.). Gottfried bringt Verlust und Wiederfinden in einen differenzierten Bewußtseinsprozeß (18 965—19 040): Zuerst ist die zweite Isold eine schmerzhafte Erinnerung an die blonde Isold: *sîn altiu herzeriuwe / diu wart aber dô niuwe* (18 967 f.). Sodann beginnt er den Schmerz um Isold zu lieben: *er minnete diz ungemach,* und zwar *durch daz, wan er si* (Isold Weißhand) *gerne sach* (18 981 f.). Er nährt die Trauer um die ferne Geliebte durch den Anblick des Mädchens mit demselben Namen, und so wird ihm diese lieb. Damit ist *Îsôt . . . sîn liep und sîn leit* (18 987): schon wird nicht mehr gesagt, welche *Îsôt*, Isold schlechthin: *‚ich vürhte, ich aber gîsôtet sî'* (19 006). Endlich wird der Name als solcher zum Zauber und zur Verpflichtung: *swaz aber mîn ouge iemêr gesiht, / daz mit ir namen versigelt ist, / dem allem sol ich alle vrist / liebe unde holdez herze tragen, / dem lieben namen genâde sagen* (19 034 ff.).

Dies begann mit Tristans *beworrenheit,* die dann weiter stufenweise in die Tiefe führt. Er wünscht seine alte *herzeswære* zu vergessen, denkt mit Ovid daran, daß ein *trûtschaft / benimet der andern ir craft* (19 433 f.), besinnt sich dazwischen auf seinen *erbesmerzen* (19 127), schilt sich *triuwelôser Tristan* (19 154), *sinnelôser man, / verirreter Tristan* (19 163 f.), scheut selbst vor häßlichen Gedanken nicht zurück: Isold hat, was er entbehren muß, Sinnenfreude.

Das letzte, was Isold in der Trauer der Vereinsamten bewegte und was wir überhaupt über sie hören, war das *gemeine leit: mîn leit ist doch gemeine, / ine tragez niht al eine: / es ist sîn alse vil sô mîn* (18 555 ff.). Es ist diese Gemeinsamkeit des Leids, aus der Tristan herausbricht, sein Leid ist die Verwirrung der Gefühle, *weder wil ich oder enwil ich? / ich wæne nein, ich wæne jâ* (19 254 f.), betont wird das *ungemeine* Leid, das Tristan mit Isold Weißhand verbindet (19 296 ff.), womit zugleich Tristans Fall wie das Ungenügen dieser neuen Bindung bezeichnet werden.

Zum Verständnis der letzten paar hundert Verse des Gottfriedschen Tristan wird DE BOORS Legendenschema hilfreich: „Der Minneheilige ist der Welt verfallen" (WdF 320, S. 63) — sicher, um sie wiederum zu überwinden. Von einem „Sündenfall" spricht auch M. WEHRLI, aber nur einem scheinbaren, da „doch dieses neue Seelenabenteuer der Göttin Minne zur höheren Ehre gereicht" (ebda., S. 111 Anm. 4). Gewiß, aus der Perspektive der „Göttin Minne", der auch Don Juan „zur höheren Ehre gereicht". Ich meine indes, nicht im Sinne des Dichters, der beabsichtigte, Tristan und Isold im Tode und damit für immer zu vereinigen. *Ir leben, ir tôt sint unser brôt* (237).

Der gemeinsame Tod ist zugleich Garant der einzigartigen Liebe, die durch die zweite Isold nur verwirrt, nicht in Frage gestellt wird. Zu beachten ist, daß auch hier, in der höchsten Bewährung, der Frau die eigentliche Leistung zubedacht ist. Isold die Königin verläßt auf Tristans Botschaft hin Gemahl und Land — gegen die *êre,* die in der großen Entscheidung des Beginns der Minne vorgeschaltet wurde! — und stirbt mit der Kraft ihres Willens — *pur vos voil murir ensement,* Fragm. Sneyd 808 — dem Geliebten nach. Das ist die endhaft erfüllte *rôsîne suone* (18 076), von der Gottfried vor der Abschiedsszene gesprochen hat.

6. Die grundlegenden, sich teils ergänzenden, teils aber auch ausschließenden Positionen der Gottfried-Forschung — RANKE (1925), DE BOOR

(1940), Schwietering (1943), Wehrli (1946), Weber (1953), Mieth (1976) — sahen mit Recht das Minneproblem immer im Zusammenhang mit der Gottesfrage. Das hat seinen Grund im Verständnishorizont der Liebesauffassung in hochhöfischer Zeit. Minne, in höfischer Dichtung als ‚höchstes Gut' gepriesen, stand schon als Inbegriff der *sælde*, vor allem aber als Wertbegriff in Korrelation zum *summum bonum* Gott. Gott wurde mitgedacht, wenn von Minne die Rede war, und es war dieses Mitdenken, das sie problematisierte. Am entschiedensten bei Hartmann, in seinen Minneliedern wie im ‚Gregorius', aber auch bei Wolfram: im ‚Parzival' werden Minne und Aventiure, die Grundkräfte ritterlicher Existenz, in der Hauptgestalt direkt an religiöse Formen und Symbole gebunden, was heißt, daß Frauenliebe und Mannestat religiöser Bindungen bedürfen, um sich überhaupt zu legitimieren. Die späteren Gralromane (‚Queste del St. Graal') verurteilen alle Formen irdischer Minne, die Gralsfindung markiert außerdem das Ende des ritterlichen Äons. Die dominante religiöse Note charakterisiert aber nicht nur den Gralroman, sondern die Epik des 13. Jahrhunderts überhaupt, in Frankreich wie in Deutschland. Das neue Jahrhundert, spirituell stark durch die neuen Orden, die Bettelorden, bestimmt, ist ein ausgesprochen frommes Zeitalter.

Gottfried nahm im Zuge dieser Tendenzen eine frühe entschiedene Gegenposition ein. Geht im ‚Parzival' Minne, d. h. die vorbildliche Minne Condwiramurs' und Sigunes, ins religiöse Mysterium über und erscheint in ihm aufgehoben, so integrierte Gottfried umgekehrt religiöse Formen und Werte in der Minne. Oder, was dasselbe besagt, er transzendierte die Minne. Man sprach von ‚Minnereligion', doch dürfte dieser Begriff nicht im eigentlichen Sinne genommen werden, da Gottfried keineswegs die Minne an die Stelle der Religion setzt. Er hebt vielmehr eine Form der Minne, die Tristan-Isold-Minne, die ihm als eigentliche Form der Liebe erscheint, von den übrigen Formen durch Analogien zur christlichen Religion und durch theologische Begrifflichkeit ab. Es seien zusammenfassend die wichtigsten Analogien noch einmal genannt oder ergänzt:

— Die Minne als Ärztin, in der Riwalin-Blanscheflur- und der Minnetrankdarstellung, befreit von der Minnekrankheit: Analogie zum Eucharistiesakrament, in dem sich Christus dem Menschen zur Speise gibt, um ihm die Sündenkrankheit abzunehmen. Christus als Arzt, Sünde als Krankheit ist ein verbreitetes Gleichnis in der Predigtliteratur. — Eucharistische Färbung hat auch die Brotmetapher des Prologschlusses: *ir leben, ir tôt sint unser brôt* (237).

— Das *edele herze,* Sitz der wahren, vollkommenen Minne, ist der *anima nobilis* der Bernhardischen Mystik nachgebildet. Wie die *anima nobilis* den himmlischen Bräutigam aufzunehmen vermag und nur sie allein, so das *edele herze* die vollkommene Minne.

— Das Minnebett der Grotte hat Analogiebezug zum *lectulus Salomonis* des Hohelieds, die Liebeseinigung zu Formen der *unio mystica* (SCHWIETERING). Mystische und Liebeserfahrung sind eine *via negativa,* deren Negativität als Fülle erfahren wird (MIETH). In der Ausdeutung der Grotte bedient sich Gottfried der spirituellen Schriftauslegung.

— Im Abschiedsgespräch ist die Liebeseinheit ein mystischer Tausch von *lîp* und *leben*: *ein lîp, ein leben daz sîn wir* (18 344). Der Kuß, der diese Einheit besiegelt, ist *contagium mysticum.* Der mystische Tausch ist aber auch in der Sprache der Mystik ein *ganz ûz dem sînen*-Gehen, eine Entselbstung. Das bringt Isold ins Wort: *daz ich mîn unde sîn entwese, / durch daz er mir und ime genese* (18 599 f.).

— Das Minneleid steht in Analogie zur Leidensmystik der Zisterzienser, ist *compassio, gemeinez leit.* Es hat auch unverkennbare Bezüge zum beispielhaften Leid der Legende, und zwar zur Legende des 12. und 13. Jahrhunderts, wo Leidbejahung Leidüberwindung bedeutet.

— Ein kühner heilsgeschichtlicher Bezug wird für die Frau (Isold) in Anspruch genommen: sie ist zwar Eva und (sinnliche) Verführerin, aber zugleich Maria als *rôsîne suone* und *lebendez paradîs* (18 076, 18 066).

Man mag die interpretatorische Tragfähigkeit der einen oder andern Analogie bezweifeln. Gesamthaft erreichen sie einen hohen Grad von Stringenz.

Gottfrieds ‚Minnereligion' wirft die Frage nach Gottfrieds Christentum auf. Sie ist insofern delikat, als sich der Literaturhistoriker nicht anmaßen sollte, Glauben und religiöse Gesinnung eines Menschen zu beurteilen, von dem wir keine persönlichen Zeugnisse besitzen und dem wir so ganz und gar nicht ins Herz hineinsehen können. Jedenfalls empfiehlt sich in der Interpretation einschlägiger Stellen Zurückhaltung; sie ist nun freilich der Forschung, und nicht zuletzt der neueren und jüngsten (s. zuletzt W. SCHRÖDER, Text und Interpretation. Das Gottesurteil im ‚Tristan' G.s v.St., in: SB d. wiss. Ges. an d. J.W. Goethe-Univ. Frankfurt a./M. XVI Nr. 2, 1979, S. 47—66), in bestürzendem Maße fremd.

Gottesanrufe, Gebete und Stoßseufzer, sind im ‚Tristan', wie öfter bemerkt, ungemein häufig. Daß sie zugleich in den meisten Fällen formelhaft sind, hat das Werk mit andern höfischen Erzählungen gemein. Sie auf ihre „innere

Wahrheit" hin zu befragen, ist irgendwie unfair. Als besonders bedenklich schien der Kritik, daß Gott auch für Verstellung und List in Anspruch genommen wird; das beweist indes nur, daß Gottes Existenz und Gottes aktive Teilnahme am Leben des Menschen als selbstverständlich gelten, beweist auch den Glauben, daß Gott dem Menschen helfen kann und helfen will. Ein solcher Gott mag als allzu humaner Gott nach menschlicher Wunschvorstellung erscheinen, aber ist dieser bedenklicher als das Bild eines „gerechten" und „rächenden" Gottes, der es mit der „maßgeblichen" Gesellschaft hält? Isold bekennt vor Gott, was sie vor den Menschen geheim hält, *ir wâren schulde* (15 648), vertraut aber *ûf gotes höfscheit* (15 552). Diese *list* (15 551) und die Inszenierung dieser *list* kann man zwar — mit Gottfried — nur als tief fragwürdig bezeichnen. Doch ist zu berücksichtigen, daß es das Sittengebot den Liebenden ungemein schwer gemacht hat und die Gesellschaft, ebenso gerecht wie hartherzig, keine ‚Instanz' für Liebende, keine Hilfe, auch ohne wahre *höfscheit* — das Lebenselement der Edlen — ist: muß es da Isold nicht dazu drängen, sich der *höfscheit* Gottes anzuvertrauen? Und gereicht es nicht zur Genugtuung des (unbefangenen) Lesers, daß sich Gott auf die Seite der Bedrängten und damit gegen die argwöhnische und spionierende Gesellschaft stellt?

Diese Genugtuung kann ich immerhin mit einem Dictum rechtfertigen, das in der Hs. München cgm 466 dem Kirchenvater und Heiligen Gregor (wohl zu Unrecht) zugeschrieben wird. Es handelt sich um Formen der ‚Nachrede', die als Todsünde bewertet wird. Gleich die erste betrifft den Menschen, *der des andern haimliche schuld oder missetat offenbare macht* (39^r). Eine Stellungnahme gegen die richtende Gesellschaft und zugunsten desjenigen, der mit seiner Schuld zu leben hat!
Hilfreich zum Verständnis der Gottesurteilepisode des ‚Tristan' kann der Begriff der *rehten wârheit* sein, den Konrad von Würzburg im ‚Engelhart' dem Leser an die Hand gibt, um begreiflich zu machen, daß Gott auch hier im Gottesgericht demjenigen beisteht, der im Sinne der Anklage schuldig ist. *rehtiu wârheit* ist auf *triuwe* gegründete *wârheit,* und indem Engelhart seine Minne durch *triuwe* legitimiert weiß, gewinnt er die Zuversicht, daß sie Gott nicht verurteilen kann, auch wenn die Gesellschaft Beischlaf nur in der Ehe sanktioniert.

Die Parteinahme für Isold und gegen die Gesellschaft hat den Dichter nicht daran gehindert, Isolds Eid als Betrug anzusprechen: er nennt ihn einen *gelüppeten eit* (15 758). Diese Stellungnahme verbietet aber auch eine rigorose Interpretation der berüchtigten Verse vom *vil tugenthaften Crist,* der

wintschaffen alse ein ermel ist:
er vüeget unde suochet an,
dâ manz an in gesuochen kan,

alse gevuoge und alse wol,
als er von allem rehte sol.
erst allen herzen bereit,
ze durnehte und ze trügeheit,
ist ez ernest, ist ez spil,
er ist ie, swie sô man wil. (15 735 ff.)

Es kann dies schon aus dem Grunde keine radikale Christusabsage (WEBER I, 269 ff.) bedeuten, als die Überlieferung diese Stelle, die so leicht zu streichen war, intakt gelassen hat (mit der partiellen Ausnahme N), was nur heißen kann, daß man sie nicht als unerhört oder gar als Gotteslästerung verstanden hat. Mutmaßlich liegen Aussagen vor, die nicht Christus, den Gottessohn, als Subjekt haben, sondern das Tugendbild (*den vil tugenthaften Crist*), das wir uns von Christus machen, den Gott der Gefälligkeiten, den Gott unserer Verfügbarkeit. Diese ,Leseart' ist im Kontext des Ordals, das Gottfried als christlichen Unfug ablehnt, zu sehen und von da her als Aussage des Dichters zu rechtfertigen. Mit der Kritik der Gottesurteilpraxis hat Gottfried bekanntlich päpstliche und konziliare Stellungnahmen (s. o. S. 207 f.) auf seiner Seite. Der Mißbrauch des Ordals aber entspricht einem Mißbrauch Christi, und dieser ist es, der im Exkurs 15 733 ff. thematisiert wird.

Auch Häresie ist aus dem ,Tristan' nicht zu erweisen: die manichäistisch-dualistische „Anlage" der Dichtung ist eine großgesehene und passioniert durchgeführte Konzeption WEBERS (jetzt von H. BAYER, Gralsburg und Minnegrotte [Phil. Stud. u. Quellen 93], Berlin 1978, wieder aufgenommen), die indes den Text und die Möglichkeiten Gottfrieds in seinen dichtungsgeschichtlichen Bindungen überfordert. Ein häresiefreier ,Tristan' schließt zwar noch nicht aus, daß Gottfried Beziehungen zu den blühenden ketzerischen Kreisen Straßburgs gehabt hat oder im Geruch des Häretikers stand, worauf das Schweigen um Gottfrieds Person hinweist, aber er nimmt diese Frage aus jeglicher Dringlichkeit heraus. Man darf sie als rein biographische Frage offen lassen.

6. Autorkommentar

Ein Übersetzer und Bearbeiter ist schon immer durch seinen notwendig reflektierenden Bezug zur Vorlage in Auswahl, Akzentuierungen, im Textverständnis in der Rolle des Kommentators. In diesem Sinne ist die früh- und hochhöfische Epik, die ausnahmslos französischen Vorlagen verpflichtet ist, grundsätzlich kommentierend. Der Autorkommentar in Prologen, Epilogen und Exkursen ist davon zu trennen. Ist jene Reflexion zum Vorlagentext, abgesehen von grundsätzlichen Stellungnahmen zur Quelle, in den Erzähltext eingegangen und nur aus dem Vergleich mit der Vorlage als interpretatorischer Einschlag zu erkennen, so reflektiert der Autor in den außernarrativen Partien auf das eigene Werk: in eigener Sache wendet er sich an sein Publikum, lenkt und schärft dessen Aufmerksamkeit, bezieht Stellung zu Problemen, die die Handlung evoziert oder doch an sie anknüpfen läßt. Diese auktoriale Ebene ist schon bei Hartmann und Wolfram sehr ausgeprägt, bei Gottfried nach inhaltlicher Substanz und formaler Gestaltung ohne Beispiel.

Darüber herrscht Einigkeit, nicht indes in der Beurteilung der Exkurse in ihrem Verhältnis zur Handlung. BERTAU versieht sein ‚Tristan'-Kapitel (Deutsche Lit. II, S. 918—965) mit dem Stichwort „Poesie als Kommentar", womit bekundet wird, was Tenor der Darstellung ist, daß Gottfried in der Allegorie des Stoffes wie der Form „selbst Deutung dichtet" (S. 918), was so viel heißt, daß Gottfried aus der Reihe der Epiker zu streichen ist. Offensichtlich diente zu solcher Sicht die Schwertleite-Episode (s. u.) als Modell des Ganzen. Demgegenüber möchte ich nun doch mit dem literarisch unverdorbenen Leser festhalten, daß Gottfrieds Erzählung und Gottfrieds Kommentar wohl, und nicht nur formal, zu trennen sind. — Nach L. PEIFFER sind die kommentierenden Exkurse als „rationales Gegengewicht" zur Irrationalität der Minne, der die Liebenden ausgeliefert sind, zu verstehen, was ihnen eine „ausgleichende und distanzierende Funktion" zuweist (S. 212 f.). Letzteres gilt für alle Reflexion, als Gegensatz und Korrektiv zur Handlung möchte ich die Exkurse nicht verstehen. Der *huote*-Exkurs erhellt, wie gezeigt worden ist, unmittelbar das Geschehen; die Liebe, die in der ‚Bußpredigt der Minne' gepriesen wird (*diu vrîe, diu eine*) (12 301), ist keine andere als die Tristanliebe, und auch das scholastisch wirkende Minnemodell, das der Minnegrotte-Allegorese entspringt, widerspricht ihr keineswegs, ist nur auf ein Tugendschema reduziert.

Gotevredus sui interpres als hermeneutische Voraussetzung der Exkurse zu nehmen, bedeutet nochmals, den Dichter *in guot vernemen* (7 f.). Ein wie immer gearteter Gegensatz zwischen Geschehen und Kommentierung bedeutet nämlich die Projektion des (häufig postulierten) „zwiespältigen, zerrissenen" Menschen Gottfried auf die Werkebene, aber auch ein gebrochenes Verhältnis zu den Gestalten seiner eigenen Schöpfung und zu dem, was sie vorleben. Alles spricht gegen eine solche These. Gottfried bewahrt zwar gegenüber seinen Liebenden kritische Distanz, weiß um deren Gebrochenheit, deren Versagen, behandelt sie nicht als Denkmalfiguren, aber er weiß und bekennt sich ihnen gegenüber als solidarisch. So nur kann er im Prolog dem Hörer und Leser das *senemære* von Tristan und Isold als *guot* anpreisen und das gleich folgende, etwa in der Ehebruchthematik wurzelnde Bedenken *guot?* mit Emphase ausräumen:

guot? jâ inneclîche guot:
ez liebet liebe und edelt muot,
ez stætet triuwe und tugendet leben
ez kan wol lebene tugende geben . . . (173 ff.)

Nur so kann er auch in seinem und seiner Hörer Namen erklären: *Ir leben, ir tôt sint unser brôt* (237). Die Einheit der Liebenden mit Autor und Hörer, Hauptthema des Prologs, ist die eigentliche Rechtfertigung, die alte und offensichtlich vielen bedenkliche Geschichte — *guot?* — neu als *senemære von sô reinen triuwen* (178) zu erzählen.

Es sei im Folgenden an der ‚Bußpredigt der Minne' im Verhältnis zur Handlung aufgezeigt, wie Gottfried kommentiert.

Der Exkurs (12 183—12 357) knüpft unmittelbar an die erste Liebeserfüllung an, in der sich die Liebenden gegenseitig *ein ander zarzâtîe* geben (12 169 f.). Gottfried beginnt in der Ichform, also bekenntnishaft. Er hat viel über die beiden, die Umstände (*gelegenheit*) ihrer Liebe und das Wunderbare, das sie in sich schließt, nachgedacht, und in diesem Gedenken schwillt ihm das Herz, beelendet ihn aber auch die Tatsache, daß die Menschen, die *an minnen hangent und klebent* (12 224), zumeist der Minne nicht gerecht werden. Jetzt, mit v. 12 222, geht der Dichter in die Mehrzahl über wie der Prediger, der sich von der Buße nicht ausschließen will und darf: *wir wellen alle haben muot / und mit minnen umbe gân,* aber wir säen *bilsensâmen* (12 228) in die Minne, d. i. *valsche* und *âkust* (12 239), und glauben dann Liebes- und Herzenslust ernten zu können; darin sehen wir uns betrogen. Mit 12 257 setzt eine Parallelführung ein: *wir, die zer werlde haben muot.* Nach der säen-ernten- greift Gottfried zur *vertriben und verjagen-vinden-*Metaphorik. Was wir *vinden* nach *vertriben und verjagen* ist *misselinge* und *ungeschiht,* nicht, was wir begehrten, *senfte bî der arbeit, wunne bî den sorgen* (12 272/74). Die verjagte und vertriebene Minne wird 12 279 wieder aufgegriffen und neu thematisiert. Sie ist *verwortet und vernamet* (12 285), mit Wort und Namen mißbraucht. Als *êrelôse unwerde* geht sie betteln und stehlen und bietet ihre Ware auf den Straßen feil.

Minne, aller herzen künigîn
diu vrîe, diu eine
diust umbe kouf gemeine! (12 300 ff.)

Gottfried spricht hier kaum von der käuflichen Dirnenliebe, die man sich schlecht auch als Gegenmacht zur Tristanliebe denken kann, sondern doch wohl vom Schacher mit Liebe in der Ehe, wie ihn die politische und gesellschaftliche Wirklichkeit reichlich aufzuweisen hat. Darunter fällt sicher auch die Verbindung von Marke und Isold, die Gottfried eine ***herzelôse blintheit*** (17 739), ein ***êrlôsez leben*** (17 754) nennt. Die zweite Gestalt falscher Minne ist der Selbstbetrug. Als ***valsche minnære, der Minnen trügenære*** bringen wir unsere Tage dahin, ohne unsere Klage zum glücklichen Ende zu bringen (12 308 ff.). Der deutliche Bezug zu den ‚Nachtigallen' der Dichterschau (4814 ff.), den RANKE zuerst beobachtet hat (WdF 320, S. 21), erhellt, daß hier die Liebe des Minnesangs gemeint ist.

In dieser leidigen Wirklichkeit gegenwärtiger Minne ist es ein Trost, in ***schœnen mæren*** vergangener Jahrhunderte von Liebe und Treue, ***diu von herzen gât*** (12 318 ff.), zu hören, ein Gedanke, der schon im Prolog formuliert wird (119 ff.), freilich auch einer, für den unsere Zeit kaum mehr Verständnis aufbringen wird. Doch gab es für Gottfried noch keine Krise des historischen und literarischen Bewußtseins. Was dann aber abschließend beschworen ist, gibt sich als Erfahrung aus:

ein blic, ein inneclîch gesiht
ûz herzeliebes ougen,
der leschet âne lougen
hundert tûsent smerzen
des lîbes unde des herzen.
ein kus in liebes munde,
der von des herzen grunde
her ûf geslichen kæme,
ôhi waz der benæme
seneder sorge und herzenôt! (12 348 ff.)

An dieser Stelle endet die ‚Bußpredigt', das Folgende indes, das Verhalten der Liebenden in ihrer jungen Liebe, wird unmittelbar und ohne formalen Einschnitt, der erst mit 12 430 erfolgt, auf den Exkurs bezogen. Es wird von der Hingabe Tristans und Isolds gesprochen — ***si gâben unde nâmen / mit getriuwelîchem sinne / in selben unde der minne / willegen zins unde zol*** (12 370 ff.) —: anders als die ***valschen minnære, der Minnen trügenære*** (12 311 f.), die Minnesänger. Die ***heinlîche*** (Vertraulichkeit) der Liebenden führt nochmals zu einer kommentierenden Note (12 380 ff.): Wer sich nach der Hingabe schämlich gibt und sich so der Liebesfreude entfremdet, der begeht Diebstahl der Minne (womit wenigstens ein formaler Rückbezug zur ehrlos-unwürdigen Minne der Verse 12 290 ff. hergestellt ist): nicht so Tristan und Isold, ***dien halen sich ze nihte*** (12 389).

Es sollte deutlich geworden sein: die im Exkurs angeprangerte verkaufte, verschmähte, ehrlose, falsche Minne, der wir verfallen sind, dient als negative Folie der Tristan-Isold-Liebe. Dabei geht es nicht in erster Linie um

Rechtfertigung der Hingabe im Gegensatz zu jener hochgepriesenen Minne, die nie zu *liebem ende* kommt (12 315), sondern um die spezifischen Qualitäten gerade der hingebenden Liebe: ihre *heinlîche*, ihre Offenheit, aber auch die Beglückung von Blick und Kuß. Weil sich in dieser von den meisten als bedenklich beurteilten Liebesgeschichte Qualitäten der Liebe erschließen, die wir ersehnen, aber nicht mehr zu vollbringen wagen, wird, wenn nicht die Geschichte selbst, so doch die Liebe dieser Geschichte vorbildlich — *jâ, inneclîche guot* (173). Die Geschichte war vorgegeben, sie zu verändern, war nicht des Dichters Wille und Recht: die in ihr sich manifestierende Minne auszuloten, ihre Kraft, ihre ,Tugend', ihre beglückende Not und ihr nothaftes Glück, dazu war Gottfried angetreten, und dazu dienen auch die kommentierenden Exkurse.

7. Kunst

Zur Hauptsache thematisieren die Exkurse das Phänomen Minne, in einem Falle Kunst, nämlich die Schwertleite-Episode. Die Handlung, das Zeremoniell von Tristans Ritterweihe als Abschluß des Jugendlebens, ist hier nur Vorwand, um das Kunstprinzip des Dichters zu exponieren. Aus diesem Grunde darf die ganze Episode als Exkurs angesprochen werden.

Die Frage der Kunst aktualisiert sich in der Aufgabe der Descriptio, mit der sich Gottfried konfrontiert sieht, der Vergegenwärtigung von *weltlîcher* und *ritterlîcher zierheit* (4602, 4616).Der Dichter stellt dazu fest, daß diese in so vielfältiger Weise und *mit rede alsô zetriben* („zerredet") worden ist, daß er sich überfordert sieht (4616 ff.). Dies ist Anlaß der Dichterrevue (4621—4820), einer Vorstellung deutschsprachiger Dichter der Gegenwart und jüngsten Vergangenheit — Hartmanns von Aue, Wolframs (als Anonymus), Bliggers von Steinach, Heinrichs von Veldeke; (Reinmars) von Hagenau, (Walthers) von der Vogelweide —, also der literarischen Tradition, in die sich Gottfried gestellt sieht. Anschließend setzt er nochmals mit dem Unfähigkeitstopos an (4821—4858): der *sin* (Kunstverstand) will sich nicht zur *zunge* (Wort) fügen, da es so viele *schône redende man* gibt, denen er sich nicht gewachsen fühlt. Jetzt werden die Musen des Helikons aufgeboten (4862—4895), die ihm wenigstens einen Tropfen (*traben*) aus ihrem *brunnen* nicht versagen sollen. In einem großen Anlauf (4896—4907) werden *die selben gotes gâbe*, die Gaben der Dichtkunst, vom *wâren Elicône* erfleht, was nun doch heißen wird vom Sitz Gottes, von dem „alle gute Gabe und alle vollkommene Gabe kommt" (Jac. 1, 17), die *inventio* wie die *inspiratio* (Bonaventura, ,De reductione artium ad theologiam').

Der ‚antike' wie der ‚christliche' Anruf um dichterische Inspiration ist im Zeitalter Gottfrieds reich belegt. Die Besonderheit beim Tristan-Dichter besteht darin, daß beide nebeneinander, ja ineinander verwoben erscheinen. Man dürfte aus diesem Grunde und schon gar wegen des Musenanrufes als solchen den Dichter nicht ins Zwielicht rücken (WEBER II, S. 90). Was Dante, wenn er die Musen anruft, rühmend attestiert wird, daß er nämlich diesbezüglich keine „subalternen Skrupel" kannte (CURTIUS, Europ. Lit., S. 245), sollte auch Gottfried zugebilligt werden.

Es ist nun freilich eine nicht geringe Überraschung, wenn Gottfried im Anschluß an seine überschwengliche Doppelinvokation erklärt, selbst wenn er alle die erflehten Gaben und Gnaden erhalten hätte, dächte er nicht daran, sich an einem Gegenstand zu versuchen, *dar an sich alsô manic man / versuochet und verpirset hât* (4926 f.). Das könnte so etwas wie ein Affront sein, indem anerkannte und notwendige Dichtergaben zurückgewiesen werden, doch liegt der Akzent weniger auf der Ablehnung dieser Gaben als auf deren Abnutzung durch andere und damit auf dem nun endgültigen Verzicht auf kunstvolle Beschreibung von Tristans Ausstattung. Statt der Descriptio nimmt er die Ausrüstung des Helden *modo allegorico* vor: mit eben den vier *richeiten* (4975), *muot, guot, bescheidenheit* und *höfschem sin,* mit denen, vor allen Skrupeln des Dichters, bereits die *gesellen* ausgestattet wurden (4563—4588), wozu dann noch *sunderlîchiu cleider von gebâre und von gelâze* (5002 f.) kommen. Es hat sich so am anfänglich und spontan gewählten Kunstprinzip gar nichts geändert. Da ist nun freilich nach der Funktion der langen Digressio zu fragen.

Sie kann (mit U. SCHULZE, S. 509 ff.) als rhetorische Digression im Sinne „affektierter Bescheidenheit" und „hyperbolischer Unfähigkeitsbeteuerung" verstanden werden, der geradezu exzessive Aufwand weist indes über das rhetorische Muster hinaus. Zu denken ist auch an eine Rechtfertigung der allegorischen statt der erwarteten unmittelbaren Kleiderbeschreibung, da der Dichter mit jener begonnen hat und sie nach der Digressio wiederum aufgreift. Das aber hieße die Allegorie bei Gottfried überschätzen, der sie zu besonderem Zwecke einsetzt, keineswegs als seine eigenste Kunst bewertet sehen will. In solcher Herausstellung war sie dem mittelalterlichen Bewußtsein auch in der volkssprachlichen, wenn auch (noch) nicht in episch-profaner Kunst, viel zu geläufig. Auch an eine grundsätzliche Ablehnung supranaturaler Inspiration und damit an die Betonung eines autonomen Kunstbegriffs mag ich nicht glauben: Gottfried mußte sich doch bewußt sein, daß Dichterinvokationen, auch die christliche, rhetorischen Charakter hatten und ihre Ablehnung nicht eine Steigerung der dichterischen Eigenleistung bedeuten konnte. Um die eigene künstlerische Leistung geht es freilich, nur wäre dafür die Ablehnung der inspirierten Gaben kein Indiz.

Man kommt dem eigentlichen Sinn der manieriert anmutenden Schwertleite-Inszenierung durch die Beobachtung näher — wie sie U. SCHULZE am deutlichsten herausgestellt hat —, daß die im Anruf erflehten Gaben in ihren Propriationen und in ihrer Wirkung dem Gottfriedschen Stilideal entsprechen, wie es vorgängig bereits in der Dichterschau, positiv und negativ (Wolfram), entworfen ist: vom *wâren Elicône* entspringen *diu wort, / diu durch daz ôre clingent / und in daz herze lachent, / die rede durchliuhtec machent* (4896 ff.); mit diesen Gaben *senftet* der Dichter, gibt *iegelîchem herzen schate / mit dem ingrüenen lindenblate,* geht *ebene*, räumt und reinigt die ,Straße' der *rede* (4912 ff.).

Von da her lassen sich Dichterschau und Dichtergaben-Invocatio als Standortsbestimmung begreifen. Gottfried stellt sich zum poeta laureatus Hartmann, dessen Nachfolge er diskret, aber unüberhörbar anmeldet: *wir wellen an der kür ouch wesen* (4645), und er bestätigt diesen Anspruch mit der Explikation der *gâbe des wâren Elicônes.*

Es fällt auf, daß Gottfried sein Stilideal vor allem von der Wirkung her bestimmt. *Diu wort* klingen durch das Ohr und in das Herz. Dem entsprechen der berückende Gesang der Isold, der durch *der ôren künecrîche / hin nider in diu herzen clanc* (8120 f.) wie schon das Spiel Tristans vor der Hofgesellschaft (3593 ff.). Was zu Herzen geht, muß aber auch von Herzen kommen. So wird vom todkranken Tristan, der bei seiner Ankunft in Irland zur Harfe singt, gesagt, *dazn gie niht von grunde: / daz herze dazn was niht dermite* (7528 f.). Die letzten Beispiele betreffen Gesang, Musik. Es scheint erlaubt, Dichtung, auch die ungesungene höfische Epik (von der wir immerhin zu wissen glauben, daß ihr Vortrag weniger Sprech- als ,Rezitativ'kunst war), der Musik gleichzusetzen. Die *musica practica pura* ist nach der Musiktheorie des 12. Jahrhunderts dazu da, „die Sinne anzusprechen und durch sie Wirkung zu erzielen" (s. JACKSON, WdF 320, S. 294). Das ist eine Formel, die man auf Gottfrieds Kunstsprache anwenden könnte; heute haben wir dafür den Ausdruck ,emotional'.

Die Schwertleite-Episode hat im Gesamtwerk einen besonderen Stellenwert durch die Form: sie untersteht zahlenästhetischen und zahlensymbolischen Prinzipien. U. SCHWAB stellte ein eindrucksvolles Schema der Dichterschau (4589—4820) auf, wobei Veldeke im Zentrum mit dem *numerus perfectus* 28 ausgezeichnet ist (S. 7). Problematischer sind die Aufstellungen von J. KLEIN (Die Schwertleite in G.s ,Tristan und Isold' als „epische Einheit", Euph. 63 [1970], S. 1—22), die weit über die eigentliche Schwertleite hinausgehen (4333—5226). Hier erscheinen die 70 Verse im Symmetriezentrum, die Hartmann und *des hasen geselle* (Wolfram) gewidmet sind (4621—4690). — Daraus geht immerhin hervor, wie schwer zahlenkompositorischen Aufstellungen wirkliche Aussagen abzugewinnen sind.

Die emotionale Stilgebung Gottfrieds sei am Beispiel der Frühlingsbeschreibung bei Markes Hoffest (546—586) aufgezeigt.

diu senfte süeze sumerzît
diu hæte ir süeze unmüezekeit
mit süezem vlîze an si geleit.
diu cleinen waltvogelîn,
diu des ôren vröude sulen sîn,
bluomen, gras, loup unde bluot
und swaz dem ougen sanfte tuot
und edeliu herze ervröuwen sol,
des was diu sumerouwe vol:
man vant dâ, swaz man wolte,
daz der meie bringen solte:
den schate bî der sunnen,
die linden bî dem brunnen,
die senften linden winde,
die Markes ingesinde
sîn wesen engegene macheten.
die liehten bluomen lacheten
ûz dem betouwetem grase.
des meien vriunt, der grüene wase
der hæte ûz bluomen an geleit
sô wunneclîchiu sumercleit,
daz si den lieben gesten
in ir ougen widerglesten.
diu süeze boumbluot sach den man
sô rehte suoze lachend an,
daz sich daz herze und al der muot
wider an die lachende bluot
mit spilenden ougen machete
und ir allez widerlachete.
daz senfte vogelgedœne,
daz süeze, daz schœne,
daz ôren unde muote
vil dicke kumet ze guote,
daz vulte dâ berge unde tal.
diu sælege nahtegal,
daz liebe süeze vogelîn,
daz iemer süeze müeze sîn,
daz kallete ûz der blüete
mit solher übermüete,
daz dâ manc edele herze van
vröude unde hôhen muot gewan.

Die Besonderheit liegt nicht in der Auserlesenheit der Motive. Diese waren der zeitgenössischen Dichtung verfügbar, wenn sie auch nie in dieser Dichte begegnen. Auch das stark anthropomorphe Element der Naturbeschreibung, das wiederholte *lachen* der Blumen und Blüten, ist kein Novum. Das Unvergleichliche liegt in der extremen Versinnlichung der Sprache, von der die lyrische Kunst der Zeit weit entfernt war, ihrer freilich, da sie als Lied konzipiert war, auch nicht bedurfte. Versinnlichung heißt Transposition von Wortfolgen in ein klangliches Kontinuum, in Euphonie. Dies geschieht mit Mitteln der Wiederholung des Gleichen und Ähnlichen, die zum Gleichklang, arpeggienartigen Sprachfiguren führt: Wiederholung der Worte — 8 mal *süeze,* mit einer Ausnahme (576) immer eng benachbart, 4 mal *bluot/ blüete,* 3 mal *bluomen*, 4 mal *lachen* —, Wiederholung der Reime (Responsion) — 547 f. : 565 f.; 551 f. : 571 f.; 577 f. : 583 f.; 561 f. : 573 f.; 569 f. : 585 f. —; drei- und mehrsilbiger Reim: 553 f., 559 f., 561 f., 569 f., 573 f. —; Wiederholung des Versanfangs — 546 f., 549 f., 552 f., 558—560, 575—577, 581—583 —; Wiederholung der Laute. Letzterer kommt wohl die stärkste sinnliche Wirkung zu. Dominant sind die konsonantischen Windlaute *s* und *n: diu senfte süeze sumerzît / diu hæte ir süeze unmüezekeit / mit süezem vlîze an si geleit* (546 ff.); *die senften linden winde, / die Markes ingesinde* (559 f.). Die Vokalität ist auf helle laute, *i, e, u,* und Diphthonge, *ie, üe, uo,* abgetönt, die den Reimklang vorbereiten oder — öfter — kontrapunktieren: *bluomen, gras, loup unde bluot* (551), *linden winde* (559), *ingesinde* (560), *sach den man* (569), *lachend an* (570), *und ir allez widerlachete* (574), *diu sælege nahtegal* (580), *manc edele herze van* (585); *sanfte tuot* (552), *edeliu herze ervröuwen sol* (553), *der schate bî der sunnen* (557), *Markes ingesinde* (560), *lachende bluot* (572), *widerlachete* (574), *daz kallete ûz der blüete* (583). Dazu kommen Vokalgleichklänge im Versinnern: *süeze unmüezekeit (547), man vant dâ, swaz man* (555), *sîn wesen engegene* (561), *wunneclîchiu sumercleit* (566), *daz iemer süeze müeze sîn* (582); es gibt steigende und fallende Vokalsequenzen. Das alles löst das in der Semantik der Worte und ihrer Syntax angelegte ‚Bild' des Frühlings in ein Tonwunder auf und ist auf die Bestrickung des Hörers und Lesers angelegt, so wie die *edelen herzen* der Teilnehmer von Markes Maifest, die hier zweimal angesprochen werden (553, 585), von der *süezen sumerzît* umschmeichelt werden.

Was die Naturschilderung im Modell verrät, hat allgemeine Bedeutung für Gottfrieds Stil. Er ist weniger auf die präzise Vergegenwärtigung der Geschehnisse und Dinge, das, was er an Hartmann rühmt, der *mit rede figieret der âventiure meine* (4626 f.), ausgerichtet als auf den *wunsch von worten* (4698) und das *rîme lîmen, als ob si da gewahsen sîn* (4716 f.), was dem *verwære* Bligger von Steinach zum Lobe gesagt ist. Das ist eine Stilgebung, die bewegen, den Nachhall im Herzen des Lesers bewirken will. Das gilt selbst für die kommentierenden Exkurse, die weniger argumentierend als predigthaft — man beachte den Reichtum und Stellenwert der Metapher! — durchgeführt sind. Hierher gehört, daß auch die hochentwickelte Dialektik Gottfrieds, wie wir sie zu beobachten Gelegenheit hatten (s. S. 234), nicht auf Klärung und Lösung abzielt, sondern auf die Vermittlung eben der dialektischen Figur, die schon die Sache selber ist.

Die Stilebene bestätigt oder macht erst recht deutlich: dem Werke Gottfrieds liegt eine Phänomenologie der Teilnahme und des Verstehens zugrunde, die im erstrebten Einklang des Lesers mit dem Autor und in der umfassenden Solidarität mit den Liebenden am faßbarsten wird. Fragt man nach dem Wozu, so könnte man mit dem Prolog erklären, daß die *unmüezekeit* des Dichters, der von *edelen senedæren* erzählt, den *senedæren* unter den Zeitgenossen zur süßen Zeitweil gereicht. Aber das ist nur eine Captatio benevolentiae. Gottfried meint es, wie der Tenor seiner Darstellung und Exkurse beweist, verbindlicher. Ist Teilnahme, die Schule des Verstehens, nicht auch eine Lebenshilfe, wie sie Hartmann und Wolfram dem Ritter „zwischen Gott und Welt" angeboten haben? Gottfried wendet sich freilich nicht mehr an einen Stand mit Ämtern und Pflichten, sondern an *herzen, den ich herze trage* (48), an Gesinnungsfreunde also, die er vielleicht weniger in Straßburg und seiner Zeit als überall und jederzeit in der Welt zu finden hoffte. Ihnen weiß er sich in e i n e m verpflichtet und verbunden:

wir, die zer werlde haben muot.

Ein Ausblick

Wolfram und Gottfried, denen ‚Höfische Epik II' fast zur Gänze gewidmet ist, treten in dieser (und in jeder) Darstellung weit auseinander. Die beiden großen Zeitgenossen, alles andere als ein ‚Zweigestirn", verstanden sich auch selber als Gegensätze und formulierten dies auf der Ebene des Stils: Wolfram nannte sein ‚Deutsch', in selbstbewußter positiver Umdeutung eines Tadels, *krump* (Wh. 237, 11), Gottfried preist vorbildlichen Stil als *eben unde sleht* (4661). Die literarische Tradition rückt indes die beiden sehr viel näher zusammen. Es gibt zwar eine je spezifische Wolfram- und Gottfried-Nachfolge, dort etwa den ‚Lohengrin' und den ‚Jüngeren Titurel', hier das ‚Herzmaere' und andere Geschichten von Liebe in Not und Tod. Aber schon Ulrich von Türheim sah sich in der Lage, sowohl den ‚Tristan' wie den ‚Willehalm' zu Ende zu dichten, und Rudolf von Ems würdigt in den Literaturexkursen des ‚Alexander' und des ‚Willehalm von Orlens' nicht nur Wolfram und Gottfried sine ira et studio, sondern stellt sich auch im eigenen epischen Werk in die Nachfolge beider. Vollends ist in der Entwicklung des ‚geblümten' Stils festzustellen, wie Wolframs ‚dunkle' Manier, das Prinzip der *wildekeit*, mit dem *verwære* (4691) Gottfried und dessen *wunsch-von-worten*-Ideal (4698) zusammentritt.

Auch der ideologische Gegensatz, der Wolfram und Gottfried trennt, verliert im Prozeß der literarischen Tradition seine Schärfe. Wolfram hatte die große und wahre Minne an das Religiöse gebunden (Condwiramurs, Sigune, Gyburg), so sehr auch andere Formen der Geschlechterbeziehung seine Aufmerksamkeit in Anspruch nahmen; Gottfrieds ‚Tristan' kann zwar als Gegenposition zur neuen Frömmigkeit der Gralepik verstanden werden, aber nicht zu übersehen ist, daß er die religiösen Denk- und Ausdrucksformen seiner Zeit zu Hilfe nimmt, um die Lebensmacht Minne, *aller herzen künigin,/ diu vrîe, diu eine* (12 300 f.), über alles andere zu erheben, bestätigt also die Dominanz des Religiösen im beginnenden 13. Jahrhundert. Umgekehrt teilt Wolfram die Ansicht Gottfrieds von der Liebe als höchstem Gut: „Minne ist überall, nur nicht in der Hölle", wie es im ‚Titurel' heißt (51, 3) — sie ist, ein Jahrhundert später und nicht nur metaphorisch, in der Hölle bei Dante (Inf. V), der die neue Frömmigkeit und die Theologie der Franziskaner und Dominikaner aufgenommen hat.

Was die spezielle Nachfolge Gottfrieds betrifft, so war sie nicht nur nicht in der Lage, die hochgespannte erotische Spiritualität (dieses Paradox muß erlaubt sein) des ‚Tristan' weiterzuführen, sie strebt entschieden zur gesellschaftlichen Norm hin, so etwa in der positiven Würdigung von Tristans Ehe mit Isold Weißhand in den Fortsetzungen Ulrichs von Türheim und Heinrichs von Freiberg oder in der Korrektur, die die Riwalin-Blanscheflur-Minne in Rudolfs von Ems ‚Willehalm von Orlens' erfährt. Nur in der kleinen Form, am vollendetsten in Konrads von Würzburg ‚Herzmaere', bewahrt sich etwas von der Emotionalität und Unbedingtheit der Tristanminne. Aber auch die Wolfram-Nachfolge, trotz sehr viel stärkeren Eigengewichts, geht Symbiosen ein. Im Epilog des ‚Niuwen Parzifal' preist Philipp Colin die Minne als eigentliches Movens der ‚Parzival'-Dichtung, und zwar mit deutlichen Anleihen aus Gottfrieds ‚Tristan'. Man kann dies als stilistische Entgleisung des Straßburger Goldschmieds abtun, tut aber besser, sich daran zu erinnern, daß es auch eine schöpferische Synthese von Tristan- und Gralidealität gibt, freilich in Frankreich, aber doch auch in früher deutscher Rezeption: im ‚Lancelot-Gral-Prosaroman'. Die große außereheliche, aber, fast möchte man sagen: asketisch durchgehaltene Passion Lancelots und Ginovers, erhaben über jene listigen Inszenierungen von Ort und Gelegenheit, denen Tristan und Isolds Liebesleben unterworfen ist, besteht nicht vor der Instanz des Grals und endet unter den Schlägen einer neuen Macht, die episches Geschehen zu bestimmen beginnt, der Fortuna, im Verzicht. Kloster und Einsiedelei sind die letzten Zufluchtsstätten der Menschen, die als strahlende Repräsentanten eines Zeitalters vorgestellt wurden. Das sind zwar keine Linien, die von Wolfram und Gottfried ausgehen, aber sie führen Traditionen weiter, in denen auch die beiden großen Deutschen stehen, und von der Übertragung der ‚Lancelot-Gral-Trilogie' darf doch wohl gelten, daß sie mit Lesern rechnete, die Wolfram und Gottfried kannten. Es muß so erlaubt sein, epische Synthese und ideologische Endabrechnung der ‚Lancelot-Gral'-Prosa auch in den Horizont der Welten zu stellen, die uns Wolfram und Gottfried künstlerisch vermittelten. Noch für den heutigen Leser des ‚Parzival' und des ‚Tristan' ist es von besonderem Reiz, in jener imponierenden Trilogie zusammen zu finden, was hier in starken und eigenwilligen Künstlerpersönlichkeiten auseinandertrat. Es ist diese Synthese und Apotheose die große Leistung des europäischen Spätmittelalters.

Register

Dieses Register ist zur Hauptsache ein Personen- (Autoren, historische Persönlichkeiten) und Werkregister. Nur wenige, zumeist nicht auf die besprochenen Einzelwerke beschränkte Sachkomplexe und Begriffe sind hinzugefügt. Diese Reduktion ist durch den Charakter des vorliegenden Buches bedingt: es will eine im Zusammenhang zu lesende Darstellung, kein Nachschlagewerk sein.